110

Documenti di architettura

Françoise Fromonot

Jørn Utzon

architetto della Sydney Opera House

Electa

Traduzione
Rita Piazza

© 1998 by Electa, Milano
Elemond Editori Associati
Tutti i diritti riservati

Sommario

7 Premessa
11 Una grande opera per Sydney
19 Le vicende del concorso
29 Jørn Utzon, da Hellebæk a Sydney
55 Il progetto e il suo tempo
63 Prima fase: la piattaforma
81 Seconda fase: le coperture
135 Progetti per la terza fase
179 Fine di un sogno
189 Jørn Utzon dopo Sydney

Apparati
230 Cronologia
232 Bibliografia

Premessa

La Sydney Opera House è uno degli edifici più famosi di questo secolo, l'unica architettura moderna assurta a simbolo incontestato di una città, se non di tutta una nazione. Il suo nome evoca immediatamente la visione di una sagoma inconfondibile, stagliata sul mare di un paese lontano, e il nome del suo artefice, Jørn Utzon. Ricorda la vittoria a sorpresa di questo giovane danese al concorso del 1957, un successo che lo rese famoso in tutto il mondo; racconta dell'evoluzione del progetto e dell'avventurosa epopea del cantiere; dell'amara conclusione della storia, con le dimissioni forzate dell'architetto dieci anni più tardi, in circostanze politiche poco chiare; e infine di come l'opera fu portata a termine da altri. Si sa che Utzon abbandonò la scena che aveva fino a quel momento calcato da protagonista, per vivere appartato tra Maiorca e la natale Hellebæk. Non ha costruito molto, ma sempre lavori importanti – oltre all'Opera House, numerose case e complessi residenziali, una chiesa alla periferia di Copenaghen e due edifici in Medio Oriente, uno dei quali ospita il parlamento del Kuwait. Scarse ed episodiche rimangono le pubblicazioni a lui dedicate; le più significative sono quelle redatte da lui stesso, mentre un famoso saggio di Siegfried Giedion ha rappresentato a lungo l'unica esegesi della sua opera. Di Utzon si conoscono soprattutto i cliché di alcuni progetti, e il suo percorso, simile a una meteora, è stato sinora oggetto di racconti frammentari e di sporadiche interpretazioni: cosa che ha ulteriormente contribuito a circondare la sua figura di un alone mitico. Sono almeno due le ragioni che fanno dell'Opera House di Sydney il perno del presente studio su Utzon. Prima di tutto è il suo capolavoro: presenti già *in nuce* nelle sue intenzioni giovanili, i temi che egli vi sviluppa sono trattati nei progetti successivi; in secondo luogo, è in quell'occasione che il suo universo di idee e di forme si cristallizza nella forma più convincente. Il caso di Utzon è complesso. Sereno erede di importanti tradizioni – quella scandinava e quella moderna – egli è anche un *enfant terrible*, un elettrone libero che gravita nella loro orbita senza avvertire l'obbligo di sottostarne alle leggi. La sua architettura concilia proposizioni spesso antitetiche o in concorrenza fra loro – logica razionalista e flessibilità organica, per esempio – cercando motivi catalizzatori in regioni insospettate. La sua lettura della storia delle forme e l'uso che ne fa (fra le altre, quelle dell'antica Cina e le relative tecniche costruttive, di cui egli coltiva sempre, tra le righe della sua riflessione, la filosofia) sono indizi di quest'originalità. A Sydney, queste diverse sfaccettature sembrano dispie-

Il centro della Baia di Sydney, veduta satellitare (New South Wales Lands Department).

Jørn Utzon nel 1964 (Max Dupain).

garsi e prendere slancio per articolarsi in una sintesi unica, nel corso di un processo di invenzione concettuale favorito da una sorta di stato di grazia.

Ma l'Opera House non incarna il capriccio di un genio che sfugge a qualsiasi classificazione: è anche il capolavoro di un'epoca, la concretizzazione radicale di alcune aspirazioni del suo tempo, che fa immediatamente di essa un'icona. Il progetto iniziale si inscrive nel profondo rimettersi in questione che attraversa tutta l'arte di quegli anni, testimoniato dall'appartenenza di Utzon a uno dei movimenti contestatori dei CIAM e dalle sue affinità con il movimento COBRA. Inoltre, egli mette al servizio della sua capacità visionaria tecniche che allora si ritenevano destinate ad aprire nuove strade. La volontà di un giovane paese, nel ritrovato ottimismo del dopoguerra, rese possibile quest'avventura: si spiega così l'impegno di cui, almeno in un primo momento, diedero prova le istituzioni governative di Sydney nei confronti di una costruzione sperimentale sotto ogni punto di vista. Ma, d'altro canto, l'Opera House di Utzon è rimasta incompiuta e senza discendenza, a rappresentare al tempo stesso l'apoteosi degli ideali di un'epoca e il loro canto del cigno. Era il loro manifesto; ne è divenuto il monumento.

Sono queste le due prospettive che hanno dato forma al presente lavoro, che si prefigge di farle emergere attraverso una narrazione di tipo cronologico che non pretende esaustività né sul piano dei fatti né su quello delle teorie. L'Opera House ne rappresenta il filo conduttore; gli altri progetti di Utzon sono selezionati e presentati in correlazione con essa. Quello di Sydney è ricostruito nei dettagli, dalle circostanze del concorso fino al progetto per l'ultima fase dei lavori, che purtroppo non fu dato all'architetto di portare a termine. Utopistiche per alcuni, senza pari nella storia dell'architettura occidentale per altri, le sue proposte per gli interni e le facciate dovevano essere esumate per restituire in tutta la loro ampiezza la coerente visione dell'autore. Il celebre fotografo australiano Max Dupain, scomparso nel 1992, ha visto l'Opera House prendere forma durante tutto il periodo della sua costruzione; le sue fotografie del cantiere costituiscono il cuore dell'iconografia di questo libro.

Utzon si nega alle interviste, e declina regolarmente tutte le proposte di partecipare attivamente a mostre o monografie a lui dedicate. Per questo libro non ha fatto eccezione, anche se ha comunicato il suo assenso di principio. Il mio lavoro si è nutrito dunque delle testimonianze degli altri attori del progetto e dei loro archivi, dell'esplorazione di un'importante collezione di disegni, plastici e fotografie pressoché inediti lasciata da Utzon alla Mitchell Library di Sydney, della massa di articoli apparsi sulla stampa sia quotidiana che specializzata, così come di numerosi filmati. Ma un esame così minuzioso, nonché critico, non era sufficiente per gettare piena luce sugli avvenimenti. Il carattere, le idee e il metodo di Utzon dovevano essere esplorati anche a partire dalla vivida impronta lasciata in coloro che l'hanno conosciuto e delle opere a cui si è dedicato. Per fare ciò, bisognava dar fiducia alla logica dell'immaginazione, abbandonarsi a quel processo di identificazione che essa presuppone, accettare il rischio degli errori che ciò indubbiamente implica. Strano compito questa ricerca su un personaggio vivente e assente, su questo contemporaneo ritiratosi in anticipo nella Storia. "Per quanto si faccia", scriveva Marguerite Yourcenar nei *Carnets de notes* dei *Mémoires d'Hadrien*, "si ricostruisce sempre un monumento a modo proprio. Tuttavia, è già molto che si usino pietre autentiche".

Vorrei ringraziare in particolare due architetti – uno australiano, l'altro danese –, già collaboratori di Utzon, per le loro informazioni e il loro incoraggiamento; senza il loro aiuto non avrei potuto muovere un passo. Peter Myers, che mi ha trasmesso per primo la sua passione per l'Opera

House di Sydney e per il suo ideatore, mi ha incessantemente prodigato i suoi punti di vista, tanto incisivi quanto eruditi: gli devo molto. Mogens Prip-Buus ha lavorato al fianco di Utzon per una decina d'anni. Divenuto il suo braccio destro a Sydney, ha vissuto dall'interno il tempo "eroico" dell'Opera House. I suoi documenti e i suoi ricordi hanno costituito una fonte di inestimabile valore, ed egli ha accettato di essere commentatore attento – e ricco di humour – delle successive versioni di questo testo. Sono ugualmente riconoscente a coloro che mi hanno facilitato l'accesso ai fondi d'archivio delle loro istituzioni o studi: Elizabeth Ellis e John Murphy, curatori della Mitchell Library di Sydney; Eric Sierens, che mi ha aperto la collezione di negativi di Max Dupain; Stella de Vulder, presso il Royal Australian Institute of Architects di Sydney; Jack Zunz e John Blanchard presso lo studio Arup di Londra; la Bibliothèque Nordique di Parigi, così come Harry Seidler, Esben Storm, Bruno Fortier. Le mie conversazioni con Sylvia Lawson, Pi Michael, Thomas Mølvig, Christopher Thompson e Béatrice Jullien sono sempre state stimolanti. Malène Kristensen ha tradotto per me dal danese molti testi importanti. Ringrazio infine Jean-Louis Cohen e Claude Prélorenzo, relatori della mia tesi di DEA presso l'École d'Architecture di Paris Belleville, che è il nucleo originario di questo libro, così come coloro che mi hanno usato la gentilezza di essere i primi lettori del manoscritto.

L'Opera House nel 1973 e nel 1996 (Max Dupain e Françoise Fromonot).

Una grande opera per Sydney

Il concorso per l'Opera House di Sydney è una delle prime grandi consultazioni internazionali del dopoguerra. L'idea di dotare Sydney di quell'infrastruttura culturale di prestigio che manca alla città – e all'Australia – risale alla fine degli anni quaranta. Eugene Goossens, direttore (inglese) della Sydney Symphony Orchestra, rivendica presso i pubblici poteri un complesso dedicato alla musica, che riunisca una sala per concerti sinfonici, una per l'opera e una per la musica da camera. Il laburista John Joseph Cahill, capo del governo del New South Wales, si appropria dell'idea nel 1952. Due anni dopo, dà vita a un comitato di valutazione, l'Opera House Committee (OHC), il cui compito è di riflettere sulla fattibilità del progetto e di mettere in opera la logistica necessaria alla sua realizzazione. L'OHC si compone di personalità locali, che rappresentano tutte le istituzioni interessate: il governo, la municipalità, la radio nazionale e l'Orchestra di Sydney[1]. La corporazione degli architetti è rappresentata da Henry Ingham Ashworth, a quell'epoca professore della scuola di architettura della University of Sydney. Il Royal Australian Institute of Architects (RAIA) di Sydney forma ben presto un organo consultivo che va ad affiancare l'OHC. Questo secondo comitato, che rimarrà in carica solo durante i preliminari del concorso, è composto da tre architetti[2]. Dall'inizio Ashworth, che fa parte di entrambi i comitati, sarà la chiave di volta dell'intera impresa; egli rimarrà l'in-

Lieutenant William Bradley, Sydney Cove, Port Jackson, 1788 (Mitchell Library, State Library of New South Wales).

John Eyre, veduta del Sydney Cove verso Bennelong Point, 1808 (Mitchell Library, State Library of New South Wales).

Veduta del Sydney Cove nel 1904.

terlocutore principale di Utzon all'interno della direzione del cantiere. È la sua dedizione al progetto a farlo intervenire di continuo presso le autorità politiche, ed è in buona parte merito suo se il governo laburista si mantiene fermo sulle sue decisioni durante il lungo e difficile processo, che in quel momento era appena agli inizi. L'Opera House di Sydney è quindi frutto di una volontà politica – quella di Cahill – e architettonica – quella di Ashworth[3].

In qualità di rappresentante degli architetti di Sydney, il comitato del RAIA inizialmente insiste perché il concorso sia a carattere nazionale e non internazionale[4], suggerendo che il presidente della giuria sia un architetto locale. Su questa richiesta la spunterà. Nell'agosto 1955 Ashworth sarà designato dall'OHC a ricoprire questo ruolo. Il RAIA ha raccomandato Bennelong Point come sito del concorso, mentre il governo manifesta ancora qualche perplessità. Esso verrà consultato sulla scelta dei membri della giuria, e sottoporrà all'OHC una lista di otto architetti, quattro americani e quattro inglesi[5]. Molto probabilmente è Ashworth a preparare quest'elenco. La maggior parte di questi uomini appartiene a un'unica generazione, la sua; essi hanno costruito grandi edifici pubblici di prestigio, considerati come modelli internazionali di un modernismo "sicuro". Ed è ancora Ashworth a selezionare i due nomi: l'americano Eero Saarinen e il britannico Leslie Martin[6], sua conoscenza di lunga data. Il 19 settembre 1955 il concorso viene ufficialmente bandito da Cahill. Ashworth viene incaricato della redazione del bando, corredato da un succinto opuscolo di 25 pagine che comprende fotografie e una planimetria del sito. La consegna dei progetti è fissata per il 3 dicembre 1956 alle ore 17.

Un sito simbolico

La scelta del promontorio su cui sorge l'Opera House, una delle chiavi del successo del progetto, appare oggi scontata. Tuttavia non lo era affatto: all'inizio del 1955 erano state scelte nove possibili collocazioni[7]: nel settore di Haymarket e vicino alla stazione centrale, a richiamare la tradizione dei teatri inseriti nel tessuto connettivo dei quartieri densamente abitati; nel Domain o presso gli orti botanici, in un contesto verde ed aperto più adatto a dar spicco a un edificio istituzionale. A quel tempo Bennelong Point era solo una possibilità fra tante; spettacolare, certo, ma considerata relativamente decentrata, mal servita e poco adatta ad accogliere un'Opera House. Una delle prime relazioni del comitato del RAIA vi vede tuttavia un terreno "ideale, senza ugua-

li al mondo, un sito marino caratteristico di Sydney, in grado di dare alla città un monumento che ricordi al viaggiatore il municipio di Stoccolma o il palazzo Ducale di Venezia, stupefacente come l'Harbour Bridge di Sydney"[8]; scegliendolo, si apriva la prospettiva di un miglioramento del fronte della Baia, demolendo tra l'altro la rimessa per tram che allora ne occupava la punta.
La questione ridiventa attuale quando, su incitamento dell'OHC, entra in lizza anche il terreno del Sydney Hospital in Macquarie Street. Addossato ai giardini botanici e al Domain da un lato, il lotto fronteggia dall'altro Martin Place, uno dei rari spazi pubblici della città. L'Opera House permetterebbe così di chiuderne degnamente la prospettiva e di creare un autentico *civic square*. Il comitato del RAIA fa partecipe il governo della sua sorpresa ed esamina la nuova proposta, evidenziandone la superficie limitata del sito, gli alti costi di demolizione e ricostruzione dell'ospedale, il gran numero di costruzioni abusive sui terreni destinati a parco pubblico[9]; e nello stesso tempo dà il colpo di grazia alle critiche mosse a Bennelong Point: il traffico marittimo sarebbe fonte di rumori molesti, incompatibili con le attività musicali? Non più di quello della baia di Woolloomooloo, adiacente al Domain. L'orientamento del promontorio sarebbe problematico, renden-

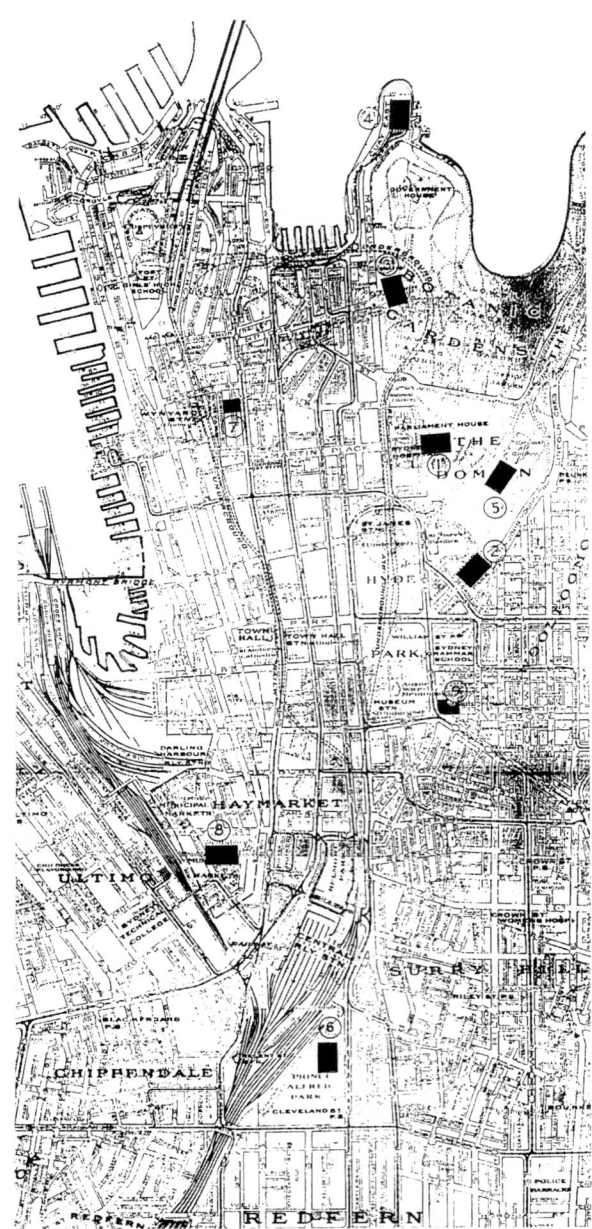

Pianta del centro di Sydney con evidenziati le possibili ubicazioni dell'Opera House all'inizio degli anni cinquanta (National Library of Australia, Ashworth Papers).

do necessaria un'apertura della futura Opera House sulla Baia piuttosto che verso la città, e quindi anche un ingresso posteriore? Gli architetti non lo credono. "È molto probabile che i due auditorium saranno addossati l'uno all'altro, e le due scene riunite in un blocco centrale"[10], dichiarano, anticipando il principale problema che incontreranno i concorrenti nel sistemare le due sale su un terreno stretto e allungato. Già ora prendono forma tutte le questioni che solo il progetto di Utzon riuscirà a risolvere, traendo anzi vantaggio dalle difficoltà. Il comitato conclude, in favore di Bennelong Point: "Prima di tutto per ragioni pratiche, di facilità nell'acquisizione e nella demolizione della rimessa dei tram, di minima interferenza con gli edifici pubblici già esistenti. Inoltre, si tratta di un sito particolarmente appropriato per un'Opera"[11]. Astuzia diplomatica di Ashworth o peso decisivo dell'argomento pratico e finanziario in una città famosa per essere più sensibile al buon senso degli affari che agli ideali culturali o di *grandeur*? Alla fine, la scelta cade su Bennelong Point.

Le esitazioni circa la scelta del sito traducevano l'ambivalenza delle relazioni che la città intratteneva, all'epoca, con la sua Baia. La scelta di un terreno orientato verso di essa per un edificio pubblico di prestigio, una "cattedrale mondana della civiltà"[12] in cui città e Stato investono ambizioni internazionali, è ben lontana dall'essere scontata. Porto commerciale estremamente attivo, la rada è un'infrastruttura urbana a tutti gli effetti. Il paesaggio industriale delle sue rive non è più il luogo romanticamente contemplativo che poteva essere all'alba della colonia: Bennelong Point, l'abbiamo visto, era occupato da una rimessa. Questo fiordo tentacolare, scoperto da Cook nel 1770[13], è l'estuario del fiume Parramatta, che attraversa altopiani di arenaria sbriciolata prima di gettarsi nell'Oceano Pacifico attraverso una stretta gola. Il capitano Phillip, fondatore della città, per primo la descrisse come la più bella baia del mondo. Sul limitare dell'ansa del Sydney Cove, egli installò nel 1788 quello che allora non era che una colonia penale, cosciente dei vantaggi che in futuro avrebbero rappresentato un assetto geologico stabile e acque profonde ma riparate dagli umori dell'Oceano. I primordi della città coloniale furono caratterizzati dalle concezioni urbanistico-paesaggistiche dei suoi governatori, uno per tutti il famoso Lachlan Macquarie, in carica a partire dal 1810, al quale è intitolata l'arteria che conduce alla futura Opera House. Bennelong Point[14], all'epoca, era solo un isolotto roccioso, il cui tratto di mare verso la terraferma era stato riempito per permettere l'installazione delle batterie di difesa della città. In seguito, vi furono costruiti una postazione di artiglieria e un deposito di munizioni, Fort Macquarie, distrutti all'inizio del nuovo secolo per far posto alla rimessa tranviaria che ritroviamo ora; la sua cinta rettangolare e le mura con feritoie ricordano curiosamente il passato militare del luogo.

Di vedetta in mezzo alla rada, il promontorio è dunque un luogo simbolico e strategico al tempo stesso. Mentre a ovest di Sydney Cove Dawes Point si proietta in profondità nella Baia formando lo stretto sopra il quale, all'inizio degli anni trenta, si getta l'Harbour Bridge, Bennelong Point si stende a est a prolungamento dei giardini botanici. La sua scelta per il concorso è il punto d'arrivo di un processo avviato nell'immediato dopoguerra, che ha visto Sydney riscoprire le virtù del

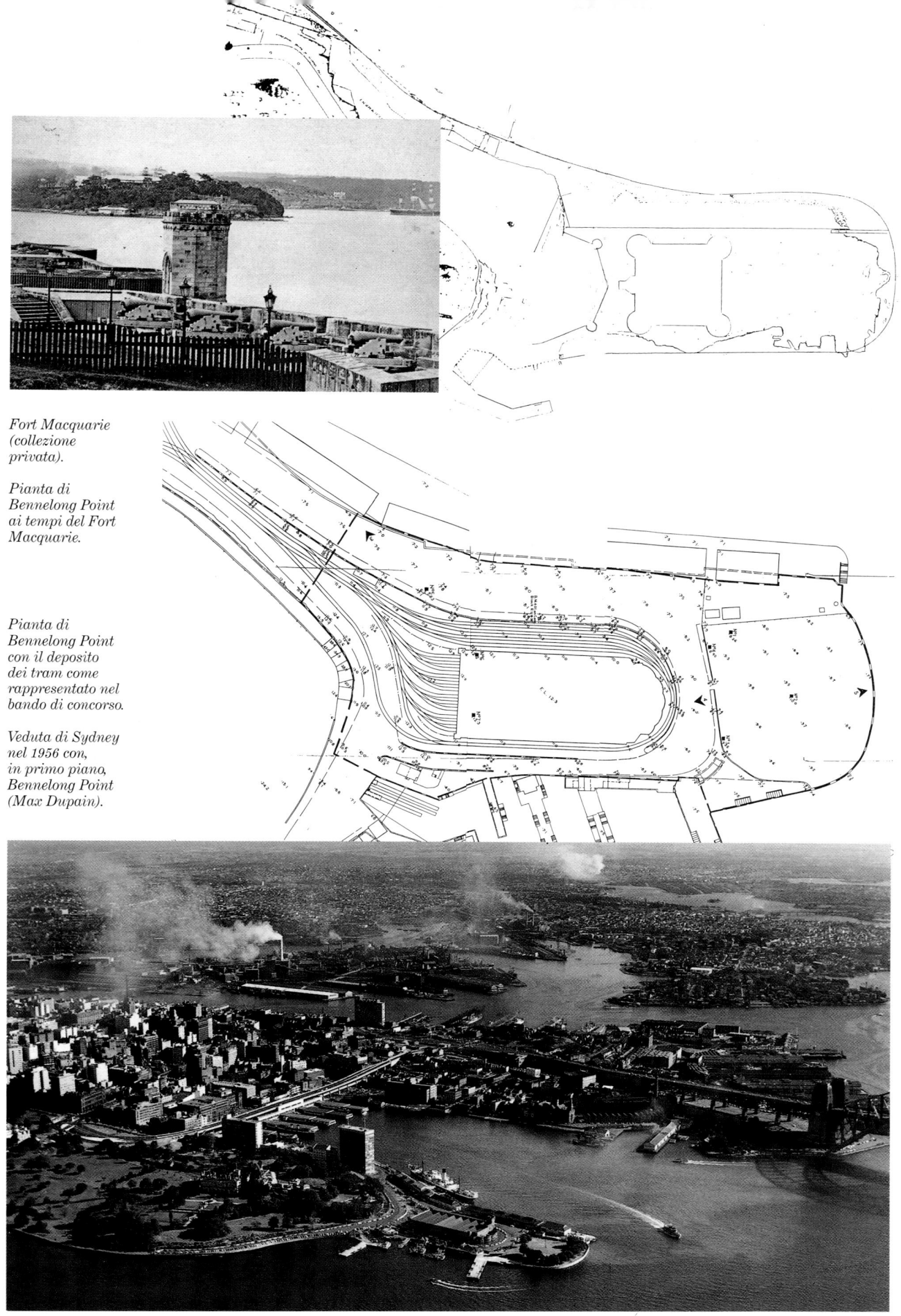

Fort Macquarie (collezione privata).

Pianta di Bennelong Point ai tempi del Fort Macquarie.

Pianta di Bennelong Point con il deposito dei tram come rappresentato nel bando di concorso.

Veduta di Sydney nel 1956 con, in primo piano, Bennelong Point (Max Dupain).

Le trasformazioni di Sydney tra il 1803 e il 1988; la freccia nella pianta in basso a destra indica Bennelong Point (Sydney City Council).

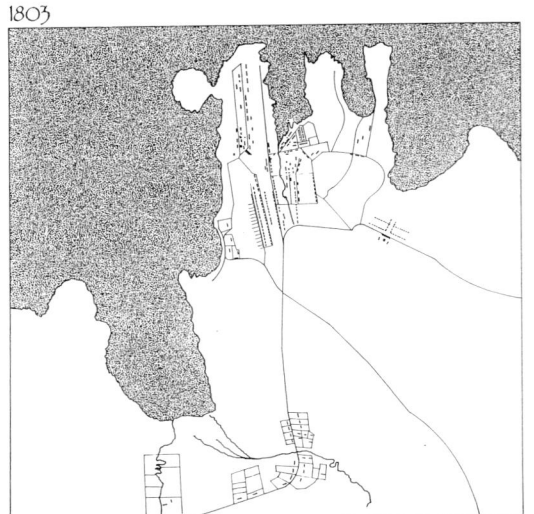
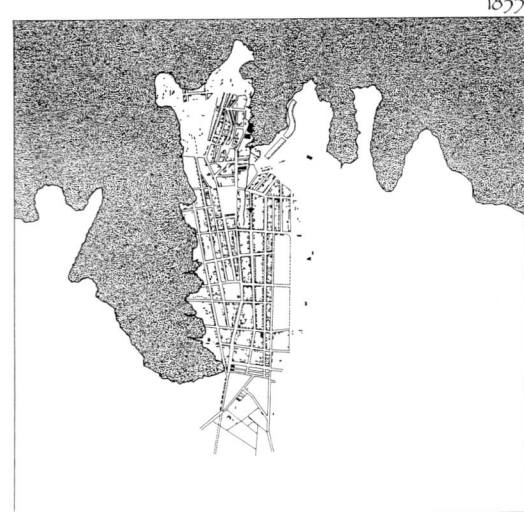
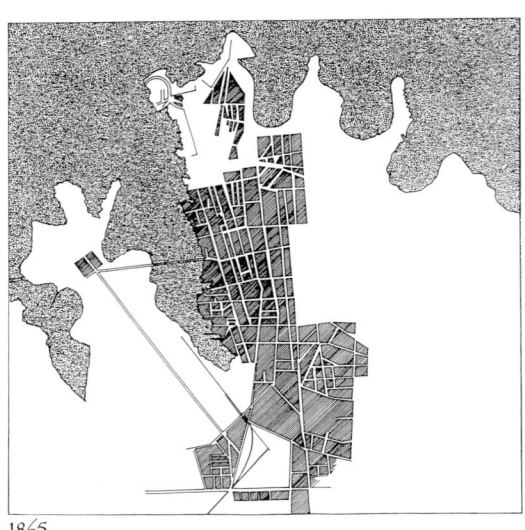

suo straordinario contesto paesaggistico[15]. La nascita dell'Opera House imprimerà un'accelerazione ai cambiamenti destinati a disegnare un nuovo volto della città, un volto assai diverso – supremo paradosso – da quello che ispirava il progetto stesso. Nel 1957, la legge che limitava a 150 piedi (45 metri) l'altezza delle costruzioni ubicate all'interno della City verrà abrogata: i promotori hanno compreso che la rapida saturazione dei lotti del centro può essere compensata dallo sfruttamento della vista panoramica di un paesaggio divenuto prezioso grazie alla costruzione dell'Opera House. I grattacieli destinati a uso commerciale e residenziale prenderanno uno dopo l'altro il posto degli edifici neoclassici di arenaria dorata che davano alla città omogeneità e carattere; il modello urbano americano va a sostituire definitivamente la città europea, eredità del passato coloniale.

Circondato su tre lati dall'acqua, il sito di Bennelong Point è stato paragonato a quello "del faro d'Alessandria o dei grattacieli di Manhattan"[16]. La costruzione che vi sorgerà sarà visibile da ogni parte. Inoltre, essa è ben servita dai trasporti, perché il Circular Quay è un importante nodo ferroviario e stradale: tutti gli autobus, i treni e i traghetti partono e arrivano lì. La brochure fornita ai partecipanti al concorso contiene alcune vedute in bianco e nero della zona e dei dintorni. La loro descrizione occupa trenta righe: "Si tratta di un sito probabilmente senza pari al mondo ... che soddisfa tutte le esigenze – dimensioni, spazio, bellezza – essenziali per il tipo di edificio che vi verrà costruito"[17].

Un programma succinto

Anche il programma colpisce per la sua brevità, così come per l'assenza di prescrizioni suscettibili di indirizzare i concorrenti verso un'immagine preconfezionata dagli organizzatori o dalle autorità. Esso prevede due auditorium con le rispettive attrezzature sceniche; il più grande deve avere una capienza da 3000 a 3500 posti a sedere e accogliere un'orchestra sinfonica[18], ma anche rappresentazioni operistiche, balletti ed esibizioni corali. Di quando in quando, deve svolgere la funzione di "palazzo dei congressi". Per l'altra sala si devono prevedere 1200 posti e impianti scenici per teatro, musica da camera, recital e conferenze. Si aggiungono sale di prova, un centro per trasmissioni radio, un ristorante da 250 coperti, due sale per riunioni rispettivamente da 100 e 200 posti, bar e foyer per ciascuna delle sale. Una delle principali difficoltà riguarda la polivalenza dell'auditorium maggiore, una novità venuta dall'America che presuppone un'acustica e una capienza modulabili in funzione dei diversi utilizzi[19]. "Era davvero un concorso ideale per un architetto", riassumerà più tardi Utzon. "Prima di tutto il luogo splendido, e poi l'assenza di un programma dettagliato"[20].

---

[1] Della commissione fanno parte: Stanley Havilland, sottosegretario del governo centrale, che ne è il presidente e lo resterà fino al completamento dell'edificio; Eugene Goossens, naturalmente; Charles Moses, responsabile generale dell'Australian Broadcasting Commission (ABC); un edile, Roy Hendy, che rappresenta il comune di Sydney, ed Ashworth.
[2] Esso è composto, inoltre, da Walter Bunning (che diventerà un combattivo avversario del progetto Utzon) e da Dennis Winston, professore di pianificazione urbanistica alla University of New South Wales.
[3] Ashworth ha lasciato alla biblioteca nazionale di Canberra tutti i suoi archivi personali, tra cui una voluminosa corrispondenza, che svelano in modo avvincente i retroscena dell'impresa e spiegano almeno in parte come il progetto abbia potuto venire alla luce.
[4] Atti delle riunioni del RAIA Council, 1954 (Archivi del RAIA, Sydney).
[5] Si tratta di Frederick Gibberd (1908-84), uno dei pionieri dell'International Style in Inghilterra, progettista della nuova città di Harlow e dei terminal dell'aeroporto di Heathrow; Leslie Martin (1908-), architetto del London County Council dal 1953 – organismo per il quale ha realizzato alloggi notevoli – ma soprattutto della Royal Festival Hall di Londra; Sir Howard Robertson (-), uno dei promotori del modernismo continentale in Inghilterra, autore di un trattato di composizione architettonica e dopo la guerra presidente del RIBA; Basil Spence (1907-72), architetto britannico autore del teatro dell'università di Southampton e che in quel momento si sta occupando dell'aeroporto di Glasgow; Pietro Belluschi (1899-), americano di origine italiana, direttore dello studio SOM di Portland, decano della scuola d'architettura del MIT (razionalista tardivo, come testimonia la sua costruzione più conosciuta, quella dell'Equitable Saving Bank di Portland); Marcel Breuer (1902-81), autore, in collaborazione con Zehrfuss e Nervi, del palazzo dell'Unesco a Parigi; Wallace Harrison (1895-1981), membro dell'imponente studio americano Harrison & Abramowicz, autore con Raymond Hood del Rockefeller Center e, sempre a New York, con Le Corbusier, della sede delle Nazioni Unite e infine Eero Saarinen (1910-61), che ha abbandonato le severe e classicizzanti forme parallelepipedali del centro tecnico della General Motors di Warren, influenzate da Mies, in favore della calotta sferica dell'auditorium Kresge al MIT e dei tetti incurvati della pista da hockey dell'università di Yale.
[6] Ashworth lo afferma, d'altra parte, anche in una lettera datata 2 ottobre 1971, indirizzata allo storico australiano dell'architettura Robin Boyd (Ashworth Papers, Box 2, Folder 12).
[7] Una pianta figura nel *Memorandum on siting of an Operahouse for Sydney*, pubblicato il 12 gennaio 1955 dal Cumberland County Council (Ashworth Papers).
[8] *Proposed new Opera House for Sydney. Report of the Committee of the NSW Chapter of the RAIA* (Archivi del RAIA).
[9] Vedi *Report of the Opera House Committee appointed by the NSW Chapter of the RAIA*, resoconto della riunione del 4 febbraio 1955 tenutasi all'Università di Sydney (Archivi del RAIA).
[10] Relazione del RAIA del 5 febbraio 1955.
[11] Ibidem.
[12] L'espressione è di Théophile Gautier, a proposito dei teatri. Essa è citata da Nikolaus Pevsner nel capitolo che egli dedica loro in *A History of Building Types*, Thames & Hudson, London 1976.
[13] Vedi James Cook, *A Vojage towards the South Pole and Round the World*, London 1777.
[14] Bennelong era un aborigeno amico di Phillip. Egli fu portato a Londra da esibire nei salotti inglesi come campione di buon selvaggio.
[15] In quest'epoca, con la creazione delle nuove periferie nelle parti ancora selvagge della cintura urbana, appare nell'architettura domestica locale una tendenza "organica", ispirata principalmente a Wright e denominata "Scuola di Sydney", che prenderà ancor più vigore con l'influenza dell'architettura importata dalla California.
[16] François Loyer, *L'opéra du siècle*, in "L'Œil", marzo-aprile 1971, p. 40.
[17] *An International Competition for a National Opera House at Bennelong Point, Sydney, New South Wales, Australia. Conditions and Programme* (Government Printing Office, Sydney 1956).
[18] Per fare un paragone, la Salle Pleyel di Parigi può contenere 3000 spettatori, la Royal Festival Hall di Londra 3200.
[19] Questa polivalenza sarà abbandonata dopo il ritiro di Utzon nel 1966, e durante le fasi di completamento dell'edificio secondo un programma modificato.
[20] Colloquio con Rasmussen pubblicato il 13 marzo 1966 dal quotidiano australiano "The Sun Herald".

● Joern Utzon's winning design for a National Opera House at Benelong Point.

DANE'S CONTROVERSIAL DESIGN WINS OPERA HOUSE CONTEST

Joern Utzon, 38, of Hellebaek, Denmark, has won the £5,000 first prize in a world-wide contest for a design for a National Opera House to be built at Benelong Point.

His Opera House, estimated to cost £3,500,000, would have an unusual roof consisting of a series of shell vaults of cement covered on the outside with white tiles.

The judges, in their report issued yesterday, said: "Because of its very originality, it is clearly a controversial design. We are, however, absolutely convinced about its merits."

Controversy has already begun. One architect said last night that the winning design was "a piece of poetry . . . magnificent."

Another architect said the design looked like "an insect with a shell on its back which has crawled out from under a log."

"CHEAPEST TO BUILD"

Announcing the awards yesterday, the Premier, Mr. Cahill, said 217 entries had been received from practically every country in the world.

He said the judges' choice was unanimous.

The second prize of £2,000 was for a design for a circular Opera House by a group of

sisted of a series of sketches and was the least "finished" work in the competition.

Mr. Utzon, who is noted for his design of houses in Denmark, did not furnish a perspective drawing showing how the Opera House would appear when completed.

A member of the architectural staff at the University of Sydney prepared a

Professor of Architecture at Cambridge University (who designed the London Festival Hall); and Mr. Eero Saarinen, of America.

Of the drawings submitted they said: "The drawings submitted are simple to the point of being diagrammatic.

"Nevertheless, as we have returned again and again to the study of these drawings

PHONE TALK TO WINNER

Mr. Joern Utzon, the Dane who won the Sydney Opera House competition, is overjoyed by his success.

He told "The Sydney Morning Herald" in a radio telephone interview last night that he hopes to settle in Sydney before the construction of the Opera House begins.

Mr. Utzon, who spoke from his home in Hellebaek, Denmark, said:—

"So far the Opera House committee has not contacted me, but I am expecting a cable at any moment.

"It depends on what they

Le vicende del concorso

Spoglio e risultati

Il successo del concorso è notevole. Esso è rigorosamente anonimo; la giuria è interamente composta da architetti, due dei quali di notevole statura internazionale[1]; è stato dichiarato conforme alle regole stabilite dall'UIA: di che rassicurare gli eventuali concorrenti. Sono in 722 a inviare i venti dollari per l'iscrizione, che serviranno a pagare i premi destinati ai vincitori, e in cambio dei quali riceveranno il bando di concorso con le condizioni. Il 3 dicembre 233 di loro, provenienti da una trentina di paesi, hanno consegnato un progetto[2]. Circa la metà è originaria del Commonwealth: 61 australiani e 53 britannici. Ventiquattro gli americani. I disegni dovevano essere al tratto; vietato l'uso del colore e dei modelli, mentre sono liberi il formato e l'ampiezza degli elaborati. Alcuni architetti consegnano molte decine di disegni; un tedesco addirittura spedisce i suoi per via aerea in un tubo metallico delle dimensioni di un uomo. La giuria, all'inizio del mese di gennaio, si riunisce per deliberare in una sala dell'Art Gallery of New South Wales, dove rimane per una settimana. La stampa mostra i quattro uomini, in maniche di camicia nella calura dell'estate australe, intenti all'esame dei rotoli dei progetti. I giornalisti si meravigliano del numero di ore di lavoro che i circa duemila elaborati consegnati rappresentano, e speculano sulla nazionalità del vincitore.

Il 29, Cahill annuncia i risultati davanti a un pubblico selezionato, al termine di una suspense mediatica orchestrata con maestria. Il terzo premio va a una coppia inglese[3] che propone due parallelepipedi indipendenti – uno per ciascuna delle sale principali – ai due lati di un'ampia piazza lastricata. La disposizione dei volumi e il disegno delle facciate fanno pensare a un Lincoln Center di New York dove si sia dimenticato il Metropolitan. Il gruppo americano classificatosi secondo[4] opta per un volume a pianta circolare: con un movimento a spirale, le due sale si avvolgono intorno alle strutture di scena addossate l'una contro l'altra. Il primo premio viene conferito a un progetto sorprendente: tre ventagli di gusci bianchi a forma di unghia, innestati su un ciclopico zoccolo di pietra che ospita le due sale, l'una accanto all'altra. È opera di un giovane danese, un certo Jørn Utzon[5]. I reporter australiani riescono finalmente a raggiungerlo al telefono. Il suo studio è vicino ad Helsingør – quell'Helsingør dove Shakespeare ha voluto il castello di Amleto –, una cittadina sul mare a una cinquantina di chilometri a nord di Copenaghen. L'architetto vive lì con la moglie e i tre figli, nella casa che si è costruito cinque anni prima, uno dei suoi progetti realizzati. Egli confida ai giornalisti, in un inglese incerto, che le fotografie della Baia l'hanno fatto sognare. Non pensava certo di vincere, e il risultato del concorso lo stupisce quasi quanto la nascita, appena un mese prima, del suo ultimo figlio. L'Australia, meravigliata di fronte alla sua audacia, ne è affascinata.

La giuria spiega che ha preferito un'idea e un'immagine "forti" a progetti più meditati ma privi di ariosità. "I disegni sottoposti dall'architetto sono semplici, quasi dei diagrammi. Tuttavia ... siamo convinti che rappresentino un concetto suscettibile di trasformarsi in uno fra i più rappresentativi edifici del mondo. Questa proposta è la più originale e la più creativa – anche se, proprio per ciò, può dare adito a contestazioni. Ciononostante, siamo certi dei suoi meriti: prima di tutto la semplicità della sua organizzazione, e poi l'unità della sua espressione strutturale. Essa crea

Progetto n. 62, Boissevain e Osmond, Gran Bretagna, terzo classificato, veduta prospettica, piante e sezioni (da "The Builder", 1 marzo 1957).

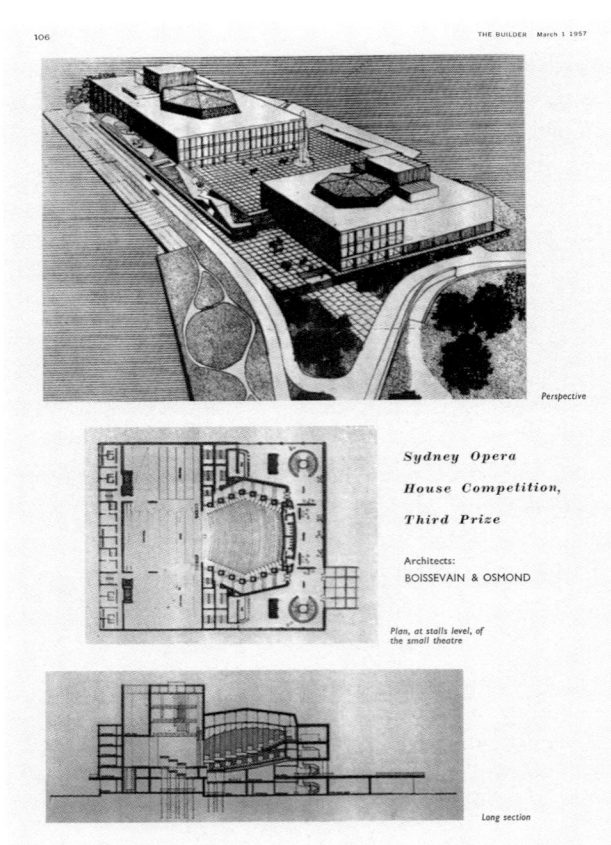
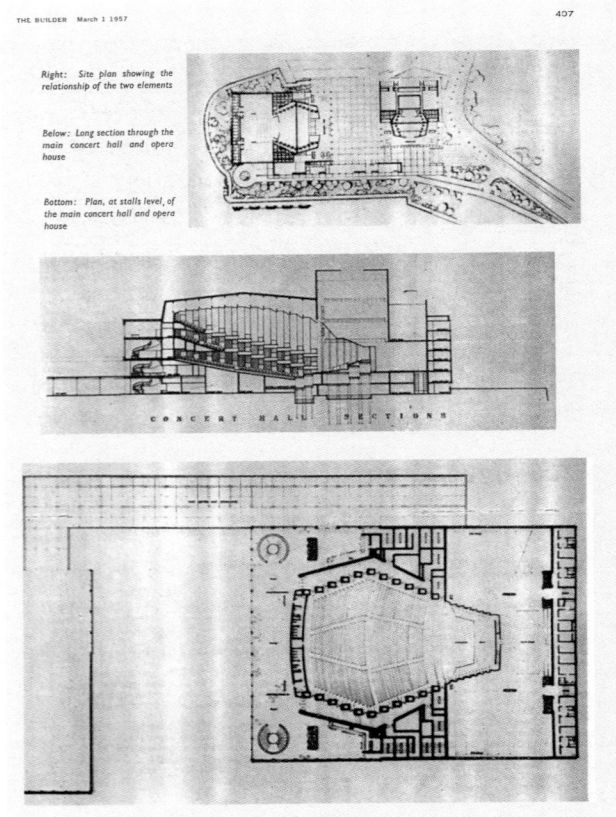

Progetto n. 28, Marzella, Loschetter, Weissman, Bracher, Geddes e Quall, secondo classificato, veduta prospettica, piante e sezioni (da "The Builder", 1 marzo 1957).

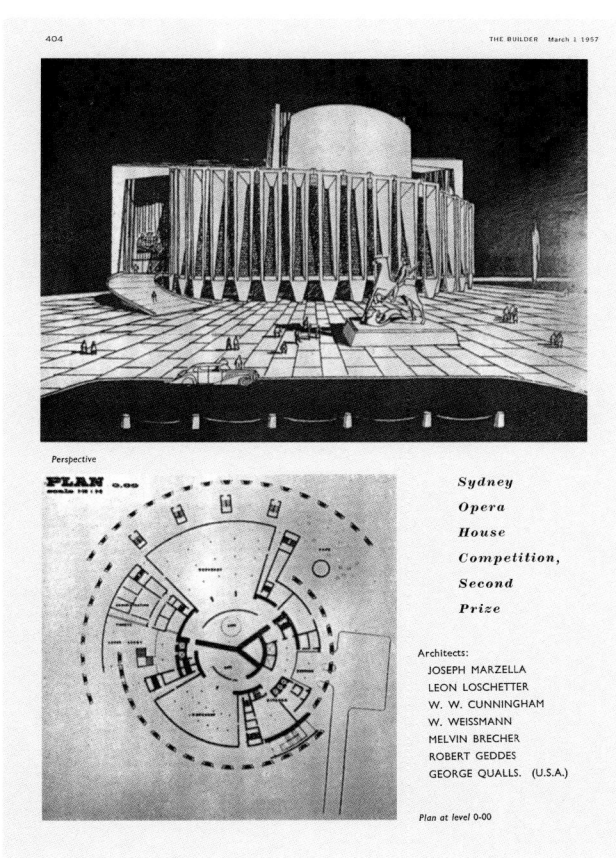
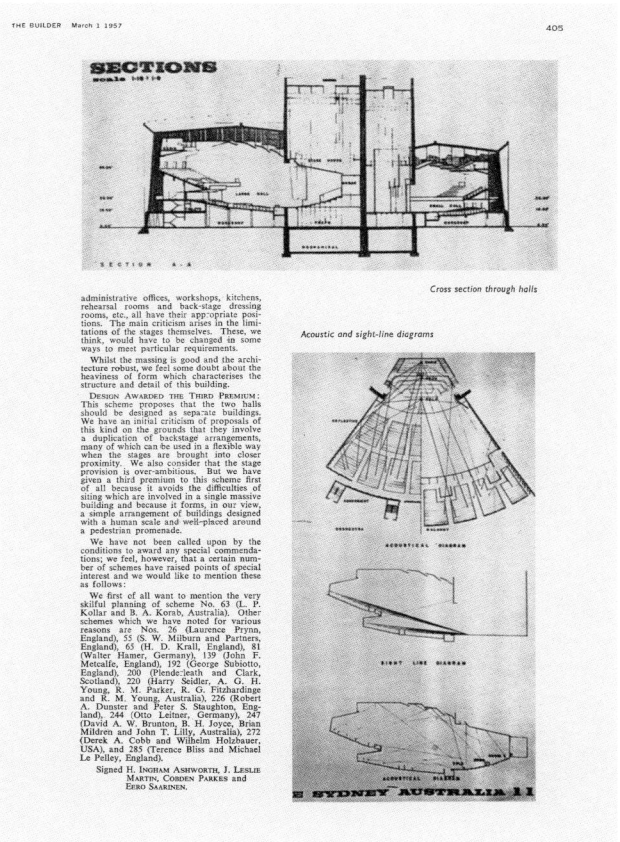

*Progetto n. 218,
Utzon, Danimarca,
primo classificato,
piante, sezione,
prospetto
ovest, veduta
prospettica
dell'ingresso e
prospetto nord
(da "The Builder",
1 marzo 1957).*

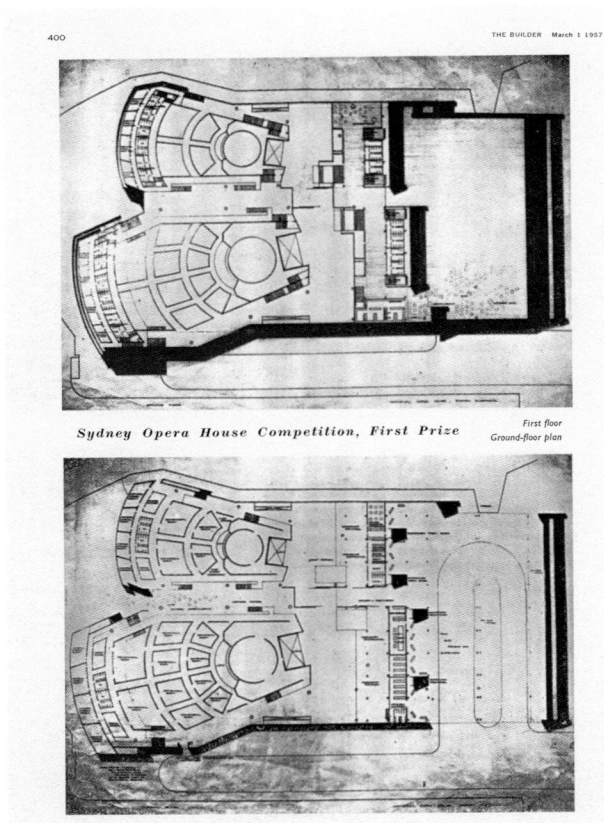
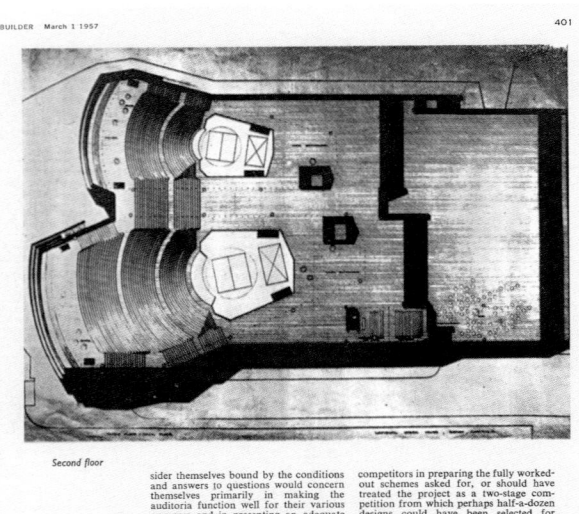
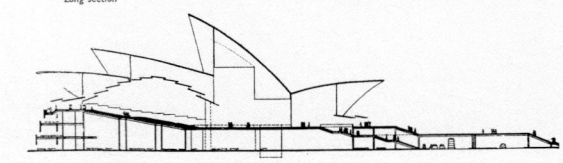

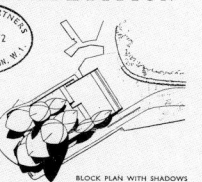

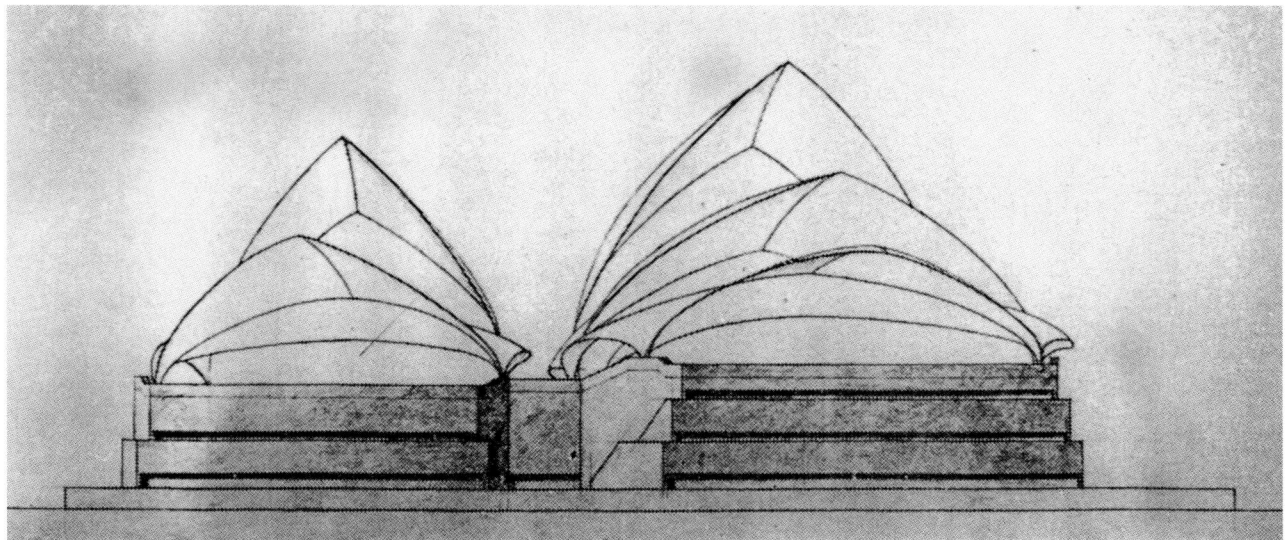

The Sydney Morning Herald

LATE EDITION

PRICE, 4d

FORECASTS (for 24 hours from 6 a.m.)
CITY: Fine. Very warm. Fresh NE winds. N.S.W.: Fine mostly. Patchy rain, thunder on northern island. Becoming hot in west and south with very high or extreme fire danger.

SUN: To-day, rises 5.14, sets 7.02.
MOON: Rises 4.29 a.m., sets 6.19 p.m.
TIDES (Fort Denison): High, 8.00 a.m. (5ft 4in), 8.28 p.m. (4ft 1in). Low, 1.35 a.m. (1ft 2in), 2.35 p.m. (10in).

No. 37,165   TELEPHONE: B0944   ONE HUNDRED AND TWENTY-SIXTH YEAR OF PUBLICATION   30 PAGES   SYDNEY, WEDNESDAY, JANUARY 30, 1957

● Joern Utzon's winning design for a National Opera House at Benelong Point.

DANE'S CONTROVERSIAL DESIGN WINS OPERA HOUSE CONTEST

Joern Utzon, 38, of Hellebaek, Denmark, has won the £5,000 first prize in a world-wide contest for a design for a National Opera House to be built at Benelong Point.

His Opera House, estimated to cost £3,500,000, would have an unusual roof consisting of a series of shell vaults of cement covered on the outside with white tiles.

The judges, in their report issued yesterday, said: "Because of its very originality, it is clearly a controversial design. We are, however, absolutely convinced about its merits."

Controversy has already begun. One architect said last night that the winning design was "a piece of poetry . . . magnificent."

Another architect said the design looked like "an insect with a shell on its back which has crawled out from under a log."

"CHEAPEST TO BUILD"

Announcing the awards yesterday, the Premier, Mr. Cahill, said 217 entries had been received from practically every country in the world.

He said the judges' choice was unanimous.

The second prize of £2,000 was for a design for a circular Opera House by a group of American architects, J. Marinitis, L. Louchheim, W. Cunningham, W. Weissman, M. Bucher, R. Geddes, and G. Qualls, of Philadelphia, U.S.A.

The third prize of £1,000, for a rectangular design, went to Boissevain and Osmond, Gray's Inn, London.

Quantitative answers estimate that the second prize design would cost £5,400,000 to erect, and the third design, £7,000,000.

The winning design is for a three-storey building with two auditoria on the third floor, seating 3,000 to 3,500 persons and 1,200 persons.

In addition there are two morning rooms, each seating 300 persons, rehearsal areas, restaurants and bars.

Designed For Sandstone

The building is designed to be built of Sydney sandstone.

The tallest of the cement tile roof shell vaults, which are interlocking, have a high stage.

The audience enters the building from behind the stage.

Mr. Utzon's design con-

MR. J. UTZON

LATE NEWS

New Liner On Proving Flight

LONDON, January 29 (A.A.P.-Reuter). — Britain's most long-range airliner, the Bristol Britannia 312, has started to-day on her maiden trans-Atlantic proving flight via the Arctic.

The Britannia 312, due to be introduced on trans-Atlantic crossings next year, is a later version of the Britannia which will make her début between London and Johannesburg next Friday and between London and Sydney in March.

DURBAN TEST

ENGLAND v. S. AFRICA

sisted of a series of sketches and was the least "finished" work in the competition.

Mr. Utzon, who is noted for his design of houses in Denmark, did not furnish a perspective drawing showing how the Opera House would appear when completed.

A member of the architectural staff at the University of Sydney prepared a perspective drawing so that visitors to the National Art Gallery, where the entries are on exhibition, could gain some idea of how it would look.

"Because of its very originality, it is clearly a controversial design. We are, however, absolutely convinced about its merits.

"A massive base emphasises the character of Benelong Point.

"The auditoria are arranged like Greek theatres in this rising base and are approached either underground from cars or externally along a magnificent ceremonial approach.

"This approach and the auditoria steps form a rising plateau in which the highest point of seating is about 40 feet above the ground.

Movable Walls Planned

"The conception solves by elimination all the complex needs of emergency escape which form so much detailed space in a multi-storeyed building."

The judges said that the drawing-room and scheme were would need some re-arrangement.

"The designer had evidently spent six months from May to December, 1956, whenever I could get free from my other work.

"I studied hundreds of criticisms, photographs, and so on. It is a very lovely position for an Opera House and most inspiring to an architect.

"But from this distance is naturally took a great feat of the imagination to 'see' it in its setting."

How Long Did He Spend On The Design?

"I spent about six months from May to December, 1956, whenever I could get free from my other work.

"I studied hundreds of criticisms, photographs, and so on. It is a very lovely position for an Opera House and most inspiring to an architect.

"But from this distance is naturally took a great feat of the imagination to 'see' it in its setting."

PHONE TALK TO WINNER

Mr. Joern Utzon, the Dane who won the Sydney Opera House competition, is overjoyed by his success.

He told "The Sydney Morning Herald" in a telephone interview last night from his home in Sydney before the construction of the Opera House begins.

Mr. Utzon, who spoke from his home in Hellebaek, Denmark, said:

"So far the Opera House committee has not contacted me, but I am expecting a cable at any moment.

"It depends on what they can advise me how soon I migrate.

"But I shouldn't think I would have a great deal of trouble getting a good position in Australia now, do you?

"It must be a wonderful country with plenty of what we have not been getting lately—sunshine."

Who Is He?

Mr. Utzon is 38, and has been a member of the Danish Institute of Architects since 1942. He is in partnership with two brothers.

"We have three children," he said, "a boy aged 12, a girl aged 10, and our baby son, who was born on New Year's Day this year."

"The news from Australia is almost as good as the news of his.

"My wife is just as thrilled about the win as I am.

"I have won 20 prizes for architectural design before, in Denmark and Sweden, including six first prizes. But this is by far away the most important."

● Second prize-winning entry by a group of U.S. architects.

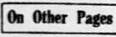

● Third prize-winning entry by a firm of English architects.

Boy Drowns After 25ft Fall In Pool

A 6-year-old boy was drowned when he fell 25 feet into a deep rock pool at Wahroonga yesterday afternoon.

He was Martin Noel Ramsay, of Challis Avenue, Turramurra.

He had been playing in a creek at the top of a steep drop known as "Lovers' Leap," near the corner of Burns Road and Chase Road, Wahroonga.

Slid, Rolled Down Rocks

Police said Martin was playing with another boy at the top of the drop.

They believe he tried to grab a stone over the pool, slipped, and fell.

He slid and rolled down the uneven rock face, which is slippery with moss, and dropped finally down an eight-foot rock into the water.

The other boy, whose name police do not know, ran to a nearby house and told Sergeant J. Press, Constable R. Murdoch, of Hornsby, and Detective Tierney that the boy had drowned.

H. faces and rough bush tracks to recover the body.

Ambulance men from Hornsby applied artificial respiration for a quarter of an hour before taking Martin to Hornsby District Hospital. He did not respond.

The pool is at the bottom of a rock face which carries a small waterfall from a creek under a bridge.

"A 14-year-old boy was drowned when he fell from exactly the same spot about 10 years ago," the resident said.

"I have told children many a time that it is terribly dangerous to play there.

"The Water Board is blasting on a new sewerage project just above the pool, and now the shot-firer is almost a neryous wreck.

"Kiddies often are playing around the pool out of the shot-firer's sight when a charge is fired, and rocks and debris are falling all around them.

"You can't do much about it though. You couldn't very well fence off the pool."

Police said the post, which is hidden in thick bush about 30 yards from the road, was given the name of "Lovers' Leap" after a young couple reputedly committed suicide there many years ago.

Police and ambulance men scrambled down steep rock fissures ago.

QLD. STUDY OF PETROL PRICE ORDERED

BRISBANE, Tuesday. — State Cabinet to-day instructed the Prices Commissioner, Mr. A. T. Fallgatter, to make a petrol price determination based on information supplied by the oil companies.

Earlier to-day, the nearly four hours, Cabinet considered the threat of eight major oil companies to withhold supplies of standard petrol from Queensland because Mr. Fallgatter did not consider the increases this year.

The Premier, Mr. V. C. Gair, said to-night that the new price probably would be announced this week.

He said that the submissions of the Shell and Neptune oil companies had not been considered because these were the only companies which had not supplied full information as requested by the Prices Branch.

"The new price would apply to all petrol companies," Mr. Gair said, "but it might not be satisfactory to the oil companies as Shell and Neptune and supplied the necessary information to back the general application.

"Companies Blamed, p. 4.

Rocket Range Talks Started

WASHINGTON, Jan. 29 (A.A.P.). — The British and U.S. Defence Ministers yesterday discussed a British plan for the United States to share the Woomera rocket range.

Official sources reported last night after the first day of talks between the Ministers, Mr. Duncan Sandys (Britain) and Mr. Charles Wilson (U.S.A.).

According to Reuter, the British delegation has given British Commonwealth representatives in Washington an outline of the views being put to Mr. Sandys in London.

[A British Defence Ministry spokesman said in London yesterday that Mr. Sandys did not intend to discuss Woomera during the current talks. He said it would be improper for Mr. Sandys to discuss the range without prior consultation with the Australian Government.]

Woomera Longer Than U.S. Range

A Reuter correspondent understands that Mr. Wilson and his advisers might be interested in the proposition of joint use of the Woomera range.

Present long-range missiles are now travelling so far that they are running out of the plotting range on the U.S. testing grounds in the Caribbean Sea.

Woomera offers greater distance and better plotting facilities, and is less dangerous to civilised areas.

Mr. Sandys, Mr. Wilson and their senior advisers were in Mr. Wilson's private conference room for nearly an hours yesterday afternoon.

The talks proceeded uninterrupted for this time, apart from short breaks for refreshments and to call for other advisers, maps and books.

The U.S. Defence Department announced formally last night: "We have had a general review of our similar problems and our common problems in the defence area.

"We feel these preliminary discussions have been constructive, and we will have addressed discussions regarding some of the matters during the week.

"We have no announcements this evening."

COLUMN 8

WHILE attending a C.M.F. conference at Singleton at the week-end, an N.C.O. heard and address by an officer on unit transport.

What made it memorable for him were the words trafficable, motorable and footable, which came tripping from the officer's tongue.

AMONG the new registrations of racehorses is a 3-year-old gelding called Problem Heir—by an unidentified sire from Leonine Lass.

BIG CHANGE. After Mr. and Mrs. George Robinson, Cremorne, collected the £30,000 cheque for their lottery win the other day Mrs. Robinson hustled her husband into a department store to buy 25/ worth of dress material.

For a joke they persuaded the assistant, an old friend, to clip the giant cheque to the docket and chute it up to the accounts office.

Presently a perturbed office girl arrived and said: "It's a Government cheque, so it's okay. But we haven't got enough change!"

A WHILE back the police warned motorists that they must take pedestrian crossings seriously. I'm afraid they'll have to issue the warning again.

Both in city and suburbs —but more particularly in the suburbs — a great many motorists are challenging pedestrians to walk until they have gone through.

It's a risky business because it makes pedestrians slithery, and once they have started, they are halfway to death.

MRS. P. D. F. MURRAY, Vaucluse, has been adopted by a possum which, for the last two years, has arrived regularly for supper.

The possum will tolerate bread and toast crusts but has a strong preference for papaw or rockmelon, corn on the cob, gorgonzola cheese and cornflakes.

To round off the meal she waits for a piece of barley sugar or a peppermint.

Last year she arrived with a baby and now there is increase in the establishment to provide for the evening meal.

If the normal rate of increase is maintained there's going to be quite a strain on the household budget, especially as the possums think cream is for demanding sweet sherry.

THE persistent criticism of our stamps recalls an item in "Stamp News" concerning Canadian issues, referred to as being "pretty terrible."

It says that when a buyer looked dubiously at the latest Canadian emission the postal clerk leaned forward and hissed:

"You know the next stamp that's coming out? It shows the guy who designed this one being ridden out of town on a rail."

Granny

On Other Pages

New York gives cold shoulder to King Saud (p. 2)

Six Players In Tennis Team For Tennis Tour

MELBOURNE, Tuesday. — Australia's tennis selectors to-night chose a team of six to tour overseas this year.

Most tennis officials thought the selectors would choose the reigning Australian junior champion, Rod Laver, rather than 19-year-old Mark.

Mark's fighting display in beating out from the Italian Peter Pietrangeli, in the recent Australian champion ships apparently improved his chances.

● Wine choice, says Adrian Quist—p. 12.

Fire, Flood Threats

Three States—N.S.W., Victoria, and South Australia—are threatened with bushfires, but northern Queensland is gripped by floods.

The Chief Officer of the Country Fire Authority in Victoria, Mr. C. D. A. Dare, said last night: "The next 24 hours should be the most dangerous so far this summer."

He warned, "Unless every one is extra cautious, horrible tragedy could occur."

"In other words, it was thought that the project would be of a national rather than a parochial or State-wide significance."

Many of those present interpreted the Premier's remarks to mean that Federal aid would be sought to erect the Opera House.

"One Of The Great Buildings Of World"

The judges were: Professor Ashworth, Mr. C. Parkes, N.S.W. Government Architect, Professor J. L. Martin,

point out that the conception was for a National Opera House.

"The whole of Victoria suffered under bushfire conditions yesterday, and the Weather Bureau said there was not likely to be any let up before Thursday.

The Melbourne's temperature was over 90 degrees for six hours with the minimum 61.2 degrees at 5.5 p.m.

Adelaide's temperature was over 90 degrees for nearly 10 hours, with a maximum of 96.6 and after 5 p.m.

Rain has not fallen for 32 days and water shortages have added to the high fire hazard in most country areas.

The Sydney Weather Bureau said last night that south westerly winds would bring cooler weather to N.S.W. today, with Sydney expecting higher temperatures and in Townsville.

Last night Brisbane Weather Bureau warned of flood rains in the Pioneer, Bowen and the Bogie Rivers and all coastal streams from Sarina to Townsville.

Watersiders' Pick-up, p. 14.

La prima pagina del "Sydney Morning Herald", 30 gennaio 1957.

una composizione architettonica affascinante, perfetta per il paesaggio di Bennelong Point. Le volte a conchiglia si inseriscono armonicamente nella Baia, come le vele di uno yacht"[6]. Durante un'intervista radiofonica ad Ashworth e ai suoi due eminenti giurati, Saarinen dichiara che "la qualità festiva di questa architettura è per così dire connaturata al suo sistema strutturale ... Il pubblico si incammina verso le sale con maestosità, quasi in processione. Non è solo un'architettura magnifica: è anche lo splendido movimento della folla all'interno di questa stessa architettura"[7]. Da quel momento circola una voce che attribuisce la vittoria di Utzon unicamente alla chiaroveggenza di Saarinen, se non addirittura a una sua deliberata strategia. Arrivato in ritardo alla seduta di spoglio, egli avrebbe infatti esumato da una pila di progetti già scartati i fogli contrassegnati dal numero 218 e dichiarato agli altri giurati impietriti: "Signori, ecco la vostra Opera!" Altre versioni più o meno radicali di questa storia si ritrovano nella maggior parte degli articoli dedicati alla genesi del progetto. Per spiegare ai suoi scettici colleghi la proposta di Utzon, Saarinen avrebbe fatto rapidi schizzi, e poi l'avrebbe difesa confutando a una a una le loro obiezioni, forte della propria esperienza in materia di gusci in cemento; avrebbe addirittura disegnato le tavole mancanti nella sua camera d'albergo. Siegfried Giedion, in una pubblicazione internazionale, ufficializzerà per primo i retroscena della questione, affermando che "fu merito di Eero Saarinen, prematuramente scomparso, l'aver riconosciuto immediatamente l'importanza mondiale di questa proposta e l'aver gettato sul piatto tutta la sua autorità affinché Utzon ricevesse il primo premio e l'incarico"[8]. L'argomento è plausibile: l'inusuale schematicità dei disegni di Utzon, insieme ai molti motivi per classificarlo fuori concorso, avevano contribuito a far scartare subito il suo progetto; Saarinen, che cominciava a studiare il terminal TWA per l'aeroporto di New York, non poteva che essere entusiasta della soluzione suggerita e delle sue implicazioni costruttive[9]. Ma questa versione dei fatti è sempre stata negata fermamente dagli altri interessati. "Questa storia ... è completamente priva di senso ... È assolutamente falso che il progetto di Utzon sia stato ripescato dal mucchio di quelli scartati. Di fatto, fu il dottor Martin che vi si interessò per primo, seguito dal resto della giuria. Ho la sensazione che alcune riviste americane si siano sognate queste storie assurde e totalmente sprovviste di fondamento", scriverà Ashworth al critico australiano Robin Boyd, che gli aveva posto una domanda diretta[10].

Utzon in visita a Bennelong Point con Andersson e Ashworth durante il suo primo viaggio a Sydney, estate 1957.

Reazioni contrastanti

Al progetto consegnato da Utzon mancava il disegno prospettico richiesto dal bando di concorso. Ashworth commissiona ad Arthur Baldwinson, architetto di solida formazione modernista e professore all'Università di Sydney, una veduta prospettica della futura Opera House da presentare al pubblico e alla stampa. Baldwinson realizza un disegno dal tratto un po' pesante, che insiste sulla disposizione dello zoccolo e riunisce le "vele" in una sorta di carapace. Quest'immagine, il giorno dell'annuncio dei risultati, verrà "strillata" a tutta giustezza sulla prima pagina del "Sydney Morning Herald". "Il controverso progetto di un danese vince il concorso per l'Opera", titola il quotidiano, che lo presenta anche come il più economico[11]. Contrastanti le reazioni che accolgono il progetto laureato: la stampa si meraviglia, si entusiasma, s'indigna o fa del sarcasmo. Le metafore abbondano: yacht, gregge di tartarughe in amore, verme articolato, saliere danesi. Imbarazzate banalità traducono la perplessità della maggior parte dei critici di fronte a questo animale inclassificabile. Nelle pagine di una rivista assai impegnata dell'Università di Melbourne, un

La copertina di "L'Architecture d'Aujourd'hui", settembre 1957.

breve saggio loda "la potente semplicità che emana", notando che "una sola occhiata ai disegni basta per convincersi che si è in presenza di un progetto che, una volta realizzato, diverrà uno degli esempi più preclari dei principi architettonici attuali"[12]. La maggior parte delle riviste specializzate, comprese quelle scandinave, rimane però su posizioni prudenti. In un primo momento ci si limita a pubblicare i disegni dell'architetto, accompagnandoli con la sua dichiarazione d'intenti e con il commento della giuria. I funzionalisti ortodossi sono irritati da questo tetto-scultura, slegato dai volumi che ospita. Persino Peter Blake, all'epoca redattore capo di "Architectural Forum", confida a un giornalista di avere "seri dubbi sul fatto che un'Opera debba somigliare a una serie di elmi di Brunilde", e che "le vele gonfiate dal vento, se è di questo che si tratta, non sembrano aver molto a che vedere con la struttura interna. Dopotutto, la navigazione da diporto e l'opera sono due cose diverse"[13]. Sorprendentemente, la reazione di Neutra è invece piuttosto elogiativa; Harry Seidler, architetto australiano di punta e concorrente sconfitto, telegrafa a Utzon: "Congratulazioni. Il vostro progetto è pura poesia". Solo "The Builder" si concede una critica tanto severa quanto puntuale, frugando tra i punti deboli del progetto e le irregolarità rispetto al bando, e ignorando peraltro completamente le sue intenzioni architettoniche[14].

Ashworth scrive a Saarinen, rientrato nel frattempo negli Stati Uniti: "Come ci aspettavamo, il progetto qui ha suscitato un vespaio. Ha occupato la prima pagina dei giornali locali per dieci giorni ... Quanto alle reazioni all'estero, ho avuto notizia solo di un articolo favorevole apparso sul 'Time' e di un pronunciamento un po' deludente di Frank Lloyd Wright. Se ha dato davvero un giudizio del genere, trovo che la sua critica sia proprio meschina. ... Tanto più che questa soluzione sembra basata sui suoi stessi insegnamenti"[15]. È pur vero che il vecchio maestro ha disseminato la stampa di dichiarazioni acide, che vituperano il concorso in generale e il progetto vincitore in particolare: "Sensazionalismo! Sensazionalismo e nient'altro. Questo progetto non è rappresentativo dell'Australia, o di un'Opera; non è altro che un capriccio"[16]. "Questo tendone da circo non è certo architettura"[17]. Si mormora che sarebbe tra i concorrenti delusi, e che la statura dimostrata dal giovane vincitore sarebbe per lui un ulteriore motivo di irritazione.

Il progetto di Utzon diventa così assai presto il simbolo del rinnovamento nell'architettura contemporanea. La forte plasticità dell'immagine in cui può essere sintetizzato gli conferisce immediatamente quello statuto di icona che ancor oggi gli è proprio. Qualche mese dopo l'annuncio dei risultati del concorso, il plastico della costruzione appare sulla copertina del numero di "L'Architecture d'Aujourd'hui" che presenta un breve ma elogiativo ritratto del suo autore in un dossier dedicato ai "giovani architetti nel mondo"[18]. L'Opera House si fa manifesto: per l'Australia che l'ha voluta, e per Utzon che l'ha ideata – improbabile convergenza tra le aspirazioni di un paese nuovo e ancora provinciale, che in questo dopoguerra ha ritrovato l'ottimismo, e la visione di un giovane, promettente architetto, impaziente di dare concretezza a idee trasmesse dal dibattito teorico del suo tempo e dall'originalità del suo stesso percorso.

[1] Ashworth (presidente), assistito da Cobden Parkes, architetto del governo del New South Wales; Martin e Saarinen.

[2] Queste cifre provengono dagli atti della prima riunione della Sydney Opera House Trust, del 12 aprile 1961. Sono state citate da John Yeomans in *The other Taj Mahal*, Longman, Sydney 1968.

[3] Paul Boissevain e Barbara Joan Osmond.

[4] Joseph Marzella, Leon Loschetter, Walter Weissman, Melvin Bracher, Robert Geddes e George Quall.

[5] La giuria aveva preso in considerazione il progetto del giovane austriaco Wilhelm Holzbauer (che aveva 27 anni) e di Derek Cobb (USA) per il modo in cui valorizzava il sito e per la copertura a volta ondulata. Esso compare tra i progetti insigniti di una menzione speciale, insieme ad altri 19: L. P. Kollar e B. A. Korab, Australia; L. Prynn, Gran Bretagna; S. W. Milburn & Partners (Gran Bretagna); H. D. Krall (Gran Bretagna); W. Hamer (Germania); J. F. Metcalfe (Gran Bretagna); G. Subiotto (Gran Bretagna); Dlenderleath & Clarke (Scozia); H. Seidler con A. G. H. Young, R. M. Parker, R. G. Fitzhardinge e R. M. Young (Australia); R. A. Dunster e P. S. Staughton (Gran Bretagna); O. Leitner (Germania); D. A. W. Brunton, B. H. Joyce, B. Mildren e J. J. Lilly (Australia); T. Bliss e M. Le Pelley (Gran Bretagna). Si veda la relazione della giuria pubblicata in "The Builder", 1 marzo 1957, così come l'opera dedicata ai concorsi di architettura *Architects in competition. International Architectural Competitions of the last 200 years*, di H. de Haan e I. Haagsma, edito da Thames & Hudson nel 1988, in cui vengono illustrati alcuni dei progetti citati.

[6] Assessor's Report, in "The Builder", 1 marzo 1957.

[7] *Interview by H. I. Ashworth with Eero Saarinen and Leslie Martin*, ABC, gennaio 1957.

[8] Giedion, *Jørn Utzon and the third generation*, in "Zodiac", 14, 1965. Pubblicato in francese in *Espace, Temps, Architecture*, Bruxelles, La Connaissance, 1968, pp. 410-425.

[9] Kevin Roche, l'erede dello studio Saarinen, si ricorda la versione degli avvenimenti che dava lo stesso Eero: "Dopo molti giorni passati ad esaminare i progetti, i giudici sembravano in un'impasse (se ho ben capito, Eero e Leslie Martin erano in disaccordo). Eero era affascinato dalla proposta di Utzon e suggerì di noleggiare un battello per uscire nella Baia ad osservare il sito. Egli aveva una notevole facilità al disegno e, durante quest'uscita, fece degli schizzi che gli permisero di convincere gli altri membri della giuria che quel progetto doveva vincere. ... Eero era assai eccitato a causa della visione che aveva Utzon dell'Opera, pensava che fosse una soluzione brillante, ed è probabile che quella forma abbia influenzato l'evoluzione del terminal TWA al quale stava lavorando all'epoca" (lettera all'autrice, 22 luglio 1997).

[10] Lettera del 2 ottobre 1971 a Robin Boyd (Ashworth Papers, Box 2, Folder 12).

[11] "Sydney Morning Herald", 29 gennaio 1957. Le prime cifre erano state deliberatamente sottostimate per non dar adito alle critiche del pubblico e per permettere il lancio dell'operazione. La costruzione, stimata in un primo momento in 3,5 milioni di sterline, cioè circa 7 milioni di dollari, ne costò alla fine più di 100.

[12] Carl Hammerschmidt, *Utzon's design for the Sydney Opera House*, in "Meanjin", 16, marzo 1957, pp. 79-80.

[13] John Yeomans, *The other Taj Mahal* cit., p. 46.

[14] "The Builder", 1 marzo 1957, pp. 399-407.

[15] Lettera del 28 febbraio 1957 (Ashworth Papers, box 1, Folder 1). Saarinen gli risponderà l'11 marzo che lui "sarebbe stato in grado di predire la reazione di Wright. Ha sempre odiato il concorso ed ha ben poco da dire ad elogio di lavori che non siano i suoi", aggiungendo che, malgrado tutto, lo considerava il maggior architetto vivente.

[16] Citato da Gavin Souter, *Utzon and Andersson, Bennelong Pointers at work*, in "Sydney Morning Herald", 2 agosto 1957.

[17] Dichiarazione rilasciata al corrispondente newyorchese del quotidiano australiano "The Sun", 26 febbraio 1957, *Genius Flays Opera house* (Un genio demolisce l'Opera House).

[18] "L'Architecture d'Aujourd'hui", 73, settembre 1957, pp. 36-37.

Jørn Utzon, da Hellebæk a Sydney

Una personalità promettente

Jørn Utzon quando si iscrive al concorso per l'Opera House, nella primavera 1956, ha appena compiuto trentotto anni. Ha al suo attivo un piccolo numero di realizzazioni, di portata modesta, ma che si sono tutte fatte notare, e alcune vittorie in concorsi per edifici pubblici e piani regolatori. Il suo studio è a Hellebæk, vicino a Helsingør. Lavora da solo, oppure con colleghi svedesi o danesi. Nato nel 1918 a Copenaghen, è figlio di Aage Utzon, architetto navale di talento educato agli inizi del secolo in Inghilterra, progettista fra l'altro di un ketch d'acciaio che si produce ancor oggi, l'Explorer, e direttore dei cantieri navali di Aalborg e poi di Helsingør. La sua famiglia, di cui fa parte lo scultore Einar Utzon-Frank, uno degli zii di Jørn[1], segue attentamente le novità del periodo. Nel 1930, una visita all'esposizione di Stoccolma, nella quale Asplund esponeva la sua interpretazione del funzionalismo, lascia una profonda impronta nella loro quotidianità: "I miei genitori videro questo nuovo tipo di architettura, che reclamava luce e spazio, lasciava entrare il sole e si dilettava a esprimere la funzione delle cose ... Era il padiglione di Asplund, una struttura leggera dall'aspetto allora poco comune in Scandinavia. Tornarono assolutamente entusiasti di queste nuove idee, e si diedero a rinnovare tutta la casa. ... Avremmo ben presto acquisito nuove abitudini dietetiche, cominciato a fare sport e a praticare una maniera semplice e diretta di fare le cose ... Ecco in cosa gli architetti possono contribuire e quanto possono influenzare l'intera società ..."[2].

L'atelier di Einar Utzon-Frank negli anni trenta.

Una certa predisposizione per il disegno aveva incoraggiato Utzon a intraprendere gli studi di architettura all'Accademia reale di belle arti di Copenaghen, dove era entrato nel 1937 e aveva ricevuto gli insegnamenti fondamentali da Steen Eiler Rasmussen e da Kay Fisker[3]. Entrambi mostrano circospezione nei riguardi del funzionalismo allora sempre più in voga, preferendo riallacciarsi alla continuità della tradizione, ai suoi principi di modestia ed evidenza, e al principio dell'adeguamento della forma all'uso che era una sua costante caratteristica – nonché questione allora aspramente dibattuta. "I miei edifici più riusciti sono quelli che non sembrano ideati da un architetto", scriverà Rasmussen verso la fine della sua vita, precisando che proprio questo è il suo ideale[4]. Egli, architetto e urbanista (comincia a studiare il piano per Copenaghen a forma di mano), si rivela anche didatta e scrittore e dal 1919 al 1927 è redattore capo della rivista "Arkitekten"; il suo saggio su Londra, così come quello sul vernacolare nordico, sono due testi di riferimento importanti[5]. Come lui, anche Utzon coltiverà la passione per il disegno e la grafica, che lo porta a impaginare le proprie opere. Ex assistente di Sigurd Lewerentz, Kay Fisker progetta una tipologia residenziale assai imitata, che grazie a balconi e bow-

Carl Kylberg, autoritratto.

window personalizza gruppi di unità abitative. Costruisce poi edifici per l'università di Aarhus, vere e proprie celebrazioni della costruzione in mattone tipica della tradizione danese fin dal Medioevo e di cui la chiesa di Grundtvig, di Peder Vilhelm Jensen-Klint, rimane uno degli esempi di revival tra i più influenti e citati.

È nel corso di questi anni che nasce la passione di Utzon per l'architettura delle civiltà antiche, soprattutto per quella cinese. Sia Rasmussen che Fisker si interessavano a questo paese remoto, che avevano visitato circa vent'anni prima. Il primo aveva pubblicato una raccolta dei suoi schizzi di viaggio[6] e aveva steso un progetto per una centrale termica a Pechino. Sotto la loro influenza, Utzon si familiarizza con le opere essenziali sull'argomento: i lavori di Johannes Prip-Møller, architetto ed erudito danese, autore fra gli altri di un saggio minuzioso, frutto di anni di ricerche sul campo, nel quale, con l'aiuto di rilievi e fotografie, analizza la tipologia dei monasteri buddisti cinesi[7] e il manuale di costruzioni dell'era Song *Ying zao fa shi*, il più antico trattato di architettura a stampa, che codifica gli elementi di carpenteria necessari alla costruzione di ogni tipo di edificio[8].

Inoltre, fin dalla giovinezza, Utzon è legato al pittore svedese Carl Kylberg, allora molto conosciuto in Scandinavia, che passa l'estate a Helsingør e poi ad Aalsgaarde e che lo introduce alla filosofia orientale e all'induismo[9]. Kylberg, prima di decidere all'inizio del secolo di studiare pittura all'accademia privata Valänd, a Göteborg, era stato apprendista muratore e aveva pensato di diventare architetto. Il suo è un espressionismo elegiaco, improntato di misticismo; il colore è il suo materiale. "Il mondo in cui vive e dipinge Carl Kylberg ha più o meno tanta affinità col nostro di quanta ne ha il visibile con la visione. Per lui la realtà vista, ciò che lo circonda, non è altro che materia che lo incita a creare eventi artistici dotati di senso e qualità completamente diversi. ... Particelle di realtà si fondono con fermenti di pensiero, immagini di idee, simbologie oniriche e speculazione estetica; ne risulta una visione d'insieme colorata. Ricercare questa totalità e renderla visibile agli altri con l'aiuto del colore, sia nell'interesse di questo stesso evento, sia nell'interesse degli uomini: ecco lo scopo, per Kylberg, e il senso intimo dell'arte."[10]

Nel 1942 Utzon, appena diplomato, fugge dalla Danimarca occupata per rifugiarsi nella neutrale Svezia dove soggiorna per tre anni, così come il suo amico e compagno di scuola Tobias Faber. "Asplund era morto da due anni, ma si stavano portando a termine i suoi ultimi progetti e l'atmosfera per gli architetti era molto stimolante"[11], ricorda quest'ultimo. I due lavorano in diversi studi di architettura e si legano ad Arne Korsmo, pioniere del modernismo norvegese vicino a Lods e Le Corbusier e mentore di giovani architetti come Sverre Fehn e Christian Norberg-Schulz, coetanei e amici di Utzon e di Faber. Fanno anche la conoscenza del sinologo svedese Osvald Sirén, i cui scritti alimentano il loro interesse per l'architettura cinese – le sue fortezze, i suoi palazzi e le sue case, tutti coronati da enormi tetti a sbalzo con grandi aggetti. L'esposizione dedicata all'architettura americana che si tiene a Stoccolma nel 1942 con il titolo "Amerika Bygger" permette loro di scoprire l'opera di Wright[12]. Tra i loro libri favoriti vi sono già alcune opere-chiave delle teorie organiche, come il famoso *On Growth and Form* di D'Arcy Thompson[13], ma anche repertori fotografici di piante e minerali che hanno lo scopo di dimostrare per immagini l'esistenza dell'arte in natura[14]. Smisuratamente ingranditi, gli sviluppi verticali dei gambi di equiseto fotografati da Karl Blossfeldt potevano assomigliare agli impilamenti volumetrici delle pagode, la struttura delle rocce cristalline agli agglomerati di case nei villaggi greci o marocchini.

Nel 1945, Utzon si reca in Finlandia. A Helsinki lavorerà per qualche settimana[15] presso Aalto: "Quando si discuteva qualche progetto, si chiedeva spesso a voce alta cosa avrebbe fatto 'papà Asplund', perché lo considerava in un certo senso un padre; Jørn ne era estasiato"[16]. Di ritorno in Danimarca, partecipa a diversi concorsi. Per un progetto di crematorio disegna un insieme di cap-

Utzon, Faber e Irming, concorso per il Crystal Palace, 1945, planimetria.

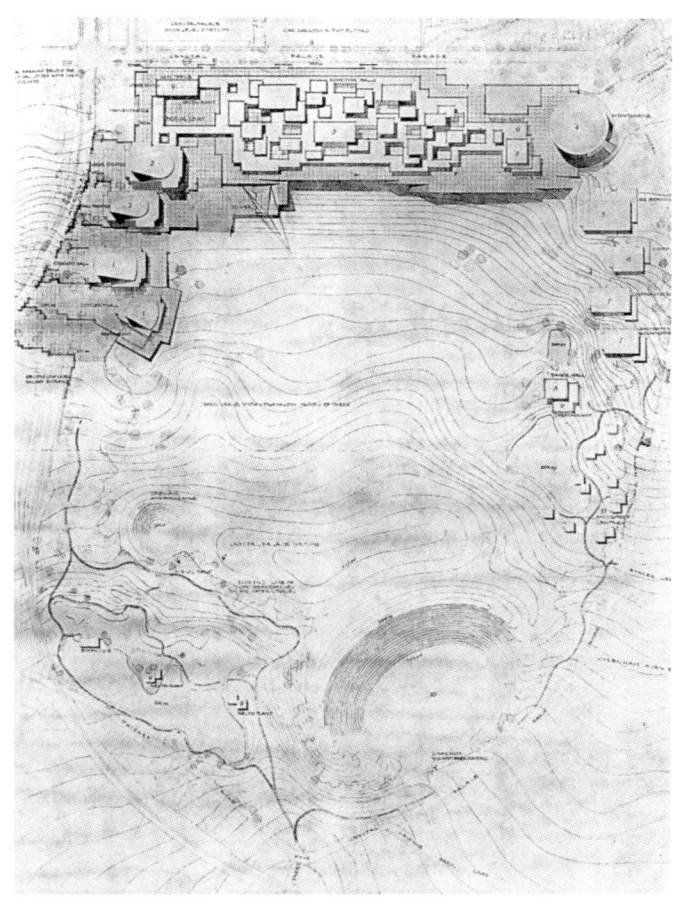

Utzon e Faber, illustrazioni per l'articolo-manifesto Tendenser i nutidens arkitektur, *1947.*

Casa Utzon a Hellebæk, 1952, pianta, prospetto e vedute esterne (Claus Kæfæd Fotografi).

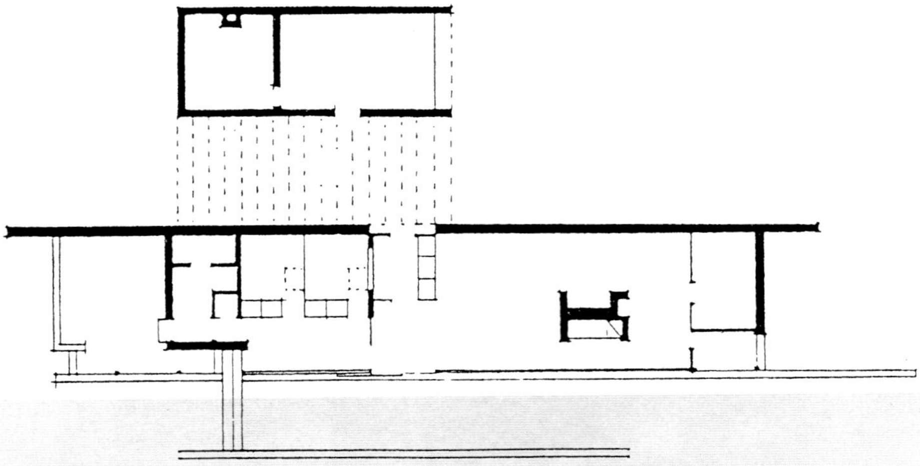

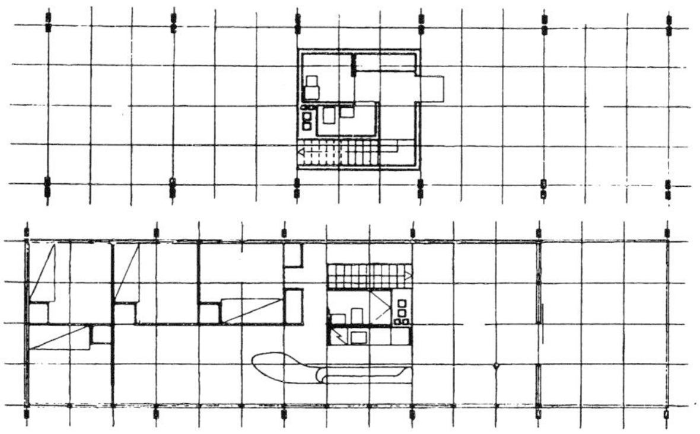

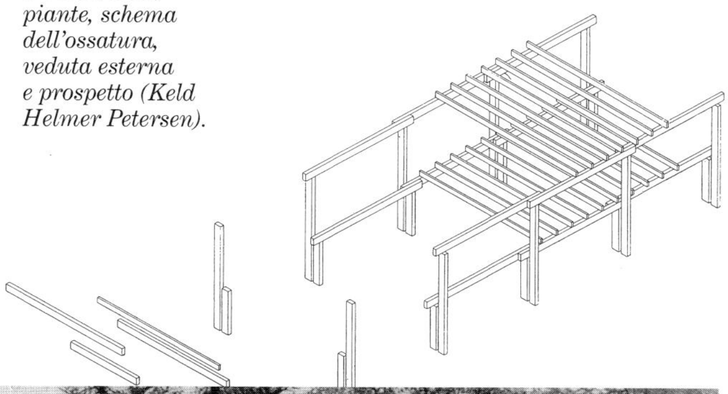

Casa Middleboe a Holte, 1953, piante, schema dell'ossatura, veduta esterna e prospetto (Keld Helmer Petersen).

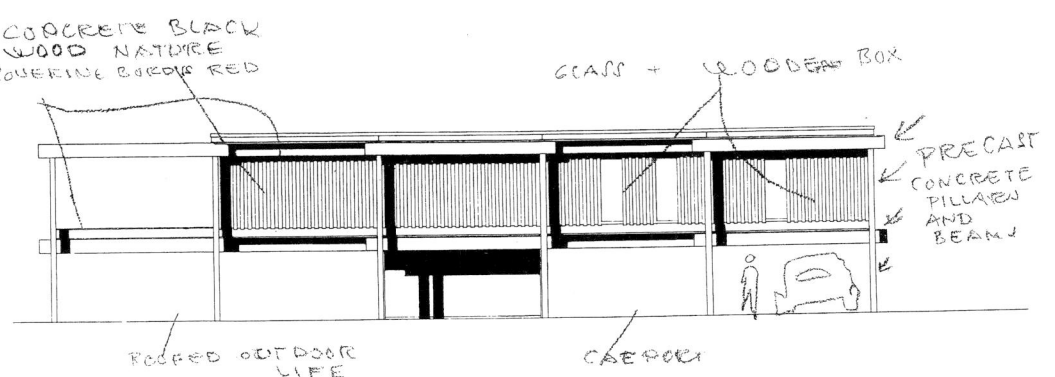

Ristorante Langelinie, Copenaghen, 1953, simulazione informatica (Skyer, DR-TV, Pi Michael).

pelle, disposte sulla collina seguendo le curve di livello; frammenti di muro, edificati in ragione di un'urna per defunto, crescono con l'andar del tempo e sottolineano con la loro orizzontalità il leggero rilievo. Due anni dopo, Utzon e Faber partecipano insieme al concorso per il Crystal Palace di Londra, nel quale emerge ancora una volta l'abilità di Utzon nel moltiplicare i piani orizzontali e sovrapporre le loro decise geometrie ai movimenti del terreno. In seguito, i due amici pubblicano sulla rivista danese "Arkitekten" un manifesto, *Tendenze dell'architettura contemporanea*: "La nostra epoca non ha ancora trovato un'espressione peculiare, né in campo tecnico né in quello artistico, e neppure sul piano del modo di vivere, perché ..., a differenza degli anni trenta, continua a ricercare possibilità sconosciute senza definire un percorso chiaro. Per combattere i propri dubbi, alcuni si aggrappano alla tradizione, a forme con le quali si è rotto molto prima dell'epoca funzionalista. ... Altri cercano di proseguire sulla strada tracciata dal funzionalismo, ma arrivano solo al formalismo. La loro architettura è un assemblaggio di motivi estirpati alla loro origine, di riferimenti di cui si sono infatuati; manca di chiarezza, come un linguaggio privo di grammatica. Da ultimo, vi sono coloro che interpretano correttamente la contemporaneità. Essi provengono da una scuola di pensiero secondo la quale l'architettura dovrebbe tener conto del contesto in cui si vive, perché bisogna prima di tutto viverci. Il loro lavoro è basato sull'innata percezione di questo aspetto che, attraverso i secoli, è sempre stato alla base della vera architettura, cioè su quel modo di sentire che ci permette contemporaneamente di fare l'esperienza di un edificio e di idearlo"[17]. L'articolo è illustrato con fotografie che riassumono le fonti d'ispirazione degli autori: macrofotografie di rocce e coralli affiancano vedute di villaggi tradizionali indiani e mediorientali, i monumenti della Cina sono posti accanto a un vaso e a una fabbrica di Aalto[18]. Poco dopo, Utzon redige l'introduzione al catalogo di una piccola mostra, sostenendo un nuovo approccio a un'architettura "basata sull'educazione della sensibilità di ciascun individuo, sulla comprensione delle leggi naturali e sulla necessità dell'immaginazione e dei sogni"[19].

Alla fine degli anni quaranta abbandona l'ambiente scandinavo per andare alla scoperta del resto del mondo. A Parigi incontra Fernand Léger e Le Corbusier ma soprattutto Henri Laurens, un amico di famiglia al quale faceva spesso riferimento[20]. "Fu quest'ultimo a insegnargli a costruire forme nell'aria e a raffigurare la sospensione del movimento", sosterrà Giedion[21]. Di lì si reca in Marocco, dove osserva le costruzioni di fango dei villaggi tradizionali; abbozzerà due progetti ambientati in questo paese. Per l'anno seguente ottiene una borsa di studio che lo porta negli Stati Uniti, con Korsmo. Soggiorna brevemente a Taliesin Est, poi, in Messico, visita i templi precolombiani di Uxmal e di Chichen-Itza. "Fu soprattutto l'architettura dei Maya e degli Aztechi ad appassionarlo. Nei loro santuari trovò ciò che sedimentava in lui già da tempo: ampie superfici orizzontali come elementi base di un'architettura", scriverà ancora Giedion[22]. Di ritor-

Complesso residenziale a Elineberg, 1954, pianta, prospetto e sezione di un'unità (da "Zodiac", 5, 1959).

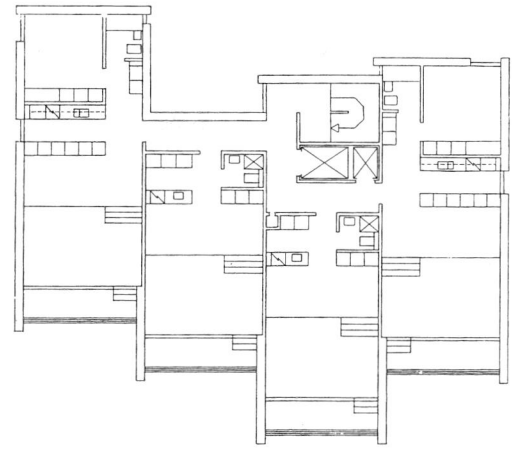
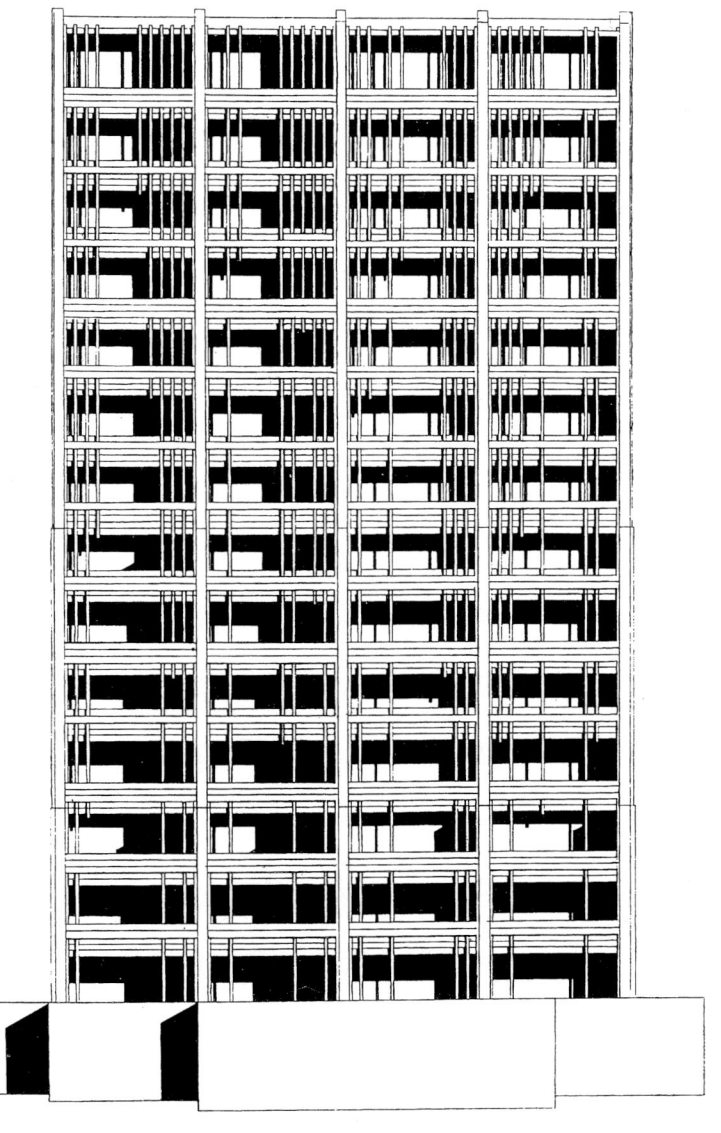
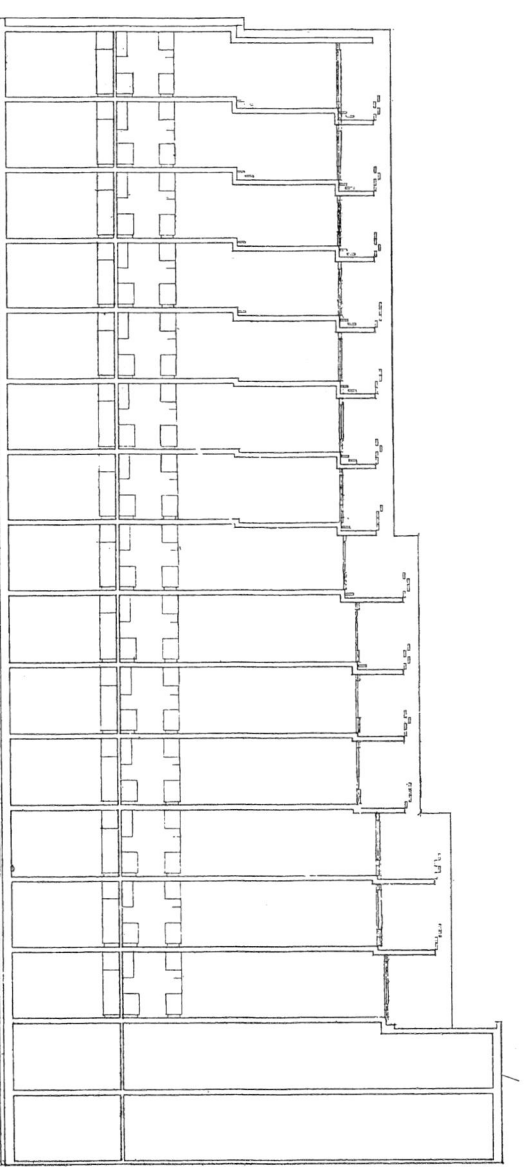

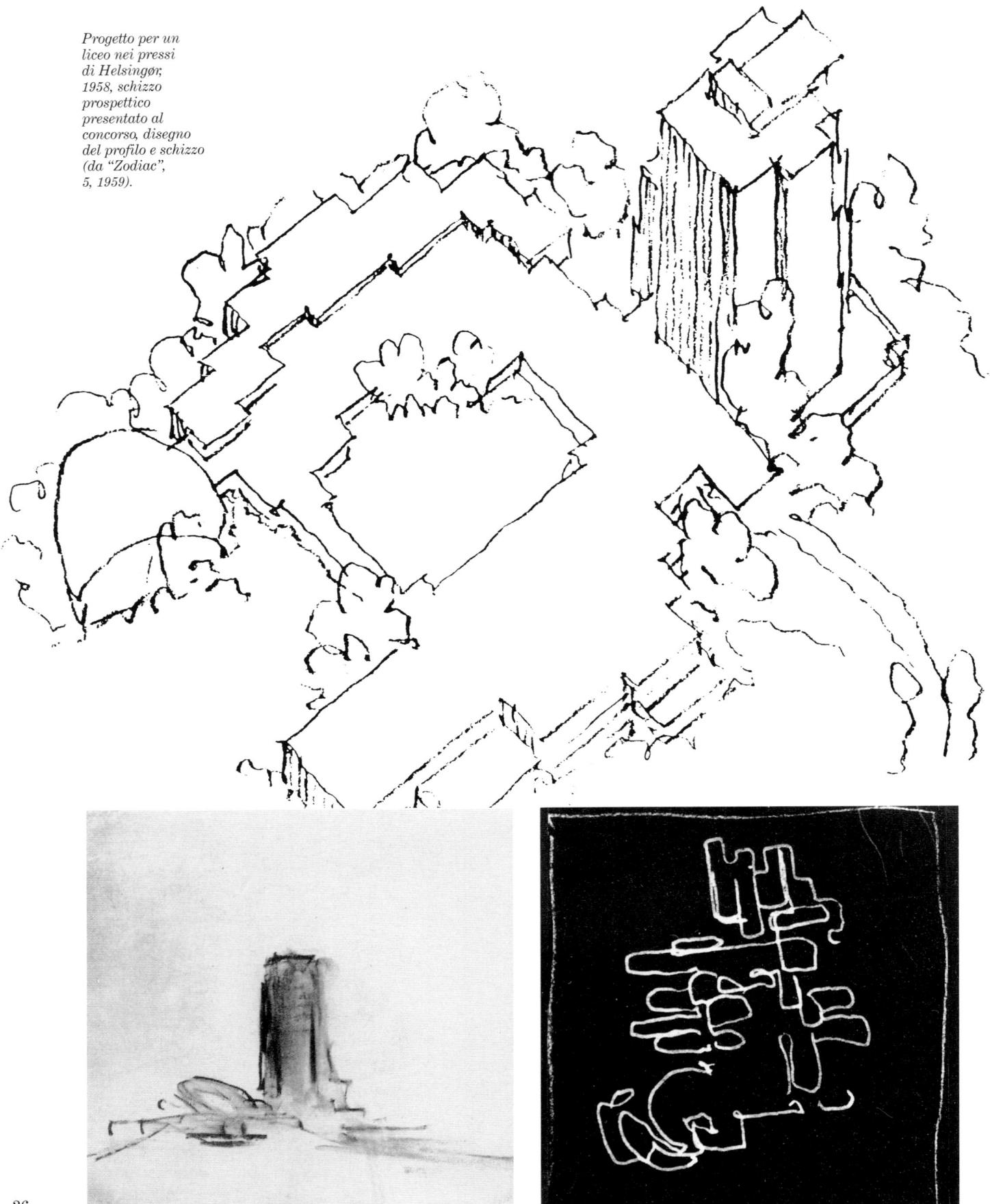

Progetto per un liceo nei pressi di Helsingør, 1958, schizzo prospettico presentato al concorso, disegno del profilo e schizzo (da "Zodiac", 5, 1959).

*Progetto per un
liceo nei pressi
di Helsingør,
planivolumetrico,
piante e sezioni
(da "Zodiac",
10, 1962).*

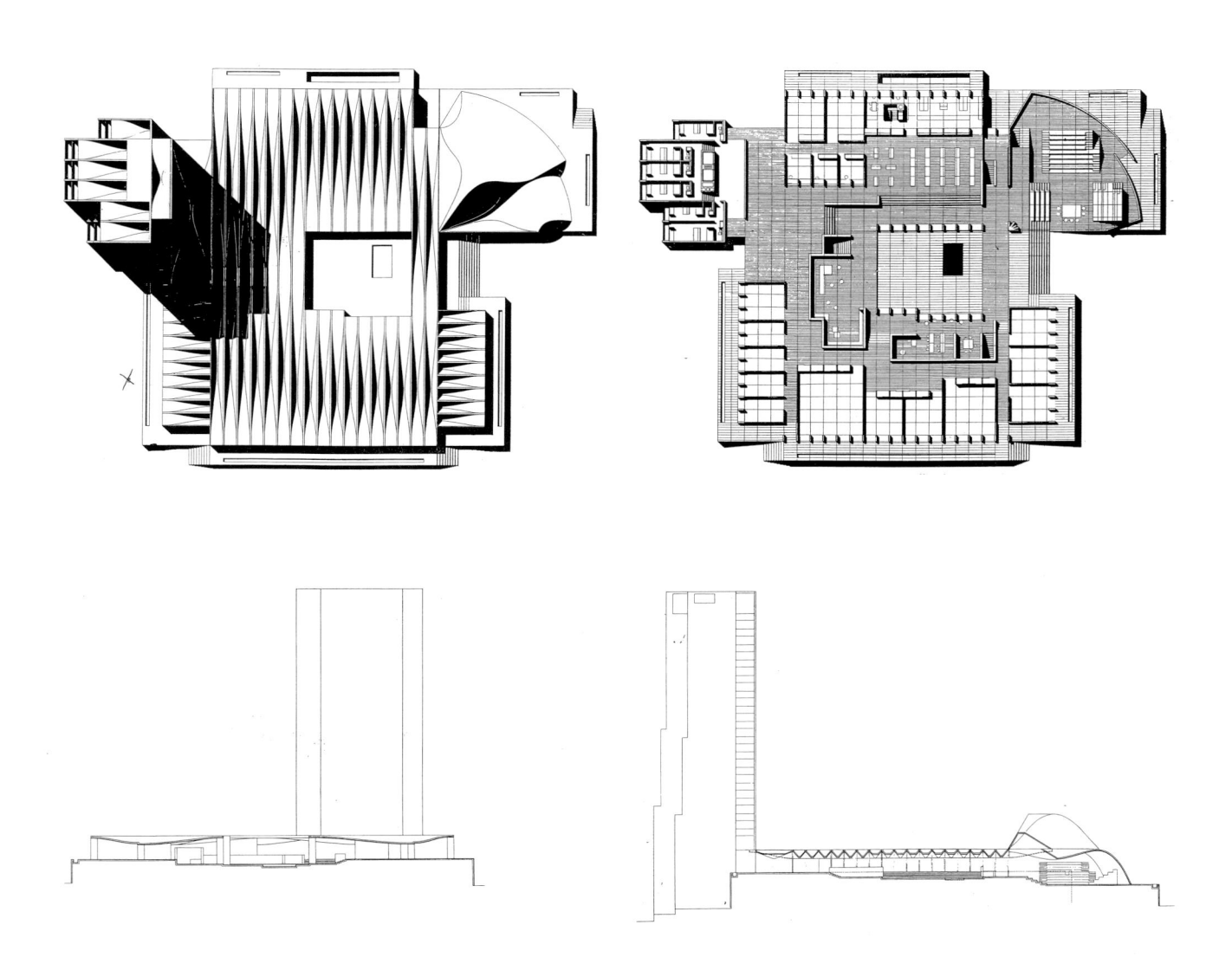

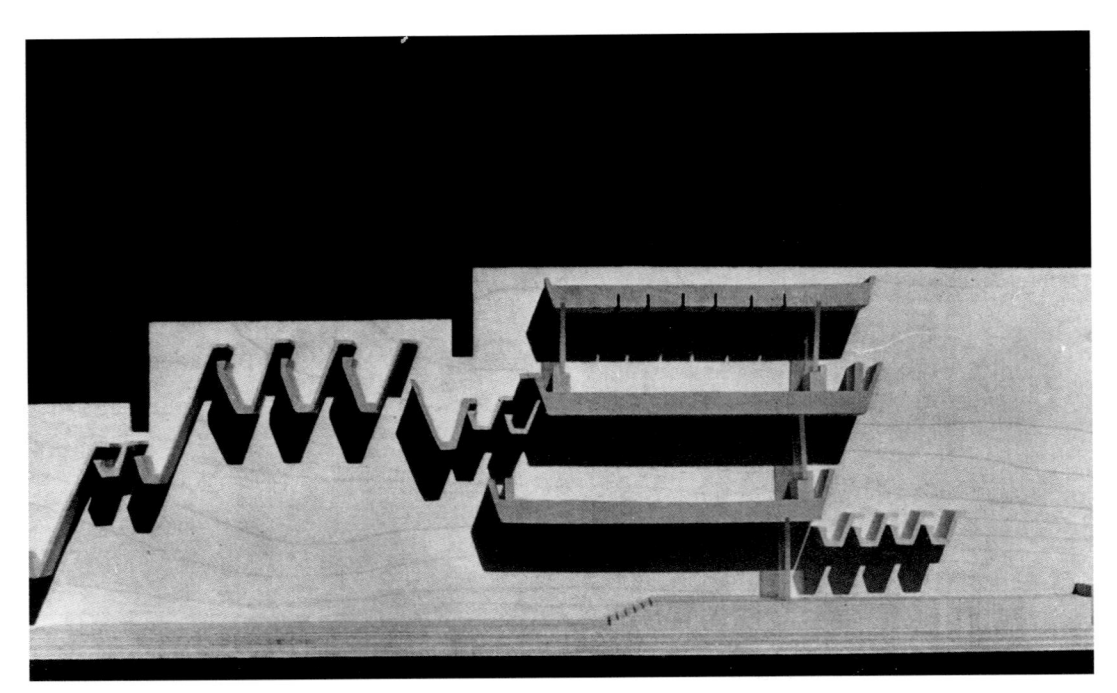

*Banca Melli
a Teheran, 1959,
modello sezionato
e pianta
(da "Zodiac",
5, 1959).*

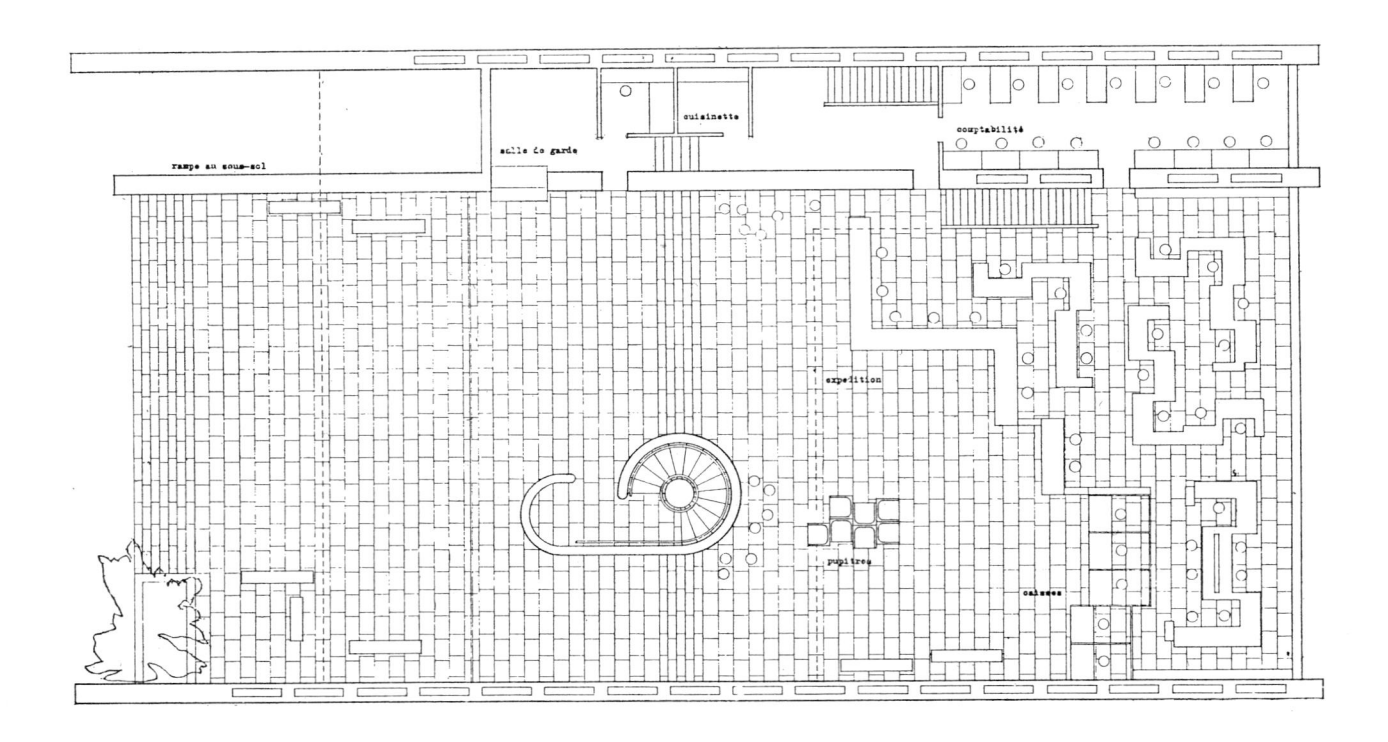

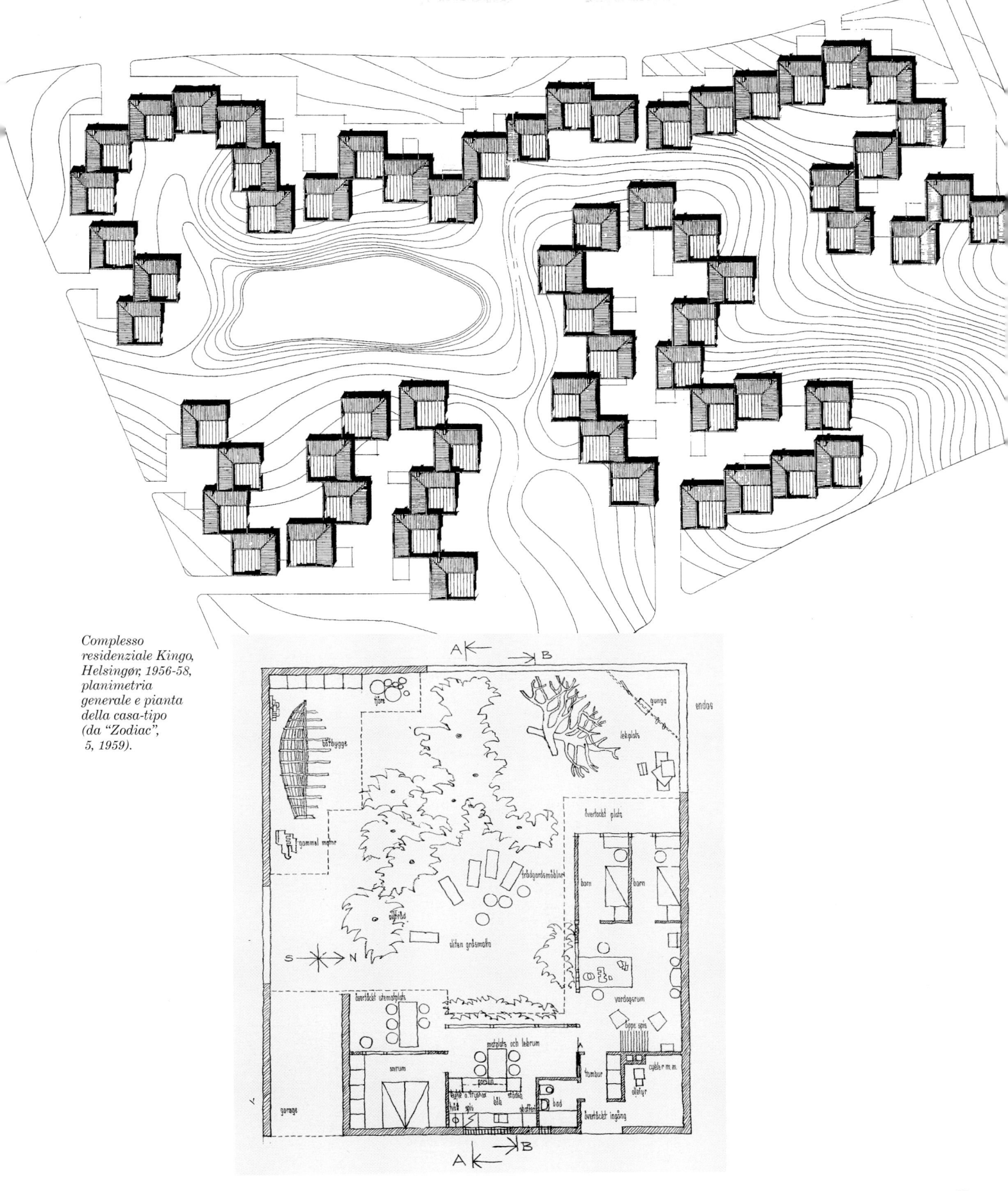

Complesso residenziale Kingo, Helsingør, 1956-58, planimetria generale e pianta della casa-tipo (da "Zodiac", 5, 1959).

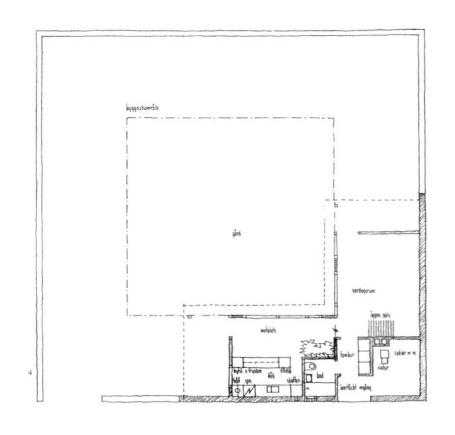

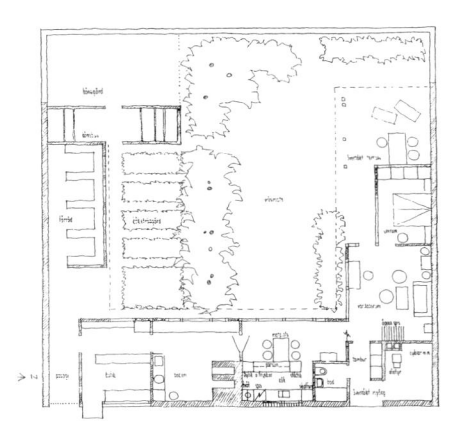

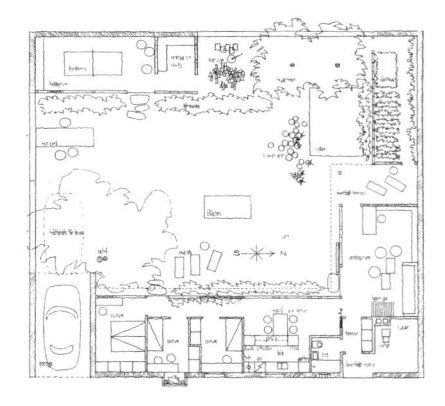

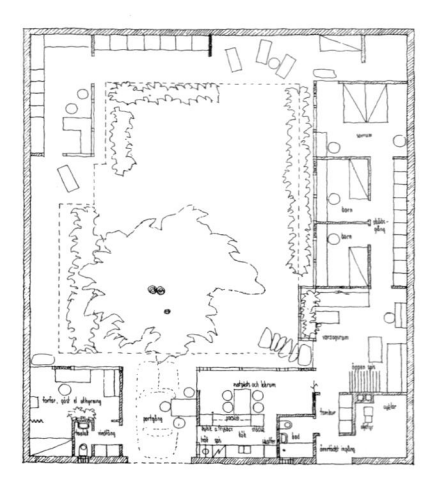

Complesso residenziale Kingo, varianti della pianta della casa con patio e vedute esterne (Françoise Fromonot e Mogens Prip-Buus).

Complesso residenziale Kingo, veduta generale e scorcio da un giardino (Françoise Fromonot).

Monastero buddista di Hui Chü Ssu, Cina (Johannes Prip-Møller).

no in Danimarca, costruisce per sé la casa di Hellebæk (1952), di ispirazione usoniana, che introduce la pianta libera nell'architettura domestica danese[23]: dietro a una lunga parete di mattoni gialli sviluppa uno spazio lineare che si apre verso sud con una facciata interamente vetrata. Le dimensioni di ogni elemento sono basate su un modulo di 12 centimetri, equivalente alla metà di un mattone e del suo giunto[24], secondo la tradizione scandinava della messa in opera che raggiunge vette mistiche in Asplund e poi in Aalto. Questa prima opera è seguita dalla casa Middelboe a Holte, sulle sponde del lago Furesö, una residenza su palafitte caratterizzata da un'ingegnosa ossatura di travicelli di cemento armato, i cui elementi portanti sono segnalati da colori vivaci.

I concorsi ai quali partecipa in questo periodo hanno programmi più importanti. Il ristorante Langelinie a Copenaghen, una torre formata da dischi sovrapposti di diametro variabile, prende evidentemente a modello la Johnson & Co Research Tower di Racine, portata a termine da Wright sei anni prima, ma richiama ancora il principio costruttivo delle pagode e, più a monte, l'interesse comune di Wright e di Utzon nei confronti dell'architettura dell'Estremo Oriente. Associato a due architetti svedesi, i fratelli Erik e Henry Andersson, Utzon vince nel 1954 il concorso per il centro di Elineberg, con torri di quattordici piani che, disposte su un basso zoccolo, formano una sorta di piazza coperta. Come spiega lui stesso, esse sono costruite assemblando "la più piccola unità possibile, vale a dire l'appartamento", per formare "un insieme vivo ... che dia la sua impronta a ciascuno di essi"[25]. Mostra una cura particolare per la qualità degli alloggi: fluidità degli spazi interni gradonati, che scendono verso la facciata affinché le finestre si aprano sul paesaggio, non sul cielo; attenzione all'orientamento e alla vista, filtrata da frangisole formati da stecche tanto più fitte quanto più in alto è situato l'appartamento.

Nel 1956, sta realizzando il suo progetto più ambizioso: il complesso residenziale Kingo, presso Helsingør. Tre anni prima a Skaane, nel sud della Svezia, aveva partecipato a un concorso sul tema dei raggruppamenti di alloggi individuali, progettando una casa la cui superficie, distribuzione e programma potevano essere adattati, intorno a un patio, ai bisogni specifici di ogni famiglia. Tenendo conto di una serie di invarianti, il concetto integra la possibilità di declinazioni legate all'uso e l'adeguamento a bisogni variabili. Nel concorso svedese Utzon concretizza per la prima volta questo principio, dove la disposizione volumetrica delle case, a suo dire, gli è stata ispirata

*Progetto di
concorso per
l'Esposizione
Universale di
Copenaghen, 1959,
piante, sezione
e prospetto
(da "Zodiac",
10, 1962).*

dalla disposizione dei villaggi cinesi[26]. L'architetto cerca quindi di proporre il progetto ad altre municipalità, come alternativa alla parcellizzazione che proliferava allora alla periferia delle città danesi, e riesce a convincere il comune di Helsingør, che gli mette a disposizione un terreno libero a ovest della città, nei pressi di uno stagno. Seguendo la topografia irregolare del sito, allinea 63 unità abitative, tutte derivate dalla casa prototipo, a formare un nastro dall'andamento sinuoso. La vita quotidiana è rivolta verso il patio, che diventa cortile, giardino, sala da pranzo, area destinata al gioco o al bricolage. Le due ali che lo delimitano sono estensibili; le murature esterne di mattoni chiari compongono lungo le vie di circolazione un paesaggio astratto, austero, le cui superfici digradanti ricordano il profilo delle costruzioni rurali danesi e i pignoni delle case cinesi. Tre anni dopo, basandosi sullo stesso principio, Utzon costruirà un secondo lotto di abitazioni a Fredensborg, non lontano da lì.

I progetti di quest'epoca rivelano già chiaramente le tre preoccupazioni che stanno alla base della peculiare pratica progettuale di Utzon: la lettura e l'uso del sito, vero e proprio motore del progetto; la ricerca di una composizione organica mediante la ripetizione di elementi tratti dalla declinazione di un prototipo; la ricerca di un equilibrio umanistico tra ideali moderni e due tradizioni scandinave – l'arte di costruire e il comfort abitativo.

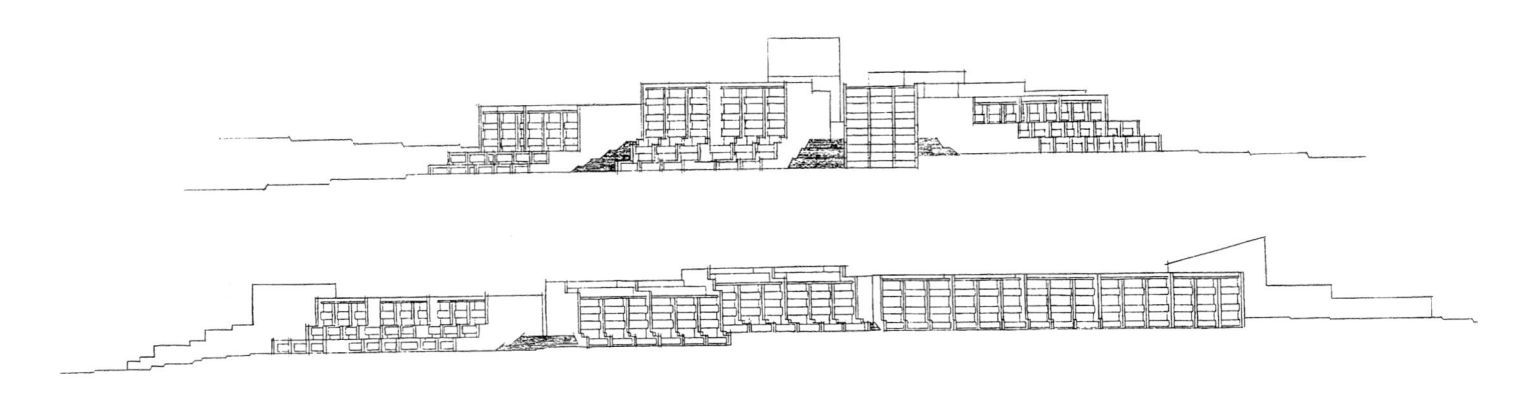

Progetto di concorso per la nuova città di Birkehöj, 1959, prospetti e planimetria generale (da "Zodiac", 5, 1959).

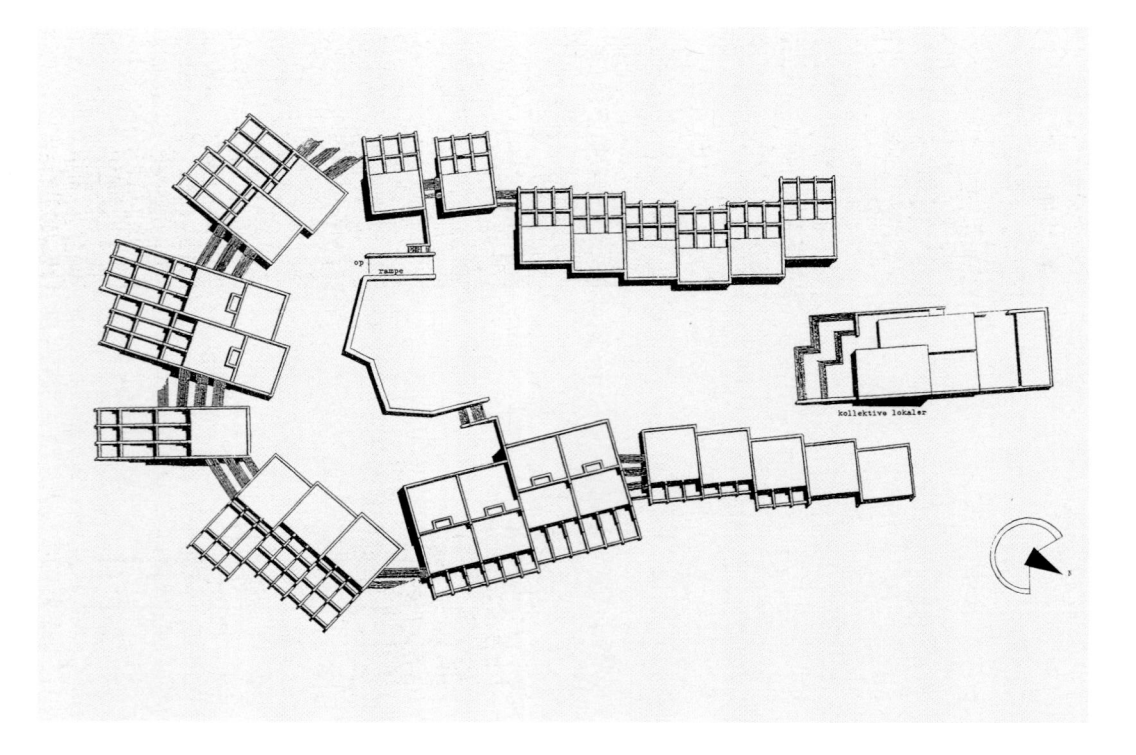

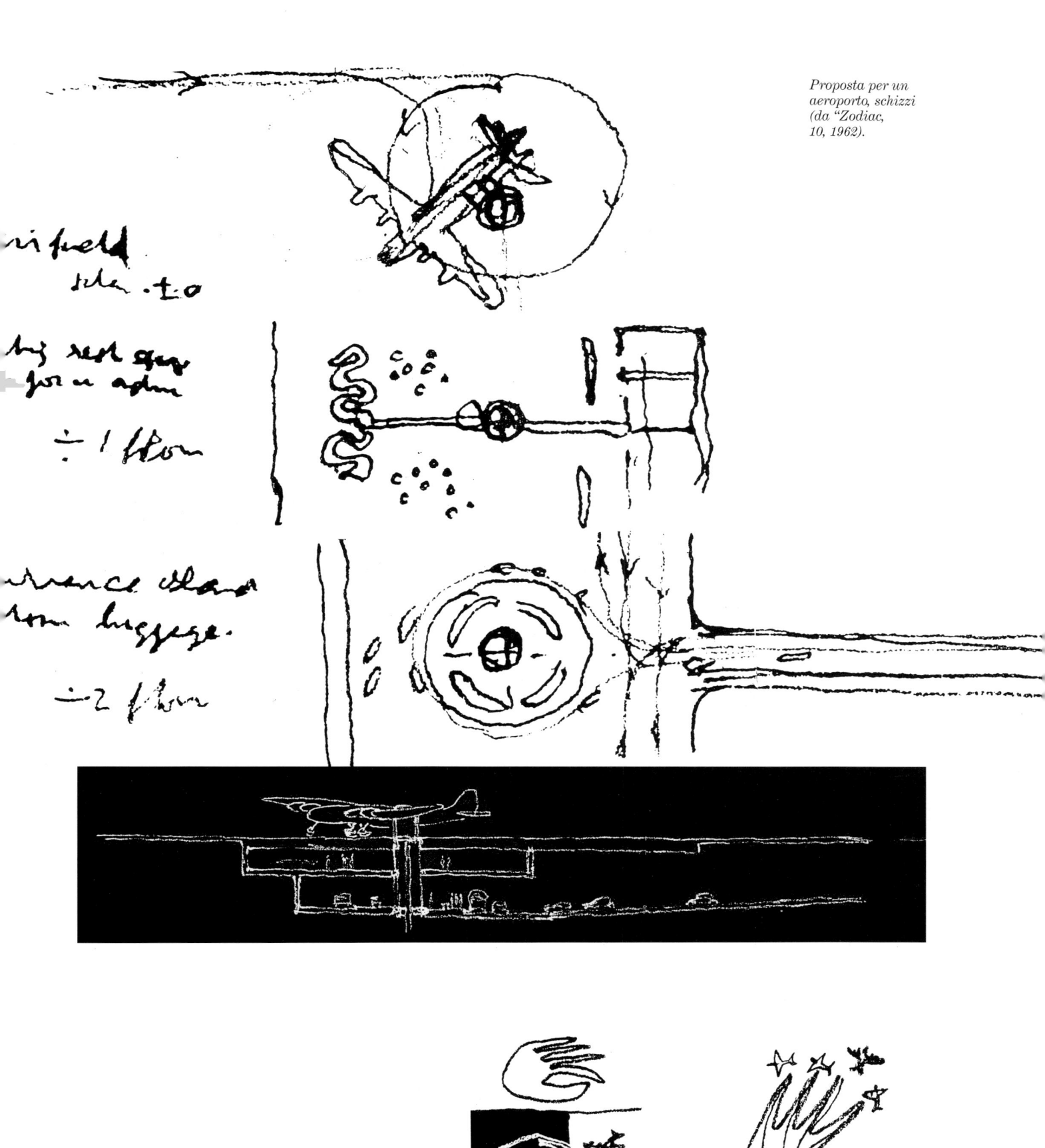

Proposta per un aeroporto, schizzi (da "Zodiac, 10, 1962).

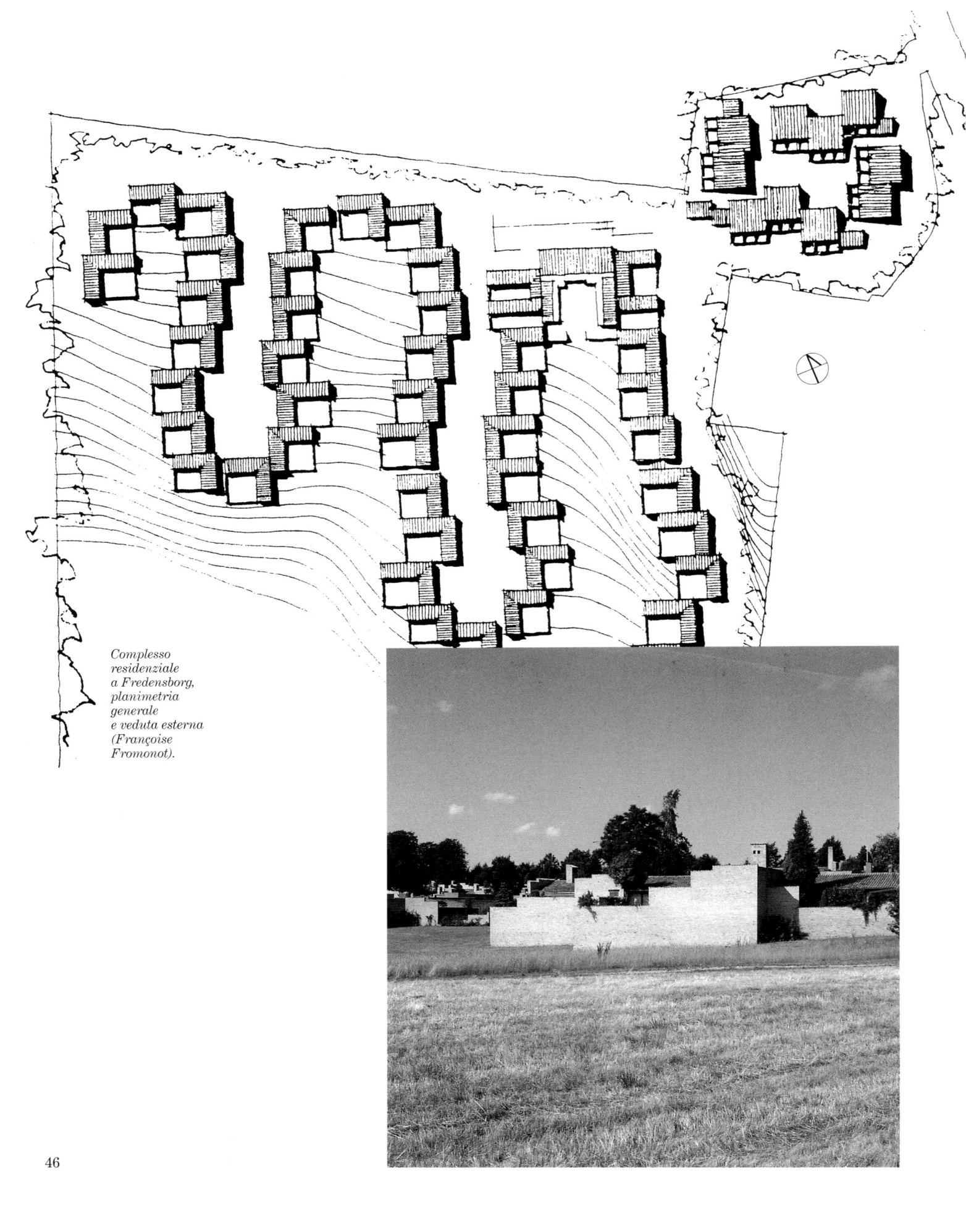

Complesso residenziale a Fredensborg, planimetria generale e veduta esterna (Françoise Fromonot).

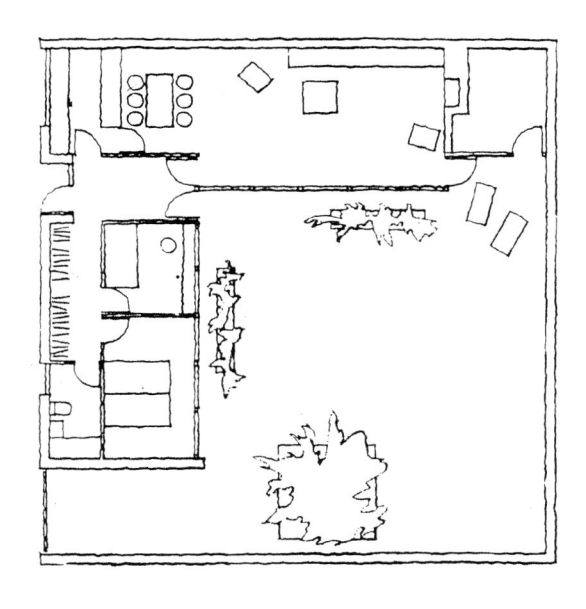

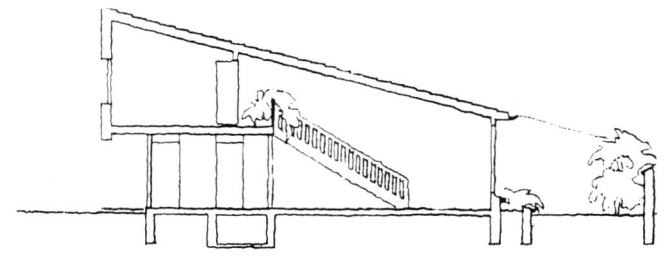

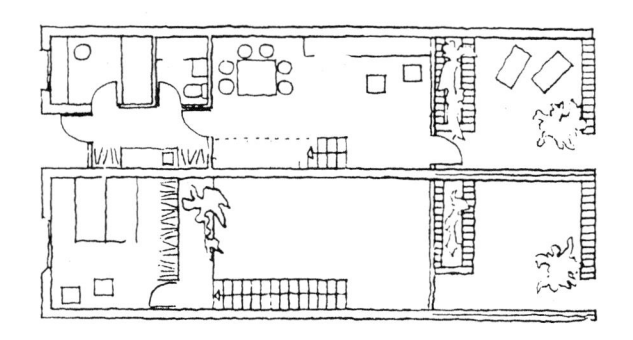

Complesso residenziale a Fredensborg, pianta di una casa-tipo e sezione e pianta di una casa in linea (Keld Helmer-Petersen).

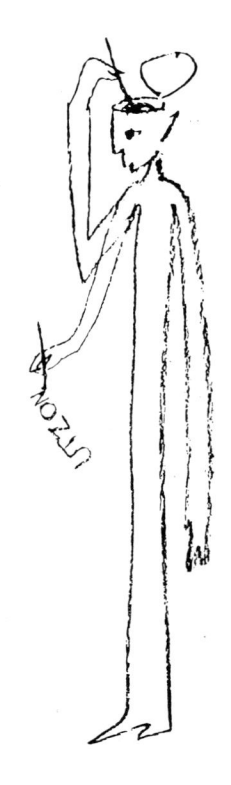

Jørn Utzon, schizzo.

Una scelta non classificabile

Utzon vince il concorso di Sydney con una dozzina di disegni fotocopiati, relativamente succinti, di circa 175 x 70 cm, alcuni dei quali incollati su tela. Si dice che la relazione fosse abbellita da un curioso schizzo, in seguito pubblicato spesso, dove Utzon si rappresenta mentre firma con un pennello intinto nel proprio cranio aperto, come se volesse dare nuova vita alla vecchia ingiunzione di Winckelmann: "Il pennello maneggiato dall'artista dev'essere tuffato nell'intelligenza, come è stato detto dello stiletto di Aristotele: deve dar da pensare più di quanto non dia a vedere"[27]. Come aveva previsto Ashworth, la maggior parte dei concorrenti ha sistemato le due sale una contro l'altra, riunendo – non senza efficacia – le relative strutture di scena in un unico volume. Ne consegue la necessità di due ingressi diametralmente opposti, il che, se dà pari rilevanza alle due estremità della punta – quella rivolta verso la città e quella verso la baia –, nuoce d'altra parte all'unità dell'edificio, alla maestosità richiesta sia dall'istituzione che dal luogo. Utzon è l'unico a progettare i due auditorium affiancati, occupando il sito in tutta la larghezza. Egli ha inoltre riunito la totalità delle funzioni sull'alta piattaforma rivestita di pietra che segue esattamente i contorni del sito[28]: con il grande zoccolo ricostruisce, letteralmente, Bennelong Point per imprimere su questo suolo artificiale i gradini dei due auditorium. Tre composizioni di gusci uno dentro l'altro, ma indipendenti, sono collocate su questo podio. Ogni insieme copre uno degli elementi principali del programma: la sala piccola e quella grande – ognuna con il suo apparato di scena e il suo foyer rivolto verso la baia – e il ristorante. Posti leggermente in diagonale rispetto all'asse longitudinale del promontorio, i due auditorium si uniscono a sud in una vasta piazza sopraelevata sulla quale si apre anche il ristorante; poi la piattaforma si piega per tutta la sua larghezza, cioè più di 80 metri, per trasformarsi in uno scalone monumentale che collega il belvedere formato dallo zoccolo alla base dei giardini botanici. Questo scalone ospita l'ingresso per le automobili, comune alle due sale. Gli spettatori possono dunque entrare nella hall dell'Opera House sia dal livello più basso, da questa strada nascosta, sia dal livello della piazza, da due ingressi distinti. Comunque vi accedano, essi giungono sempre nelle sale dal retro del palcoscenico, poi, camminandovi accanto, percorrono i passaggi che fiancheggiano la faccia interna dei gusci per accedere o ai loro posti, da due ingressi laterali, o ai due foyer, posti nella prua della costruzione, a strapiombo sulla baia. "Partendo dallo scalone, attraverso un foyer di proporzioni giganti, l'ascensione continua in quelli laterali, lunghi e stretti, verso l'alto degli auditorium, dove improvvisamente la scala si modifica teatralmente, aprendosi sul panorama della baia. Questa è davvero la prova della maestria con cui Utzon, che qui sfrutta appieno lo splendore del luogo, padroneggia lo spazio", riassumerà un critico australiano[29]. Una passeggiata pubblica, indipendente dalle sovrastrutture dell'edificio, è ricavata all'esterno dello zoccolo, giusto sopra l'acqua.

Il ragionamento di Utzon è semplice e logico. La configurazione del sito implicava che la futura costruzione fosse visibile da ogni lato, perché navi e traghetti navigano in ogni momento intorno a Bennelong Point, ma anche dall'alto – dai giardini botanici e dai punti più elevati della città, e soprattutto da Harbour Bridge, che domina tutta la Baia. Gli altri concorrenti hanno stentato a immaginare una soluzione per questo problema, ma più ancora a rappresentare con una certa eleganza nella forma delle coperture gli alti volumi che ospitano le attrezzature di scena. Svincolando la copertura da ciò che essa ripara, Utzon si dà la più ampia libertà di modellare interno ed esterno in modo indipendente. I suoi gusci mascherano i volumi delle sale e delle loro appendici tecniche, diversissimi tra loro; la copertura diviene una quinta facciata, l'edificio una scultura. La base massiccia su cui poggia, assolutamente orizzontale, corrisponde all'acqua e alla terrazza dei giardini. L'architetto spiega queste intenzioni nel testo allegato ai progetti, in cui alterna le ragioni plastiche e simboliche alle giustificazioni funzionali: "L'architettura esalta le caratteristiche di Bennelong Point e si avvantaggia del panorama. Le scalinate permettono un arrivo del pubblico agevole e ordinato, come nei teatri greci. Che si arrivi in auto, in treno o in traghetto, ci si dirige verso una qualunque delle sale in processione festosa lungo lo scalone. I leggeri gusci di cemento accentuano l'effetto della piattaforma e il sistema di scalinate. ... L'esterno irradia una sensazione di leggerezza e di festosità"[30].

Le ragioni di un'idea

Per ovvie ragioni, Utzon non aveva visitato il sito prima di iniziare a lavorare al progetto, né conosceva la città. Per integrare le informazioni fornitegli dalle poche fotografie e dalle due piante presenti nel bando di concorso, deve quindi documentarsi personalmente: all'Ambasciata australiana di Copenaghen visiona tutti i film disponibili su Sydney. Nota le nuvole che si attardano sopra la Baia, e dirà spesso di esservisi ispirato per le coperture bianche che paiono veleggiare al di sopra della piattaforma[31]. Si procura le carte nautiche su cui, da provetto marinaio, ha misurato "le distanze e le altezze, e valutato così il paesaggio e la natura di Sydney, i colori del mare, la luce e le ombre"[32]. La straordinaria capacità di interpretare il paesaggio sottolineata dalla giuria deriva da questo studio a distanza della sua morfologia e del suo clima. Utzon farà spesso allusione alle similitudini tra il sito del suo progetto e quello della città di Helsingør, là dove la penisola del castello di Kronborg si protende nello stretto che separa la Danimarca e la Svezia, e dove "le forme si stagliano su una linea orizzontale, il mare e le nuvole, senza una sola linea verticale"[33]. La sua sensibilità nei confronti del sito raddoppia evocando luoghi familiari o riferimenti carichi di reminiscenze poetiche.

Lo zoccolo-piattaforma dell'Opera House si rifà a quello degli antichi templi precolombiani: lo scriverà Utzon stesso in *Platforms and Plateaus*, un saggio in forma di manifesto che rimane il suo testo più organico: "Lo Yucatàn è un territorio piatto, coperto da una giungla inaccessibile che cresce uniformemente fino a una determinata altezza. Lì i Maya avevano i loro villaggi e ricavavano campicelli per le loro coltivazioni; il loro ambiente era semplicemente questa giungla verde, umida e calda, senza punti panoramici. L'introduzione di piatteforme alla stessa altezza della cima del tappeto vegetale aggiungeva così una nuova dimensione alla vita, la dimensione del culto degli dei. Alcune misuravano più di cento metri. Essi vi costruirono i loro templi, da cui potevano vedere il cielo, le nubi, sentire il vento, e improvvisamente il tetto della giungla diventava una grande pianura ... In India e in Estremo Oriente, senza dimenticare l'Acropoli e il Medio Oriente, la piattaforma è la colonna vertebrale della composizione architettonica, basata su un'idea formidabile"[34]. Gli schizzi che Utzon esegue di queste piatteforme richiamano i disegni tracciati da Le Corbusier sull'Acropoli, per l'espressione dell'intima consonanza tra architettura e paesaggio. Utzon preferisce paragonare i templi precolombiani all'architettura tradizionale cinese, alle sue case e ai suoi templi "che devono molta della loro forza e sicurezza al fatto che poggiano su una piattaforma ... e alla magia della relazione tra le coperture e questa piattaforma ... Il pavimento della casa tradizionale giapponese è simile a una tavola ..., un piccolo ponte di legno le cui dimensioni sono calcolate per sopportare il vostro peso, e nient'altro"[35]. A suo giudizio, le attività umane si devono svolgere su un piano artificiale sopraelevato che, rialzandole da terra, conferisca loro solennità. La piattaforma contiene i preparativi dell'avvenimento nobile e festoso che deve aver luogo sulla superficie rialzata, dove "gli spettatori ricevono l'opera d'arte compiuta"[36]. L'importanza attribuita da Utzon allo scalone che conduce a queste piatteforme, il contrasto fra questa base massiccia e la copertura aerea è quindi perfettamente coerente con queste osservazioni.

L'Estremo Oriente diverrà per Utzon una fonte d'ispirazione sempre più diretta, il cui influsso diverrà tanto più determinante quanto più complessi si riveleranno i problemi da risolvere. Dopo uno dei suoi soggiorni a Sydney, nel 1957, rientra a Copenaghen facendo tappa in Giappone, e l'anno seguente in Cina. Ashworth riceverà i suoi resoconti entusiasti di questi soggiorni: "nel corso del mio viaggio di ritorno, ho riflettuto molto sui problemi posti dall'Opera, e ho potuto rafforzare le mie idee sui gusci, le vetrate ecc. In Giappone ho avuto occasione di vedere numerose scale e luoghi posti in relazione con grandi tetti aggettanti e con le persone ... Sono stato colpito dalla gradazione degli elementi e dei colori"[37]. "Ammirare l'antica architettura cinese, in particolare a Pechino, è stata per me un'esperienza formidabile. Mi è stato possibile studiare innumerevoli e splendidi scaloni e i diversi sistemi che permettono di costruire queste coperture a sbalzo. Le invio un esemplare della riedizione di un 'codice' di costruzione vecchio di 900 anni, un sistema di standardizzazione sulla base del quale sono stati costruiti tutti gli edifici istituzionali, templi e castelli, di quel periodo."[38] Si tratta evidentemente dello *Ying zao fa shi* che Utzon co-

Jørn Utzon, Nuvole in volo sul mare intorno all'Opera House, schizzi per l'illustrazione del saggio Platforms and Plateaus, *1962 (da "Zodiac", 10, 1962).*

Chichen-Itza, schizzi di Utzon del monte Alban e di una piattaforma dello Yucatan e veduta della scalinata monumentale di un tempio (Muñoz Alfonso).

Tempio di Bao Guo Si, provincia di Zheziang, Cina.

nosce già, ma nel corso del suo soggiorno pechinese ha incontrato l'architetto Liang Sicheng, che l'aveva tradotto in cinese moderno. Utzon fa un uso sintetico della propria cultura architettonica; resuscita forme storiche assai lontane sia dal punto di vista temporale che spaziale e le mette in rapporto con i problemi che incontra. Non si limita a una formale ammirazione nei confronti dell'antichità, ma ne ricava principi astratti che rende operativi nelle sue creazioni.

Si è spesso chiamata in causa l'influenza dell'espressionismo centroeuropeo quale movente iniziale del progetto di Utzon. Nikolaus Pevsner ha notato alcune affinità con i disegni di Hermann Finsterlin, e si è tentati di stabilire parallelli con alcuni progetti di Mendelsohn[39] o di confrontare i primi studi di Utzon per gli auditorium con certi disegni di Otto Bartning[40]. Il dialogo fra il tetto "a pagoda" e il podio-piattaforma richeggia questi schizzi di masse dai contorni incerti, sospese al di sopra delle superfici orizzontali, che Utzon ama disegnare in maniera quasi ossessiva. "È rivelatore che quest'idea corrisponda esattamente a quella della Stadtkrone avanzata da Bruno Taut nel suo libro omonimo del 1919"[41], nota Kenneth Frampton, che sottolinea come l'ultima immagine scelta da Utzon e Faber per illustrare il loro manifesto del 1947 fosse "un iceberg, all'interno di un paesaggio di montagna, un'immagine che rimanda alle utopie alpine di Taut, esposte nel libro *Alpine Architecture* del 1919, per non parlare dell'interesse di Scharoun per quelle degli iceberg che galleggiano sulle acque del Baltico"[42]. Altri indizi incoraggiavano a dirigersi verso Hans Scharoun, data la vicinanza tra alcuni temi feticcio di Utzon e i suoi. Uno dei suoi progetti, in particolare, ha senza dubbio trovato in Utzon una certa eco, data la reticenza che manifesta nell'opporre razionalismo ed espressionismo per esplorare una nuova via che possa sintetizzare queste due esperienze: la casa smontabile composta da elementi lignei che Utzon realizzò nel 1927 per l'esposizione agricola di Liegnitz, progetto nel quale egli tenta di unire prefabbricazione e pianta libera. Altra coincidenza: anche Scharoun si interessava alla Cina, e nello stesso periodo di Utzon. In un libro dedicato all'urbanistica cinese, nel 1945, notava "le terrazze sopraelevate ... un sistema sobrio per sollevare la struttura portata dalla terra, perché la vita – nel senso più ampio – non può prescindere dal legame con essa"[43]. Il ciclo dei suoi disegni berlinesi detti "della resistenza", dello stesso periodo, contiene l'acquerello di un edificio immaginario abbastanza premonitore: una composizione di sei vele triangolari spiegate, sulla sommità di una gigantesca collina livellata, dove microscopici personaggi salgono in processione lungo un interminabile scalone[44]. La scelta di Sydney tradirebbe così una filiazione espressionista diffusa. Tuttavia, a differenza della crescente soggettività formale dalle giustificazioni quasi religiose cui Scharoun si è in quel periodo deliberatamente votato (è l'epoca della Philarmonie di Berlino), l'allontanamento di Utzon dal rigore dell'ortogonalità modernista a favore di forme più espressive va verso strutture provenienti dal mondo degli ingegneri, quelle stesse che lo sviluppo dei gusci in cemento armato incoraggia. Utzon ammira molto Felix Candela, al quale aveva pensato come ingegnere addetto alla struttura dell'Opera[45]. Nel 1956, con le sue "vele" egli muove dunque i suoi primi passi in una tecnologia già ricca di precedenti, presentata allora come l'avanguardia delle tecniche di costruzione dell'epoca.

Hans Scharoun, acquerello per un progetto immaginario, 1939-45.

Schizzo di Utzon per l'Opera House (da "Zodiac", 10, 1962).

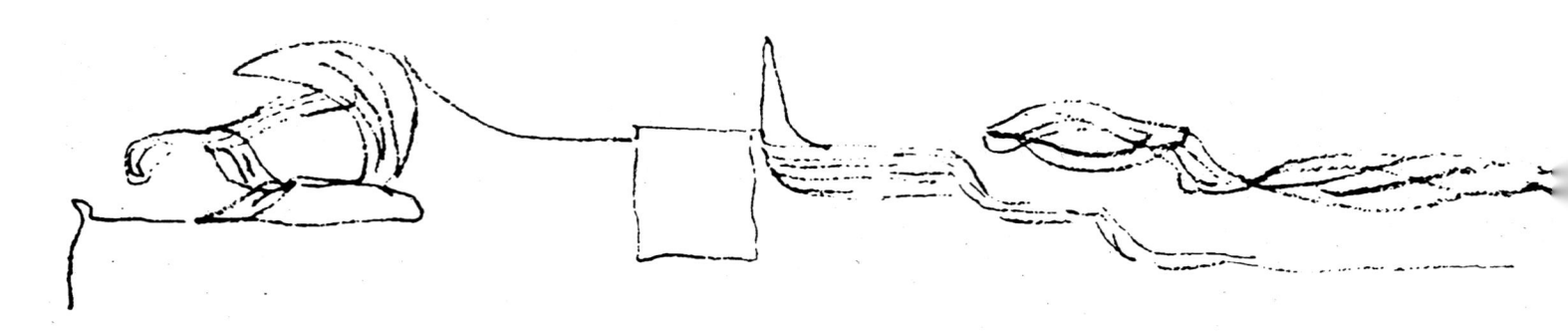

[1] Einar Utzon-Frank (1888-1955) insegnava scultura all'Accademia Reale di Copenaghen. Vedi *Fra en Kunstners Verksted - Einar Utzon-Franks Tegnniger*, di Georg Nygaard (Copenaghen, 1940). Le fotografie del suo atelier che compaiono in questo testo mostrano come le sue collezioni di oggetti di riferimento comprendano principalmente sculture medievali e stampe giapponesi.

[2] Utzon a Henrik Sten-Møller, in "Living Architecture", 8, p. 172.

[3] Le loro date di nascita, rispettivamente 1898 e 1893, ne fanno esatti contemporanei di Aalto e di Scharoun.

[4] Steen Eiler Rasmussen, nella sua prefazione a *Steen Eiler Rasmussen, architect, town-planner, author*, The Foundation for Publication of Architectural Works, Aarhus 1988, p. 24.

[5] *London, the unique city*, Jonathan Cape, London 1937. L'edizione originale, in danese, è del 1934; *Nordische Baukunst* del 1940.

[6] Steen Eiler Rasmussen, *Billedbog fra en Kinarejse*, 1935, che diverrà nel 1958 *Rejse i Kina*. Ancora, è con l'esplorazione della città proibita di Pechino e l'esempio dell'urbanesimo cinese che Rasmussen apre *Byer og Bygninger* del 1949, pubblicato in inglese due anni più tardi con il titolo di *Town and Buildings*.

[7] Johannes Prip-Møller, *Chinese Buddhists Monasteries*, Hong-Kong University Press, Hong-Kong 1982 (l'edizione originale fu pubblicata a Oxford nel 1937).

[8] Else Glahn, ex compagna di studi di Utzon all'Accademia, architetto e sinologo, divenuta specialista dell'*Ying zao fa shi*, ricorda il seguente aneddoto, che risale al 1942: "Un giorno, entrai in biblioteca e trovai Jørn e Tobias che commentavano entusiasticamente un libro che stavano consultando, e che si rivelò essere l'edizione del 1925 dello *Ying zao fa shi*. Più tardi, venni a sapere che era il capitolo 31B, con le sue illustrazioni in rosso e nero, che aveva suscitato il loro interesse" (lettera all'autrice, 5 marzo 1997). Lo *Ying zao fa shi* fu pubblicato in Cina nel 1103. Non esiste più alcun esemplare dell'edizione originale. Il trattato, in otto tomi, fu ripubblicato nel 1925. Per una breve introduzione in francese, vedi il volume *Chine* redatto da Michèle Pirazzoli per la collezione "Architecture Universelle" dell'Office du Livre a Friburgo 1970, p. 60.

[9] Come lui stesso racconta a Sten Henrik Møller in un'intervista pubblicata da "Living Architecture", 8, pp. 168-173, Kylberg (1878-1952) "fu una grande fonte di ispirazione per me. Egli mi insegnò ad esplorare quella natura che conosceva così bene. I suoi lavori trattavano costantemente lo stesso tema: il desiderio, l'attesa ... C'era in lui il senso dell'eternità, dell'acqua e della vita". Utzon rivela che anche Aalto era un appassionato di questo pittore.

[10] Martin Strömberg, *Carl Kylberg*, Institut Tessin, Paris 1948. Vedi anche il catalogo della mostra dedicata al pittore, nel 1977, dalla Konsthalle di Malmö, con un articolo di Ulf Liljedahl e una biografia dell'artista.

[11] Tobias Faber, colloquio con l'autrice a Copenaghen, agosto 1994.

[12] La mostra fu poi presentata a Copenaghen, nel 1946. Vedi *Nordisk Arkitektur*, di Nils-Ole Lund, Arkitektur Forlag, Copenaghen 1991.

[13] *On growth and form*, la cui prima edizione risale al 1917, mentre la seconda edizione ampliata è del 1942.

[14] *Wunder in der Natur* di Karl Blossfeldt, che fu pubblicato in Danimarca nel 1942, o *Wunder der großen und kleinen Welt* di Hans Ludwig Hoese. Dobbiamo a Tobias Faber queste informazioni, che ci ha fornito nel corso del colloquio già citato.

[15] Per l'esattezza, dal 25 ottobre al 5 dicembre 1945, se fa fede l'elenco degli impiegati dello studio compilato da Göran Schildt nella sua opera *Alvar Aalto. The complete catalogue of Architecture, design and art*, Academy Editions, London 1994, p. 317.

[16] Tobias Faber, nel colloquio già citato.

[17] *Tendenser i nutidens arkitektur*, in "Arkitekten", 7-8-9, 1947.

[18] Frampton nota che delle ventotto immagini che illustrano l'articolo, undici rappresentano forme naturali, nove forme vernacolari, e cinque sono esempi di architettura detta "organica" – Wright e Aalto – una scelta rivelatrice di un approccio basato sugli insegnamenti di D'Arcy Thompson (*Studies in Tectonic Culture*, MIT Press, Cambridge 1996, p. 253).

[19] Tobias Faber, *Jørn Utzon. The Vision of Nature*, in "World Architecture", 15, 1991, p. 29.

[20] Mogens Prip-Buus durante un incontro con l'autrice a Nizza, nel giugno 1994.

[21] In *Espace, temps, architecture*, La Connaissance, Bruxelles 1968, p. 411.

[22] Ibidem.

[23] Vedi Tobias Faber, *Neue dänische Architektur/New Danish Architecture*, Verlag Gerd Hatje, Stuttgart 1968, p. 34.

[24] Vedi il testo di Utzon pubblicato insieme al progetto in "Byggekunst" (Oslo), n. 5, 1952, p. 80.

[25] Jørn Utzon, *Elineberg*, in "Zodiac", 5, 1959.

[26] Nell'intervista a Henrik Sten Møller su "Living Architecture" cit.

[27] Nelle ultime frasi della sua opera *Gedanken über die Nachahmung der griechischen Werke in der Malerci und Bildhauerkunst*, 1755 (tr. fr., *Réflexions sur l'imitation des oevres grecques en peinture et en sculpture*, Parigi, Aubier, 1954, p. 201). Il disegno di Utzon è però probabile che sia di molto posteriore al concorso di Sydney.

[28] A dire il vero, essa esce leggermente dai limiti indicati dai documenti del concorso.

[29] In "Current Affairs Bulletin" del 17 luglio 1962, p. 36.

[30] Citato da John Yeomans, *The other Taj Mahal*, Longmann, Sydney 1968.

[31] Vedi la serie di schizzi delle nuvole che figura in quasi tutte le pubblicazioni. Utzon l'ha disegnata per "Zodiac", 10, nel 1962, in cui essa illustra il suo saggio *Platforms and Plateaus*. Viene inoltre ripresa da Giedion in *Espace, temps, architecture* cit.

[32] È ciò che Utzon confermerà a Rasmussen durante un'intervista pubblicata il 13 marzo 1966 dal quotidiano australiano "The Sun Herald".

[33] Ibidem.

[34] Jørn Utzon, *Platforms and Plateaus: ideas of a Danish architect*, in "Zodiac", 10, 1962, p. 115.

[35] Ibidem, p. 116.

[36] Ibidem, p. 117.

[37] Lettera di Utzon ad Ashworth, 3 ottobre 1957 (Ashworth Papers, Box 1, Folder 9).

[38] Lettera di Utzon ad Ashworth, 12 giugno 1958 (Ashworth Papers, Box 1, Folder 9).

[39] Nikolaus Pevsner, *Modern Architecture and the Historian or the Return of Historicism*, testo di una conferenza, tenuta al RIBA il 10 gennaio 1961, pubblicato sul "RIBA Journal", vol. 68, aprile 1961, p. 232.

[40] Per esempio, quello per l'interno di una chiesa che risale al 1924 (riprodotto in John Jacobus, *Twentieth Century Architecture*, Thames & Hudson, London 1966, p. 19, fig. 21).

[41] *La corona y la ciudad*, in "Arquitectura", 1991.

[42] *Studies in Tectonic Culture* cit., p. 253.

[43] Il manoscritto, datato gennaio 1945, è intitolato *Chinesischer Städtebau*. Vedi *Hans Scharoun. Bauten, Entwürfe, Texte*, Akademie der Künste, Berlin 1993, pp. 121 e 123.

[44] F. Borsi e G. König hanno trovato in questa immagine un antecedente a quella dell'Opera House di Sydney. Vedi *Architettura dell'espressionismo*, Vitali & Ghianda, Genova 1967; Vincent & Fréal, Parigi 1967, p. 352.

[45] Mogens Prip-Buus, nel corso dell'intervista con l'autrice già citata. Candela, d'altra parte, scriverà più tardi un articolo di denuncia sullo scandalo delle dimissioni forzate di Utzon: *El Escandalo de la Opera de Sydney*, in "Arquitectura", 298, 1967, pp. 103-110.

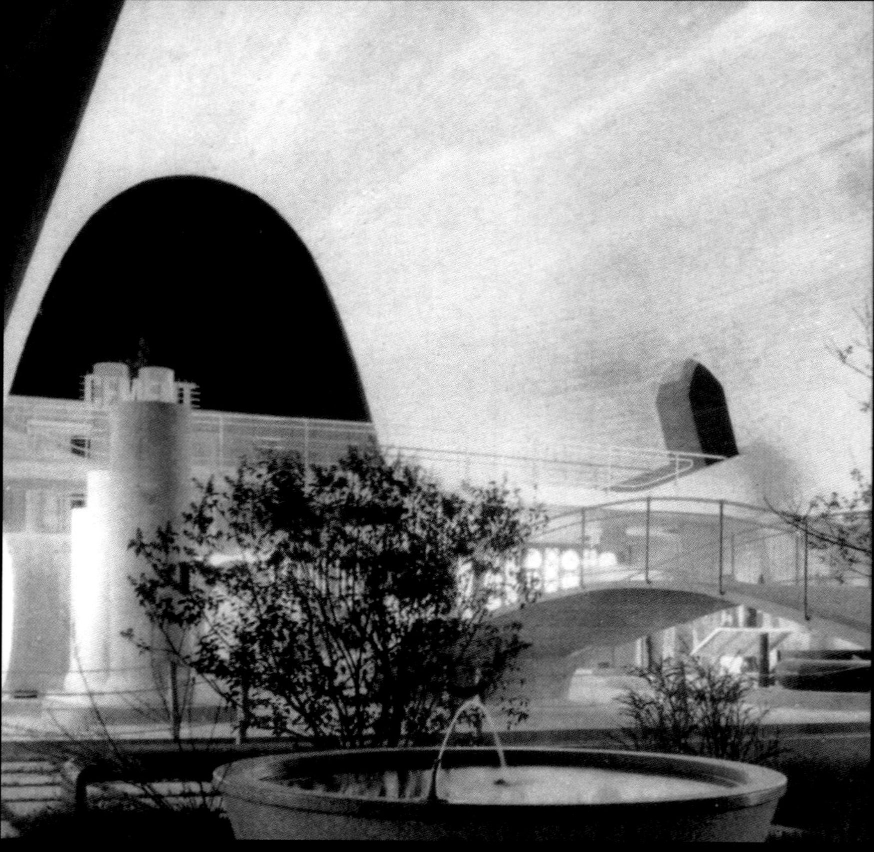

Il progetto e il suo tempo

I dibattiti dottrinali moderni

All'inizio degli anni cinquanta si assiste alla progressiva perdita di vigore degli ideali che avevano improntato i tempi eroici del modernismo. L'architettura dominante si muove allora in due direzioni rispetto ai suoi modelli: da un lato verso la standardizzazione internazionale del sublime miesiano e la sua calcificazione nei prismi dei *corporate buildings* americani; dall'altro verso la tentazione di un'espressione più individuale e localizzata, spesso ispirata dalla riabilitazione di forme e riferimenti accantonati per molto tempo. Se Mies realizza il Seagram Building, Le Corbusier costruisce la cappella di Ronchamp, Wright il museo Guggenheim, e Aalto comincia a lavorare alla chiesa di Imatra. Gli ultimi tre architetti fanno parte di coloro che Utzon riconosce come suoi maestri.

I dibattiti teorici paralleli, di cui i Congressi Internazionali di Architettura Moderna sono regolarmente stati teatro, verso la metà del decennio hanno finito per rimettere in causa quegli stessi principi per la difesa dei quali i Ciam erano nati. Il progetto dell'Opera House di Sydney è esattamente contemporaneo all'ultimo Ciam, quello che precede lo scioglimento, che nel 1956 ratifica la presa di potere da parte del Team X e vede ritirarsi la vecchia guardia. Le rivendicazioni che vi vengono avanzate non sono nuove. Già all'epoca del quinto congresso, nel 1937, aveva conquistato diritto di cittadinanza il riconoscimento dell'impatto dell'architettura del passato e degli influssi regionali, per reazione contro l'idea della *tabula rasa* dominante fino a quel momento. Dieci anni dopo, il Ciam seguente si dava come scopo "di lavorare alla creazione di una costruzione che soddisfi i bisogni emozionali e razionali dell'uomo"[1] per cercare di superare la nozione rigidamente definita di città funzionale, ormai considerata sterile e astratta. Per la prima volta si menzionava il problema dei rapporti fra architettura ed estetica, che, come rileva Giedion, "fino a quel momento era stato trascurato"[2]. La preoccupazione umanista di un ritorno a idee già presenti nel manifesto firmato da Giedion, Sert e Léger nel 1943 ("le persone vogliono che le costruzioni che rappresentano la loro vita comunitaria riescano a soddisfarli maggiormente anche dal punto di vista funzionale. Vogliono che le loro aspirazioni alla monumentalità, alla gioia, alla fierezza e all'emozione siano soddisfatte"[3]) avrebbe trovato nuovo vigore nel 1951, al momento dell'ottavo Ciam, quando le preoccupazioni nei confronti della qualità concreta del luogo sarebbero state messe all'ordine del giorno su proposta del gruppo inglese MARS. Due anni dopo, all'interno del Ciam seguente, la riabilitazione della complessità urbana e dell'idea di comunità prendeva il sopravvento sul pur stemperato funzionalismo dei padri fondatori e sui sacri principi della Carta di Atene, in particolare quello della zonizzazione.

All'avanguardia

Nel corso di questi anni, Utzon fa parte del gruppo PAGON (Progressive Arkitekters Gruppe Oslo Norge), "un gruppo di architetti rivoluzionari formatosi a Oslo sotto l'egida di Arne Korsmo, che si schierò poi con i CIAM"[4]. Associato con Korsmo, partecipa ad alcuni concorsi – una scuola e un piano regolatore, "Vestre Vika", nel 1947 – prima di partire insieme a lui per l'America. Entra poi in contatto con il congresso di Aix-en-Provence grazie all'intermediazione di Sverre Fehn, il quale ha presentato lì il loro progetto comune per il nuovo quartiere residenziale nei pressi di Oslo "Aarnebraten". Utzon ha studiato un insieme di case modulari disposte a grappoli a un'estremità del sito, che ha attirato l'attenzione di Jean Prouvé[5].

Utzon, che si interessa anche di pittura e scultura, è a conoscenza della fronda che nel mondo dell'arte si sta sviluppando nei confronti degli accademismi. In quel momento l'avanguardia danese è profondamente impegnata in questo movimento grazie al pittore Asger Jorn, che tenta di oltrepassare le frontiere del suo paese e di lanciare un'iniziativa artistica internazionale. Anche lui ha lasciato la Danimarca, dieci anni prima di Utzon, per andare a cercare altrove alimento per la sua arte. A Parigi lavora sotto la direzione di Fernand Léger e di Le Corbusier per l'esposizione internazionale del 1937. Nel 1948, con gli artisti olandesi Appel, Corneille e Constant Nieuwenhuis, ma anche con i belgi Dotremont e Noiret, fonda il gruppo COBRA e l'omonima rivista. COBRA – l'acronimo si compone delle lettere iniziali delle città d'origine dei tre gruppi di artisti, Copenaghen, Bruxelles e Amsterdam – è il primo movimento artistico internazionale del dopoguerra. Contro l'astrazione, Jorn rivendica una rappresentazione informale, basata sulla dimensione corporea e sulla spontaneità del dipingere. Egli manifesta un interesse particolare per l'arte popolare, "l'unica che sia veramente universale" in virtù della sua vicinanza alle origini dell'umanità. Le esposizioni più importanti del COBRA si tengono allo Stedelijk Museum di Amsterdam nel 1949 e poi, due anni più tardi, al Palais de Beaux Arts di Liegi[6]. Gli allestimenti, che contribuiscono al loro carattere sensazionale, sono di Aldo van Eyck, membro attivo di COBRA nello stesso periodo in cui fa parte della sezione olandese del Ciam, e che sarà uno dei fondatori di Team X. Al congresso dei Ciam, che si terrà ad Otterlo nel 1959, in una virulenta mozione, van Eyck proclamerà gli aspetti eterni della forma costruita: "L'uomo è, sempre e comunque, essenzialmente lo stesso. Egli ha le stesse potenzialità mentali, anche se le usa in maniera diversa a seconda delle sue origini culturali o sociali, a seconda dello stile di vita che gli è proprio. Gli architetti moderni tornano sempre al diverso dalla nostra epoca, a tal punto che non sanno più che cosa non lo è"[7]. Coetaneo di Utzon, anch'egli è alla ricerca di quanto possa rigenerare l'architettura e l'urbanesimo moderni, ma è verso il vernacolare africano che lo porta il suo interesse per l'antropologia[8].

Nel 1953, dopo lo scioglimento di COBRA, Asger Jorn crea il "Movimento Internazionale per un Bauhaus Immaginista", in reazione alla riproposizione del Bauhaus per opera di Max Bill. Ferocemente contrario al purismo, questa "pulizia dell'architettura fra le due guerre per mano dello spirito calvinista", e al funzionalismo razionalista, il MIBI, come in precedenza COBRA, è legato all'Internationale Lettriste e al suo giornale "Potlatch", che contano sul contributo, tra gli altri, di Guy Debord. Questa nebulosa, che si cristallizza nell'Internazionale Situazionista a partire dal 1957, fa dell'urbanistica uno dei temi di una critica a trecentosessanta gradi che oscilla tra gli attacchi a Le Corbusier, "il promotore neomedievale della comune verticale" (Debord)[9] e l'omaggio a "uno dei rari architetti della nostra epoca che abbia capito che bisogna far ricorso a tutte le arti e a tutte le forme artistiche per creare una vera atmosfera a misura d'uomo" (Asger Jorn).

Nel 1957 Asger Jorn pubblica un manifesto, *Pour la forme*, che riunisce gli articoli scritti negli ultimi tre anni in diverse pubblicazioni affini[10]. In particolare vi si legge la seguente dichiarazione: "Tutte le opere umane devono sottostare a queste tre analisi: 1) L'analisi estetica dell'effetto sensoriale immediato e spontaneo dell'oggetto, del suo va-

Pagina del manifesto del gruppo PAGON pubblicato da "Byggekunst" nel 1952.

CHARME ET MÉCANIQUE

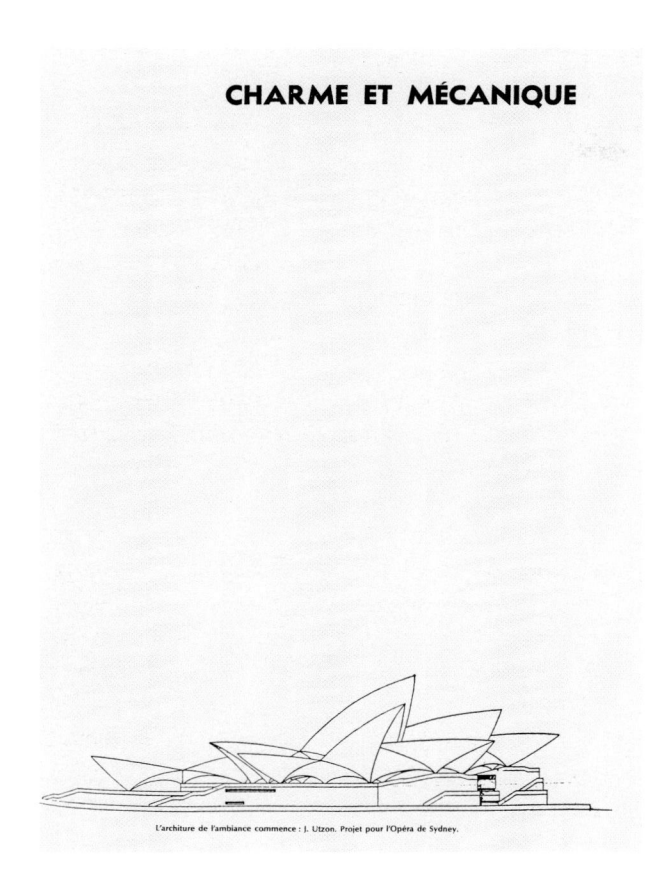

L'architecture de l'ambiance commence : J. Utzon. Projet pour l'Opéra de Sydney.

Frontespizio di un capitolo del manifesto di Asger Jorn, Pour la forme, *1958.*

lore in termini di impatto, di drammaticità e di sorpresa; del suo valore come novità. È il valore inutile, privo di senso e superfluo (o valore immaginario). 2) L'analisi etica dell'utilità relativa agli interessi umani, la sua funzione sociale e personale. 3) L'analisi scientifica della struttura innata e oggettiva, indipendentemente da ogni interesse umano, vale a dire l'analisi delle possibilità di costruzione, paragonate con i loro scopi. Ecco il punto di partenza ideologico per la creazione di un mondo a venire"[11].

Jorn vede nell'Opera House di Sydney una prima concretizzazione di queste idee applicate all'architettura. Un alzato al tratto dell'edificio, tratto dal progetto di concorso, illustra il frontespizio di un capitolo della raccolta, intitolato *Charme et mécanique*. La didascalia che lo accompagna annuncia: "comincia l'architettura dell'ambiente". E l'Opera House sarà l'unica costruzione contemporanea a essere celebrata dal movimento situazionista.

Le affinità tra i due artisti daranno vita a due progetti comuni. Nel 1963, Jorn chiederà a Utzon di studiare un nuovo museo per Silkeborg, sua città natale, alla quale ha lasciato la sua collezione di opere di questo periodo. Poi Utzon proporrà a Jorn di realizzare alcuni oggetti colorati di ceramica da disporre sulla piattaforma dell'Opera House[12]. Nessuno di essi sarà realizzato.

Nuovi materiali, nuove tecniche

Le aspirazioni dei giovani architetti impegnati nel rinnovamento degli ideali modernisti sono inseparabili dallo sviluppo delle nuove tecniche e dei nuovi materiali, sviluppo legato ai progressi industriali nel campo dell'edilizia. Ai loro occhi questi progressi, e i mutamenti più ampi nei quali essi si inseriscono, aprono la strada all'espressione di una nuova architettura. Matthew Nowicki, per esempio, nei suoi articoli dimostra una fede a tutta prova nelle loro potenzialità: "L'uso di nuovi materiali strutturali come l'alluminio, di nuovi concetti organizzativi come il prefabbricato e di casseforme metalliche standard per il cemento armato darà origine a forme nuove e ricche. I soffitti di Freyssinet in Francia e i pilastri a fungo di Wright per la Johnson Wax potrebbero rivelarsi i precursori di una futura moda, foriera di soluzioni formali inattese"[13]. Nowicki realizzerà lo stadio di Raleigh (1953-54), un edificio importante per lo svilupparsi negli Stati Uniti delle costruzioni con strutture leggere di cemento a geometria paraboloide iperbolica.

Uno dei fenomeni più spettacolari di questi anni cinquanta è proprio l'evoluzione tecnologica nel campo del cemento armato e le nuove forme che essa permette. La costruzione a vele sottili, modellate a partire da sagome ricurve a grandezza naturale, ha fatto la sua comparsa negli anni venti. Le prime esperienze risalgono a Eugène Freyssinet che, nel 1923, costruisce gli hangar per dirigibili di Orly partendo dal principio della volta parabolica piegata. Sei anni dopo, l'italiano Giorgio Baroni utilizza la paraboloide iperbolica per una fonderia di Milano. Lo spagnolo Eduardo Torroja realizza una palestra, a Madrid, con due volte cilindriche sorrette da 107 campate, e le tribune dell'ippodromo della Zarzuela (1935), la cui enorme copertura di cemento ha uno spessore oscillante fra i 5 e i 15 centimetri. Nel 1939, Maillart erige lo stand del cemento per l'Exposition Nationale Suisse di Zurigo, uno spettacolare arco parabolico, vero e proprio monumento alle possibilità strutturali e plastiche della costruzione a guscio. Quanto a Nervi, realizza alcune forme dello stesso tipo ma lavora il cemento armato usando retine riempite di componenti in ferro-cemento prefabbricati *in situ*. A partire dal 1936, su questo principio costruisce degli hangar aeronautici a Orvieto e la sala delle esposizioni di Torino (1949). Il suo progetto di un centro sportivo per Vien-

Henri Maillart, arco parabolico della hall dello stand di cemento all'Esposizione nazionale svizzera, Zurigo, 1939.

Felix Candela, ristorante Los Manatiales, Xochimilco, Messico, 1958, veduta esterna e particolare della copertura interna.

Pier Luigi Nervi, palazzetto dello Sport di Roma, 1957, veduta interna della cupola realizzata e fotografie del cantiere.

na (1953) è coperto da una grande calotta sferica che preannuncia quelle che ideerà alla fine degli anni cinquanta per i palazzetti dello sport di Roma, dando un contributo di rilievo alla grande diffusione che allora conosceranno le cupole di cemento.

Quando si svolge il concorso per l'opera di Sydney, in tutto il mondo un'intera generazione di architetti e soprattutto di ingegneri (in media di una decina d'anni più anziani di Utzon) si dedica a queste strutture che riempiono le riviste e le pubblicazioni. L'influenza di Felix Candela, nato nel 1910, esecutore ma anche teorico, erede spirituale di Torroja, è di primaria importanza, perché "la sua opera arriva in un momento in cui queste tecniche costruttive rappresentano un mezzo ideale per materializzare le idee dell'epoca"[14]. Egli realizza nel 1952 il laboratorio dell'università di Città del Messico con coperture a lastroni ricurvi che creano superfici in forma di iperbole. Nel 1954, Minoru Yamasaki porta a termine l'aeroporto di Saint Louis, Missouri (al momento della sua visita, alla fine del 1957, Utzon lo troverà "molto bello all'esterno ma troppo pesante dentro. Le pareti vetrate alterano la sensazione di guscio a causa dei loro pilastri e perché non sono sufficientemente sospese"[15]). A Parigi si sta concludendo il palazzo del CNIT di Nicolas Esquillan. Eero Saarinen costruisce la pista di hockey su ghiaccio Ingalls a New Haven (1953-59), caratterizzata da quattro

Eero Saarinen, terminal TWA all'aeroporto di New York, vedute durante i lavori di costruzione, 1957.

Minoru Yamasaki, aeroporto di St. Louis, Missouri, 1954, veduta del cantiere.

gusci di cemento che poggiano su altrettanti supporti collocati intorno a una spina dorsale centrale, e comincia a studiare il terminal TWA dell'aeroporto Kennedy di New York[16].

Storici e critici sviscerano i nuovi orientamenti e tentano di trarne auspici sull'avvenire. In un saggio del 1957 intitolato *Spatial imagination*, Siegfried Giedion menziona le volte di Catalano e, per la prima volta, i gusci ideati da Utzon per Sydney, nei quali vede una nuova dimensione della sua concezione dello "spazio-tempo" nell'architettura moderna; le paragonerà alle volte romane e ai grandiosi interni che esse coprono[17]. Due anni dopo, Ian McCallum riassume la situazione in un'opera sull'architettura americana: "La parte centrale degli anni cinquanta è contrassegnata da un transitorio tentativo di esplorazione di un vocabolario formale più ricco per alcuni tipi di edificio. Sotto l'influenza di ingegneri come Candela, Nervi, Weidlinger e Salvadori, architetti come Saarinen, Raymond e Rado, Catalano, Stubbins e Yamasaki hanno realizzato strutture che conferiscono alle coperture un nuovo avvenire. Gusci incurvati e piegati, paraboloidi iperbolici, membrane sospese a portici coprono aeroporti e centri per congressi, case e *night-club*; talvolta sembrano scelte più per se stesse che in relazione con l'edificio che coprono. Tuttavia, sono la prova di una certa vitalità dell'architettura americana e di una volontà di correre qualche rischio per conquistare nuovi territori espressivi"[18].

L'Opera House di Sydney incarna dunque l'incontro di due fenomeni convergenti, in cui il Nord Europa, e in particolare la Danimarca, gioca un ruolo attivo, e l'apparizione di tecniche suscetibili di concretizzare le aspirazioni che essi rivelano. Con il suo progetto, Utzon si colloca alla loro confluenza.

---

[1] Vedi Kenneth Frampton, *The Vicissitudes of Ideology: CIAM and Team X, Critique and Counter-Critique 1928-68*, in *Moderne Architecture, a Critical History*, Thames & Hudson, London 1980.
[2] *Espace, Temps, Architecture*, La Connaissance, Bruxelles 1968, p. 427.
[3] Citato da Frampton, *The vicissitudes...* cit.
[4] Intervista di Armelle Lavalou a Sverre Fehn, pubblicata in "L'Architecture d'Aujourd'hui", 287, giugno 1993, p. 84. PAGON comprendeva gli architetti Carl Corvin, Robert C. Esdaile, Sverre Fehn, Geir Grung, Arne Korsmo, P. A. M. Mellbye, Haakon Mjelva, Christian Norberg-Schulz, Erik Rolfsen, Odd Østbye e Jørn Utzon. Vedi sia la rivista norvegese "Byggekunst", 6-7, 1952, che il volume *Funzionalismo Norvegese - Oslo 1927-1940*, a cura di Gennaro Postiglione, Officina Edizioni, Roma 1996.
[5] Ibidem.
[6] Sulla storia del COBRA, vedi *Cobra, 1948-1951*, catalogo della mostra organizzata nel 1982 dal Musée d'art moderne di Parigi, e in particolare il testo di Sylvain Lacombe, *Situation de Cobra*. Sul periodo 1948-69, vedi *Histoire de l'Internationale Situationniste*, di Jean-François Martos, G. Lebovici, Paris 1989, ripubblicato nel 1995 dalle Editions Ivrea.
[7] Citato da Frampton, *Moderne Architecture...* cit., p. 276. Frampton sottolinea l'originalità di Van Eyck, ricordando che queste preoccupazioni sono lontane sia dalla corrente di pensiero principale del Team X sia dall'ideologia del CIAM.
[8] Come Utzon, Van Eyck è nato nel 1918. Vedi la monografia che gli hanno dedicato le edizioni Stichting Wohnen nel 1982, e soprattutto il contributo di Herman Hertzberger, sotto forma di ritratto delle idee dell'epoca: *The mechanism of the twentieth century and the architecture of Aldo van Eyck*.

[9] In "Potlatch", 20, 1955.
[10] Un facsimile di questa opera figura nella raccolta di *Documents relatifs à la fondation de l'Internationale Situationniste, 1948-1957*, Allia, Paris 1985.
[11] Nel capitolo *Image et forme* di *Pour la forme* cit.
[12] L'esistenza di questo progetto è stata rivelata da Peter Myers nel suo articolo sull'opera, *Une histoire inachevée*, pubblicato da "L'Architecture d'Aujourd'hui", 285, febbraio 1993. Essa è confermata dalla corrispondenza fra Utzon e Jorn, conservata al museo di Silkeborg.
[13] Nowicki (1910-51), architetto polacco emigrato negli Stati Uniti, pubblica *Composition in Modern Architecture*, in "The Magazine of Art", marzo 1949, pp. 108-111. L'articolo è parzialmente riportato da Lewis Mumford in *Roots of Contemporary American Architecture*, Reinhold, New York 1952.
[14] Jürgen Joedicke, *Les structures en voiles et coques*, Documents d'architecture moderne, Vincent Fréal & Cie, Paris 1963, p. 11.
[15] Lettera di Utzon ad Ashworth, 3 ottobre 1957 (Ashworth Papers, Box 1, Folder 9).
[16] Utzon vedrà questi studi nel 1957, durante una visita negli Stati Uniti: "Saarinen lavora ad un nuovo aeroporto provvisto di enormi gusci, una costruzione molto stimolante! Ne ha fatto dei plastici di studio in scala 1:10, e incontra lo stesso problema che ho io nel mantenere al guscio il suo effetto ed alle vetrate esterne la loro leggerezza" (Lettera ad Ashworth, 17 aprile 1957, Ashworth Papers, Box 1, Folder 9). Lo studio del terminal comincia nel 1956; l'edificio è consegnato nel 1962.
[17] Citato da William Curtis, *Modern Architecture since 1900*, Phaidon, London 1982.
[18] Ian McCallum, *Architecture USA*, The Architectural Press, London 1959, pp. 26 e 27.

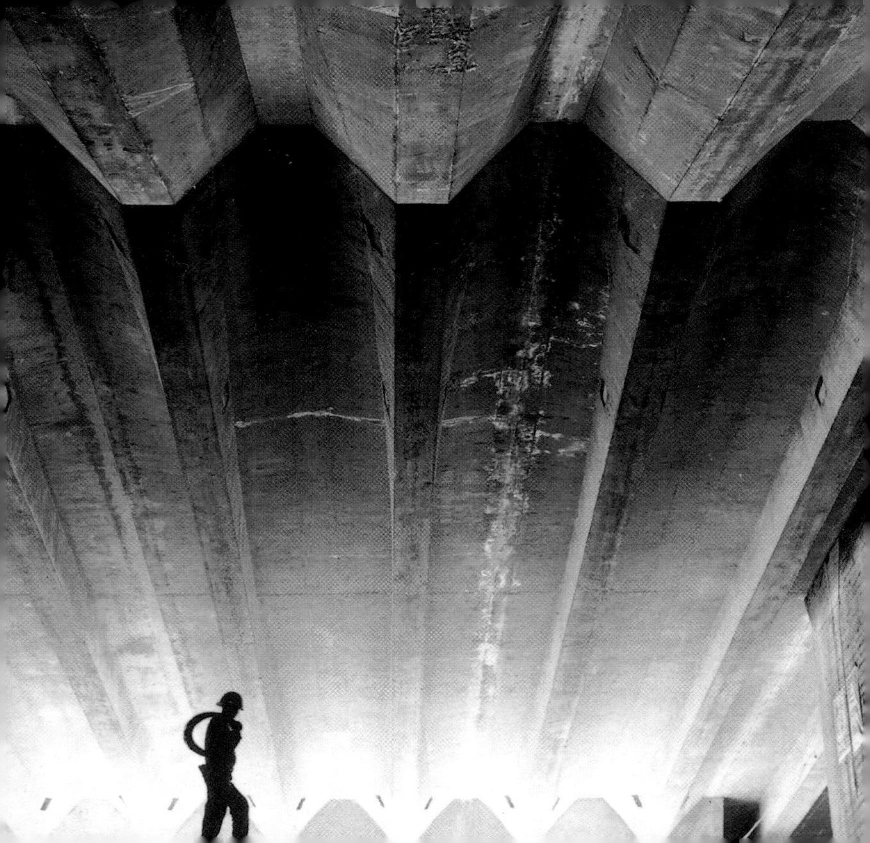

Prima fase: la piattaforma

Formazione delle équipe e primi studi

Il 30 giugno 1957, a Sydney, l'Opera House Committee si riunisce per mettere a punto una strategia di finanziamento del progetto. Si è convenuto di lanciare una campagna di donazioni pubbliche, parallelamente a una serie di lotterie, e di versare il loro ricavato su un conto speciale intestato al Tesoro. Il mese seguente viene istituito il Sydney Opera House Appeal Fund Committee, posto sotto l'egida del sindaco della città. Vengono anche formati due comitati con funzioni consultive e di controllo: il Technical Advisory Panel, composto principalmente da architetti e ingegneri e presieduto da Ashworth, che sarà il consulente dell'OHC sulle scelte e le questioni tecniche legate al cantiere, e il Music and Drama Advisory Panel, che riunisce personalità del mondo della cultura – autorità, professori universitari, direttori di teatro, rappresentanti della radio ABC – sotto la supervisione di Bernard Heinze, direttore del Conservatorio di Sydney. Quest'ultimo avrà il compito di dare il parere dei musicisti sugli aspetti dell'edificio più strettamente legati al suo uso.

Quanto a Utzon, si deve circondare di un'intera squadra di direttori di cantiere e deve designare, d'accordo con il committente, i consulenti principali: ingegneri strutturali, tecnici acustici, economi. Le trattative si aprono con il vaglio dei primi. Sembra che la scelta di Arup non sia partita da Utzon, ma che l'architetto abbia accettato il deciso suggerimento di Ashworth, su istigazione di Leslie Martin ed Eero Saarinen: ciò apparirà chiaro dagli estratti della corrispondenza intercorsa fra i quattro agli inizi del 1957. Visto retrospettivamente, il dettaglio è importante, perché lo studio Arup avrà un contratto indipendente da quello di Utzon, e il progressivo deterioramento dei rapporti fra architetto e ingegneri sarà determinante per il sorgere della crisi del 1966, che vedrà Utzon abbandonare il cantiere a opera iniziata.

Il 12 febbraio, cioè meno di una quindicina di giorni dopo la proclamazione dell'esito del concorso, Martin, d'accordo con Saarinen, scrive ad Ashworth una lettera in cui manifesta la sua preoccupazione riguardo alla capacità tecnica di Utzon di portare a compimento un progetto così complesso. "Ci sembra che dovrebbe lavorare fin dall'inizio con uno studio di chiara fama. ... Noi pensiamo o allo studio di Ove Arup, di Londra, o a quello di Christiani & Nielsen di Copenaghen"[1]. Lo stesso giorno, Utzon scrive ad Ashworth: "Su richiesta dei signori Saarinen e Martin, mi sono recato per qualche giorno a Londra. Al termine del nostro incontro, essi si sono trovati d'accordo nel ritenermi in grado di portare a termine da solo la costruzione dell'opera, con la sola consulenza di esperti in materia di gusci"[2]. Ashworth gli risponde che, dal suo punto di vista, Arup & Partners dovrebbero essere nominati ingegneri del progetto[3]. Utzon accetta: "Personalmente non ho niente in contrario. Durante il mio soggiorno a Londra, sono stato presentato dai professori Martin e Saarinen al signor Arup, che si è mostrato assai entusiasta riguardo ai gusci dell'Opera House e alla chiarezza costruttiva del progetto nella sua totalità, e sarei felice di cooperare con il suo studio"[4]. Il seguito dei negoziati sarà gestito direttamente da Ashworth e Ove Arup: "Vi scrivo in via ufficiosa, in veste di presidente della giuria, per informarvi che, a parere unanime dei suoi membri e degli organizzatori del concorso, voi dovreste essere nominato ingegnere consulente per questo progetto. Sono sicuro che il signor Utzon non farà nessuna obiezione a questa collaborazione"[5]. Nel novembre 1957, Arup è nominato ufficialmente. Come l'architetto, dipende direttamente dalla direzione del cantiere, il governo del New South Wales, in quanto *constructing authority*.

Ove Arup, che è entusiasta del progetto fin dall'inizio, sembra aver provato da subito una grande stima per Utzon[6]. Ingegnere inglese, nato nel 1895 a Newcastle on Tyne da genitori danesi, ha compiuto parte dei suoi studi in Danimarca, conseguendo il diploma a Copenaghen nel 1922. Il suo studio si distingue per le soluzioni innovative in cemento precompresso per edifici industriali realizzate in Gran Bretagna e in Sudafrica. La fabbrica di gomma di Bryn Mawr, nel Galles, disegnata dall'Architect's Cooperative Partnership, ha fatto molto scalpore. La sua struttura di cemento armato è coperta da volte bombate, a pianta quadrata, spesse 7 cm e sostenute da quattro punti d'appoggio angolari, che sopportano ciascuno 6000 mq in una sola campata[7]. Ideatore ne è Ronald Jenkins, uno dei partner dello studio, un'autorità riconosciuta nella progettazione di gusci in cemento sui quali ha tenuto molte conferenze e scritto numerosi saggi[8]. Sarà lui l'incaricato dello studio Arup alla realizzazione dell'Opera House.

Alla fine di luglio, Utzon si reca a Sydney per la prima volta. Finalmente ha modo di vedere la città, la Baia e il sito sul quale sorgerà l'edificio, che paragona scherzosamente a quello della sua città d'origine: "Non ho avuto difficoltà a visualizzare Bennelong Point... il castello di Helsingør somiglia molto al vostro deposito di tram"[9]. Ha portato con sé, da esporre in pubblico, un modellino che fa sensazione: l'interno dei gusci, dorato a foglia, potrebbe scintillare sopra l'acqua come il soffitto delle cupole antiche.

Red Book, *schizzo per il frontespizio.*

Un progetto di massima: il Red Book *(1958)*
Nella primavera dell'anno successivo, Utzon ha già portato a termine, nello studio di Hellebæk, un progetto preliminare di massima, e torna a Sydney per consegnarlo ai suoi clienti. Disegni e testi sono riuniti in un'elegante pubblicazione nota, per la copertina vermiglia su cui si staglia in giallo arancio la sagoma dell'edificio, come *Red Book*[10]. Il volume, dedicato a Cahill, si apre con un ammirevole schizzo a matita, degno di Mendelsohn, che pone immediatamente il contenuto del libro sotto una luce ideale, ispirata e lirica. Nella prima pagina sono elencati i consulenti[11]. Alcune fotografie del primo plastico, costruito subito dopo il concorso, permettono di valutare le modifiche che sono già intervenute nel profilo dei gusci così com'è presentato nei disegni della raccolta. Sezioni e alzati mostrano forme meno panciute, conseguenza della prima stesura da parte degli ingegneri dei disegni esecutivi. Ciascun consulente esprime il proprio punto di vista in un'appendice, complementare agli elaborati dell'architetto. Due argomenti di indubbia importanza rimangono ancora incerti: la fattibilità dei gusci e la qualità acustica delle sale.

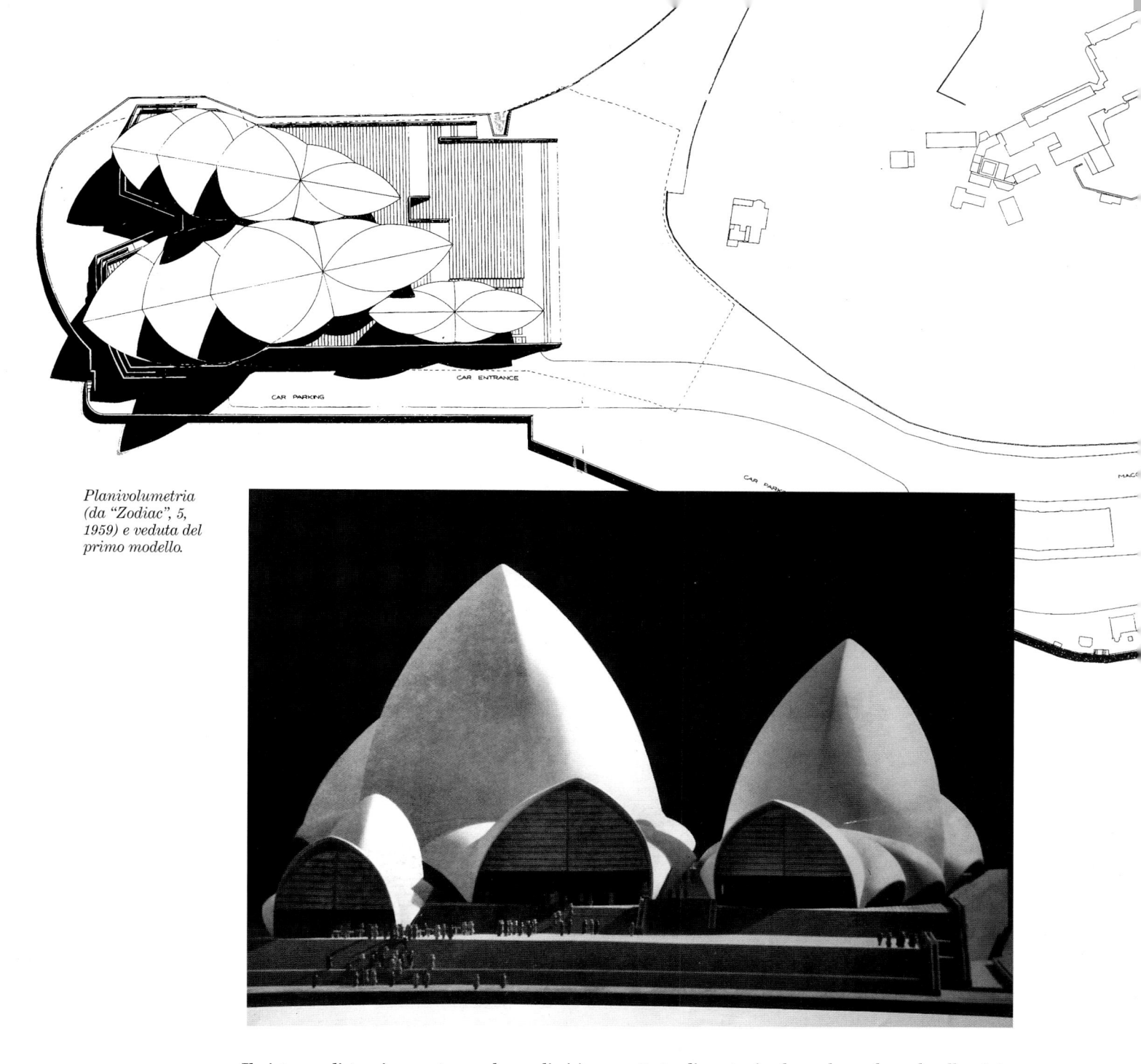

Planivolumetria (da "Zodiac", 5, 1959) e veduta del primo modello.

Il sistema di travi curvate con le quali si è progettato di costruire lo scalone che sale alla piattaforma è a buon punto: gli studi presentati prefigurano il risultato finale. Sono le coperture che occupano la maggior parte del capitolo riservato agli ingegneri. Nel breve testo di presentazione, Arup ammette: "la concezione strutturale (dei gusci) è un problema serio che, per il momento, abbiamo solo sfiorato. Prima di tutto, bisognava definire le loro forme dal punto di vista geometrico. Ciascuno dei gusci principali è formato da due metà simmetriche che si uniscono al colmo. Questa linea di colmo è una porzione di parabola. Le due superfici simmetriche che vi si incontrano sono triangolari e diventano sempre più piccole fino ad arrivare a un punto che fa da supporto. Queste superfici sono composte da una serie di parabole coassiali ... Le superfici dei gusci così definite forniscono a ciascuno dei loro punti delle coordinate spaziali, il che costituisce una base per il calcolo delle forze che vi si esercitano e delle tensioni che si creano. I calcoli preliminari suggeriscono che all'interno dei gusci i momenti di flessione saranno considerevoli ... ed è stato deciso di dotare l'interno di una serie di scheletri che partiranno tutti dai due punti di ancoraggio

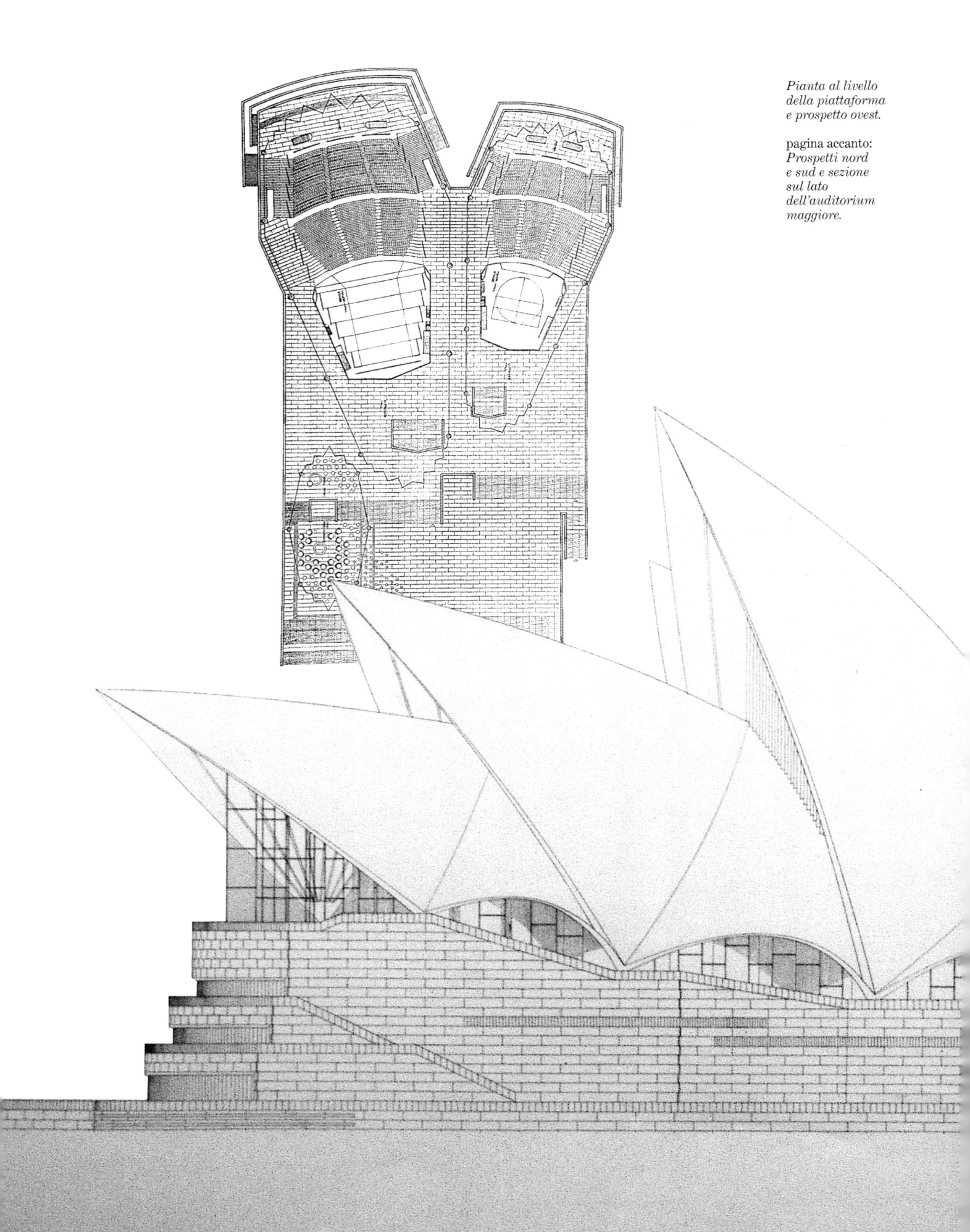

Pianta al livello della piattaforma e prospetto ovest.

pagina accanto:
Prospetti nord e sud e sezione sul lato dell'auditorium maggiore.

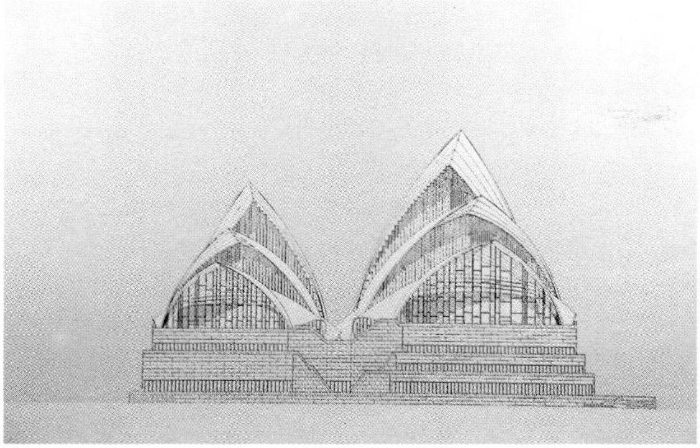

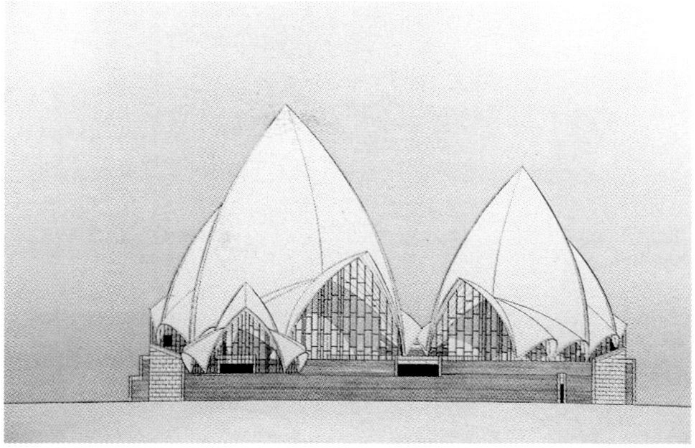

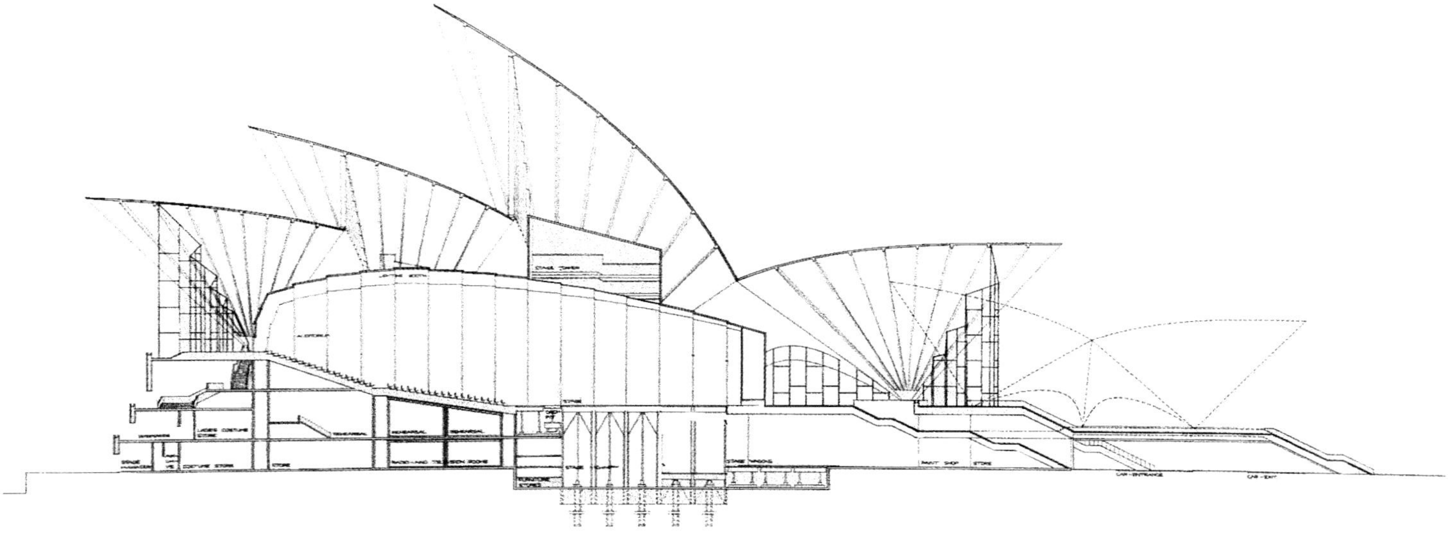

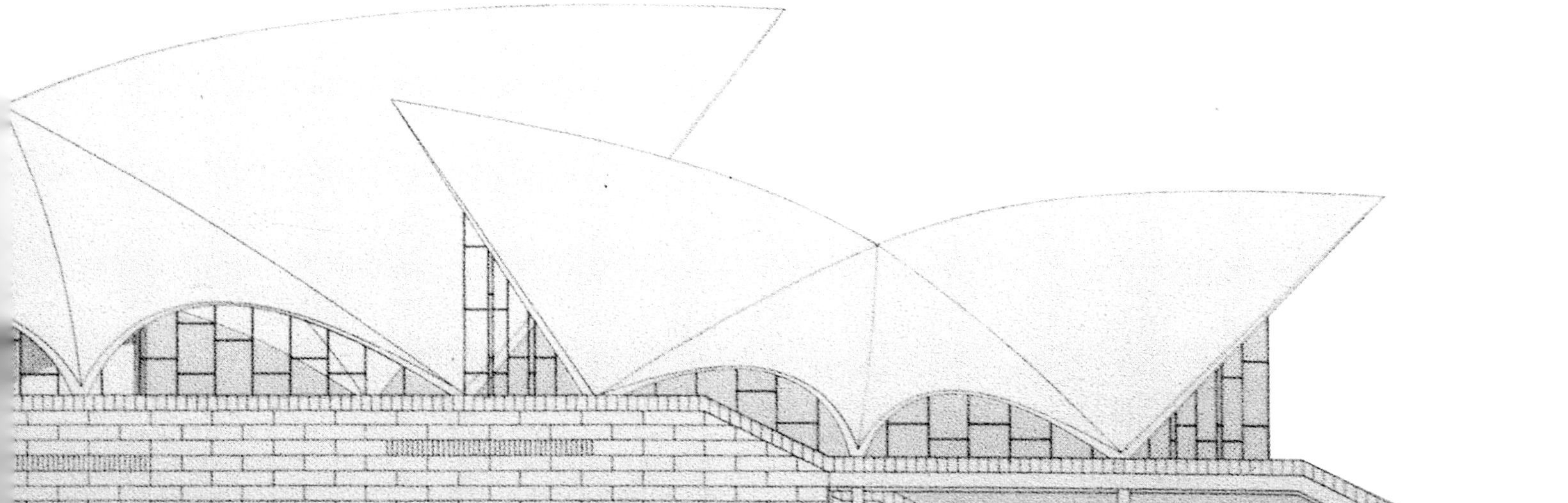

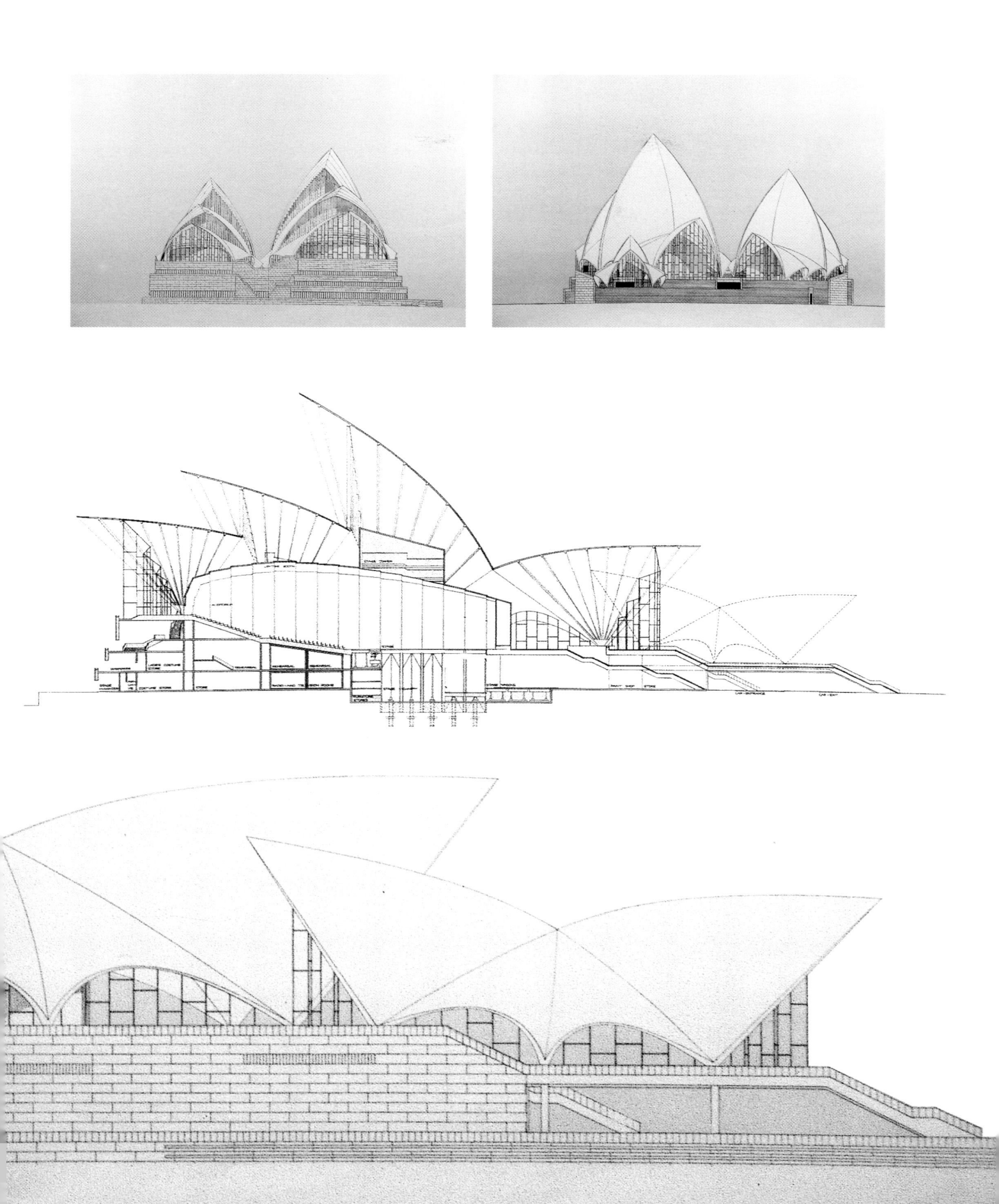

Utzon con il modello dell'Opera House.

per poi congiungersi al colmo"[12]. Le pareti vetrate, vale a dire quelle che chiudono la parte anteriore delle coperture, sono strutture rigide, piegate verticalmente a zigzag, come paraventi che contribuiscono a sostenere i gusci. Arup si interroga sulla necessità di rinforzi supplementari e conclude circospetto che niente è ancora deciso. Alcune fotografie mostrano poi le prime simulazioni delle coperture, realizzate in grigliato di cemento secondo le paraboliche studiate da Arup. Queste prove, effettuate presso la ditta svedese Höganäs, sono accompagnate da cliché che illustrano la possibilità di ricoprire le superfici curve complesse – facciata inferiore della cupola, della volta – e le possibili varianti.

Si è già visto che Utzon ha collocato le due sale una accanto all'altra. La soluzione è brillante dal punto di vista dello sfruttamento del suolo e dell'effetto plastico ottenuto, ma impedisce la costruzione di quinte laterali, dove potrebbero trovar posto le diverse scenografie necessarie per la rappresentazione di un'opera nell'auditorium maggiore. La disposizione della pianta lascia solo due possibilità: collocarle sotto il palcoscenico oppure dietro di esso. Utzon deve pensare, insieme ai suoi consulenti, a un congegno che permetta cambi di scena verticali. I disegni che lo raffigurano nel *Red Book* sono stati eseguiti dalla ditta tedesca M.A.N. Werk Gustavberg. Utzon sa che questa tecnica è diffusa in Europa – è stata utilizzata per la ricostruzione del Burgtheater di Vienna, per esempio, per il quale l'impresa Wagner-Biro ha combinato una scena girevole con piattaforme elevatrici per le scenografie – e alla fine sceglierà un identico procedimento per l'auditorium minore. Nel settembre 1957, l'OHC ha ridimensionato la capienza delle sale. Ormai si prevede che la più grande accoglierà 2800 spettatori durante gli spettacoli di musica sinfonica e 1800 in occasione di rappresentazioni operistiche; quella della sala piccola, invece, viene fissata a circa 1000 posti. L'esperto di acustica Vilhelm Lassen Jordan ha paragonato questi dati a quelli di sette teatri europei, stabilito i tempi di riverberazione ideale per le due sale di Sydney e prescritto pannelli assorbenti e riflettenti.

L'Opera House Committee si riunisce per tirare le conclusioni sulle numerose riunioni tenutesi con Utzon e Arup durante il loro soggiorno a Sydney. Il progetto di Utzon è adottato a prezzo di

Red Book, primi schizzi per le nervature dei gusci.

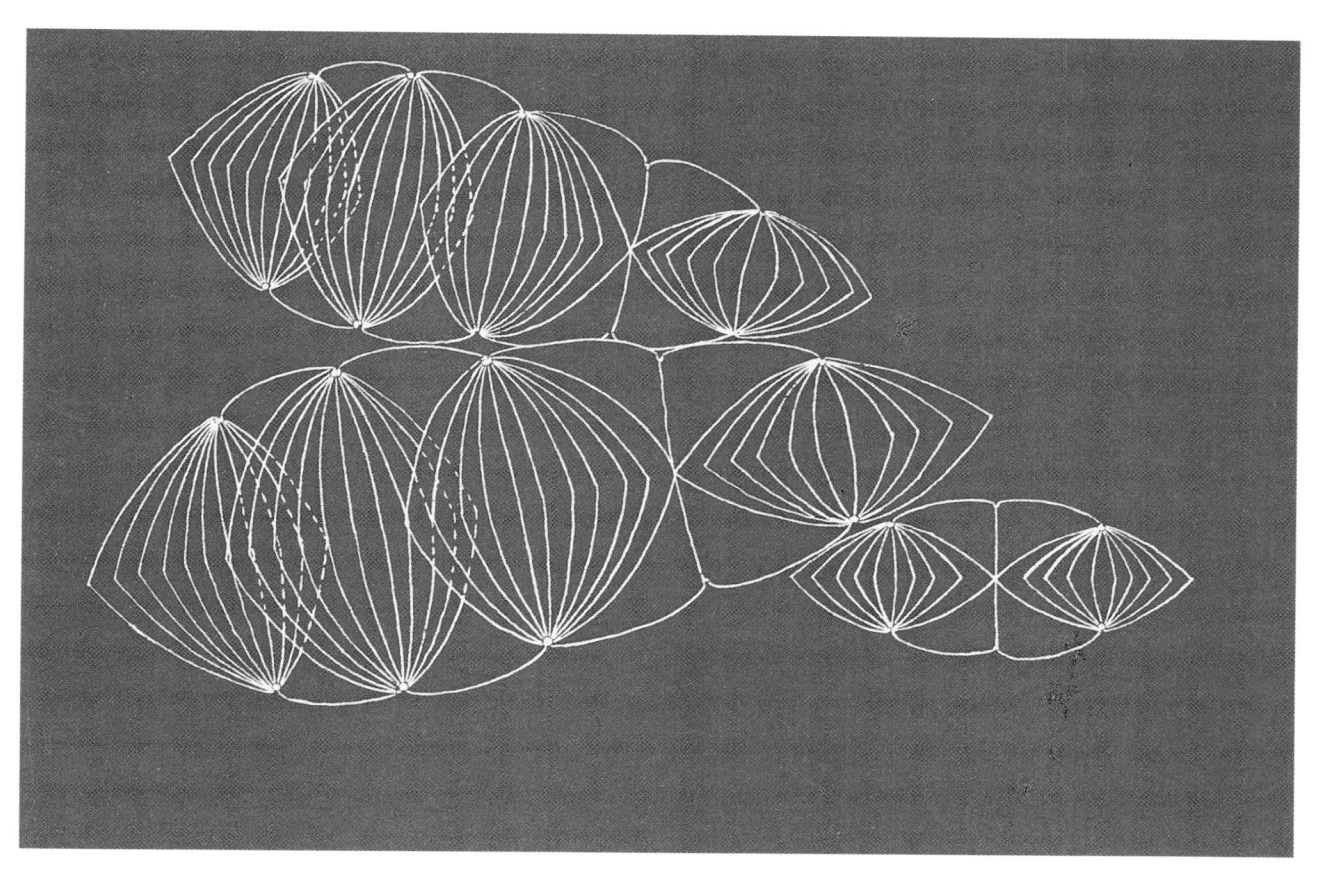

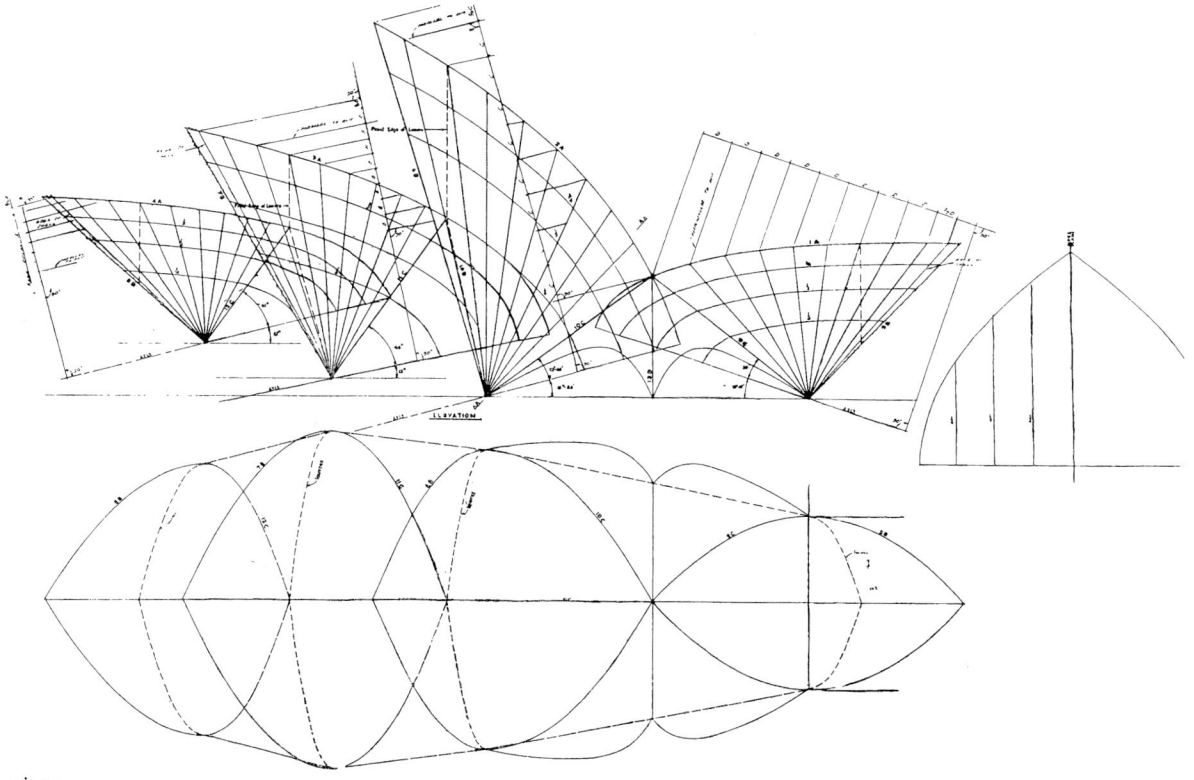

Pianta e sezione del principio della struttura dei gusci (da "Zodiac", 5, 1959).

Red Book, *prime simulazioni per la costruzione dei gusci.*

alcune modifiche, e si è deciso di intraprendere immediatamente le operazioni di preparazione del sito, per affrettare l'inizio della costruzione. Quest'ultima si suddividerà in tre fasi: infrastruttura (piattaforma); sovrastrutture (gusci - coperture); rifiniture (facciate e vetrate, parte muraria degli auditorium, rivestimenti interni ed esterni). La gestione e i disegni esecutivi delle prime due fasi sono a carico di Arup. Viene reso pubblico un succinto calendario, che fissa per dicembre 1958 la demolizione del deposito di tram, per la fine dell'anno seguente il compimento della prima fase, mentre quello del progetto nella sua globalità è previsto per il giugno 1962. L'euforia, ma soprattutto l'urgenza, con le quali si apre il cantiere, spiegano perché in questo calendario si sia sottovalutata una serie di difficoltà. L'inizio dei lavori è sostenuto da un Cahill malato, che auspica di rendere irreversibili gli eventi per assicurarsi che i suoi successori non possano rimettere in discussione il suo grande disegno. Una strategia il cui realismo politico sembra coniugarsi a una vera passione, da pubblico mecenate, per il progetto, non disgiunta da un certo affetto nei confronti del suo autore: "Cahill adorava Utzon per il suo genio e la sua innocenza; Utzon venerava nel suo cocciuto protettore un visionario nascosto; un profondo rispetto univa questo incredibile tandem"[13]. Cahill morirà sette mesi dopo la posa della prima pietra, ma la sua abilità permetterà alla sua ambizione di sopravvivergli: ha fatto assumere Utzon per decreto speciale, l'*Opera House Act*, una procedura legale eccezionale che mette l'architetto sotto l'esclusiva autorità dell'OHC, i cui membri sono stati designati da Cahill stesso. Il grande progetto australiano è dunque sperimentale sotto tutti i punti di vista, compreso quello giuridico.

La realizzazione della piattaforma
Lo scoglio più immediato, e più inatteso, con il quale si trova a fare i conti lo studio Arup al momento di eseguire i calcoli per la prima fase della costruzione è l'assenza di verifiche del suolo di Bennelong Point dal punto di vista geologico. In occasione del concorso si era dato per scontato che il promontorio fosse un massiccio di arenaria, come tutto il centro di Sydney, e non era stato fatto nessun controllo. Le verifiche preliminari agli studi degli ingegneri riveleranno invece un sottosuolo poco sicuro, costituito in superficie da detriti alluvionali mobili, permeabili all'acqua marina, mentre in profondità l'arenaria si rivela poco omogenea, in parziale decomposizione e percorsa da vene argillose[14]. Questo conglomerato instabile esige fondamenta ben più importanti di quelle previste qualche mese prima. Intorno al terreno e sotto la sua parte nord verranno colati circa 700 pilastri di cemento armato di quasi un metro di diametro, mentre al centro sottili solette sostituiranno il suolo malfermo. Il costo dell'operazione è proporzionale alla sua entità.
La seconda difficoltà deriva dalla rapidità con la quale erano stati eseguiti gli studi sull'infrastruttura dell'edificio, unita ai problemi strutturali inediti posti dagli stessi gusci. I muri maestri della piattaforma devono sì corrispondere alla ripartizione degli ambienti che contengono, ma anche integrare i punti portanti della vasta copertura. Ora, i piani di cemento per lo zoccolo sono messi a punto da un'équipe di ingegneri, mentre un'altra cerca di stabilire se le vele sono realizzabili. I loro ancoraggi più plausibili sono distribuiti lungo i muri maestri dello zoccolo in funzione dell'avanzamento degli studi per le sovrastrutture – le quali non soddisfano ancora nessuno e saranno rivoluzionate per intero, come si vedrà, tre anni dopo.

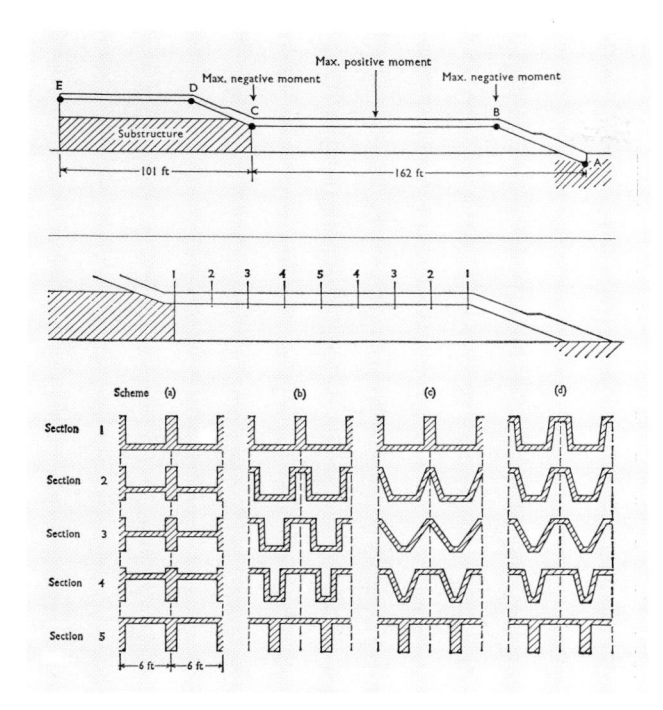

Studi di diverse soluzioni per lo scalone (Ove Arup & Partners).

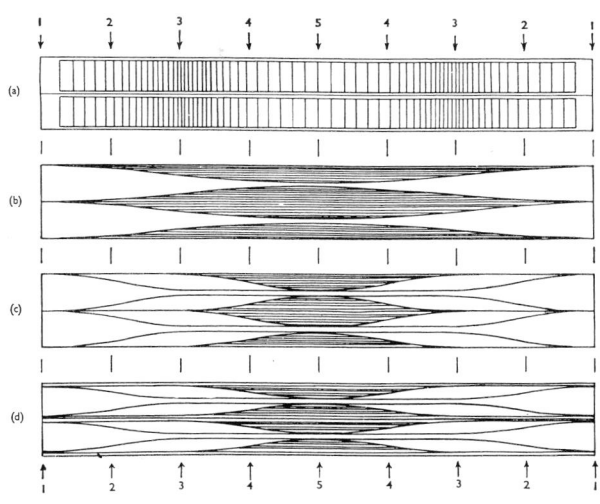

Studio per la superficie inferiore dello scalone (Ove Arup & Partners).

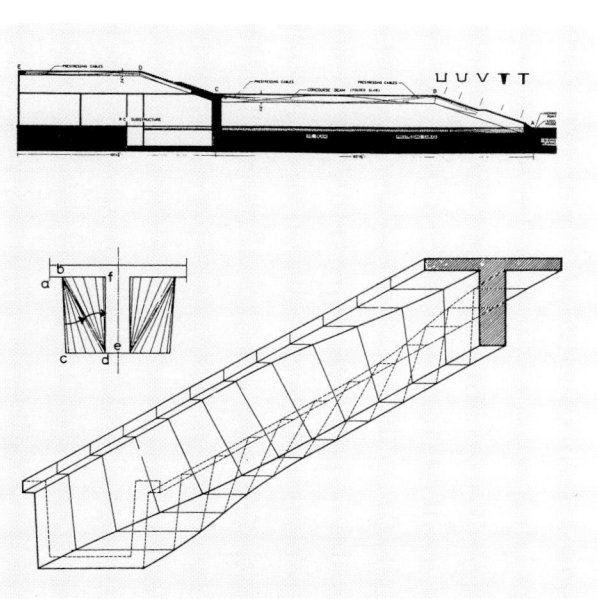

Sezione dello scalone e sezione prospettica di una delle putrelle (Ove Arup & Partners).

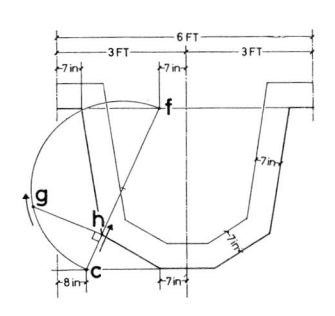

Geometria e dimensioni di una putrella (Ove Arup & Partners).

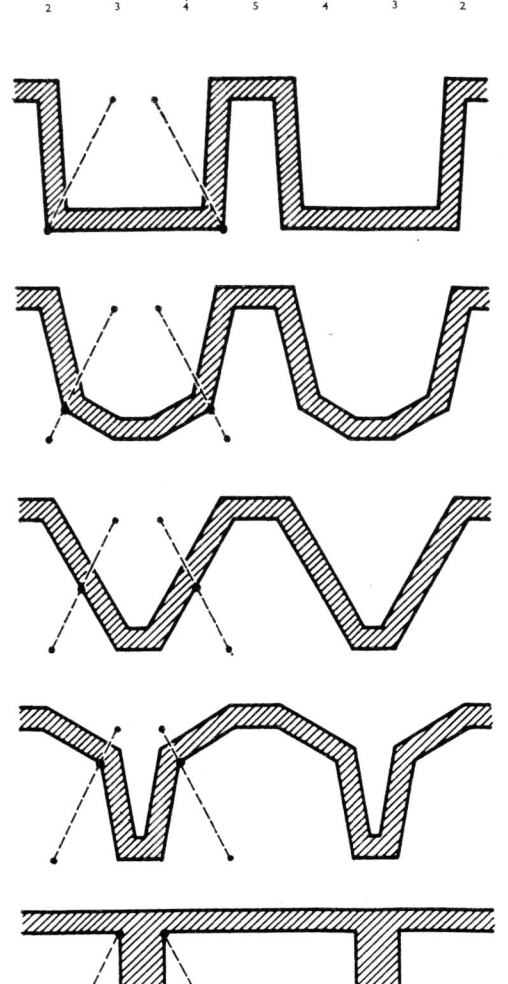

Sequenza di sezioni di putrelle (Ove Arup & Partners).

Veduta aerea di Bennelong Point, 1961, e scorcio della piattaforma in costruzione (Max Dupain).

La realizzazione delle putrelle: armatura, colata e disarmo (Max Dupain).

*Veduta del cantiere
e dello scalone
nell'autunno
del 1962
(Max Dupain).*

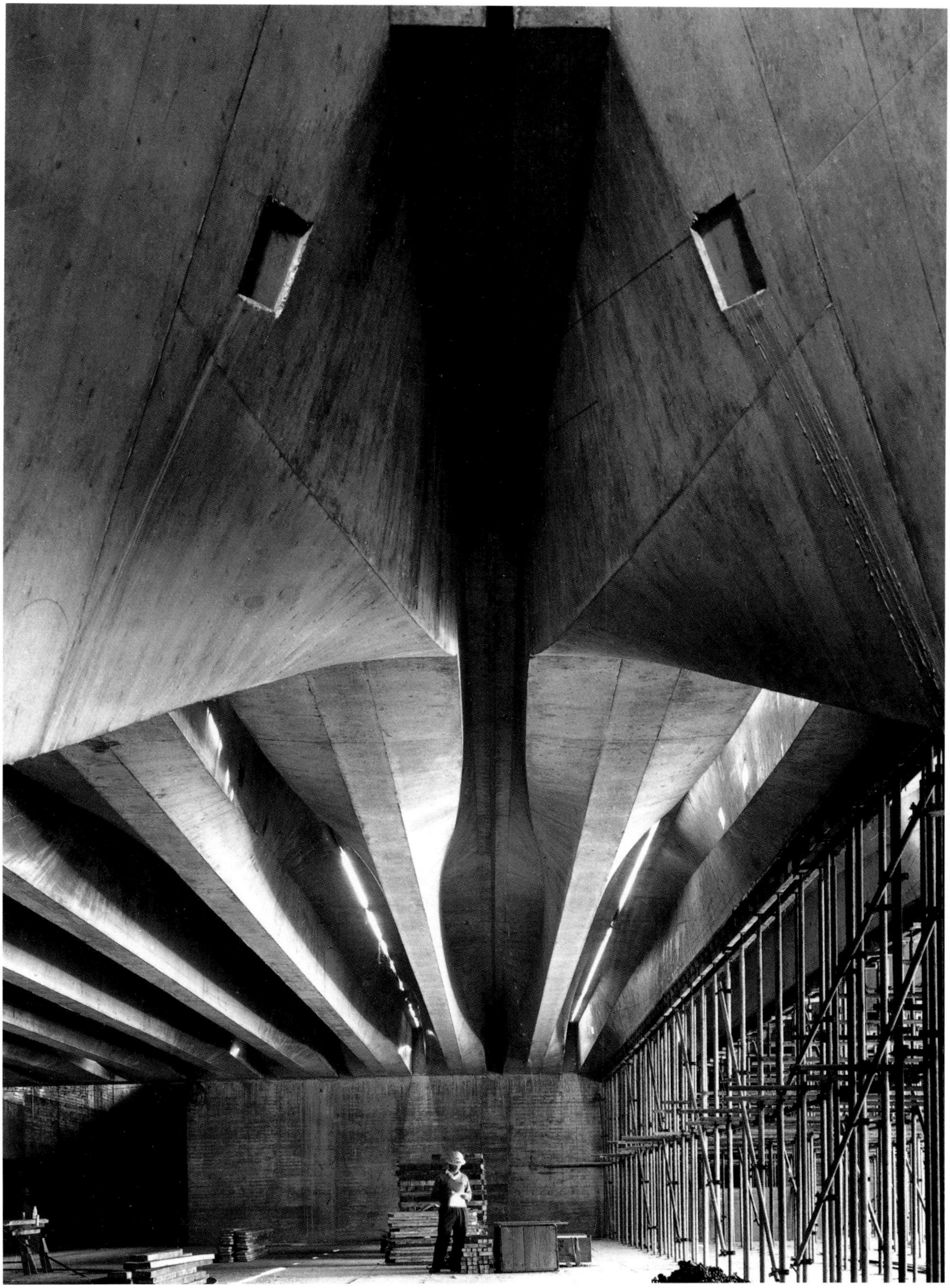

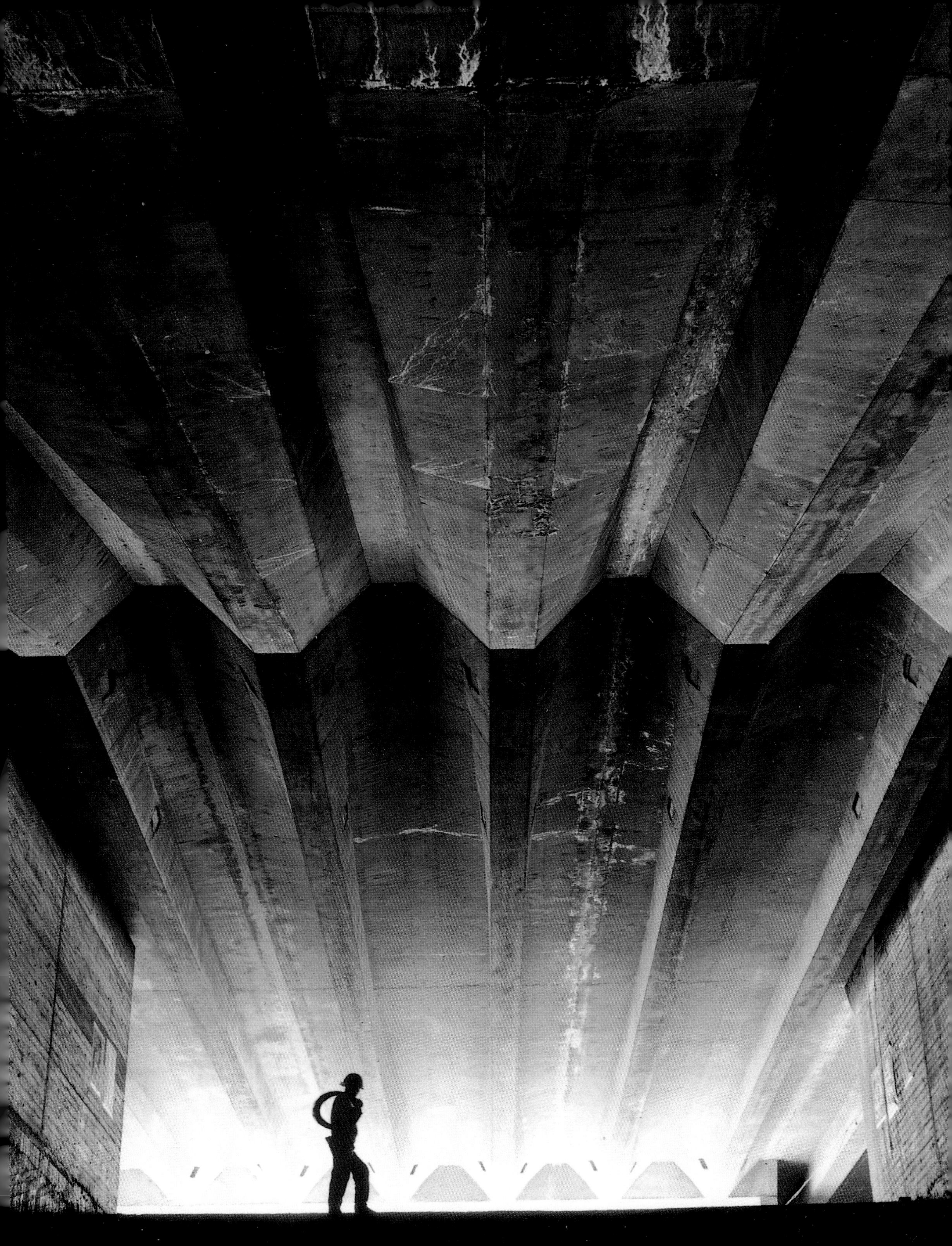

Sotto la piattaforma (Max Dupain).

Veduta aerea di Bennelong Point al termine della prima fase (Mitchell Library, State Library of New South Wales, ON 122/344).

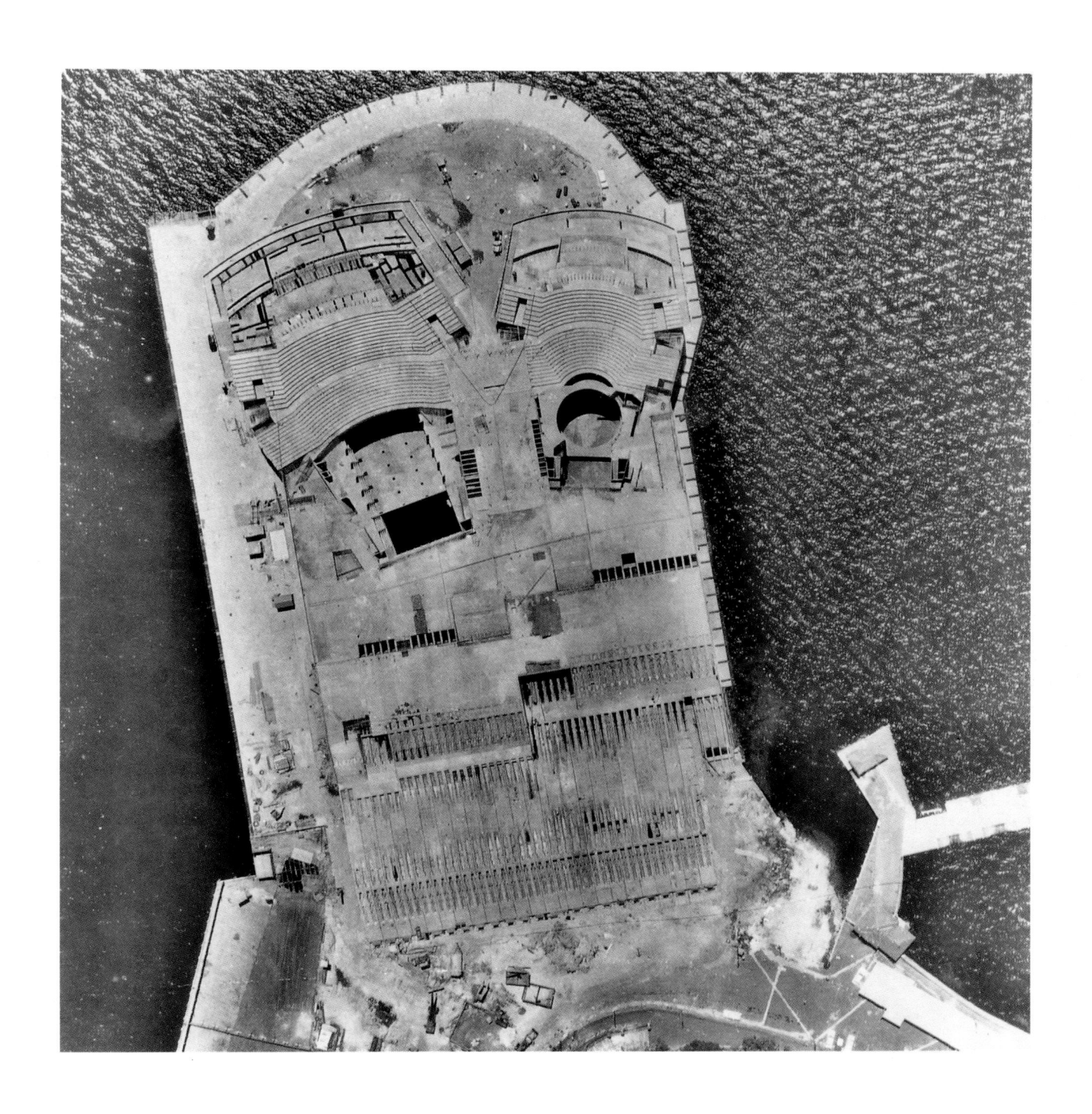

La piattaforma è un monolito in cemento armato tradizionale. Le sue facciate est, nord e ovest sono contornate da pilastri che si immergono nella Baia. Le sale da concerto sono sostenute da muri laterali e da una trave centrale che termina in una scatola di torsione. Le finiture delle superfici interne sono classificate in tre categorie: cemento grezzo ordinario per le pareti che devono accogliere rivestimenti o controsoffitti; cemento grezzo da disarmo con tracce delle impronte delle assi (101 mm di larghezza) per le superfici interne esposte – nei corridoi, per esempio; cemento grezzo da disarmo, ma liscio nelle parti pubbliche come i bar o l'ingresso principale. La superficie della piattaforma è collegata al livello d'ingresso grazie alla gradonatura dello scalone, che alternerà rampe e pianerottoli per far apparire e sparire le figure che lo percorrono – un effetto accentuato dal controluce su cui si staglieranno. Il sistema di travi curvate che lo sostiene costituisce un superbo esempio di soluzione strutturale al servizio dell'espressione architettonica. Esso ricorda quello della copertura della sala conferenze dell'Unesco che Zehrfuss, Breuer e Nervi hanno appena terminato a Parigi, e rimane indiscutibilmente il più importante contributo di Arup all'ideazione del progetto[15]. I disegni di concorso mostrano come Utzon, che allora lavorava senza ingegneri, progettava di collocare a metà corsa una fila di pilastri destinati a sostenere l'immensa gettata dello scalone. Durante le prime riunioni con Arup, l'architetto si premura immediatamente di chiedere se questi pilastri possono essere soppressi. Struttura e architettura devono essere una cosa sola, insiste, occorre una soluzione tanto semplice quanto ardita, di grande profilo, le cui qualità scultoree esprimano le forze che agiscono. "Se ciò si realizzasse, le finiture sarebbero semplici: il cemento parlerebbe di sé. A struttura audace, finiture modeste."[16] La soppressione dei pilastri darebbe inoltre un bell'impatto alla faccia inferiore dello scalone, gettata sopra la zona d'arrivo delle automobili senza supporti intermedi, come una vasta copertura obliqua.

Gli ingegneri di Arup prendono la palla al balzo per risolvere un'altra esigenza dell'architetto: l'orizzontalità assoluta del suolo della piattaforma. L'evacuazione delle acque piovane da una simile superficie imponeva allora soluzioni difficili da conciliare con l'aspetto architettonico desiderato. Così, per quanto poco cave fossero, le travi di sostegno dello scalone potevano sostituire le grondaie laterali progettate in un primo momento per il drenaggio dei circa 7000 mq della piattaforma. I loro canali giganti avrebbero raccolto direttamente le acque che scendevano negli interstizi ricavati tra le lastre di gres del pavimento, conducendole verso le estremità dello scalone, da dove sarebbero state evacuate direttamente. La loro sezione avrebbe inoltre dovuto essere uniforme sull'insieme della loro portata, e il più sottile possibile. "Il nostro compito era disegnare una serie di travi … suscettibili di reggere contemporaneamente il momento negativo che subiscono alle loro estremità orizzontali e il momento positivo che si esercita a metà campata. Esse rispecchierebbero così la variazione delle forze alle quali sono sottoposte nell'insieme della loro portata e potrebbero mostrare la loro resistenza a queste forze su ogni punto", spiegano Arup e Jenkins[17].

Poiché la putrella a T è la più efficace per supportare i momenti positivi, e la stessa forma, rovesciata, agisce allo stesso modo nei confronti dei momenti negativi, pensano gli ingegneri, si potrebbero ottenere l'espressione desiderata e l'efficacia strutturale in ogni punto facendo variare la sezione delle travi da una di queste forme all'altra, in funzione dei momenti che agiscono. La sagoma delle travi dello scalone traduce e dà forma alle forze che si esercitano. L'evoluzione dalla sezione a T a quella a T rovesciata è modulata in modo da dare origine a una parte inferiore esteticamente soddisfacente e alla struttura più leggera possibile in rapporto a uno spessore dato, e da facilitare la messa in opera. Per rendere questa forma più morbida possibile, il cambiamento di profilo si effettua secondo una sinusoide. Per evitare colate troppo complesse, questa curva è stata divisa in segmenti. Per calcolare e disegnare la variazione continua del profilo delle travi, è necessario ricorrere all'aiuto del computer. Quello di Arup è uno dei primi studi di ingegneria a credere in questa tecnologia allora ancora ai primi passi e a dotarsi del materiale necessario.

Utzon troverà immediatamente altre applicazioni alle putrelle di Sydney. Esse appaiono in due progetti per alcuni concorsi di poco posteriori al *Red Book*: un liceo nei pressi di Helsingør, con-

Vedute del cantiere da una torre del centro e scorcio della piattaforma (Mitchell Library, State Library of New South Wales, PXA 590/37 e 590/27).

corso che vince nel 1958, e l'esposizione universale di Copenaghen dell'anno seguente. Là, egli metterà a profitto la loro grande portata unita alla loro morfologia, ripetitiva e scultorea, per costruire spettacolari coperture piatte che paiono levitare sopra gli zoccoli modellati da variazioni di livello.

La soluzione definitiva per la piattaforma su cui poggia l'Opera House è approvata nell'aprile 1958. La gara d'appalto ha luogo in novembre, e Utzon effettua in quell'occasione il suo terzo viaggio a Sydney, seguito poco dopo da Jenkins, che sovrintende all'apertura delle buste. L'impresa che fa l'offerta migliore, Civil & Civic, vince la gara e la costruzione delle fondamenta comincia all'inizio di marzo 1959. Lo scalone è una serie di 47 travi curvate larghe 1,83 m, 21 delle quali hanno una portata di 50 m e 26 una portata di 41,50 m, per uno spessore del cemento di 178 mm. Esse sono colate a coppie, lasciando un po' di spazio ogni due coppie per assicurare l'autonomia di ciascuna al momento delle operazioni di precompressione per post-tensione.

Il cantiere è colossale. Gli abitanti di Sydney osservano stupefatti la metamorfosi di Bennelong Point: la piattaforma ancora grezza si getta a strapiombo sulla baia come una falesia; dall'altra parte, verso i giardini botanici, le sue gradinate e le falangi delle travi le conferiscono un'aria da teatro greco. Lo scrittore Patrick White ricorda che l'Opera House nascente somigliò per molto tempo alle rovine di Micene[18].

[1] Lettera di Leslie Martin ad Ashworth, 12 febbraio 1957 (Ashworth Papers, Box 1, Folder 6).
[2] Lettera di Utzon ad Ashworth, 12 febbraio 1957 (Ashworth Papers, Box 1, Folder 9).
[3] Lettera di Ashworth a Utzon, 28 febbraio 1957 (Ashworth Papers, Box 1, Folder 9).
[4] Lettera di Utzon ad Ashworth, 21 marzo 1957 (Ashworth Papers, Box 1, Folder 9).
[5] Lettera di Ashworth ad Arup, 18 giugno 1957 (Ashworth Papers, Box 1, Folder 3).
[6] "Ho incontrato Utzon, ho visto altre sue realizzazioni, ed ho la più alta considerazione delle sue capacità di architetto", scrive ad Ashworth il 24 giugno 1957 (Ashworth Papers, Box 1, Folder 3).
[7] Vedi Valerie Perry, *Built for a better future: The Bryn Mawr Rubber Factory*, White Cockade Publishing, 1994.
[8] La bibliografia di Jenkins figura nel testo di Jürgen Joedicke, *Le structures en Voiles et Coques*, Documents d'architecture moderne, Vincent Fréal & Cie, Paris 1963, p. 294.
[9] Riferito da John Yeomans, *The other Taj Mahal*, Longman, Sydney 1968, p. 40.
[10] Jørn Utzon, *Sydney National Opera House (Red Book)*, Atelier Elektra, Copenaghen 1958.
[11] Sono cinque: Ove Arup & Partners per la struttura; Steensen and Varming per i fluidi (si erano già occupati di Bryn Mawr); V. L. Jordan per l'acustica; M. Balslev per l'elettricità e S. Malmquist per le attrezzature sceniche.
[12] Jørn Utzon, *Red Book* cit., p. 23.
[13] Peter Myers, *Un chef d'œuvre inachevé*, in "L'Architecture d'Aujourd'hui", 285, febbraio 1993.
[14] Secondo il rapporto di Arup, *Sydney Opera House*, in "Structural Engineer", marzo 1969.
[15] Vedi l'articolo dettagliato che gli hanno dedicato i suoi autori Arup e Jenkins, *The evolution and design of the Concourse at the Sydney Opera House*, in "Proceedings of the Institution of Civil Engineers", 39, aprile 1968, pp. 541-565.
[16] Utzon, citato da Arup e Jenkins.
[17] Ibidem.
[18] Nella sua autobiografia *Flaws in the Glass - A Self Portrait*, Sydney 1981.

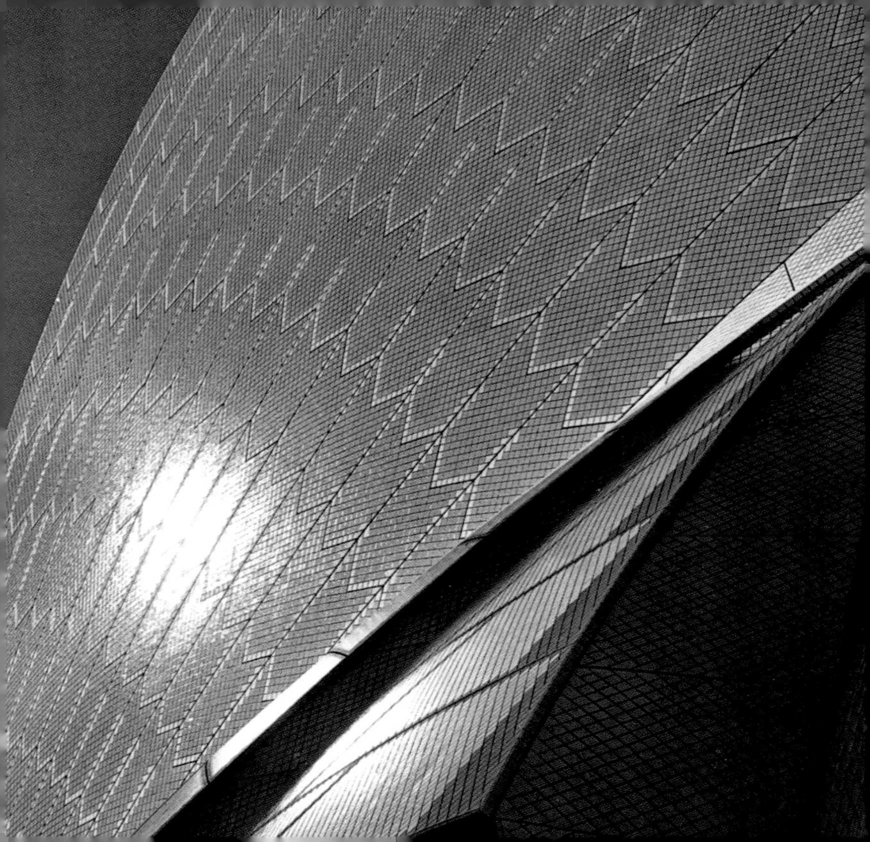

Seconda fase: le coperture

*Dai gusci parabolici
alle volte sferiche*

Mentre la piattaforma emerge lentamente da Bennelong Point, gli studi per le coperture procedono spediti, a Hellebæk come a Londra. I gusci di Utzon sono un rompicapo senza precedenti. La loro forma è complessa e la geometria ancora indefinita – due differenze rilevanti rispetto alla forma e alla geometria dei loro "antenati" destinati a coprire infrastrutture industriali o commerciali, mercati, stazioni o aerostazioni poste su terreni liberi e la cui forma in pianta sfruttava forme geometriche primarie (cerchi, unioni di quadrati, triangoli isosceli...) adattate alla grande cubatura richiesta da simili progetti. Utzon invece vuole coprire spazi multipli, con pianta irregolare, riuniti in un sito altrettanto irregolare. Così com'è, il progetto che presenta per il concorso è irrealizzabile, e gli ingegneri di Arup tentano in un primo momento di semplificare i gusci per eliminare i momenti di flessione più problematici. Essi vorrebbero ricondurli a tecniche già collaudate, sostituendo le ogive con archi a tutto sesto e gusci a doppia curvatura, o addirittura con una copertura continua destinata a rivestire la totalità dell'edificio. Tuttavia, queste modifiche implicherebbero una radicale alterazione di quell'immagine che è stata la chiave di volta del successo del progetto. Dal 1957 al 1961 i calcoli strutturali e i test sui modelli saranno tesi a trovare una soluzione statica globale al problema così come l'ha posto Utzon[1]. I primi approcci tendono a geometrizzare i tetti pur mantenendo il loro movimento generale e il loro principio di realizzazione: gusci di cemento sottile, irrigiditi dalle loro curvature. Occorre unire le loro superfici, disegnare una struttura che conservi stabilità in tutte le condizioni climatiche, e riflettere sulla sua messa in opera così come su quella del

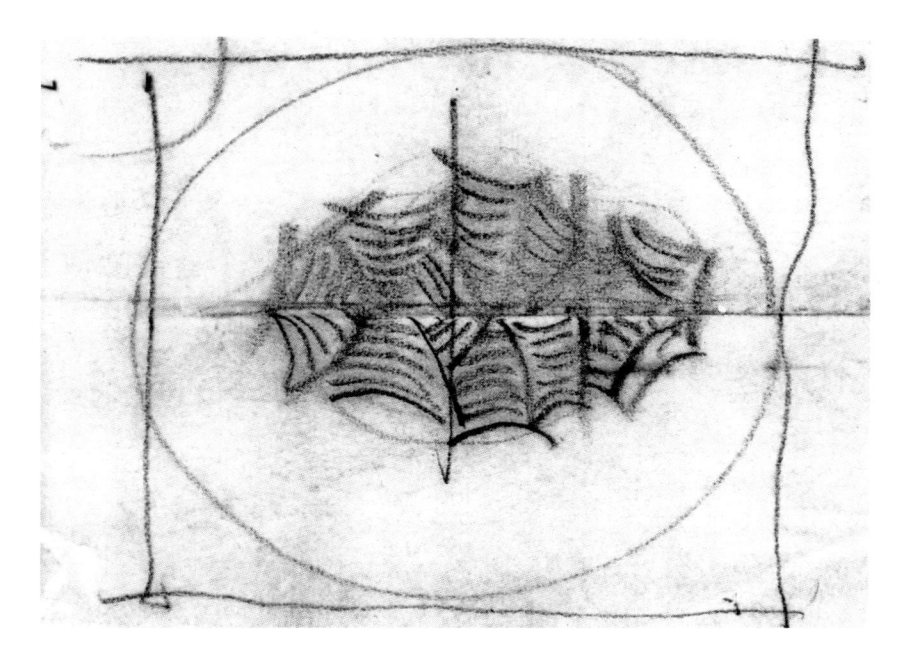

*Schizzo di Utzon
per la copertura,
1960 circa
(Mitchell Library,
State Library of
New South Wales
ON 122/150).*

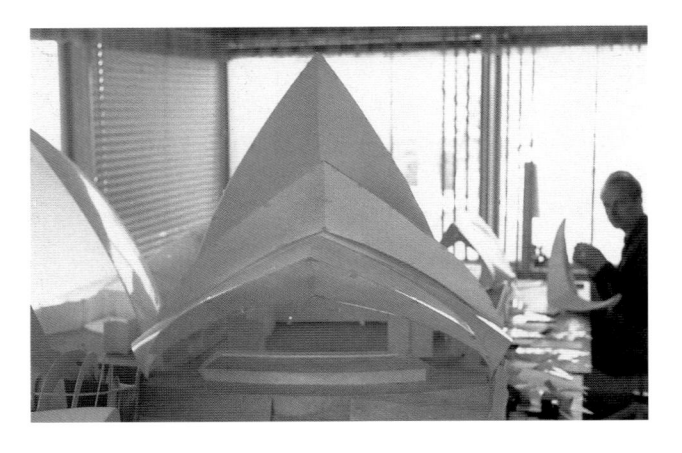

Modello di studio in carta dei gusci parabolici fotografato nello studio di Hellebæk (Mitchell Library, State Library of New South Wales, PXA 590/231).

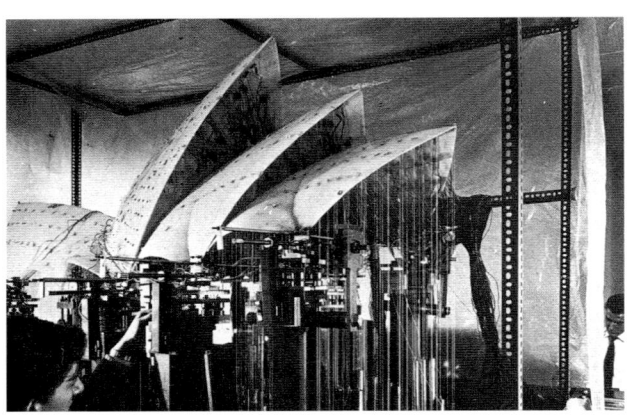

Modello strutturale testato in una galleria del vento all'università di Southampton (Ove Arup & Partners).

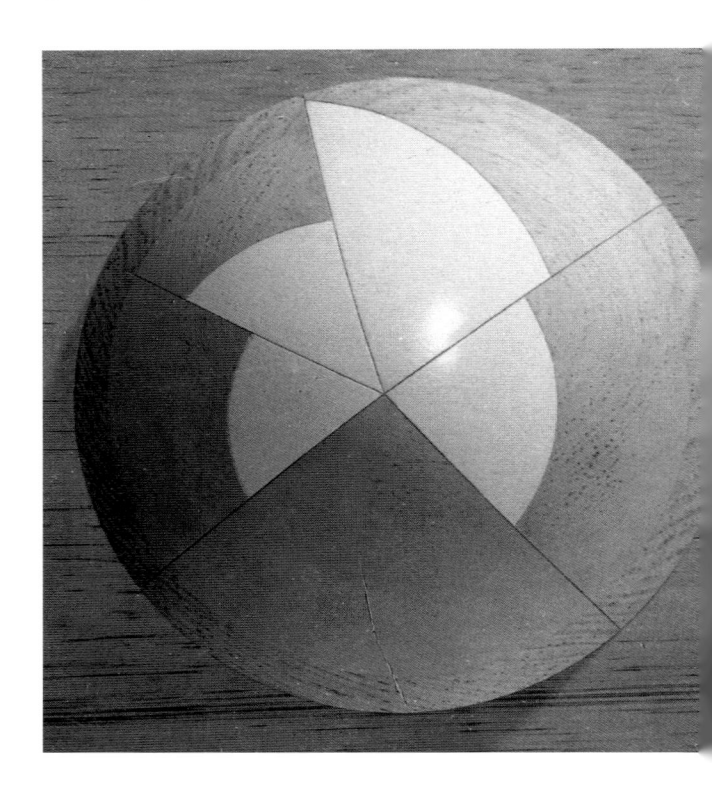

Primo modello di massima delle nervature delle volte con geometria sferica, Hellebæk, autunno 1961 (Mitchell Library, State Library of New South Wales, PXA 590/229).

Utzon a Hellebæk con il modello dell'Opera House, 1962 (Mitchell Library, State Library of New South Wales, ON 122/344).

Modello di presentazione della soluzione sferica, 1962 (Max Dupain).

suo rivestimento. Ogni preventivo si rivela evidentemente impossibile: "Prestavamo molta attenzione a non impegnarci troppo in una stima dei costi, perché non ne avevamo davvero la minima idea", ammetterà Ove Arup molto più avanti[2].

La geometria dei gusci presentata nel 1958 nel *Red Book* è basata sulla parabola, così come il modellino usato per i primi test nella galleria del vento. Il loro semplice rivestimento di cemento armato, tuttavia, è ulteriormente rinforzato da nervature interne. Questo principio costruttivo viene modificato ancora l'anno seguente. I gusci parabolici divengono due sottili vele di cemento distanti circa 1,20 m, unite da una rete metallica che assicura la distribuzione delle forze tra loro. Questa volta i test rivelano che il sistema è sottoposto a sollecitazioni ben più forti del previsto, e che è impossibile valutare la ripartizione dei carichi sulle fondazioni. Il doppio rivestimento è oggetto di molte esplorazioni geometriche e costruttive. Il profilo dei gusci diventa circolare, poi ellittico. La loro struttura metallica tridimensionale si trasforma, potrebbe essere fabbricata da un costruttore navale. Tuttavia, sussistono ancora incertezze sul comportamento di simili gusci in caso di vento molto forte, così come sulle ripercussioni di eventuali vibrazioni sul vetro dei pannelli delle facciate. Utzon manifesta ancora alcune riserve sul loro aspetto interno; i problemi legati all'acustica sono ben lungi dall'essere risolti. Poi gli ingegneri esaminano queste due geometrie alla luce di un altro procedimento costruttivo. Nel giugno 1961, il principio della struttura portante si è modificato radicalmente. I gusci saranno quindi costituiti da costoloni di cemento a sezione triangolare, che si aprono a ventaglio a partire dalla base di ogni guscio e si riuniscono su una trave di colmo descrivendo una porzione di ellisse o di cerchio. Per la loro edificazione si pensa a complesse impalcature, ma rimane sempre il problema del costo di una simile messa in opera. Quel che è peggio, Utzon non sembra per nulla soddisfatto di nessuna di queste proposte. Gli ingegneri, per parte loro, sembrano aver esaminato tutte le possibilità e preso in considerazione tutte le tecniche conosciute per costruire forme siffatte.

In autunno Utzon ha un'idea apparentemente semplice che risolverà in un sol colpo tutti i problemi con i quali gli ingegneri si scontravano da ormai quasi quattro anni. Egli modifica radicalmente i dati del problema, proponendo che le superfici di tutti i gusci siano estratte da una stessa sfera virtuale. La soluzione sarebbe caratterizzata da un grande rigore geometrico; un assemblaggio

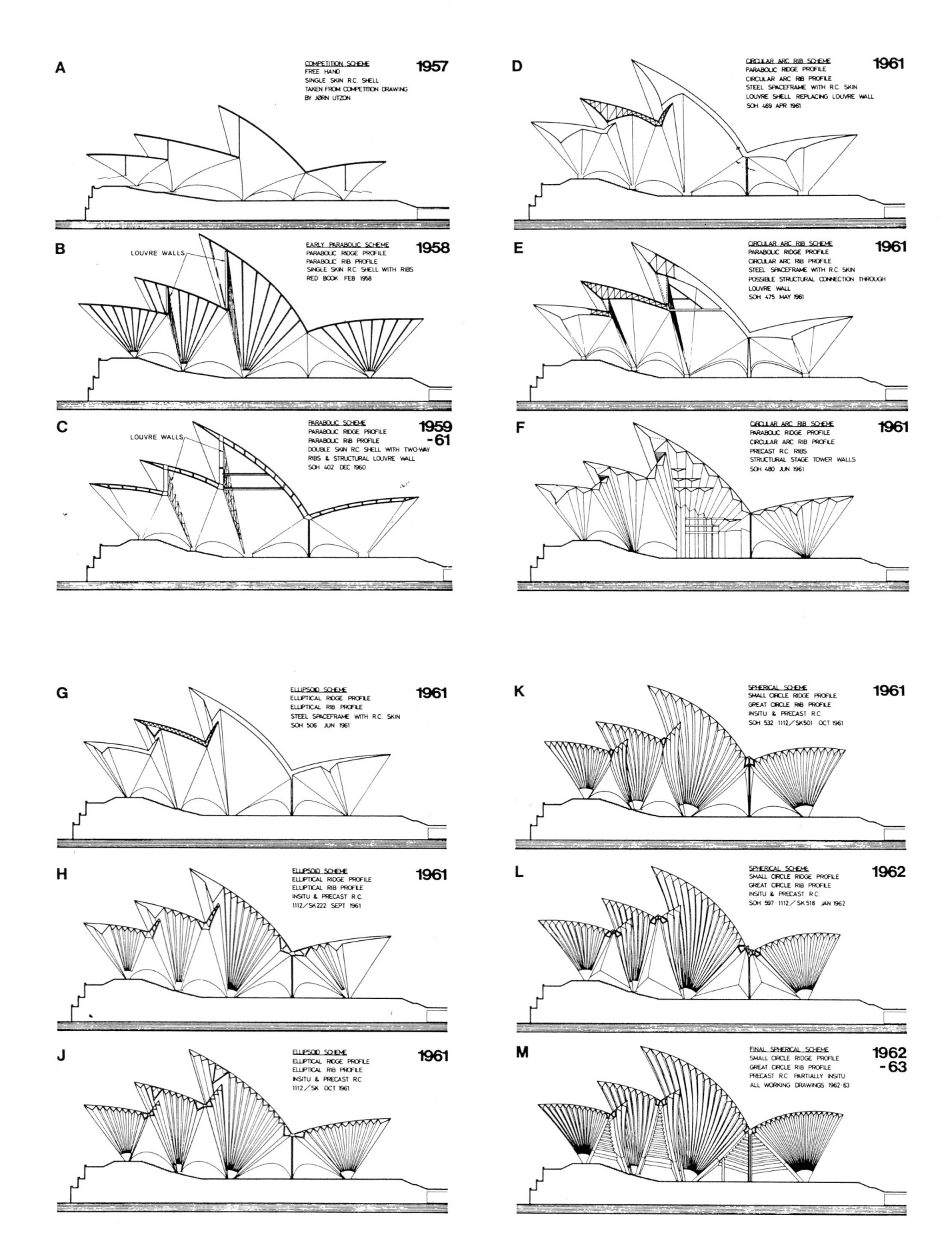

A   COMPETITION SCHEME   **1957**
FREE HAND
SINGLE SKIN R.C. SHELL
TAKEN FROM COMPETITION DRAWING
BY JØRN UTZON

B   EARLY PARABOLIC SCHEME   **1958**
PARABOLIC RIDGE PROFILE
PARABOLIC RIB PROFILE
SINGLE SKIN R.C. SHELL WITH RIBS
RED BOOK FEB 1958
LOUVRE WALLS

C   PARABOLIC SCHEME   **1959-61**
PARABOLIC RIDGE PROFILE
PARABOLIC RIB PROFILE
DOUBLE SKIN R.C. SHELL WITH TWO-WAY
RIBS & STRUCTURAL LOUVRE WALL
SOH 402 DEC 1960
LOUVRE WALLS

D   CIRCULAR ARC RIB SCHEME   **1961**
PARABOLIC RIDGE PROFILE
CIRCULAR ARC RIB PROFILE
STEEL SPACEFRAME WITH R.C. SKIN
LOUVRE SHELL REPLACING LOUVRE WALL
SOH 469 APR 1961

E   CIRCULAR ARC RIB SCHEME   **1961**
PARABOLIC RIDGE PROFILE
CIRCULAR ARC RIB PROFILE
STEEL SPACEFRAME WITH R.C. SKIN
POSSIBLE STRUCTURAL CONNECTION THROUGH
LOUVRE WALL
SOH 475 MAY 1961

F   CIRCULAR ARC RIB SCHEME   **1961**
PARABOLIC RIDGE PROFILE
CIRCULAR ARC RIB PROFILE
PRECAST R.C. RIBS
STRUCTURAL STAGE TOWER WALLS
SOH 480 JUN 1961

G   ELLIPSOID SCHEME   **1961**
ELLIPTICAL RIDGE PROFILE
ELLIPTICAL RIB PROFILE
STEEL SPACEFRAME WITH R.C. SKIN
SOH 506 JUN 1961

H   ELLIPSOID SCHEME   **1961**
ELLIPTICAL RIDGE PROFILE
ELLIPTICAL RIB PROFILE
INSITU & PRECAST R.C.
1112/SK222 SEPT 1961

J   ELLIPSOID SCHEME   **1961**
ELLIPTICAL RIDGE PROFILE
ELLIPTICAL RIB PROFILE
INSITU & PRECAST R.C.
1112/SK OCT 1961

K   SPHERICAL SCHEME   **1961**
SMALL CIRCLE RIDGE PROFILE
GREAT CIRCLE RIB PROFILE
INSITU & PRECAST R.C.
SOH 532 1112/SK501 OCT 1961

L   SPHERICAL SCHEME   **1962**
SMALL CIRCLE RIDGE PROFILE
GREAT CIRCLE RIB PROFILE
INSITU & PRECAST R.C.
SOH 597 1112/SK 518 JAN 1962

M   FINAL SPHERICAL SCHEME   **1962-63**
SMALL CIRCLE RIDGE PROFILE
GREAT CIRCLE RIB PROFILE
PRECAST R.C. PARTIALLY INSITU
ALL WORKING DRAWINGS 1962·63

Tavola riassuntiva delle soluzioni per le coperture, 1957-62 (da Ove Arup & Partners).

di elementi colati potrebbe sostituire la colata *in situ* inizialmente ipotizzata, e le impalcature sarebbero inutili. Arup può finalmente mandare ad Ashworth un rendiconto ottimista: "Qualche mese fa, Utzon ha fatto una proposta che sembra una possibile soluzione per le nostre difficoltà. Come lei sa, la principale di esse derivava dalla eterogeneità delle superfici che costituiscono i gusci, eterogeneità che ci avrebbe impedito l'uso di moduli, il che è sempre garanzia di una soluzione economica. ... Durante una discussione, Utzon ha lanciato l'idea che i gusci potrebbero avere la stessa curvatura in tutte le direzioni ... Ciò significherebbe che tutti i loro segmenti sarebbero identici"[3]. "M. Arup è venuto da noi questa settimana e abbiamo trovato un modo meravigliosamente ingegnoso di costruire i gusci. Essi sono finalmente come li volevamo noi"[4], gli racconta Utzon per parte sua. "La soluzione è stata a lungo ibrida, ma nel corso degli ultimi sei mesi è diventata ideale sotto tutti gli aspetti: dal punto di vista tecnico, estetico e persino economico. Abbiamo abbandonato gli studi della precedente soluzione, che duravano da tre anni"[5], ammette Ove Arup. Ma questo colpo di scena costa caro al suo studio. Hanno gettato alle ortiche centinaia di migliaia di ore di lavoro[6]. Jenkins si ritira dal progetto; a capo dell'équipe di ingegneri incaricati dell'Opera House lo sostituisce Jack Zunz. Nel giro di qualche mese, il principio della geometria sferica permette di calcolare per intero le coperture che oggi svettano su Bennelong Point.

Lo Yellow Book
Il documento elaborato da Utzon per presentare al committente il progetto delle coperture finalmente risolto è un dossier dello stesso formato del *Red Book*. La copertina è ornata da un turbinio di cerchi che lascia vedere, in giallo – da qui il soprannome di *Yellow Book* –, la sagoma ormai familiare dell'Opera House. L'architetto vi illustra l'evoluzione dei gusci e la soluzione dettagliata sulla quale i sei giovani architetti della sua équipe hanno lavorato ininterrottamente, facendo la spola con lo studio di Arup a Londra. Un giovane architetto spagnolo, Rafael Moneo, si è recato in Danimarca appositamente per impegnarsi in questa celebre causa. Egli ha assistito Mogens Prip-Buus con le sue competenze matematiche. "Utzon aveva cominciato a costruire bellissimi modelli. Essi mostravano che la sfera conteneva forme simili a quelle che aveva disegnato per i gusci. Dal momento che ero piuttosto bravo in geometria descrittiva, dovevo calcolare la collocazione in proiezione di tutti i gusci nella sfera teorica"[7]. A differenza del *Red Book*, lo *Yellow Book* è costituito unicamente da documenti grafici, tutti firmati dall'architetto. Alcune tavole ricapitolano le geometrie studiate successivamente, dai gusci bassi schizzati per il concorso fino alla soluzione sferica. La modifica del loro aspetto, considerevole, è descritta sotto tutti i punti di vista, e ne vengono schematizzate tutte le implicazioni tecniche. I gusci sono dei triangoli bombati, regolari, i cui fasci di costoloni, montati uno accanto all'altro, sono ricoperti di pannelli piastrellati in diagonale.
Nella primavera del 1962 Utzon si reca a Sydney con Jack Zunz per presentare lo *Yellow Book*

Simulazione informatica del principio delle volte sferiche (Skyer, DR-TV, Pi Michael).

Yellow Book, *schema generale delle coperture pubblicato sulla copertina.*

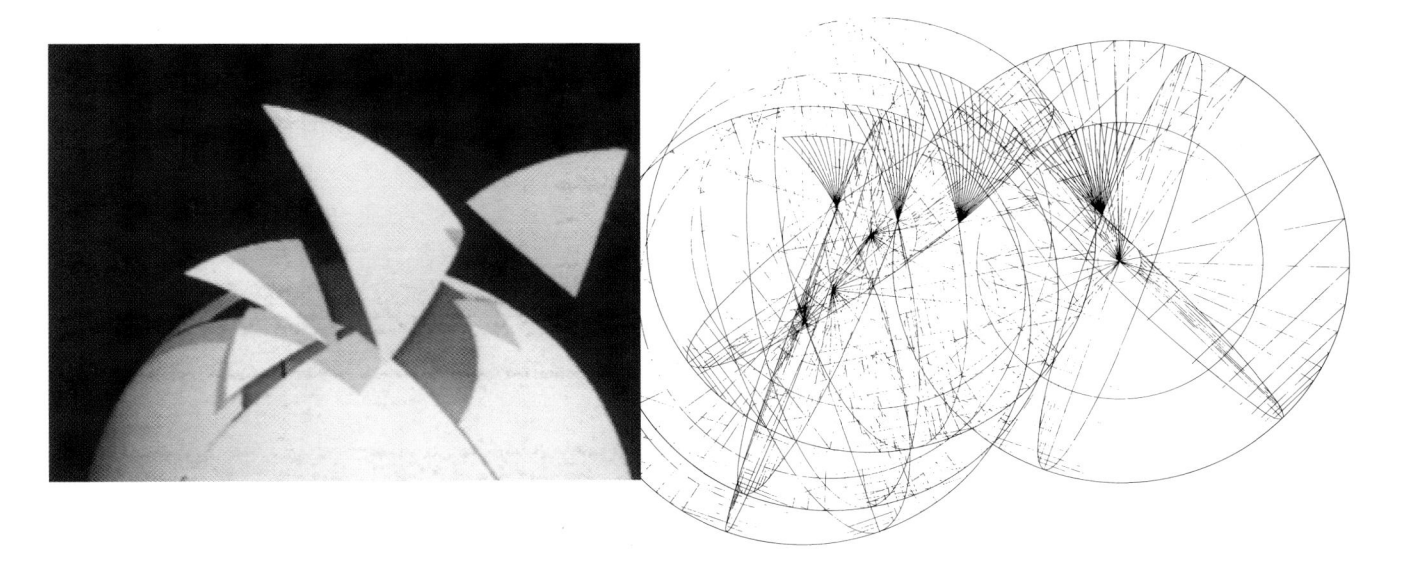

86

Yellow Book, *schizzo di studio per il rivestimento di piastrelle pubblicato sul retro di copertina, prospetto ovest e pianta delle coperture.*

al committente. I due uomini compaiono, insieme con Ashworth, sulla rete televisiva ABC per spiegare al pubblico, con l'aiuto di modelli in scala ridotta, il nuovo principio e la sua messa in opera[8]. Utzon ha fatto fabbricare dei modellini tanto pedagogici quanto la soluzione è limpida. Il più celebre di questi è una calotta di legno, prelevata da una sfera, tagliata lungo meridiani come un'arancia a spicchi[9]. Il taglio dà luogo a quattro solidi bianchi che raffigurano lo spazio interno dei quattro semigusci dell'auditorium maggiore; le loro superfici in vista rappresentano le pareti da costruire. Ogni superficie convessa rimanda a quella immediatamente più piccola, aumentata di un arco: la più grande contiene virtualmente tutte le altre. Un secondo modello mostra che ogni semiguscio è una somma di nervature, tutte identiche. Ognuna di esse si scompone in segmenti, di uguale lunghezza ma di sezione variabile, poiché i costoloni si svasano da un'estremità all'altra, da terra verso il cielo. I pannelli piastrellati, in forma di capriate, sposano la stessa geometria dei segmenti che ricoprono, e costituiscono anch'essi delle serie. La sistematizzazione della forma delle coperture significa dunque che i loro componenti sono modulari e che potranno essere prefabbricati a stampo.

Così spiega Utzon su "Zodiac": "Non si può costruire un tale complesso di forme senza rigore geometrico, senza aver trovato una sorta di armonia tra di loro ... Alla fine, io ho tratto queste forme da un'unica sfera. Ciò significa che, quando esse sono collocate nello spazio, la loro intersezione si effettua secondo leggi date; la composizione raggiunge perciò un suo equilibrio"[10]. Egli si allontana così dai modelli che avevano ispirato i suoi disegni di concorso. Abbandonando l'utopia dei gusci in favore della fattibilità delle volte, egli rinuncia a creare dal nulla forme apparentemente libere in favore del montaggio di elementi geometrici prefabbricati; abbandona l'*exploit* tecnologico puro che la sua proposta originaria implicava a favore del rigore e dell'economia di un sistema: all'ampiezza romantica del gesto iniziale succede una logica di moduli e d'assemblaggio, una stereotomia di cemento. La copertura era un insieme di forme singole, è diventata una serie di variazioni a partire da un unico tema. Prip-Buus riassume, non senza umorismo, il salto concettuale operato da Utzon e l'evidenza che ne sarebbe nata: "L'invenzione delle volte sferiche fu per noi come il passaggio dall'idea della terra piatta a quella della terra rotonda"[11]: una rivoluzione, nel vero senso della parola.

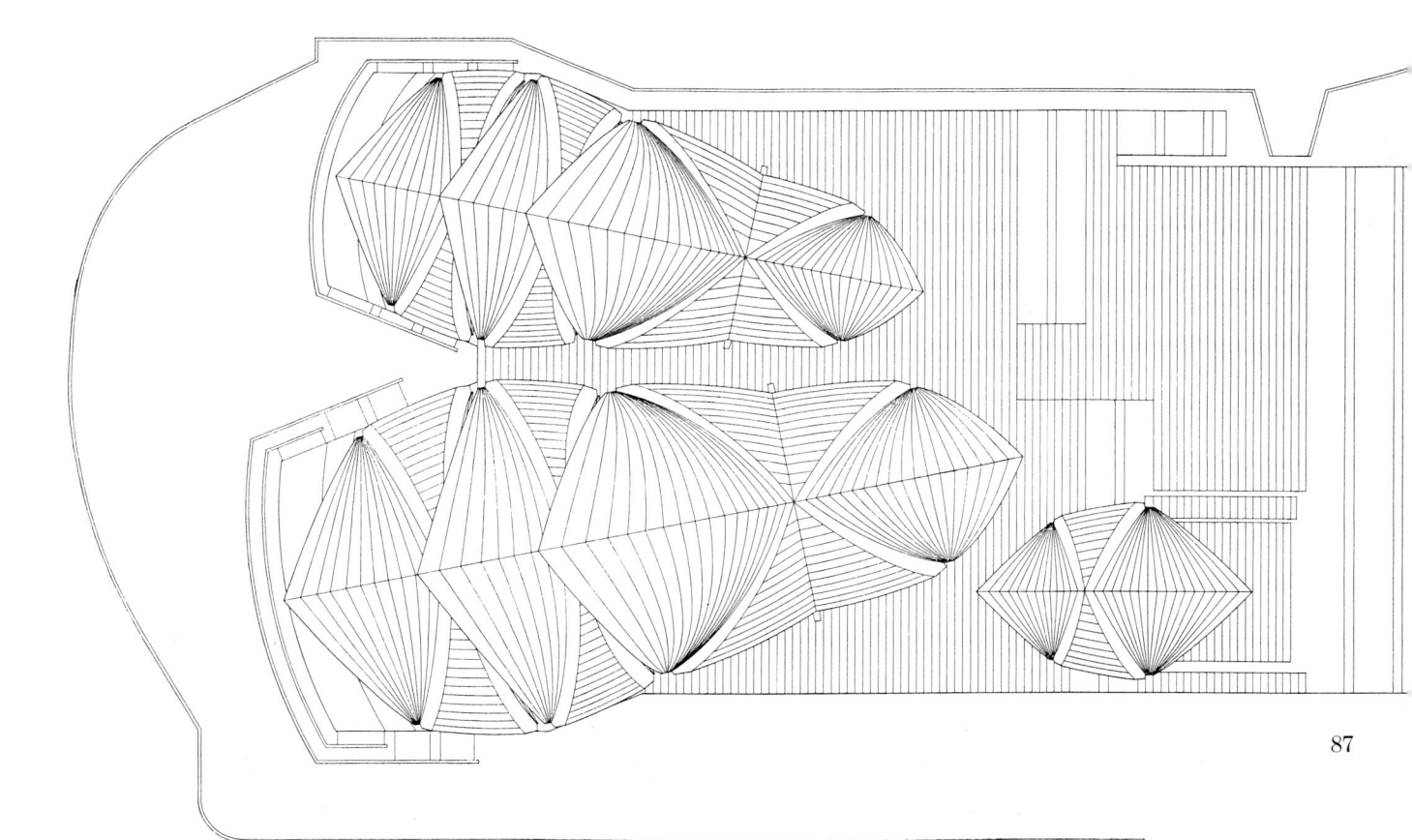

Prospetto sud.

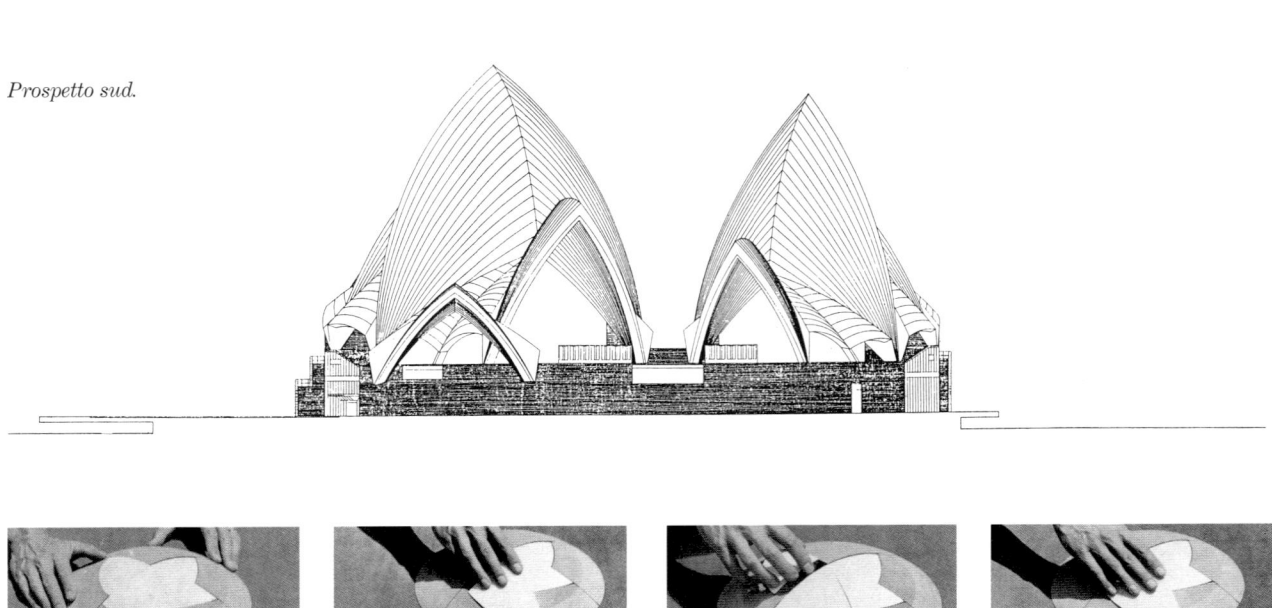

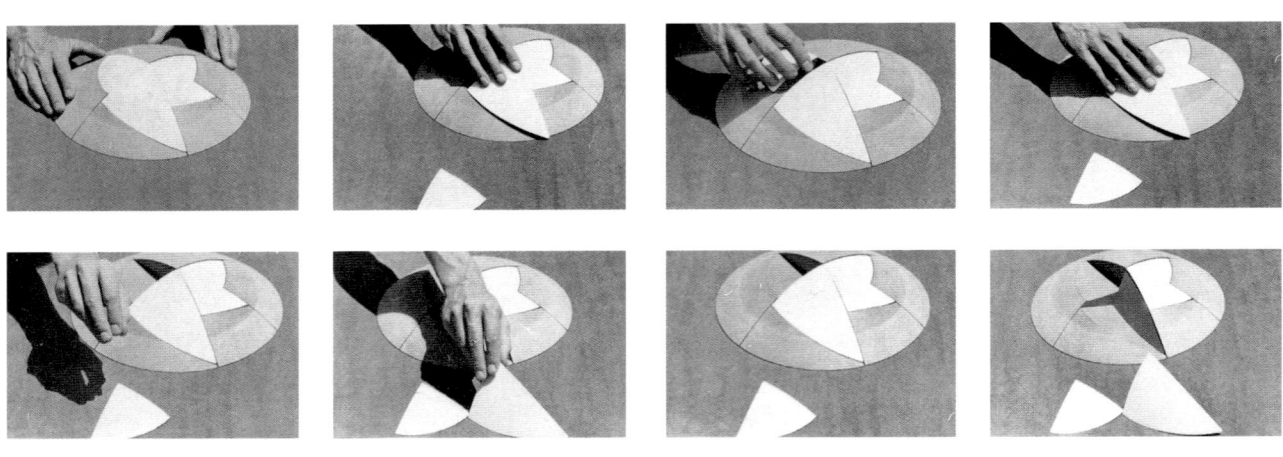

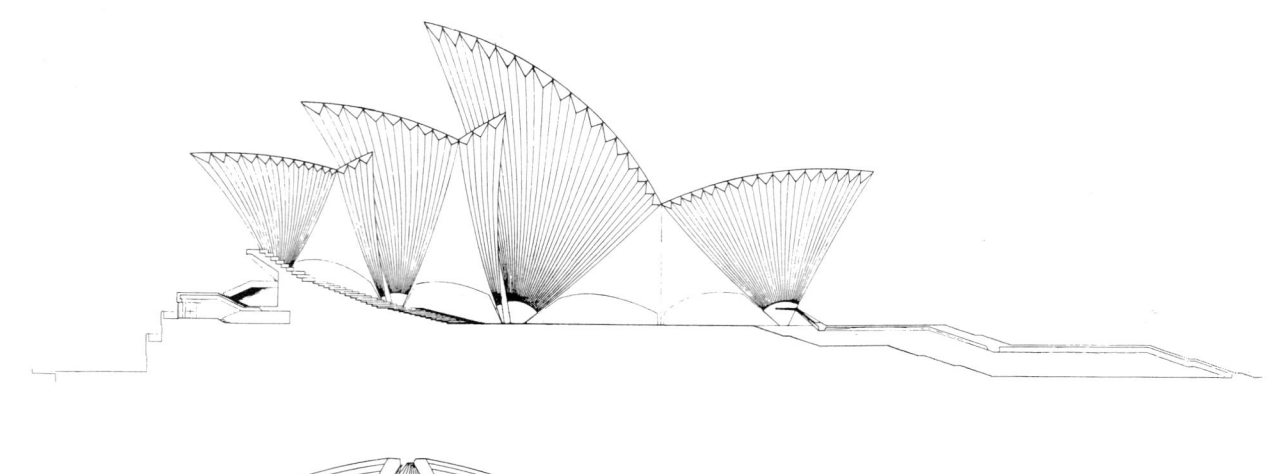

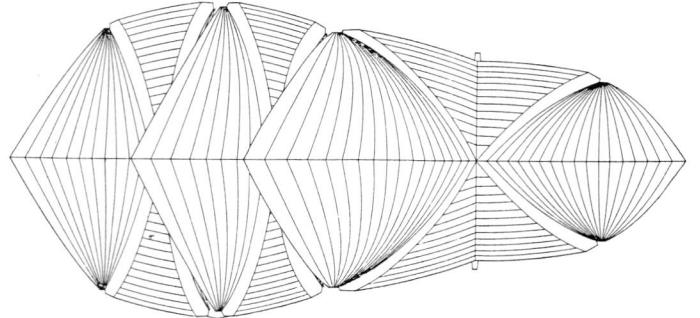

Yellow Book, *auditorium maggiore, sezione e pianta delle coperture.*

Modello dimostrativo della geometria sferica delle volte (da "Zodiac", 14, 1965).

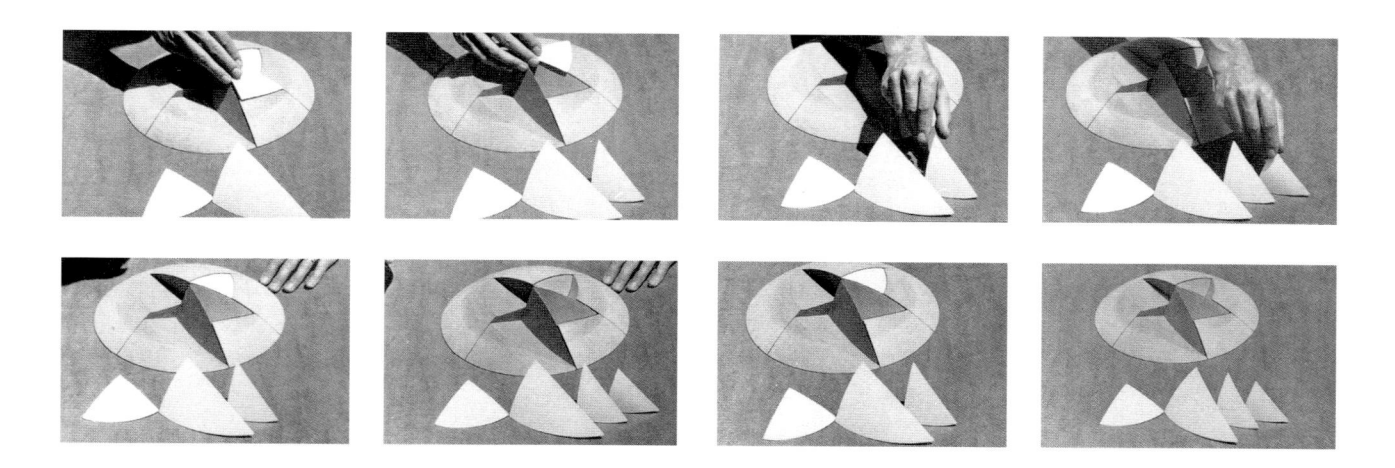

Alcuni organicisti di stretta osservanza criticheranno questo voltafaccia, rimpiangendo l'immagine originaria dell'edificio, quella espressa ancora dallo straordinario disegno a carboncino del *Red Book*. Ornata delle virtù del gesto e dell'intuizione, essa sarebbe stata minata dalla razionalizzazione subita al momento del processo di realizzazione; il passaggio dalle forme "libere" alla geometria sferica avrebbe irrimediabilmente tradito il concetto di partenza che costituiva il valore innovativo del progetto. "L'Opera, un edificio nato nella tradizione organica e ispirato da una risposta emozionale e romantica agli elementi del mondo naturale, è stata costruita grazie all'imposizione di un ordine astratto che trova le sue origini in una logica di controllo del pensiero razionale. Un principio di concezione organica, derivato da forme vive e mutevoli, è incompatibile con quello che proietta su questo mondo naturale un ordine ideale e immutabile. L'Opera dimostra la reciproca esclusione di questi due principi: la transizione verso l'uno che distrugge l'altro. ... A dispetto della compromissione del progetto di concorso sotto la pressione dei vincoli pratici, al tempo stesso politici e strutturali, la sua 'semplice idea poetica' non è del tutto morta. Che l'Opera di Sydney sia stata costruita, benché in una forma largamente rimaneggiata, testimonia del 'dono dell'immaginazione' in architettura, e rimane un simbolo, anche se offuscato, dell'adattarsi della tecnologia alla volontà creatrice dell'uomo"[12]. La teoria non è nuova: essa oppone la natura ai suoi accidenti, generatori di forme indomite, atte a soddisfare la sensibilità e la razionalità occidentale, cerebrale e normativa. La polemica nasce dall'accezione che si vuole dare alla parola "organico". Alcuni eredi dell'espressionismo, come Hugo Häring, rifiutavano ogni ricorso alla geometria, persino a quella presente nei vegetali e nei minerali. Seguendo questa linea di pensiero, Hans Scharoun, che in quel periodo stava terminando la Philharmonie di Berlino, esclude l'angolo retto in maniera radicale, mentre Le Corbusier, che se ne è fatto cantore, ha appena messo a punto, con Yannis Xenakis, nel convento di La Tourette, la sua "falda di vetro ondulato", il cui ritmo di allontanamento dai montanti è regolato dalle sequenze di Fibonacci, filtrate dal Modulor. Utzon, la cui Opera House è esattamente contemporanea a questi due progetti, conosce bene le teorie di D'Arcy Thompson, lo "zoologo geometra", e il suo approccio matematico alle morfologie naturali[13]. D'altra parte, egli è impregnato dei principi di assemblaggio armonico codificati dal suo caro manuale Song. È difficile valutare fino a che punto lo *Ying zao fa shi* abbia contribuito a ispirargli la soluzione che sarebbe stata realizzata a Sydney[14]. Quest'opera è, per definizione, una guida, e rimane senza dubbio una delle chiavi più segrete dell'universo di Utzon. Con la serie di disegni che accompagnano il suo saggio *Platforms and Plateaus*[15], lo stesso architetto ha messo in luce il ruolo di "traghettatrice" dell'architettura cinese, la sua capacità di mediazione tra uno stato naturale e un'idea di architettura. Una prima immagine di nuvole sospese sulla superficie del mare richiamava per analogia quella delle volte levitanti sulla loro base, per il tramite di una casa-pagoda il cui tetto leggero

Yellow Book, *piante al livello dello zoccolo, della piattaforma e degli auditorium.*

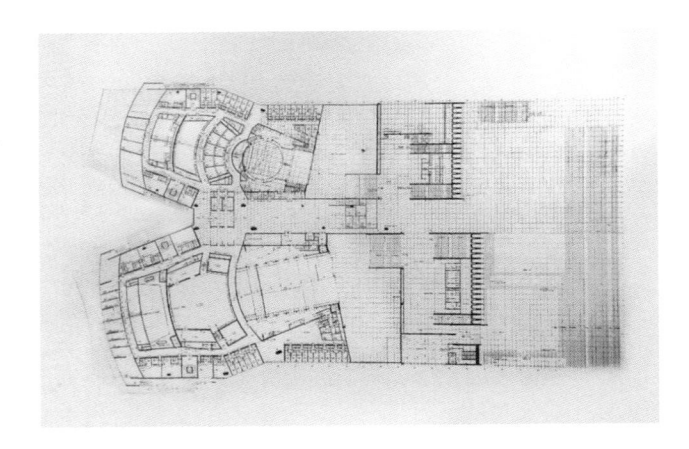

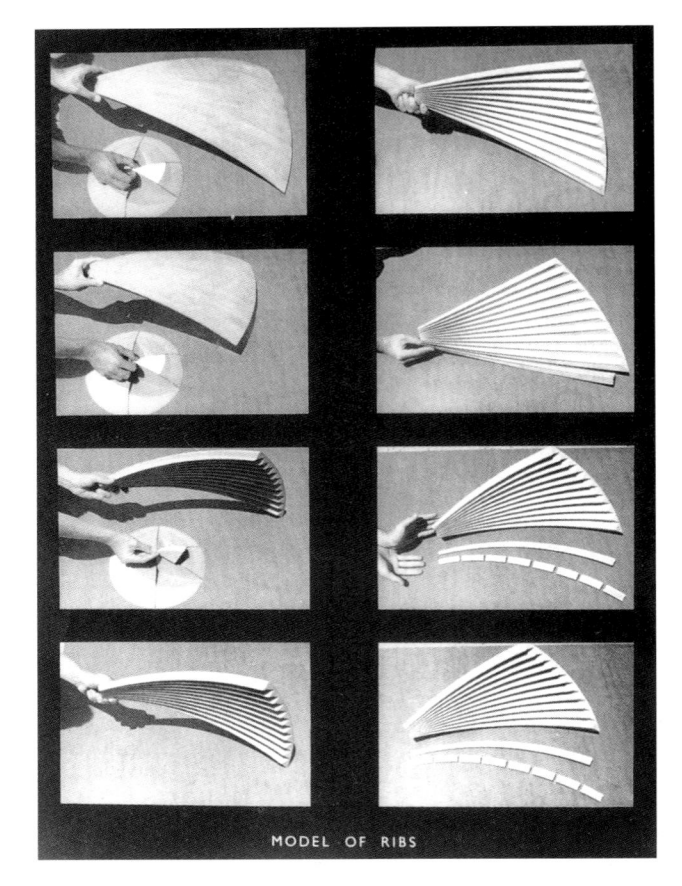

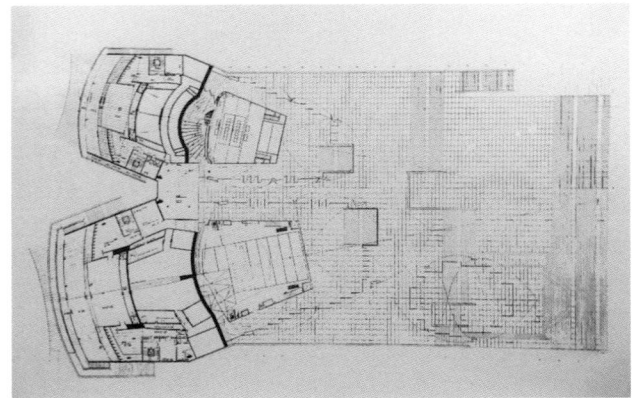

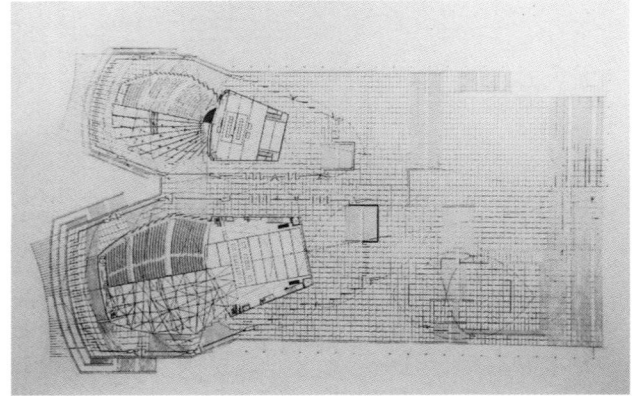

Scomposizione di una semi-volta in elementi prefabbricati (da "Zodiac", 14, 1965).

pareva sospeso sopra una solida piattaforma. Giedion ricorda lo *Ying zao fa shi* e i suoi sistemi prefabbricati solo per sottolineare meglio, in una curiosa denegazione, che si tratta di "temi assai lontani dalle preoccupazioni creative (di Utzon)"[16]. Egli preferisce insistere sulla scelta della sfera, "descritta da Platone come il corpo più perfetto e più omogeneo perché tutti i punti della sua superficie si trovano alla stessa distanza dal centro. È l'unica forma regolare che appaia come scultura fin dalle origini dell'arte. Gravida di significati simbolici, essa diventa il punto di partenza dell'architettura monumentale bizantina. Ma Utzon si guarda bene dall'usare la forma della cupola chiusa. Della sfera, egli ricorse solo ai frammenti, frammenti che contenevano simultaneamente l'immutabile e la mutevolezza, la fissità e l'eternamente crescente"[17]. La propensione di Utzon per le forme geometriche si congiunge ancora con i significati simbolici di cui esse sono portatrici nella cultura orientale. Egli tesse così, a modo suo, i fili che uniscono le forme eterne, le civiltà antiche, alla modernità.

A Sydney

Dopo la vittoria al concorso, Utzon si dedica quasi esclusivamente all'Opera House. Compie frequenti viaggi a Sydney – all'epoca, sono necessari molti giorni per giungervi da Copenaghen – e, a partire dal dicembre 1960, si fa rappresentare sul posto dall'architetto danese Olaf Skipper-Nielsen, che sovrintende al cantiere. L'équipe di Arup è guidata da Jack Zunz e Mick Lewis, anch'egli sudafricano e partner dello studio. Nel marzo 1963, cioè un anno dopo l'approvazione dello *Yellow Book*, Utzon si trasferisce in Australia, dove progetta di farsi raggiungere dalla famiglia. La messa in opera delle coperture è a buon punto, e lui si è impegnato nella ricerca di proposte per le vetrate e gli interni, che vuole realizzare interamente con rivoluzionari pannelli di multistrato.

Fin dall'inizio dell'avventura, Sydney si lascia stregare dalla personalità di Utzon. Il suo fascino e il suo *humour*, che tradiscono l'agio con cui si muove nella sua disciplina, hanno conquistato tutti i suoi interlocutori, da Ashworth a Ryan, il ministro dei Lavori pubblici. "Impossibile resistergli. Disegnava come un genio, e otteneva sempre ciò che voleva", ricorda Peter Rice[18]. Anche l'"uomo della strada" non è esente da questa fascinazione. Il *wunderkind* scandinavo è alto, snello, e porta i suoi abiti impeccabili con naturale eleganza. Una rivista femminile l'ha immediatamente proclamato "il Gary Cooper danese, in meglio". Tuttavia, il personaggio è schivo, alla sua maniera anticonformista. Evita le mondanità e declina con cortesia gli inviti ai ricevimenti della nomenclatura locale. Ama coltivare i suoi ricordi di viaggio, circondarsi di opere scelte per la loro consonanza con le idee che lo abitano. Una grande tela di Fernand Léger è appesa nello studio di Hellebæk che ospita i plastici, così come un arazzo di Le Corbusier, che si dice abbia comprato con il premio del concorso di Sydney. I suoi ex assistenti ricordano che amava meditare sui suoi libri preferiti, il saggio di Prip-Møller o lo *Ying zao fa shi*, sfogliare instancabilmente la serie delle *Ménines* di Picasso, consultare i disegni di Le Corbusier per l'ospedale di Venezia o anche una grande pianta dell'Opera di Garnier "di cui lodava la chiarezza espositiva senza mai entrare nel dibattito sulla sua esasperata formalizzazione"[19]. Moneo rammenta di essere stato sorpreso e impressionato dalla sua capacità di concepire soluzioni formali sintetiche per qualunque problema architettonico[20]. Il suo desiderio di perfezione è radicale, così come un'inclinazione per le sfide intellettuali a cui lo conducono le sue intuizioni spaziali e costruttive. Dichiara alla televisione australiana che "ama essere decisamente moderno, e lavorare al limite del possibile"[21].

Utzon e Ashworth durante un'ispezione del cantiere (Mitchell Library, State Library of New South Wales, ON 122/962).

Museo a Silkeborg, piante del piano della galleria e del piano inferiore, sezione e prospetto nord (da "Zodiac", 14, 1965).

Si trasferisce a Palm Beach, il promontorio ancora selvaggio che chiude la baia di Pittwater, a nord di Sydney. Il suo studio principale è accanto all'Opera House, in una serie di baracche vicino a quelle degli ingegneri, nel cantiere. Inoltre, ha affittato una rimessa per barche vicino a casa, nella quale tratta gli altri suoi affari. Quattro dei collaboratori di Hellebæk l'hanno seguito agli antipodi: il compatriota Prip-Buus; Oktay Nayman, un giovane architetto turco assunto l'anno prima; il norvegese Jon Lundberg e l'australiano Ray Brownell. L'équipe si rinforza grazie a tre nuovi assistenti, ai quali si aggiungono alcuni dei giovani diplomati che si danno da fare per farsi coinvolgere nel progetto. Appeso a una parete dello studio, sopra i grandi tavoli disseminati di modellini e di paralumi di carta, un poster raffigura i componenti di un telefono accompagnati da questo slogan: "Metteteli insieme e telefonate dove volete". "Questa fotografia ci ha indotto a continuare la battaglia che è stata l'ideazione dei nostri elementi (per le vetrate). Mi chiedo quante volte ho detto che, se persone intelligenti sono state capaci di produrre un certo numero di componenti, di assemblarli e di parlarsi per mezzo del risultato, noi dobbiamo essere in grado di risolvere il nostro problema, che è infinitamente più semplice, anche se sembra impossibile"[22].

Il metodo di lavoro di Utzon merita attenzione. Con la matita grassa disegna minuscoli schizzi che vengono fotografati e poi ingranditi perché servano da base per il lavoro dei collaboratori. È lui che suggerisce la direzione in cui svolgere la ricerca, e sollecita a vagliare senza scrupoli le potenzialità e i difetti di tutte le soluzioni per abbandonarle o adottarle solo con piena cognizione di causa. "Il processo di creazione architettonica è di natura così complessa che risultati soddisfacenti hanno bisogno di un'elaborazione infinita, sia sotto forma di disegno che di modello. La maggior parte di questo lavoro può sembrare inutile ... Invece di lamentarsene, si potrebbe paragonarlo alla munificenza della natura. Le Corbusier ha un modo confortante di esprimere questo concetto: niente va mai perso, lo studio di un edificio ha sempre in sé soluzioni valide per il prossimo", avrebbe scritto un anno dopo[23]. Il più piccolo frammento, il più minuto dettaglio incarnano, in scala, l'idea del tutto; sta poi all'architetto definire i principi e in un secondo momento dedurre ciò che il sistema, una volta costruito, gli impone, in virtù della sua logica intrinseca. Organismo coerente, l'Opera House è dunque attrice della sua stessa costruzione; la creazione diven-

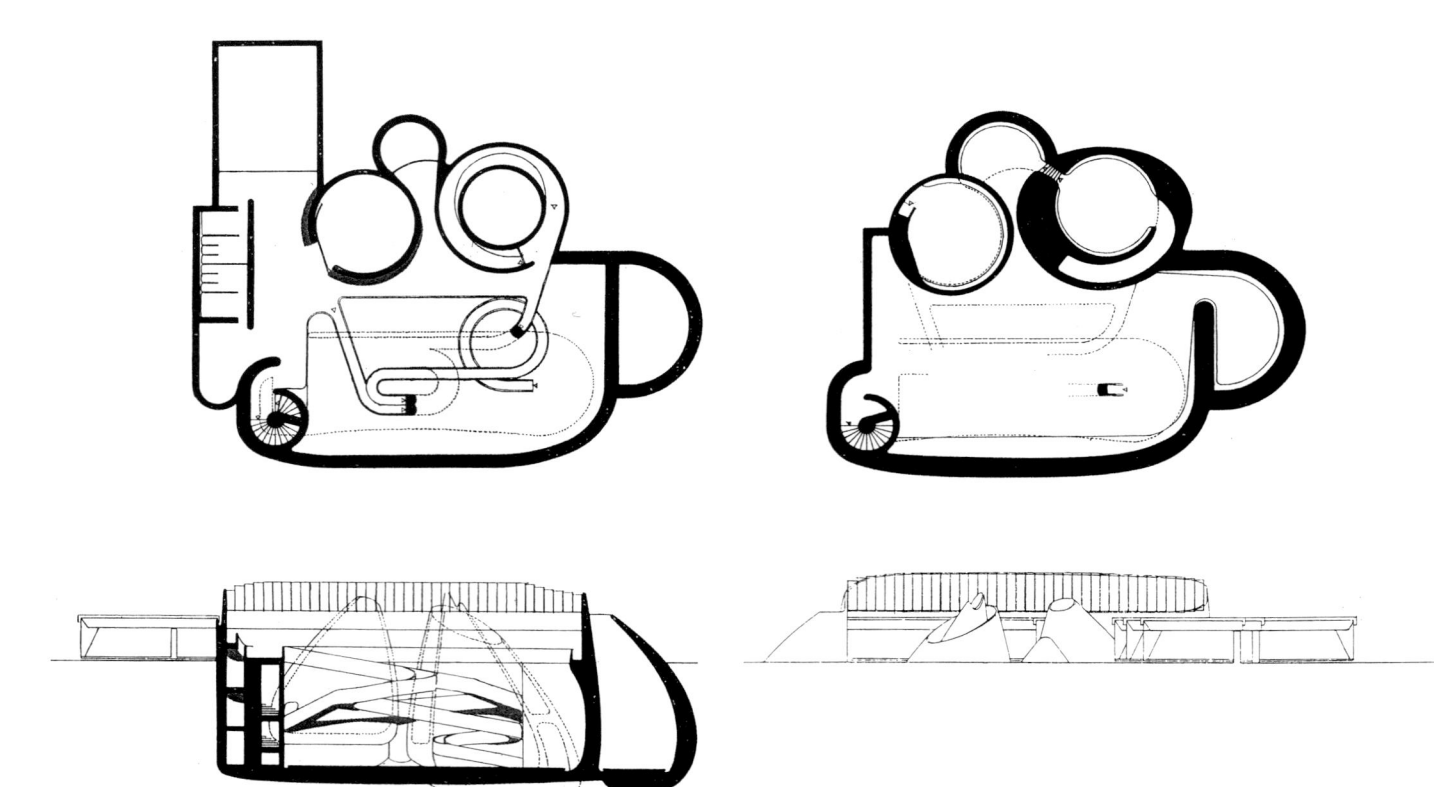

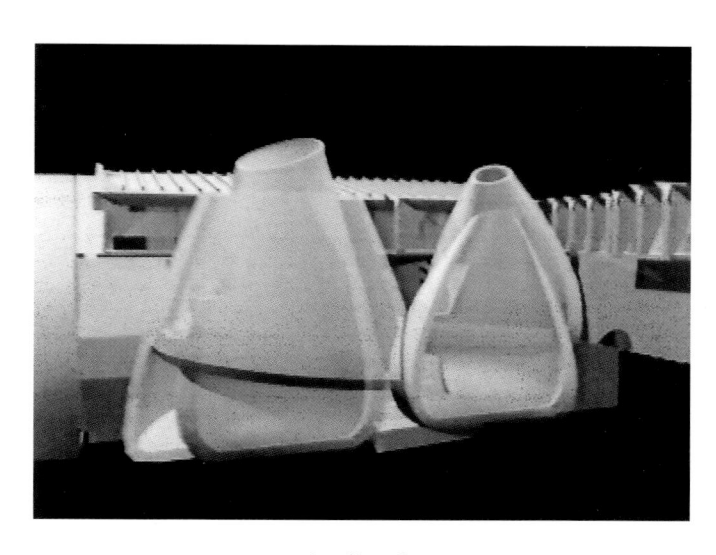

Museo a Silkeborg, simulazione informatica dell'esterno (Skyer, DR-TV, Pi Michael).

Pianta del piano terreno e della copertura (da "Zodiac", 14, 1965).

ta creatura. Utzon ama parlare di essa come di una persona, che chiede, accetta o proibisce questo o quel trattamento. Egli citerà più tardi Louis Kahn, che suggerisce di lasciare l'edificio "essere ciò che vuole essere": "esso ha i suoi desideri; se lo si contraria, si difende, resiste: bisogna scegliere. Da questa serie di scelte, dallo stadio di abbozzo fino al termine della realizzazione, risultano bellezza e armonia"[24].

Gli sviluppi delle riflessioni di Utzon sul potere dei sistemi segnano profondamente gli altri suoi progetti dell'epoca felice dell'Opera House. Poco dopo il suo arrivo a Sydney, comincia ad applicarsi a quello che rimane senza dubbio il suo lavoro più stupefacente: il museo Asger Jorn a Silkeborg[25]. L'esiguità del lotto, limitato dal museo preesistente e dal perimetro del suo giardino, lo porta a interrare per tre quarti le sale espositive, i cui volumi a forma di bulbo ricevono luce dalla cima tronca. Uno scivolo avanza per lunghe rampe nella cavità maggiore, con un movimento che ricorda contemporaneamente il Guggenheim di Wright e il Carpenter Center di Le Corbusier, in quel momento in fase di completamento. Utzon ammette di essersi ispirato soprattutto ai santuari trogloditi di Yungang, visitati durante un soggiorno in Cina – grotte scavate a centinaia in falesie di limo, dove si ergono statue dalle dimensioni colossali, illuminate da raggi di luce che filtrano da opercoli. Le sue sale di Silkeborg sono "grandi crochi di porcellana, il cui interno è un cratere profondo tre piani ... Dall'orlo dei crateri si guardano le opere di Asger Jorn, accovacciate laggiù..."[26]. La struttura delle vetrate che coprono la più ampia di queste caverne permette di sospendere in qualunque punto opere di ogni dimensione, sole o a gruppi; lo scivolo che vi si spiega permette di girarvi attorno a diverse altezze, guardandole sotto tutte le angolazioni possibili. Utzon spera che questo sistema espositivo apra nuove prospettive alle cor-

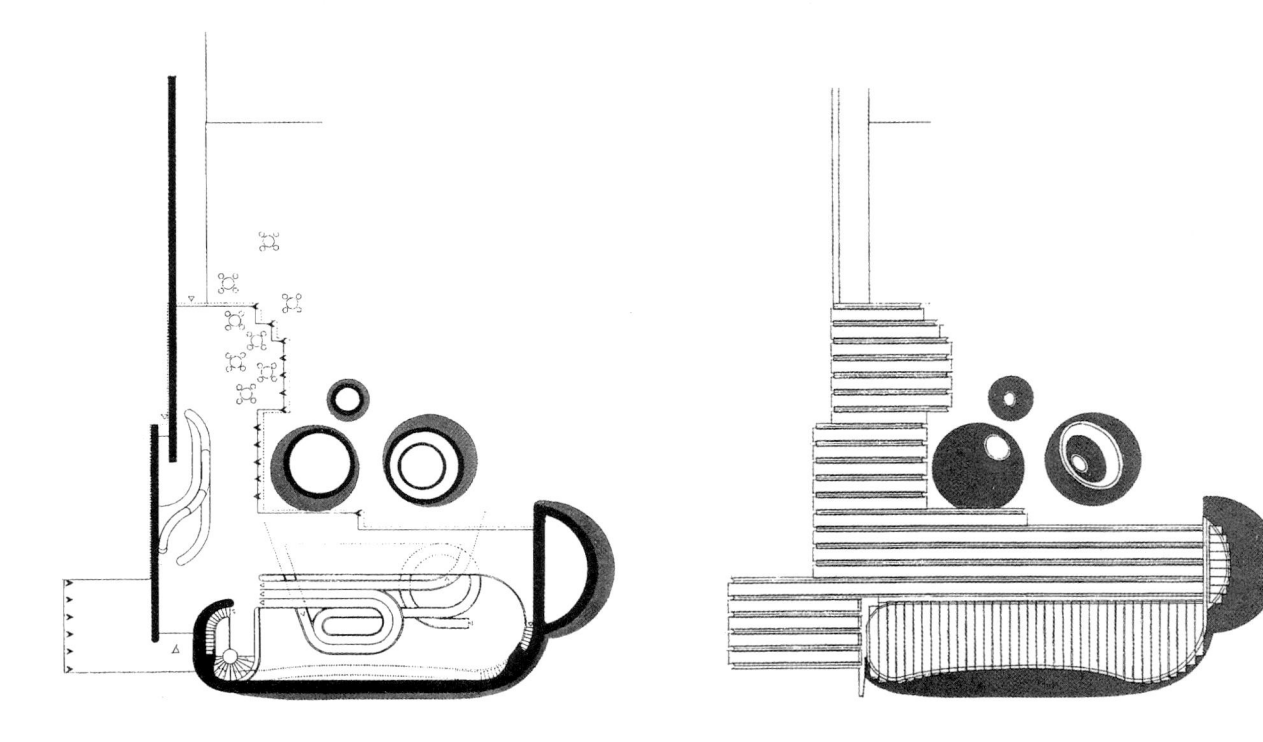

Utzon nell'atelier di Pittwater; a sinistra Richard Leplastrier (Mogens Prip-Buus).

Concorso per il teatro di Zurigo, 1963, facciata sud, pianta al livello della piattaforma, facciata ovest, schizzo preliminare e pianta della copertura.

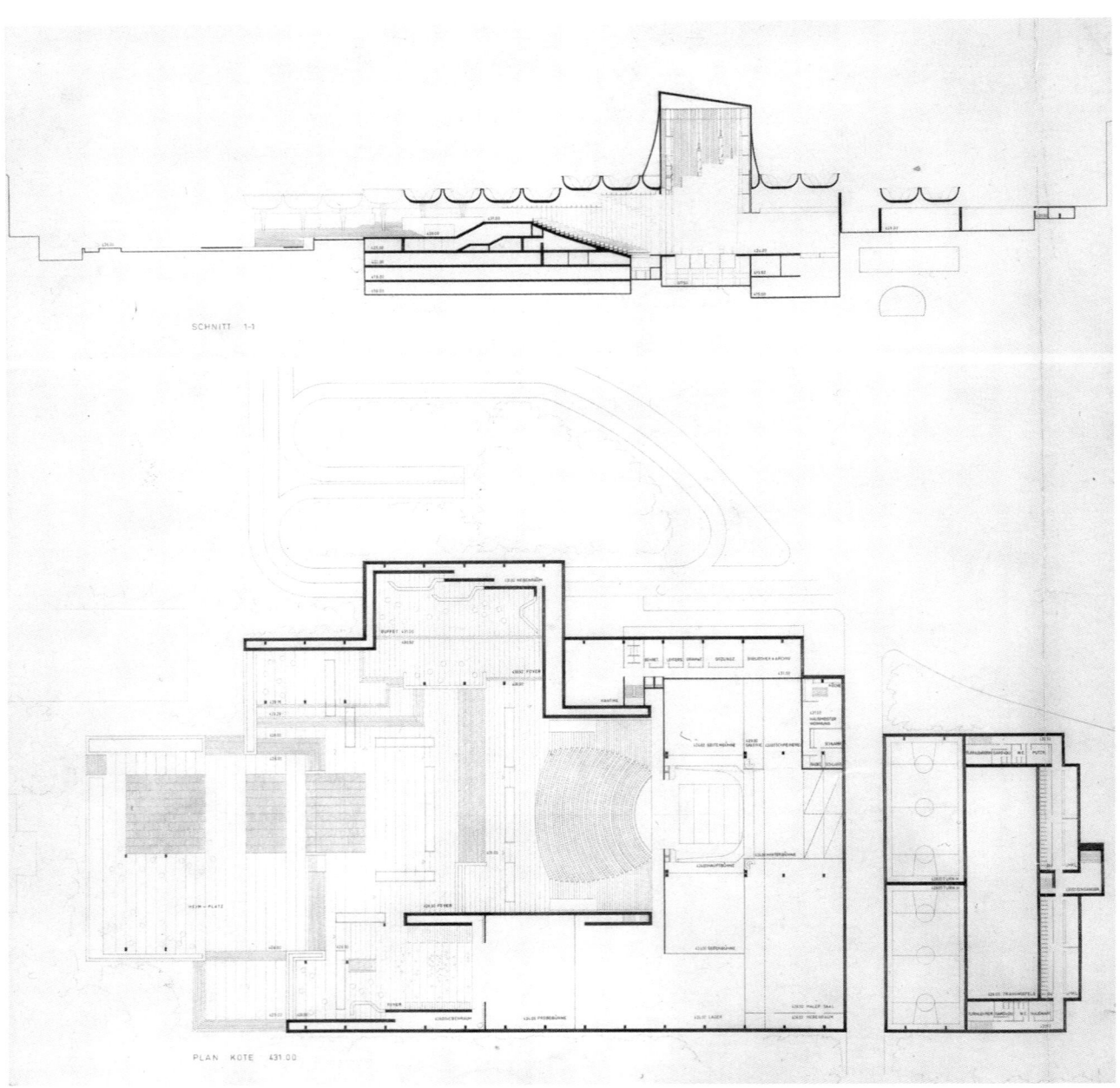

OST FASSADE

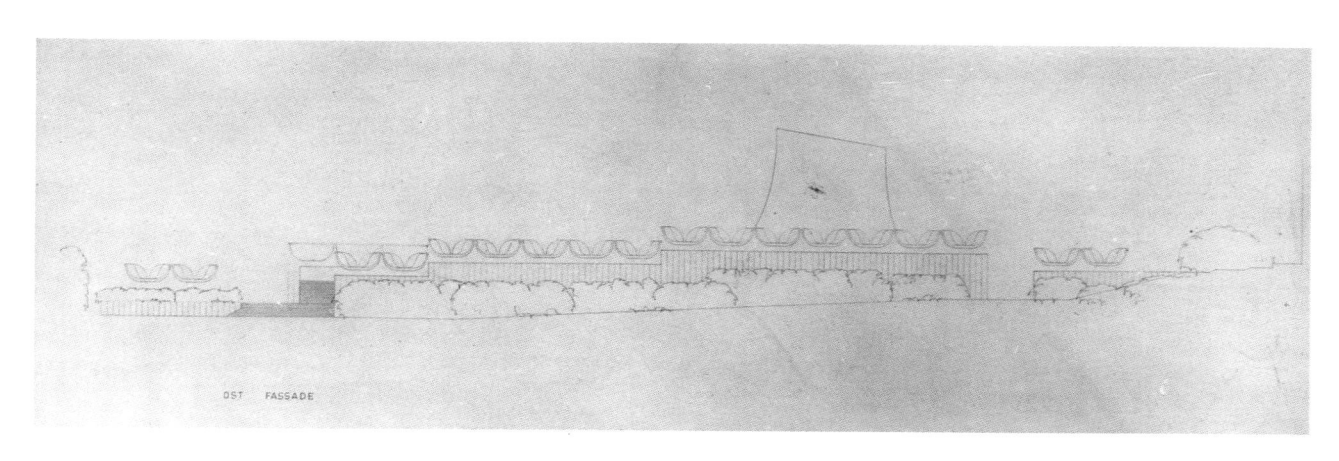

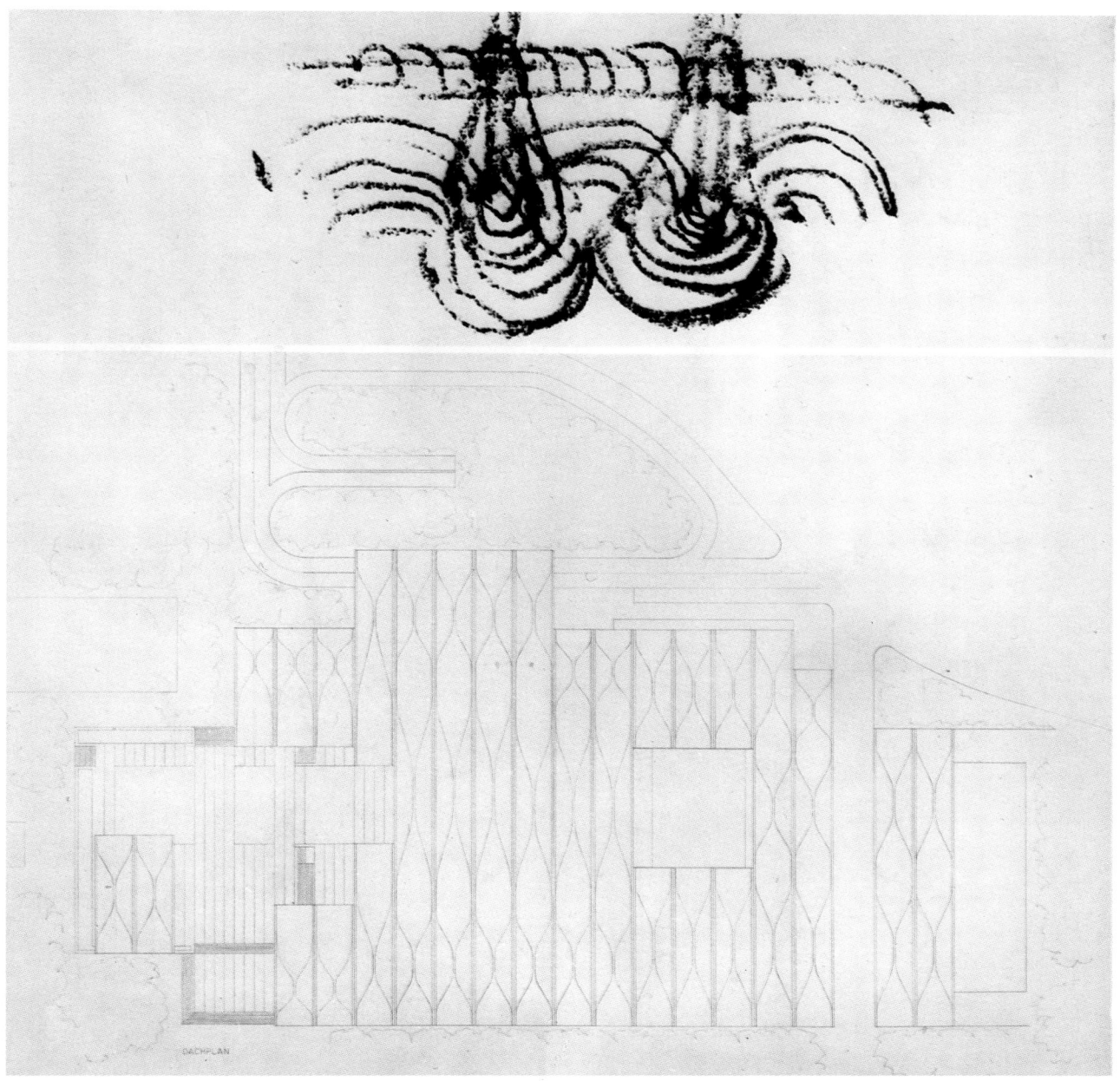

DACHPLAN

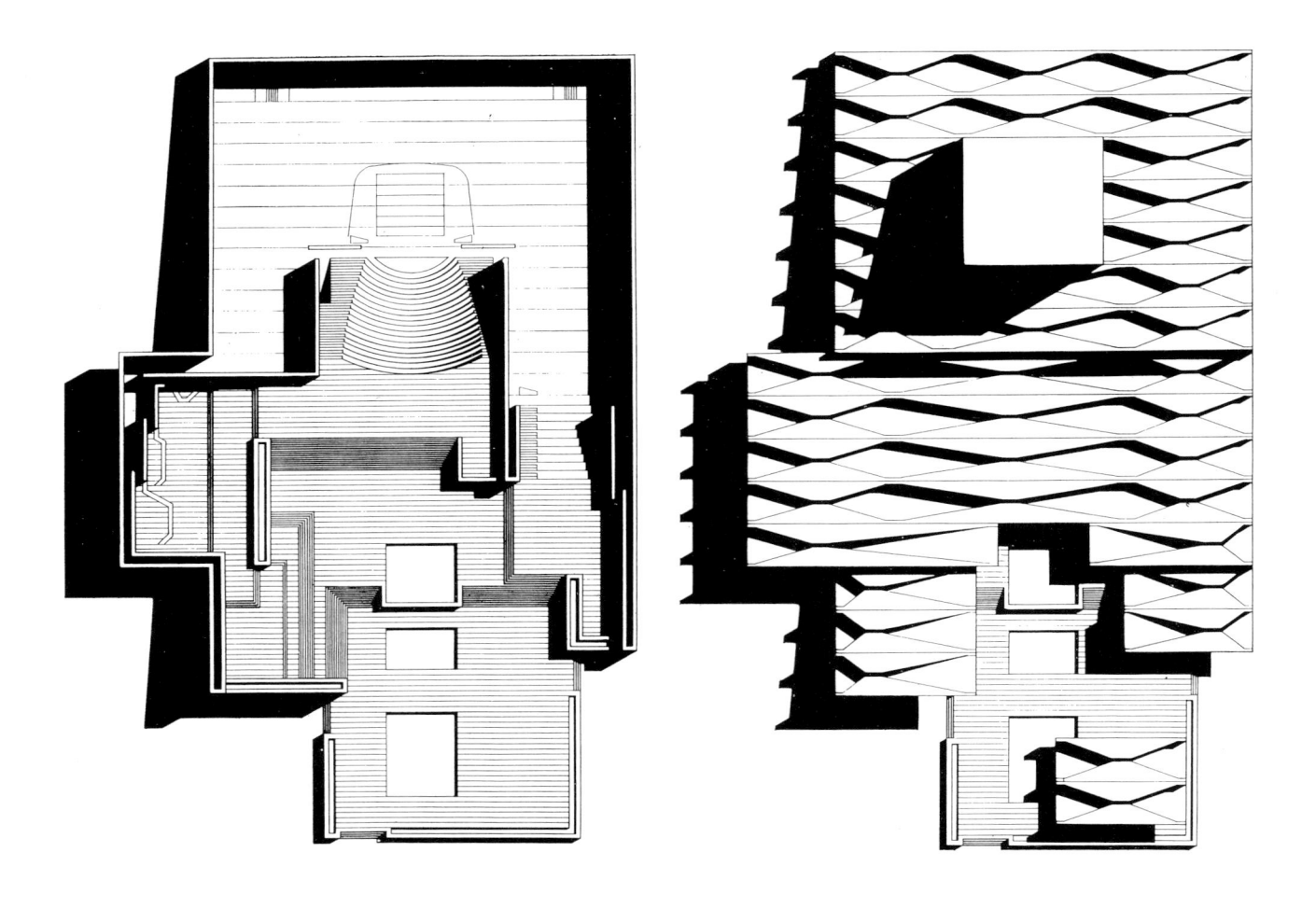

Concorso per il teatro di Zurigo, piante di presentazione del livello della piattaforma, delle coperture e veduta del modello (da "Zodiac", 14, 1965).

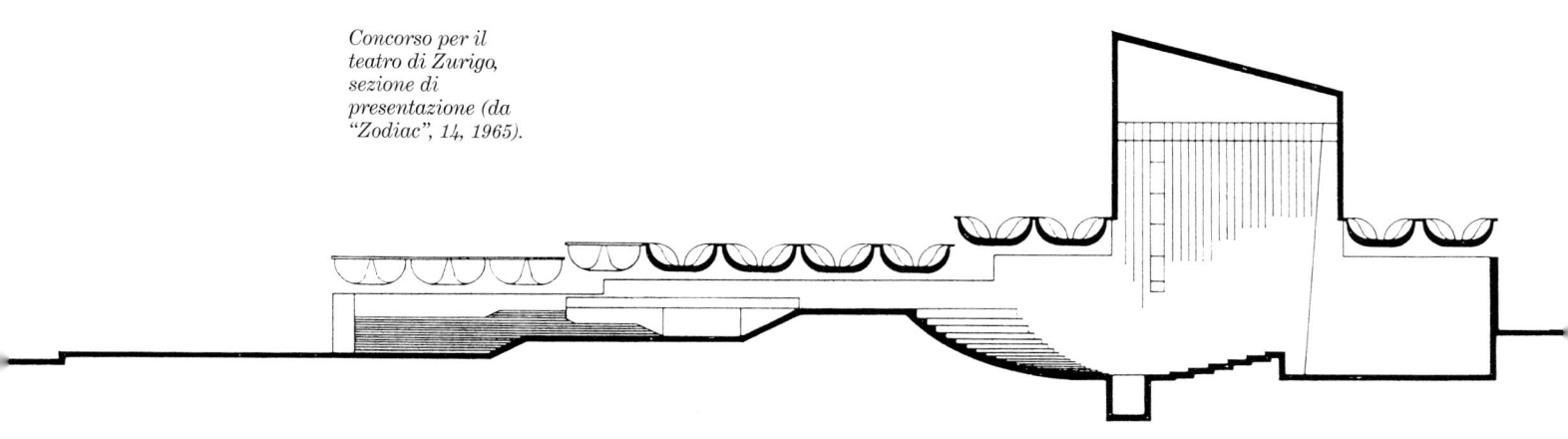

Concorso per il teatro di Zurigo, sezione di presentazione (da "Zodiac", 14, 1965).

renti artistiche[27]. Ha previsto un rivestimento a colori vivaci per l'esterno delle sale, affinché emergano dal suolo come sculture di ceramica[28], mentre l'interno sarebbe interamente bianco. Il museo è così un'Opera House alla rovescia, tantopiù che la geometria sferica regola in questo caso la silhouette dei gusci interrati: la pianta dei bulbi è circolare, e il profilo delle pareti è generato dalla rotazione di una stessa porzione di curva con diverse inclinazioni[29]. Le preoccupazioni ricorrenti di Utzon sono qui portate a incandescenza: teatralizzazione dell'esperienza spaziale, in stretto riferimento alla funzione dell'edificio; analogie organiche, allusioni all'antica Cina, ossessione della geometria – la ragione armonica insita in essa, la modularità che essa permette, la prefabbricazione che facilita. Egli comincia a disegnare la sua stessa casa, su un terreno acquistato un lotto alla volta a Bayview durante i suoi precedenti soggiorni in Australia. Ne proporrà diverse versioni a una municipalità esitante[30], e farà della copertura-ossatura con cui la vuole rivestire un laboratorio di sperimentazione per le opere in multistrato della terza fase dell'Opera House. Nello stesso periodo, è invitato a partecipare a numerosi concorsi in Europa: l'Opera di Madrid, ma soprattutto il teatro di Zurigo. Solo pochi documenti relativi al primo sono stati pubblicati. Un disegno prospettico[31] mostra una piattaforma alla quale si sale grazie a una rampa, dominata da un'alberatura piramidale i cui cavi trattengono la copertura ondulata della sala da concerti: l'effetto ricorda quello dei modelli per l'auditorium minore sospeso sotto le volte di Sydney, che Utzon sta studiando da qualche mese. In compenso, ha pubblicato un'ampia parte dei disegni del secondo concorso, di cui sarà proclamato vincitore davanti a Van den Broek e Bakema[32]. L'edificio è basso, interamente coperto da un vasto tetto sospeso, un tessuto di travi sinusoidali di grande portata, simili a quelle dello scalone dell'Opera House. Ne emerge solo la torre di scena – che richiama il pozzo di luce dell'Assembly Building di Le Corbusier a Chandigarh. Dietro questa uniforme facciata orizzontale, Utzon comprime o dilata gli spazi nei quali si muove il pubblico, variando i livelli della piattaforma che la facciata copre. Il suolo si alza, grazie a pilastri, dalla piazza antistante fino a un foyer in alto, poi ricade verso la scena formando un largo anfiteatro a conca. La sua risposta al contesto urbano viene notata dalla giuria: essa integra le costruzioni vicine, e offre al grande foyer in basso la piazza esistente, "un grande spazio privo di traffico e circondato dagli alberi: un parco per la città durante la giornata, che la sera muta la propria funzione per accogliere gli spettatori introducendoli al magico mondo del teatro"[33]. Avrà meno successo con il teatro di Wolfsburg, due anni dopo. Qui riprende alcuni elementi adottati a Zurigo, ma questa volta la creazione di una piazza esige la paralizzante deviazione di un'importante arteria di circolazione; lo zoccolo-piattaforma è incastrato perpendicolarmente nella forte pendenza, e il suo accesso da un foyer a belvedere non trova adeguato rilievo. La sequenza spaziale va a danno della funzionalità, e Utzon perderà il concorso; davanti a lui, Scharoun e Aalto.

La realizzazione delle coperture

Mentre Utzon si trasferisce a Sydney, la seconda fase dell'Opera House segue il suo corso. Nell'ottobre 1962 la gara d'appalto per la costruzione delle volte è stata vinta dall'impresa Hornibrook, azienda specializzata in realizzazioni di qualità e di fama saldamente consolidata in Australia. La nuova soluzione per le coperture richiede una modifica delle infrastrutture già terminate: i punti d'appoggio necessari sono diversi da quelli progettati tre anni prima e studiati dagli ingegneri di Arup per lo zoccolo. Le fondazioni portate a termine erano state ideate per una sovrastruttura assai più leggera di quella che ci si appresta a realizzare. Le venti colonne previste per sostenere i dieci gusci dovranno essere ispessite; le loro armature saranno liberate mediante l'esplosivo dal cemento, per formare il cuore dei nuovi pilastri, con il diametro richiesto.

Tutti i semigusci delle coperture sono quarti di un'unica sfera teorica di 246 piedi (75 m) di raggio. I costoloni di ognuno partono da un tratto a forma di ventaglio colato sul posto – il piedistallo – di 6,90 m di altezza (5,60 m per le volte del ristorante). Essi sono composti da segmenti cavi,

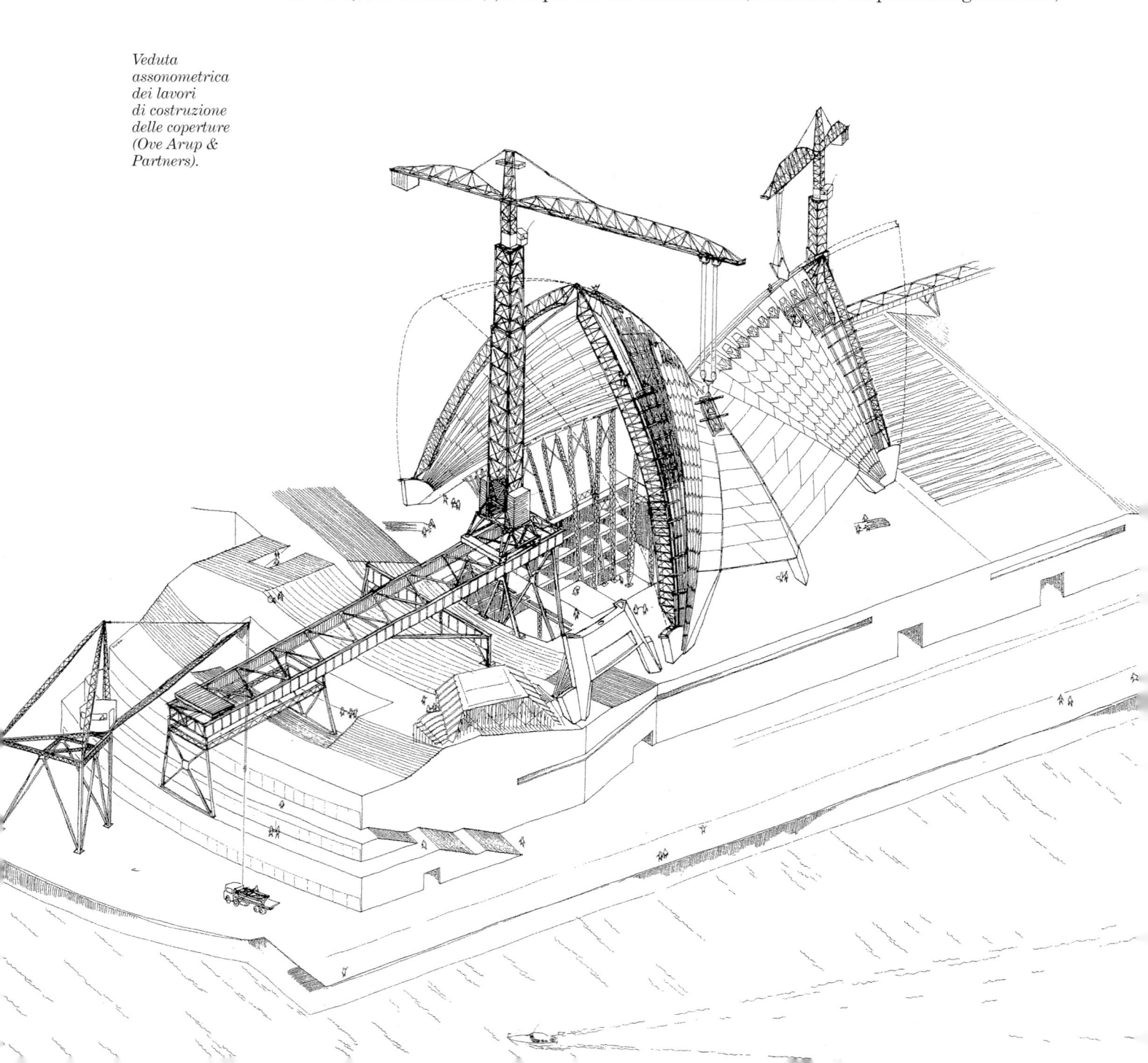

Veduta assonometrica dei lavori di costruzione delle coperture (Ove Arup & Partners).

Auditorium maggiore, prospetti della sovrastruttura e del rivestimento del lato ovest (Ove Arup & Partners).

Sezione dell'arco principale con i segmenti alle diverse altezze e particolare di un segmento della trave di colmo (Ove Arup & Partners).

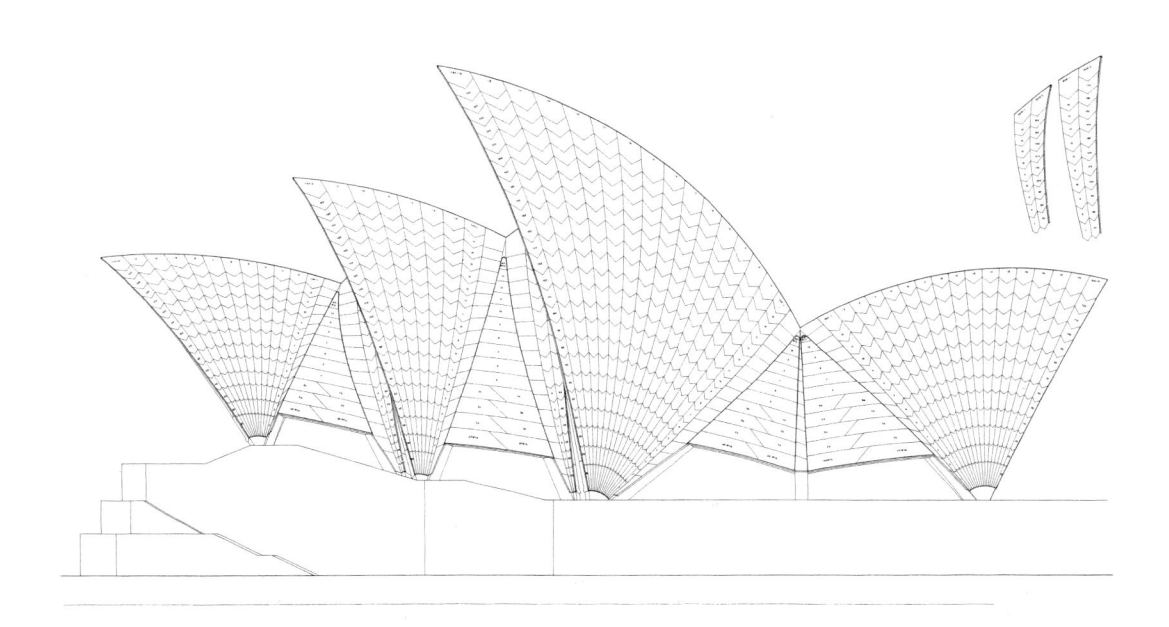

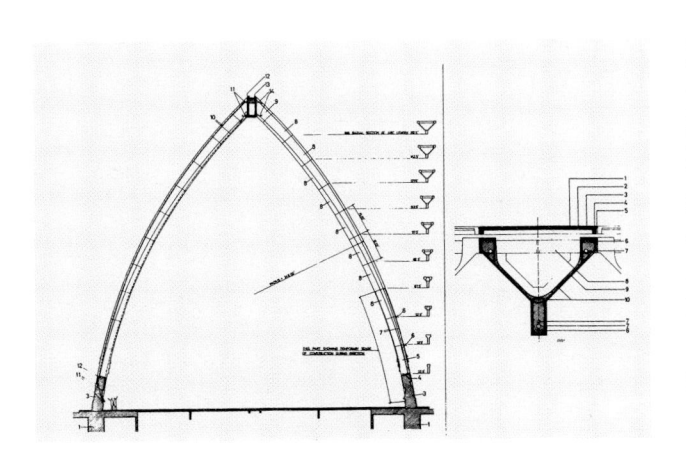

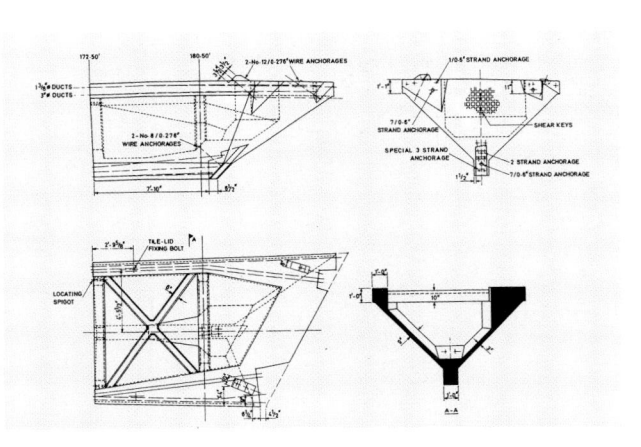

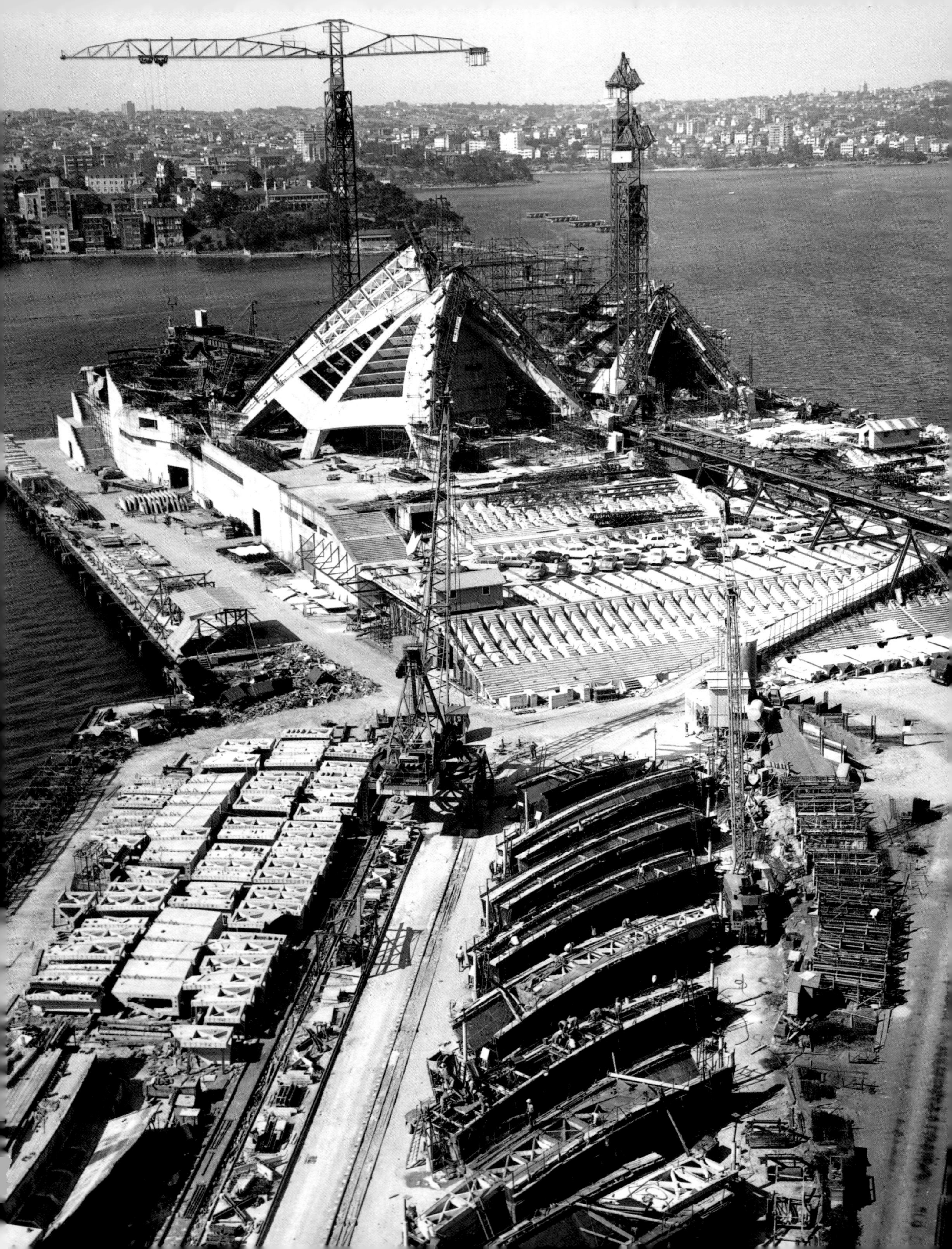

Vedute del cantiere nel 1964 e dell'operazione di posa dell'armatura d'un segmento dentro a uno stampo (Max Dupain).

Tre fasi della costruzione di una serie di segmenti: armatura, colatura e disarmo (Max Dupain).

103

Stoccaggio per tipi dei segmenti accanto al cantiere (Max Dupain).

Modello dell'arca telescopica di Hornibrook (Mitchell Library, State Library of New South Wales, PXA 590/vol 10/177).

Innalzamento in contemporanea della volta d'ingresso e della grande volta dell'auditorium maggiore (Max Dupain).

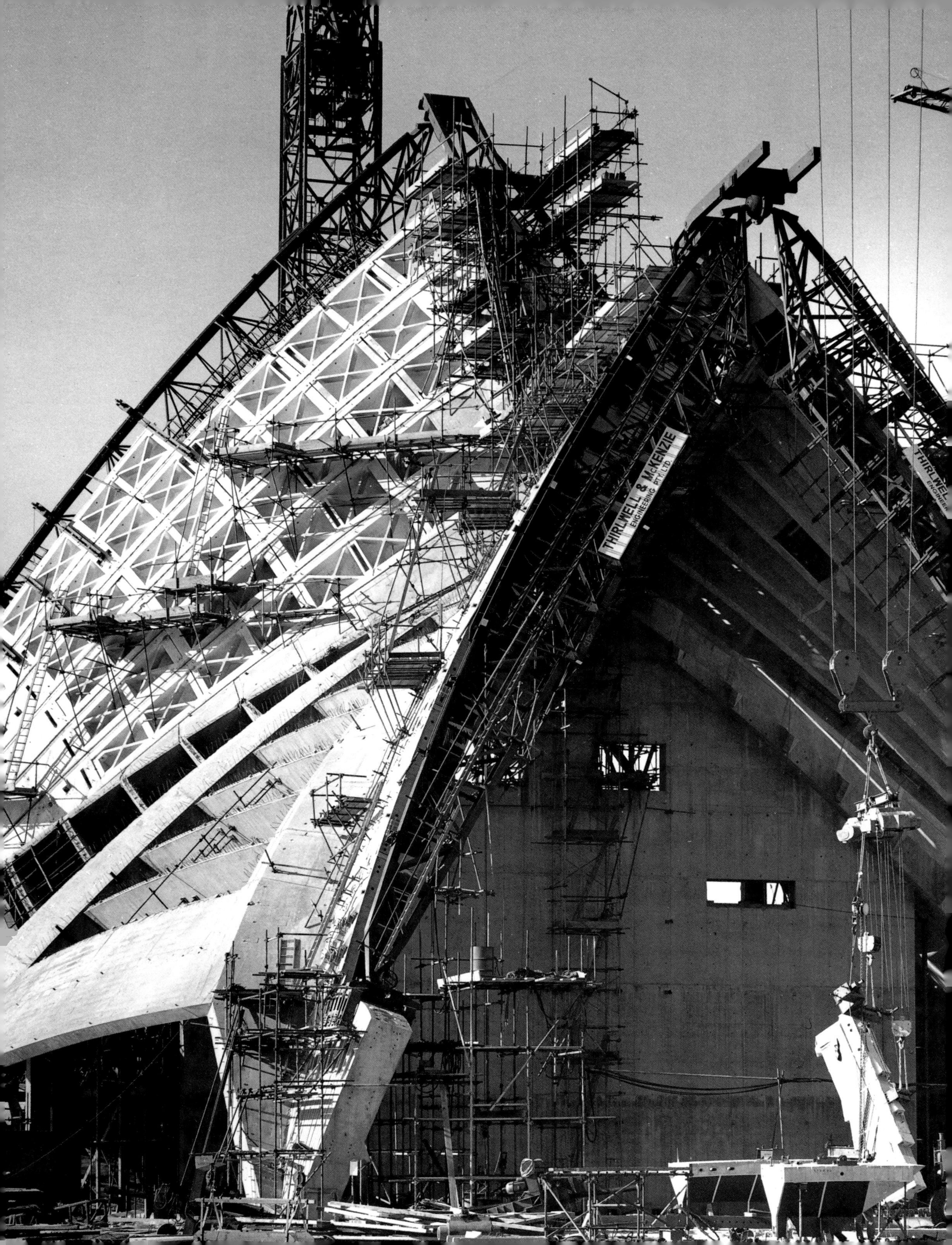
THIRLWELL & McKENZIE
ENGINEERING PTY. LTD.

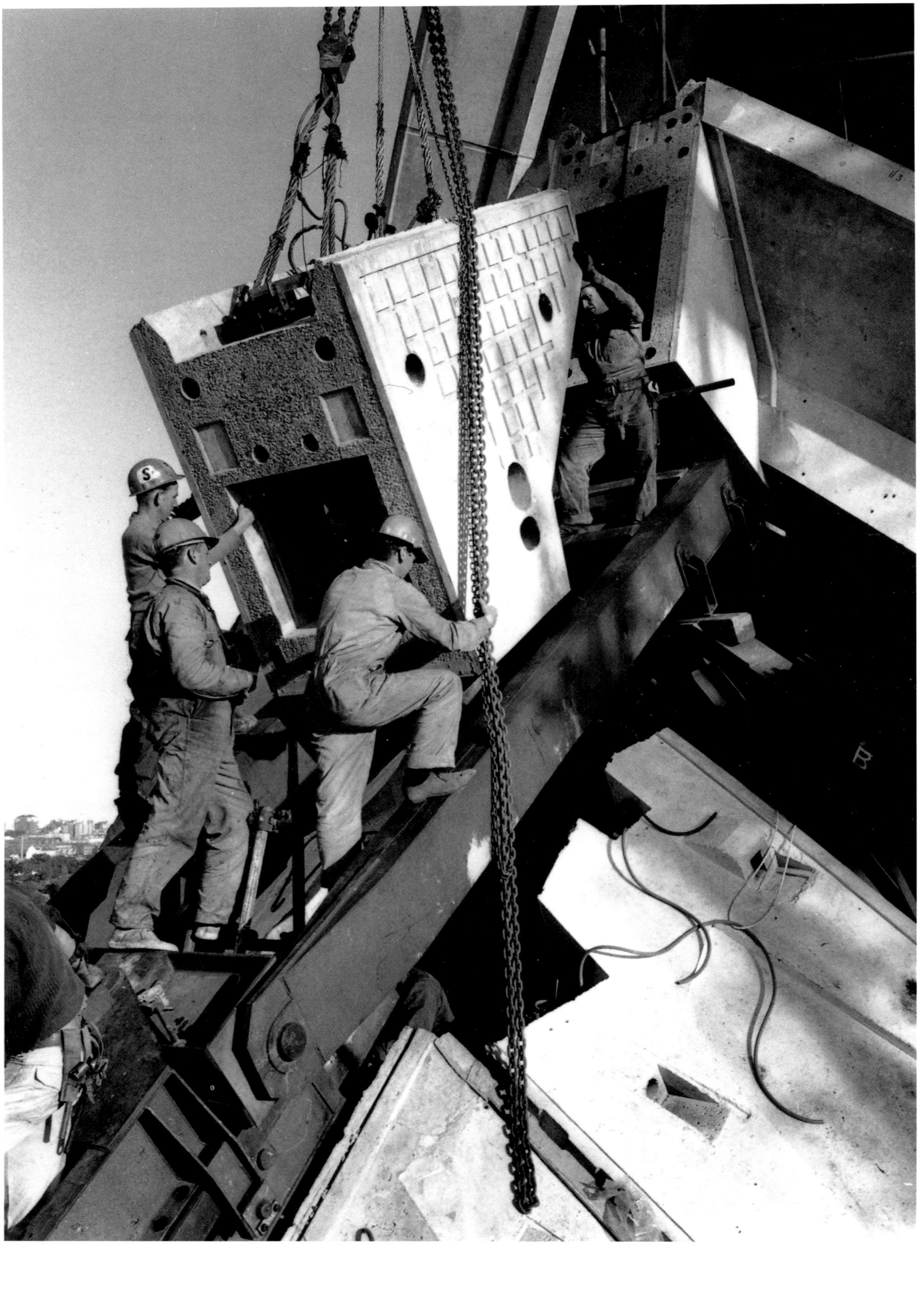

*Sistemazione di
un segmento
e postcompressione
(Max Dupain).*

*Mick Lewis, Ove
Arup, Jack Zunz
nell'ottobre 1964
e Utzon con Ryan,
ministro dei
Lavori pubblici,
nel novembre 1964
(Max Dupain).*

pagine seguenti:
*Veduta del
prospetto ovest
nel 1965
(Max Dupain).*

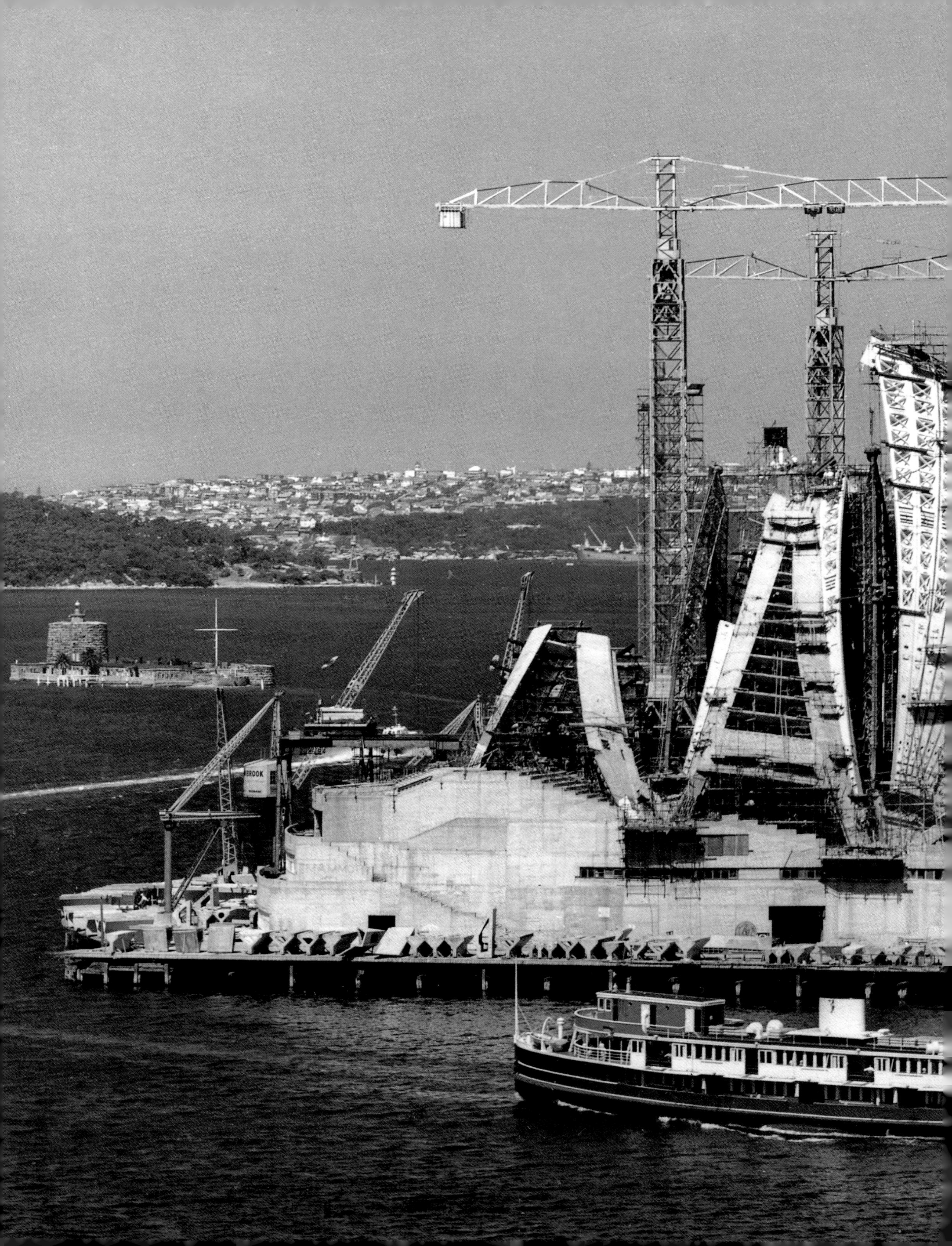

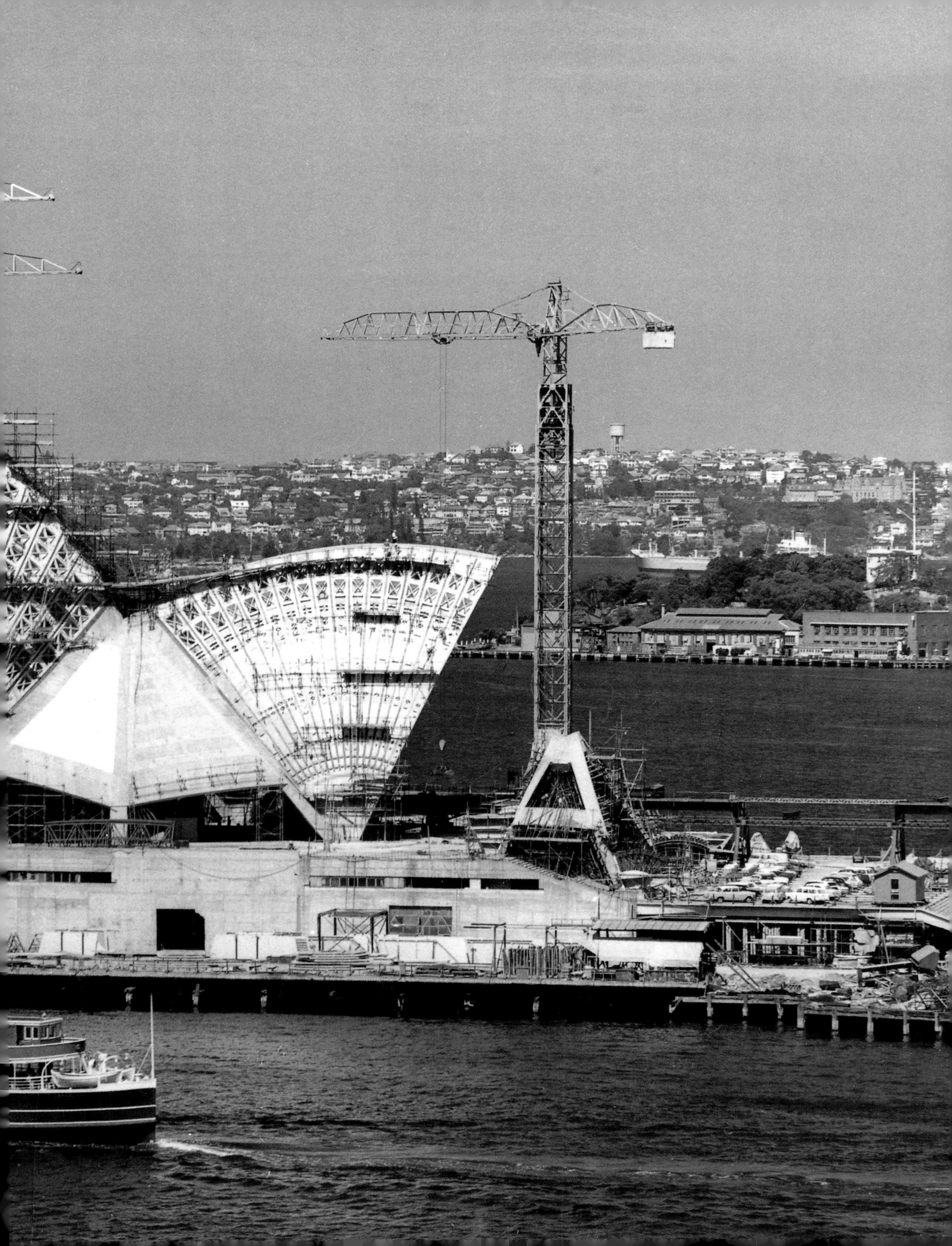

Vedute del cantiere verso la Baia, 1965, e verso i giardini botanici dopo la costruzione della volta più alta, giugno 1964 (Max Dupain).

prefabbricati nelle vicinanze del cantiere, sul terreno che separa Sydney Cove dai giardini botanici, trasformato in un'immensa area di colata. Le nervature da realizzare sono incurvate lungo due dimensioni e si allargano slanciandosi verso l'alto. Sono colate in stampi d'acciaio a doppia curvatura, internamente rivestiti di compensato ricoperto di resina di poliestere rinforzata con fibra di vetro per assicurare una superficie liscia e precisa. Ciascuno stampo permette di fabbricare cinque segmenti di 4,60 m di lunghezza, che troveranno la loro collocazione in nervature diverse, ma in posizioni equivalenti. La loro sezione aumenta in maniera costante dalla base verso la sommità di una stessa nervatura. A livello del piedistallo, il loro profilo è una T piena; al colmo, ha la forma di una Y aperta i cui due bracci sono controventati da traverse anch'esse di cemento. Le guide per le gru sono posate lungo gli assi di ciascuno dei gruppi di volte da costruire. I piedistalli sono colati *in situ*, in posizione simmetrica rispetto all'asse delle volte, sulle armature ancorate alle fondamenta. I cavi di postcompressione che partono da lì formano una sorta di prestruttura. Gru in grado di sollevare le 12 tonnellate di ogni segmento sino a più di 50 m dal suolo, fornite appositamente dall'azienda lionese Babcock-Weitz, depositano i segmenti su un ingegnoso strumento di messa in opera ideato per l'occasione dall'impresa Hornibrook: un'arca telescopica che gira sul proprio basamento fissato ai piedistalli, e il cui estradosso simula la superficie interna della nervatura da realizzare. La possibilità di ruotare e la lunghezza variabile dei suoi bracci ne fanno un supporto adatto a tutti i casi possibili[34]. La posizione precisa dei segmenti viene rettificata dai geometri grazie alle misurazioni effettuate con teodoliti, poi sostituite da computer; quindi essi vengono uniti con l'aiuto di resine epossidiche, prima che martinetti idraulici tendano i cavi interni alle nervature per mantenerle perfettamente in posizione. Ogni coppia di costoloni simmetrici termina con un tratto speciale, di sezione rettangolare, chiamato "di coronamento". L'assemblaggio di questi pezzi costituisce la trave di colmo, cava e di sezione costante,

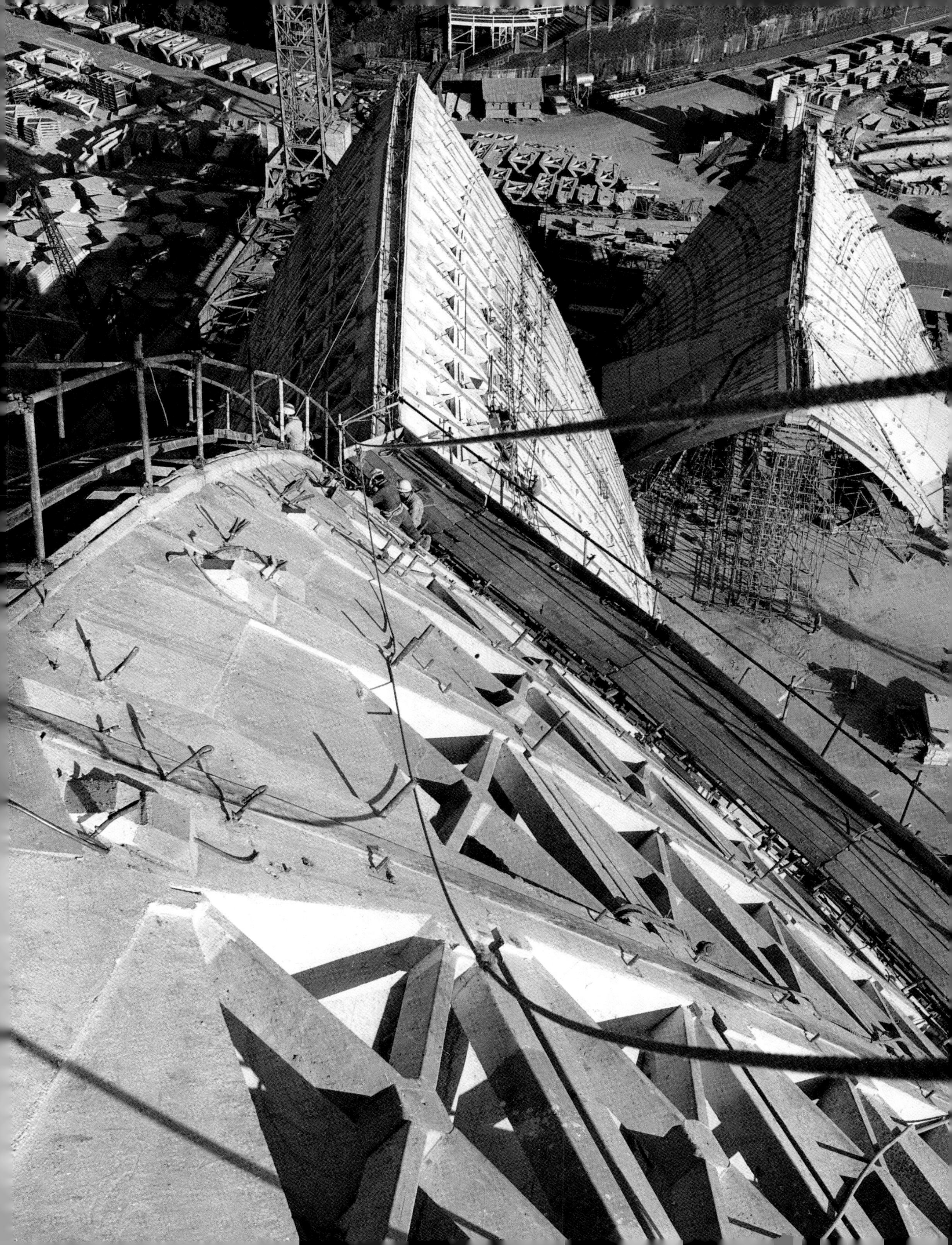

che forma il costolone dei gusci rivolto verso il cielo. I suoi segmenti, tutti identici, vanno a collocarsi tra i piani verticali dei pezzi di coronamento per chiudere come tante chiavi di volta le ogive che si vengono a creare. Ciascuna semivolta è poi sottoposta a una precompressione orizzontale che unisce i costoloni gli uni agli altri e li trasforma in una struttura unitaria. Le operazioni di montaggio sono effettuate sotto la stretta sorveglianza dello studio Arup. L'ingegnere responsabile è un neozelandese, Ian McKenzie, che ha già sovrinteso alla costruzione della piattaforma. Il suo giovanissimo assistente, Peter Rice, è stato mandato a Sydney nell'ottobre 1963 dopo molti anni passati sul progetto a Londra, nell'équipe impegnata nei calcoli per i gusci. Divenuto più tardi l'ingegnere che tutti conosciamo, non mancherà mai di ricordare l'influenza determinante che ebbe su di lui questo apprendistato.

Il primo arco della prima volta viene terminato in novembre. Per Natale e per Capodanno, invece della tradizionale cartolina d'auguri, Utzon disegna un'elegante scatola di cartone bianco sulla quale si intrecciano motivi circolari rossi. Essa contiene i pezzi di un *puzzle* e una fotografia del cantiere, accompagnati da questa frase: "Ci sono voluti centinaia di uomini e un bel po' di anni per mettere insieme tutto questo. Sono sicuro che voi riuscirete a farlo in un'ora".

Vedute della sovrastruttura dell'auditorium maggiore e della copertura in costruzione sopra la sagoma delle gradinate delle sale, 1965 (Max Dupain).

Il rivestimento delle coperture: principio, fabbricazione e posa
L'idea di piastrellare il rivestimento dei gusci è comparsa molto presto durante lo sviluppo del progetto. Utzon ha constatato a che punto la luce di Sydney sia brutale, cangiante, e quanto la Baia sembri cupa sotto i suoi cieli blu intenso. L'Opera House deve essere di un bianco vibrante, come i cumuli o le vele di cui egli ama richiamare l'immagine, per analogia con le sue coperture spiegate. "Mi sembrava che la ceramica fosse il materiale più appropriato per tradurre il concetto della mia quinta facciata. Un rivestimento di mattonelle bianche avrebbe accentuato l'aspetto scultoreo dell'edificio, soprattutto quando la luce violetta della notte di Sydney ne avrebbe animato la struttura nell'ombra. Ma simili mattonelle non esistevano in commercio. Dovevano brillare senza riflettere; la loro superficie doveva essere un po' grezza, come l'argento martellato; dovevano assomigliare alla pietra vera e scintillare quando la luce vi si fosse riflessa"[35]. Nel 1958, ci si ricorderà che il *Red Book* consegnava le conclusioni provvisorie dei primi studi condotti in Svezia, a Helsingborg, in collaborazione con Höganäs. Le coperture allora erano gusci dalla geometria incerta: rivestirli di mattonelle equivaleva a creare un motivo che, seguendo un modulo ripetitivo, potesse descrivere una qualunque forma curva. All'epoca Utzon era perfettamente cosciente di questa ambiguità tra forma libera e rigore geometrico, come ad anticipare la soluzione che avrebbe governato l'insieme del progetto. Sia per quanto riguarda la scelta del materiale che per il procedimento della messa in opera, si rivolgerà ancora una volta alle tradizioni e alle tecniche dell'Estremo Oriente. "Occorreva cercare nell'architettura dei mondi antichi", spiega, "un materiale posato secoli fa che, lungi dal deteriorarsi, aveva acquisito col passar del tempo una patina particolare. Studiai l'arte della ceramica nelle sue due patrie, la Cina e il Giappone, e portai a casa dei campioni per studiarne più avanti la composizione, i colori e il tipo di vetrificazione".[36]
Presenta così ai laboratori di Helsingborg alcune ciotole giapponesi di cui spera di riprodurre l'effetto finale. La superficie smaltata è movimentata da piccole asperità, dovute alla variegata composizione dell'argilla; i grani sembrano imprigionati nel cristallino come all'interno di un sottile strato di ghiaccio. È questa la superficie che cerca Utzon: atemporale e dinamica, fissa, quasi fossilizzata, ma pronta a rianimarsi al minimo raggio di luce.
Per un momento egli ha preso in considerazione di differenziare le mattonelle con colori contrastanti – bianco e nero o blu e bianco – per far salire alla superficie della copertura l'espressione dell'anatomia che la sottende. La stampa si agita per questo, e pubblica allarmati disegni di questa "Opera-zebra". Höganäs realizzerà un prototipo su due pannelli di questa versione, che alla fine verrà abbandonata. Le mattonelle sono il frutto di tre anni di ricerche e di studi[37]: dopo una decina di prove di cui ci rimangono alcuni campioni, gli ingegneri di Höganäs hanno messo a punto una mescola di argille bianche che hanno come base quelle già disponibili. Vi incorporano una percentuale di minerale frantumato che dà al materiale la grana desiderata e la polvere delle particelle più scure. Con questa miscela si fabbricano per estrusione due modelli, uno brillante e uno opaco. I grani che essa contiene lasciano leggere rigature sulla superficie al momento dell'operazione, e tutte le mattonelle devono essere posate nello stesso senso. La loro materia leggermente rugosa rimane visibile, sia che venga lasciata grezza sia che venga rifinita con una

Pannelli piastrellati, schema per la disposizione delle piastrelle, dettaglio-tipo e modalità di posa (Ove Arup & Partners).

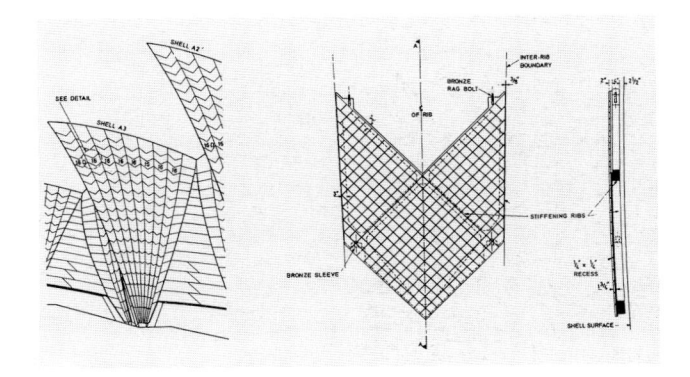

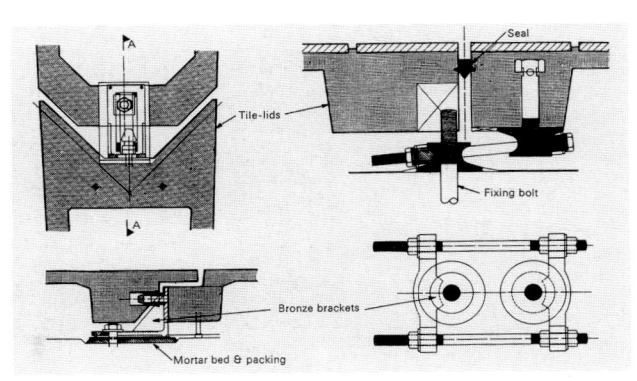

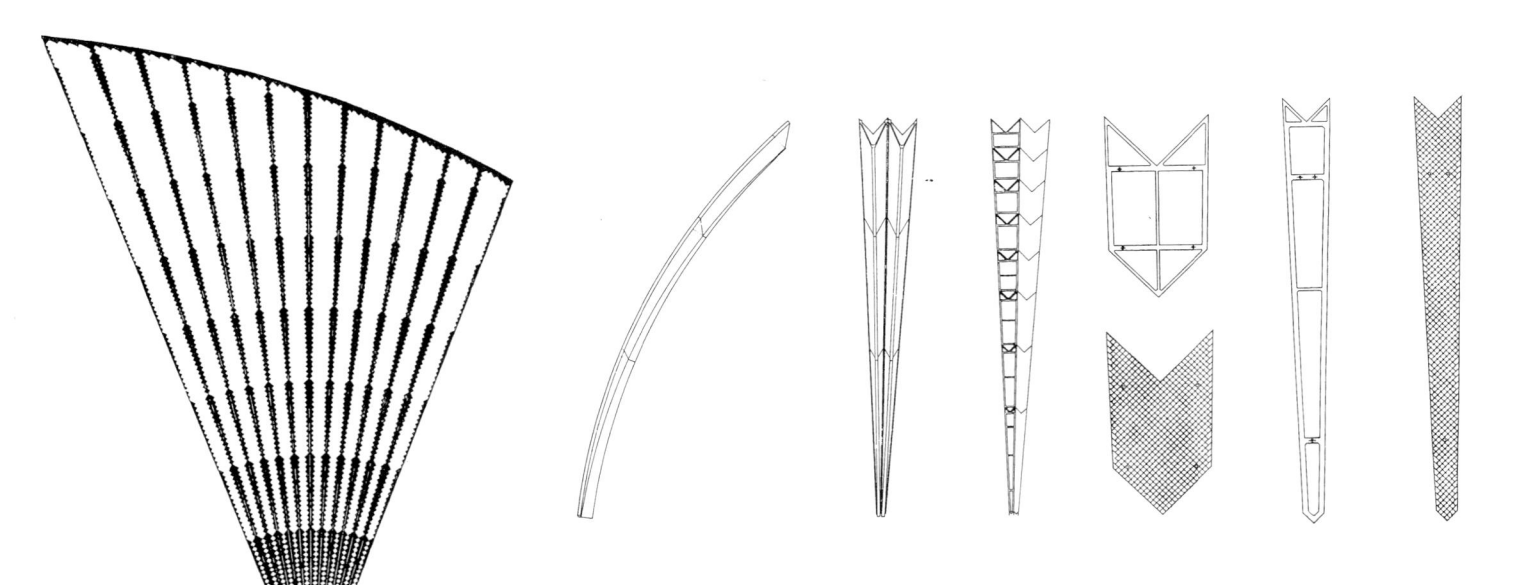

Motivi per il rivestimento dei segmenti delle volte (da "Zodiac", 14, 1965).

Prototipo realizzato a Höganäs per la prova del rivestimento a due colori (Mitchell Library, State Library of New South Wales, ON 122/1324).

vernice incolore. Le mattonelle hanno uno spessore di 10 mm. Il modello smaltato è quadrato, di 12 cm di lato – una superficie ridotta affinché possa seguire la forma delle volte senza distorsioni – ,e viene posato sulla parte centrale delle travi, a 45° rispetto al loro asse verticale. Queste mattonelle verniciate non possono essere tagliate senza che vadano in frantumi: Utzon usa quelle opache al bordo degli stampi, soprattutto dove l'incrocio fra il motivo decorativo diagonale e il bordo della trave svasata impone sette tagli diversi per ogni pannello. Egli sfrutta così dal punto di vista estetico un vincolo di carattere tecnico riguardante la distribuzione delle due varianti dello stesso materiale.

Il pannello che copre l'estremità di ogni nervatura nel punto in cui essa si unisce alla sommità della volta è diverso dagli altri. A una delle sue estremità, infatti, esso si va a incastrare nella rientranza superiore della trave inferiore, ma all'altra descrive una porzione del costolone curvo di colmo. Per questa irregolarità Utzon sceglie una superficie di mattonelle opache, che va a sostituire quella brillante che segue la perpendicolare dell'asse della trave. Il rivestimento di un semiguscio rispetta così la stessa regola di ciascuno dei segmenti che lo compongono, e l'insieme della superficie visibile riproduce in scala il principio del rivestimento che informa ognuno dei pannelli che la coprono.

Höganäs fa produrre cinquemila mattonelle in modo che la loro messa in opera possa essere testata direttamente a Sydney, su capriate campione, in condizioni climatiche reali. La difficoltà principale sta nell'ottenere una buona aderenza delle mattonelle al cemento e nella definizione delle dimensioni ottimali dei pannelli, per evitare le deformazioni conseguenti alle variazioni di temperatura. Poi la ditta produrrà i milioni di unità necessarie all'insieme delle coperture e, dopo una verifica manuale della loro qualità, le manderà in Australia via nave.

Come i segmenti delle volte, le travi piastrellate sono prefabbricate direttamente in cantiere. La geometria sferica permette anche in quel caso la ripartizione in serie – qui si tratta di 18 tipi di pannelli. Ne saranno realizzate 4253. Per le parti inferiori delle volte, alcune sono state replicate fino a 280 volte. La procedura di prefabbricazione implica operazioni semplici, che non hanno bisogno di mano d'opera particolarmente qualifica-

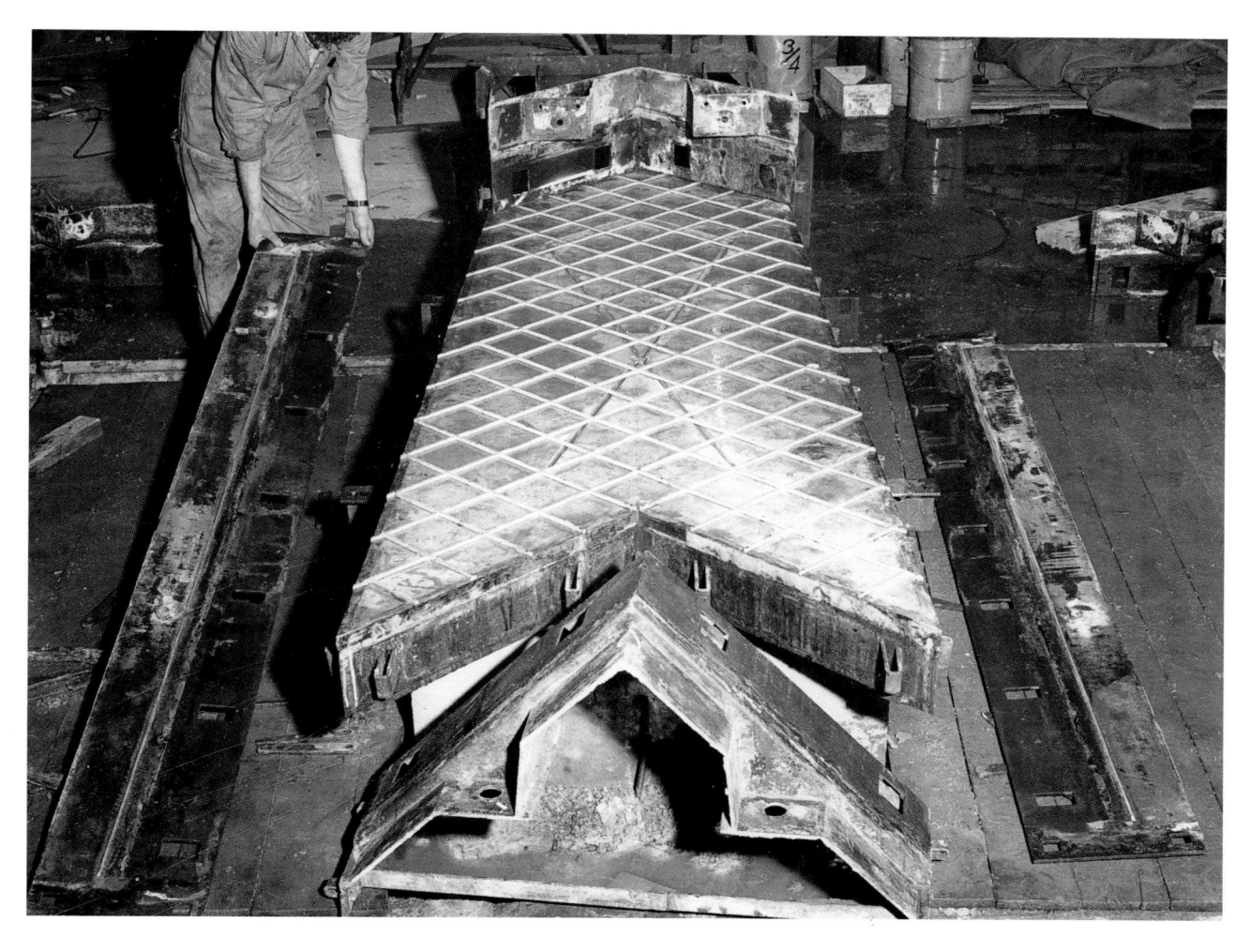

*Fasi della
prefabbricazione
di un pannello:
preparazione dello
stampo e posa delle
piastrelle, 1964
(Max Dupain).*

Fasi di prefabbricazione di un pannello: armatura, colatura del calcestruzzo vibrato ed estrazione, 1964 (Max Dupain).

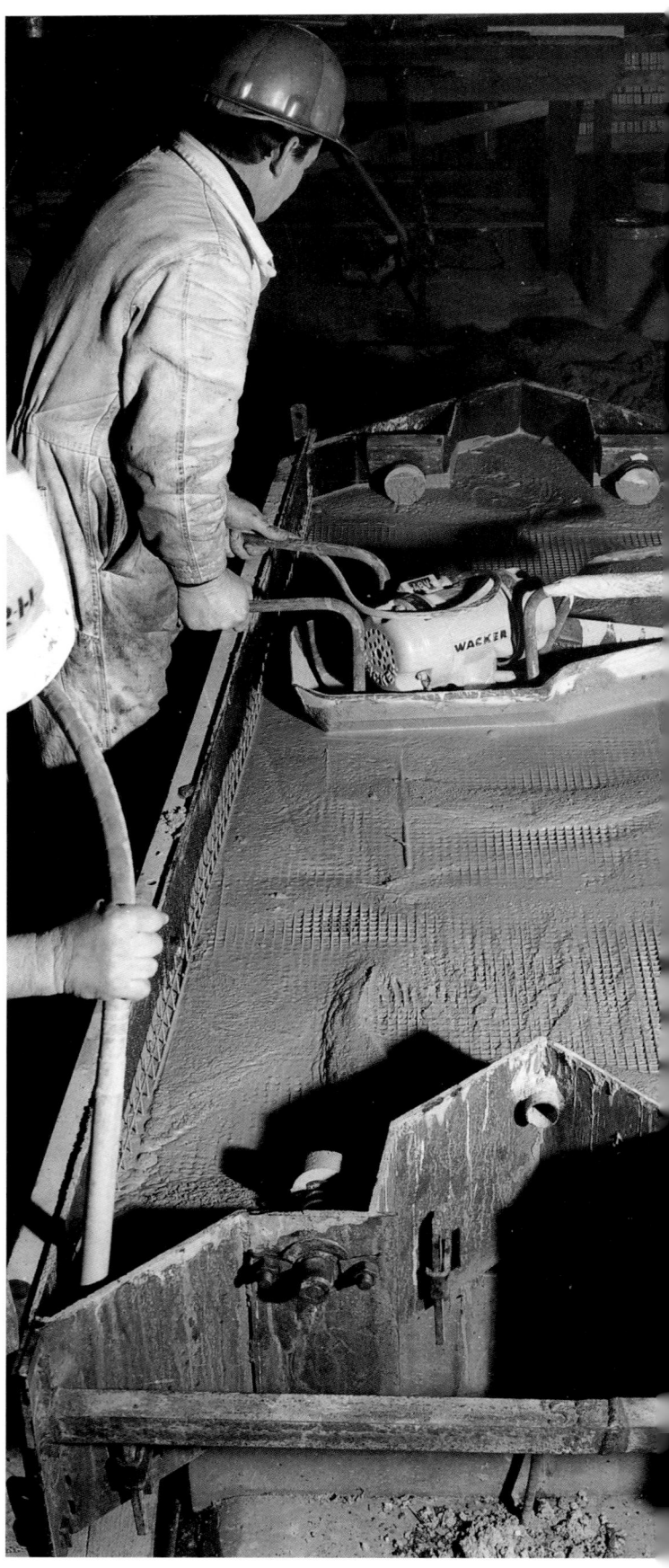

117

Fasi di prefabbricazione di un pannello: pulizia a vapore, sollevamento e stoccaggio per tipo sotto lo scalone, 1964 (Max Dupain).

ta. Il fondo degli stampi è una placca di bronzo a doppia curvatura, sulla quale è fissata una griglia di profilati d'alluminio a sezione quadrata che definisce la collocazione di ogni mattonella e lascia posto per i loro giunti. Il fondo e i lati dello stampo vengono puliti mediante il sistema ad aria compressa, poi ingrassati e assemblati. Le mattonelle, prese da contenitori in cui sono disposte per tipo, come i caratteri nelle cassette del tipografo, sono incastrate nella trama, con la faccia esterna rivolta verso il fondo. Uno strato di gelatina viene poi steso a caldo sull'insieme per impedire che la parte liquida del cemento penetri nei giunti. Tre fogli di grigliato galvanizzato dello spessore di mezzo pollice, posati su spessori d'amianto, costituiscono l'armatura di riempimento di cemento vibrato. Quest'ultimo tiene insieme tutte le mattonelle, e ospita dei riquadri metallici d'angolo facenti funzione di tenditori. Tre ore dopo la colata del cemento, ogni stampo è avvolto in un foglio di PVC e la presa viene accelerata grazie a un bagno di vapore. Questa operazione, che dura otto ore, si effettua di notte per ottimizzare il rendimento degli stampi. Al mattino, le forme laterali vengono tolte, e il pannello estratto con l'aiuto di un argano, operazione delicata perché bisogna evitare di scheggiare le mattonelle a spigoli vivi che bordano ogni trave. Le tracce di gelatina vengono rimosse a vapore, e quindi il fondo dei giunti cavi è sigillato con l'aiuto di una mescola a base di resina epossidica. I pannelli così rifiniti vengono immagazzinati, divisi per tipi, sotto lo scalone. Le fotografie del cantiere li mostrano appesi a decine a sostegni provvisori sotto le putrelle, come grandi pesci, prima di essere portati a pie' d'opera mediante pallet.

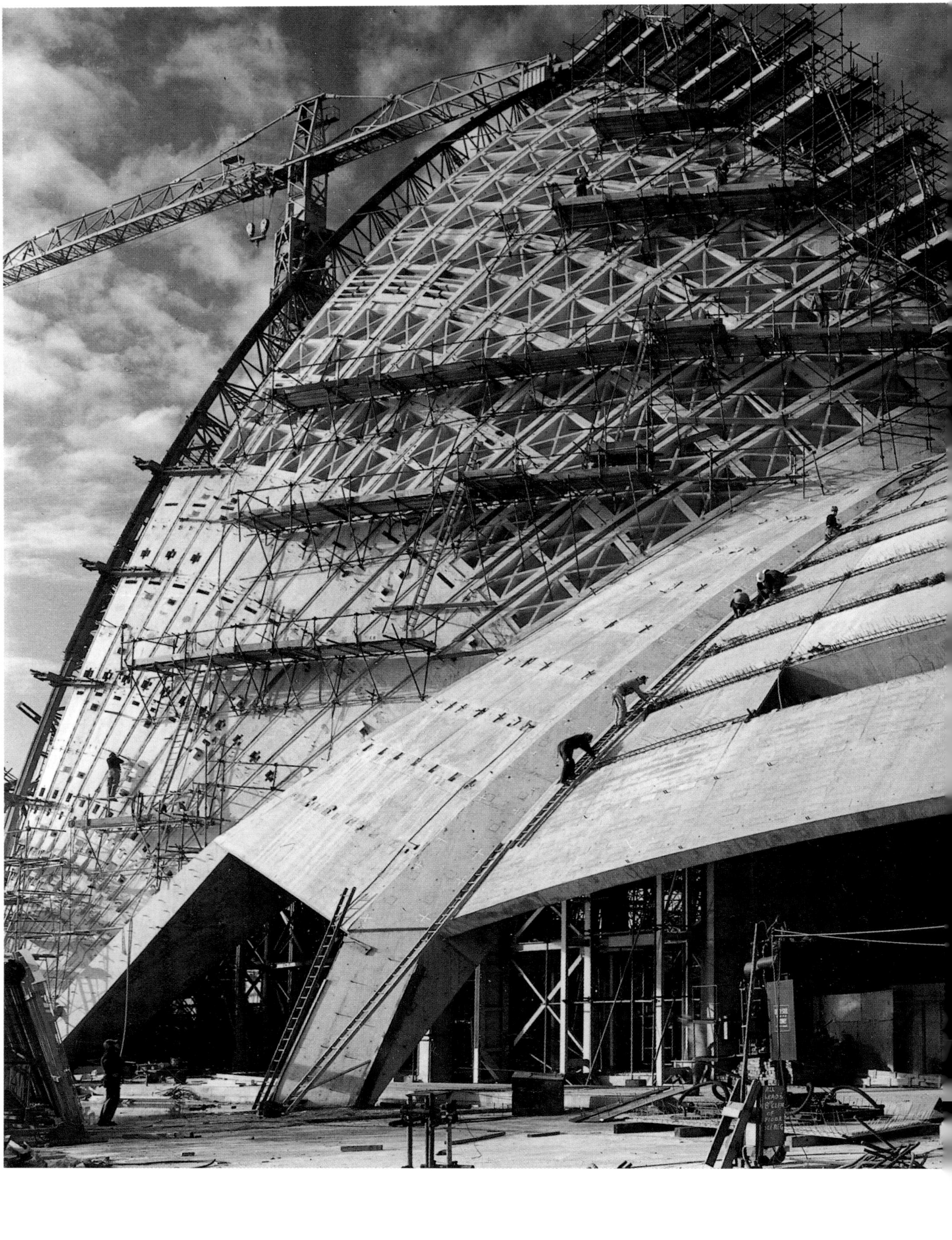

Posa dei pannelli di prova sulla sovrastruttura, luglio 1965 (Max Dupain).

I pannelli verranno applicati alla struttura mano a mano che questa si alza. Poiché seguono la stessa geometria dei segmenti di arco che ricoprono, la larghezza di ciascuno di essi è in funzione di quella del segmento a cui corrisponde nella nervatura sottostante, e i giunti laterali tra i pannelli coincidono con quelli delle nervature. Degli attacchi in lega di bronzo sono stati incorporati alle travi al momento della colata; essi devono fissarsi a quelli lasciati sul segmento corrispondente, già al suo posto sulla nervatura. Il pannello più grande pesa circa quattro tonnellate. Nell'agosto 1965, i primi saggi di posa rivelano scarti imprevisti tra i cavicchi di fissaggio che dovrebbero invece corrispondere. Si pensa allora a rendere gli attacchi dei pannelli variabili, e ne vengono fabbricati diversi modelli per far fronte a tutti i casi di variazioni dimensionali. Hornibrook mette a punto due programmi informatici, uno per rilevare le coordinate spaziali degli attacchi già posati sui segmenti e calcolare la posizione teorica ideale dei pannelli corrispondenti; l'altro per mettere in relazione queste due serie di dati, misurare lo scarto fra i rispettivi fissaggi e comunicare così alle équipe di posa il modello di cavicchio da progettare per ogni pannello. Le travi possono dunque essere adattate con precisione in modo da collocare fra di loro giunti piccolissimi, resi stagni con fogli di piombo.

Il sistema permette una fabbricazione agevole, modulare, economica, mentre la posa di un rivestimento sigillato tradizionale su forme a doppia curvatura avrebbe richiesto piastrellisti assai qualificati, che si sarebbero trovati ad aggiustare innumerevoli casi particolari e a operare tagli delicati. "Un approccio convenzionale avrebbe prodotto una superficie ricoperta di mattonelle standard ma posate da mani diverse, e quindi non uniforme, quale che fosse il tempo impiegato a posarla. Così invece noi otteniamo un prodotto industriale – una mattonella ideata appositamente, posata meccanicamente, il che elimina virtualmente l'errore umano. In questo procedimento vediamo l'illustrazione di una possibilità reale: usare la macchina come un utensile, ma in modo che il prodotto finito possieda le qualità della posa manuale"[38]. Utzon è dunque passato dall'idea di un rivestimento di mattonelle a quella di una copertura a pannelli piastrellati, di grandi tegole omotetiche dei segmenti della struttura che ricoprono. Egli fa della standardizzazione di prodotti disegnati dall'architetto una virtù progettuale, garanzia della perfezione del risultato. Mettere a punto un materiale o un sistema con l'industriale più competente, dovunque si trovi; fargli produrre prototipi partendo da embrioni di principi, e poi affidargli il mercato per le prestazioni così definite sulla base dei suoi studi: questo è il metodo di Utzon, che ignora le procedure convenzionali, cosa che gli procurerà tanti nemici fra gli industriali australiani.

Un mosaico di mattonelle di un unico bianco, opaco o lucente, inguaina tutti i gusci dell'Opera House di un rivestimento reticolare, in cui i due toni sembrano quelli di "pelle e unghia", o di "neve e ghiaccio", secondo le parole di Utzon stesso. "Pensate a una cattedrale gotica: è simile a ciò che volevo io. Il sole, la luce e le nuvole ne faranno una cosa viva. Non ve ne stancherete mai", aveva promesso agli australiani[39].

Fase preliminare della posa dei pannelli (Max Dupain).

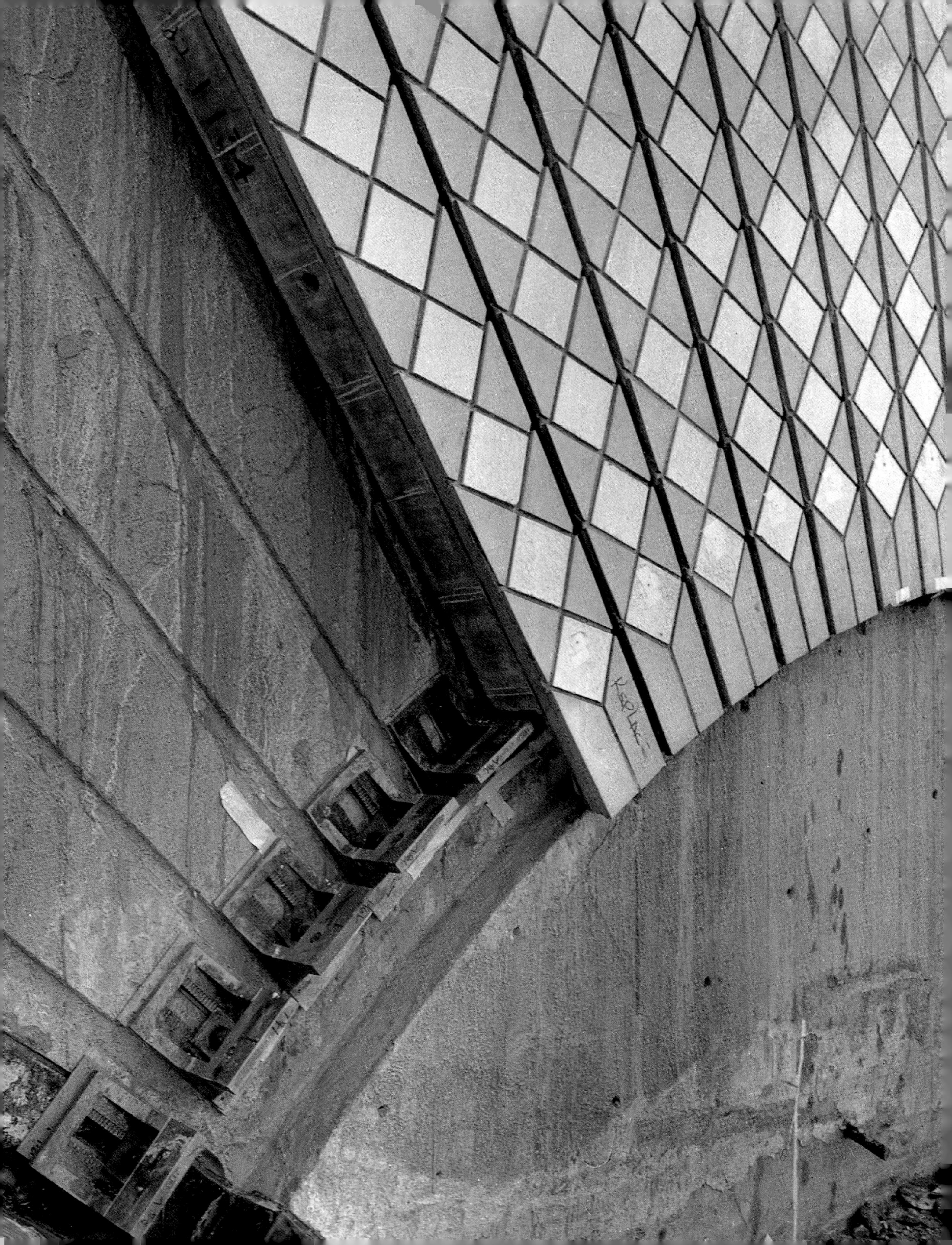

Particolari del rivestimento di un piedistallo e di una volta (Max Dupain).

*Il cantiere visto da
sud-est, settembre
1966 e agosto 1967
(Max Dupain).*

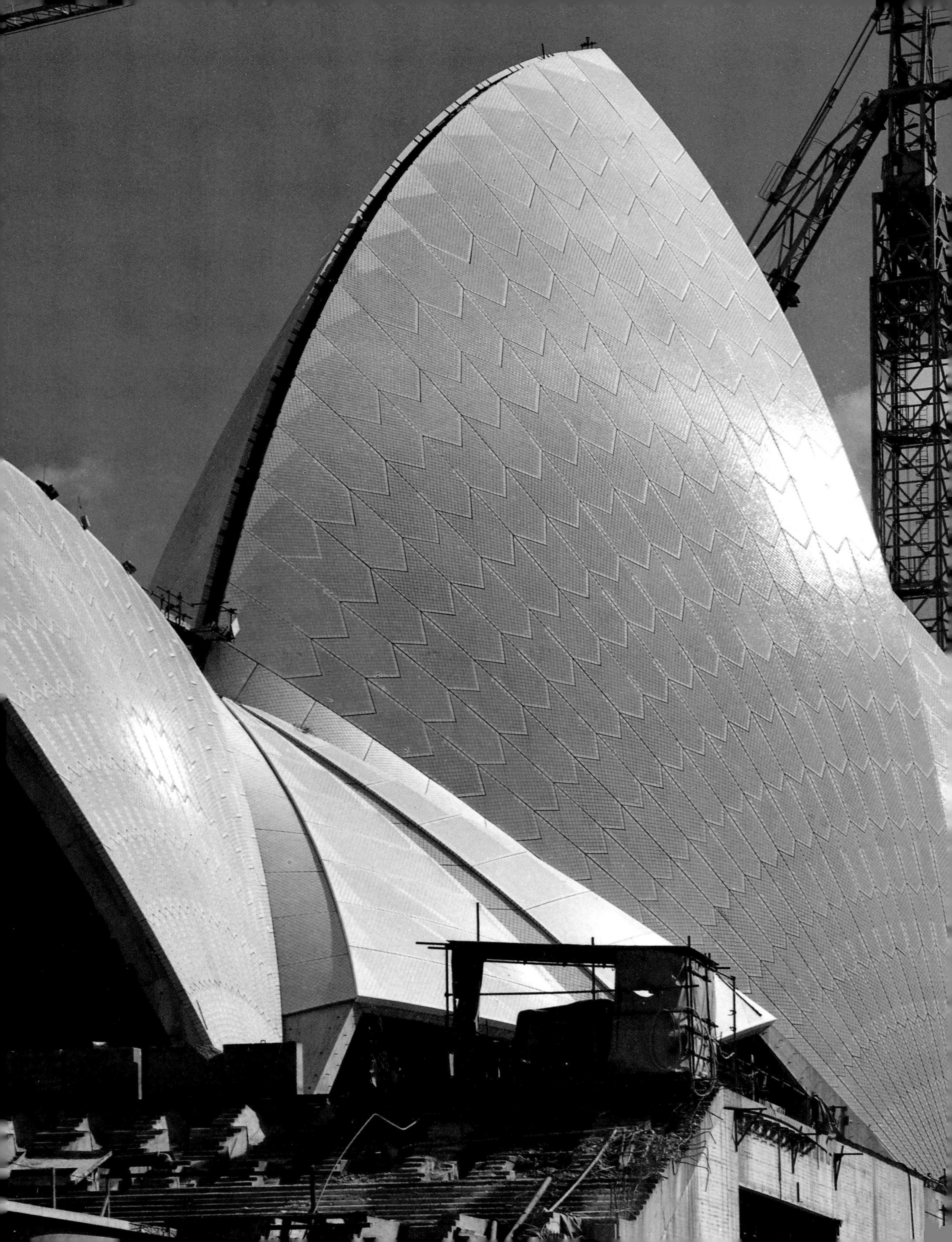

Veduta del lato sud-ovest al termine della posa dei pannelli (Max Dupain).

*Veduta della
facciata ovest
del ristorante,
giugno 1966
(Max Dupain).*

*Particolari del
rivestimento
a piastrelle
(Max Dupain).*

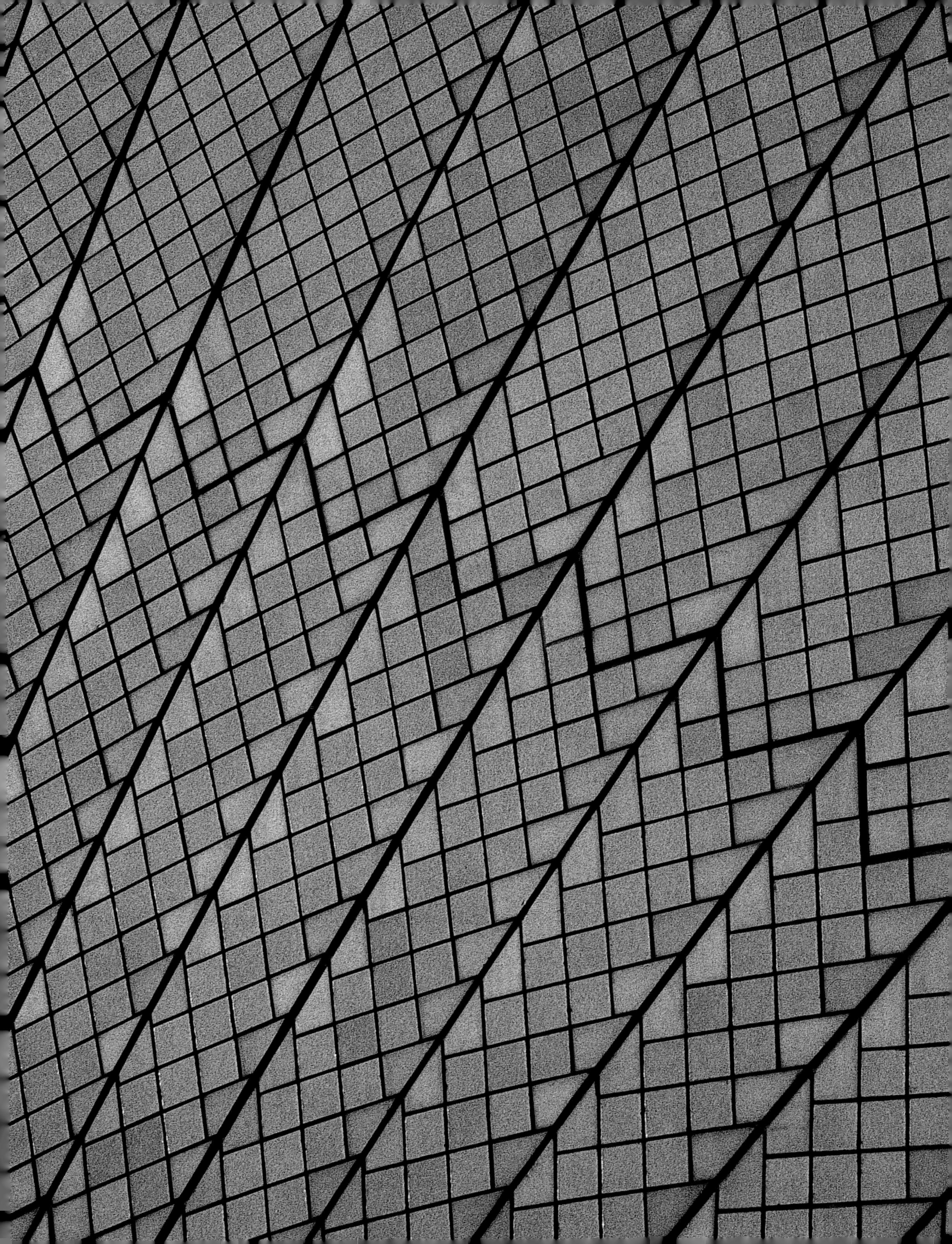

Veduta aerea dell'Opera House al termine della seconda fase (Lands Department, New South Wales).

[1] Il racconto dettagliato delle diverse fasi dello studio figura in un articolo scritto a quattro mani da Arup e Zunz, pubblicato nel marzo 1969 su "Structural Engineer" e riportato nel numero di ottobre 1973 di "The Arup Journal", pp. 4-19.

[2] Ove Arup, *Sydney Opera House*, testo di una conferenza tenuta al Prestressed Concrete Development Group il 14 gennaio 1965, p. 34.

[3] Lettera di Arup ad Ashworth, 30 ottobre 1961 (Ashworth Papers, Box 1, Folder 2). La versione ufficiale dello studio Arup è un po' diversa: "Non è ben chiaro chi abbia pensato per primo a questa soluzione. Utzon ne ha rivendicato la paternità, ed è stato così citato come esempio di architetto che toglie dai guai gli ingegneri; tuttavia, ci sono molte più ragioni di pensare che questa soluzione sia derivata da un rimettersi in discussione radicale da parte di Arup, nel quale Utzon fu pronto a riconoscere un nuovo punto di partenza", si legge nel capitolo dedicato alla storia dello studio dall'opera *Arups on Engineering*, a cura di David Dunster, Ernst & Sohn, Berlin 1996.

[4] Lettera di Utzon ad Ashworth, 29 settembre 1961 (Ashworth Papers, Box 1, Folder 9).

[5] Lettera di Utzon ad Ashworth, 27 novembre 1961 (Ashworth Papers, Box 1, Folder 10).

[6] Tra l'inverno 1957 e l'autunno 1961, gli ingegneri hanno passato a tentare di risolvere il problema strutturale dei gusci circa 375.000 ore, calcolate in tempo cumulato, più 2000 trascorse al computer.

[7] Lettera all'autrice, 13 febbraio 1997.

[8] Ne resta un video, *Design 218*, incontro con Jørn Utzon e Jack Zunz, realizzato e trasmesso dall'ABC il 4 aprile 1962.

[9] Una leggenda vuole che l'idea della geometria sferica sia venuta a Utzon mentre osservava suo figlio sbucciare un'arancia. Lui stesso l'ha smentita molte volte. Lo stesso aneddoto circola a proposito di Saarinen, che avrebbe risolto i gusci del terminal TWA aiutandosi con il pompelmo della colazione...

[10] Jørn Utzon, *The Sydney Opera House*, in "Zodiac", 14, 1965, p. 49.

[11] Conversazione con l'autrice, giugno 1994.

[12] La storica dell'arte Lucy Grace Ellem, per esempio, difende questo punto di vista in *Utzon's Sydney Opera House*. L'articolo è pubblicato in *Australian Art and Architecture*, un'opera collettiva a cura di Bernard Smith (Melbourne 1980).

[13] D'Arcy Thompson, *On growth and form*, 1917 (II ed. 1942).

[14] Nel corso di una conferenza inedita tenuta nel 1993 al Royal Australian Institute of Architects di Sydney, Peter Myers ha accreditato per primo l'idea che lo *Ying zao fa shi* avrebbe fatto da catalizzatore per la trasformazione dei gusci in volte prefabbricate. Else Glahn conferma l'importanza dell'opera nell'evoluzione dell'architettura di Utzon ma non può valutarne con precisione l'ampiezza, tanto "Jørn è reticente a parlare delle sue fonti d'ispirazione o delle sue influenze" (lettera all'autrice, 5 marzo 1997).

[15] Pubblicato in "Zodiac", 5, 1959.

[16] S. Giedion, *Espace, temps, architecture*, La Connaissance, Bruxelles 1968, p. 412.

[17] Ibidem, p. 419.

[18] Nella sua autobiografia *An engineer imagines* (London-Zürich-München 1994), prima di aggiungere, non senza perfidia, che ad affascinare troppo i propri amici si finisce per perderli...

[19] Vedi l'articolo di Peter Myers, *Une histoire inachevée*, in "L'Architecture d'Aujourd'hui", 285, febbraio 1993.

[20] Lettera all'autrice cit.

[21] In *Omnibus*, una trasmissione della televisione ABC.

[22] Utzon, in "Zodiac", 14, 1965, *Glass Walls*.

[23] Utzon, *The importance of architects*, in Dennis Lasdun, *Architecture in an age of scepticism*, Heinemann, London 1984.

[24] Utzon, rivolgendosi agli studenti della facoltà di architettura di Aarhus, maggio 1988.

[25] Jorn aveva fatto dono alla sua città natale delle sue collezioni personali, che comprendevano le sue opere, ma anche quelle di altri membri del gruppo COBRA. Utzon ha disegnato due progetti per questo museo, nessuno dei quali è stato realizzato.

[26] Utzon a Pi Michael, nel film *Skyer*, realizzato dalla televisione danese nel 1994.

[27] In "Zodiac", 14, 1965.

[28] Le quali avrebbero così richiamato quelle dello stesso Jorn.

[29] Si è potuto vedere nel museo una "scultura rovesciata" o una reinterpretazione simbolica della caverna dei miti primigeni: "come la scultura così come la definisce Focillon non ha spazio interno, la caverna non ha spazio esterno. (... Essa) rappresenta una pura inversione dello spazio", scrive Kjeld Vindum (*A cave for Jorn*, in "Daidalos", giugno 1993). Kenneth Frampton parla di *mundus* cavernoso e ricorda le corrispondenze simboliche stabilite da Mircea Eliade fra le forme cosmiche e le parti del corpo (*Studies in Tectonic Culture*, MIT Press, Cambridge 1996).

[30] Utzon aveva disegnato alcuni padiglioni autonomi, ma la municipalità di Warringah sospettava che questa disposizione potesse favorire una futura suddivisione fondiaria a scopo speculativo, e gli rifiutò il permesso di costruire. I progetti successivi sono stati pubblicati nel primo numero della rivista del dipartimento di architettura della University of Sydney, "Content", nel 1995.

[31] Esso figura nel libretto preparato dagli studenti di architettura della scuola di Aarhus in occasione del suo settantesimo compleanno.

[32] Il concorso, bandito nel maggio 1963, era aperto agli architetti provenienti dalla Svizzera e dal Liechtenstein, ai quali si aggiungevano cinque équipe invitate per la loro esperienza di programmi simili. Nel 1964 "Arkitekten" pubblica il progetto vincente sul numero 19. L'anno seguente, in "Zodiac", 14, Utzon presenterà l'edificio con l'aiuto di nuovi disegni. Egli fu proclamato vincitore del concorso alla fine del maggio 1964, ma il comune si era impegnato parallelamente in un altro progetto di programma simile, e non poteva finanziarli entrambi. La decisione fu sottoposta a referendum e il teatro di Utzon fu abbandonato.

[33] Utzon presenta il suo progetto su "Arkitekten", 19, 1964.

[34] Generalmente si attribuisce l'invenzione di questo utensile a Corbet Gore, responsabile della ditta Hornibrook per l'intera seconda fase. Di fatto l'ideatore principale è stato un ingegnere francese al servizio della ditta, Joseph Bertony. Il 22 giugno 1963 la stampa pubblica alcune fotografie dei due uomini in posa davanti all'attrezzo.

[35] Estratto del testo di Utzon che appare nel catalogo Höganäs.

[36] Frasi di Utzon citate nel resoconto assai dettagliato del cantiere pubblicato da "Architecture Australia" nel dicembre 1965.

[37] Vengono ancora fabbricate da Höganäs. Il modello verniciato compare in diversi colori nel catalogo della ditta, con il nome di "Sydney Series".

[38] Utzon ad "Architecture Australia", cit.

[39] In "Zodiac", 14, 1965.

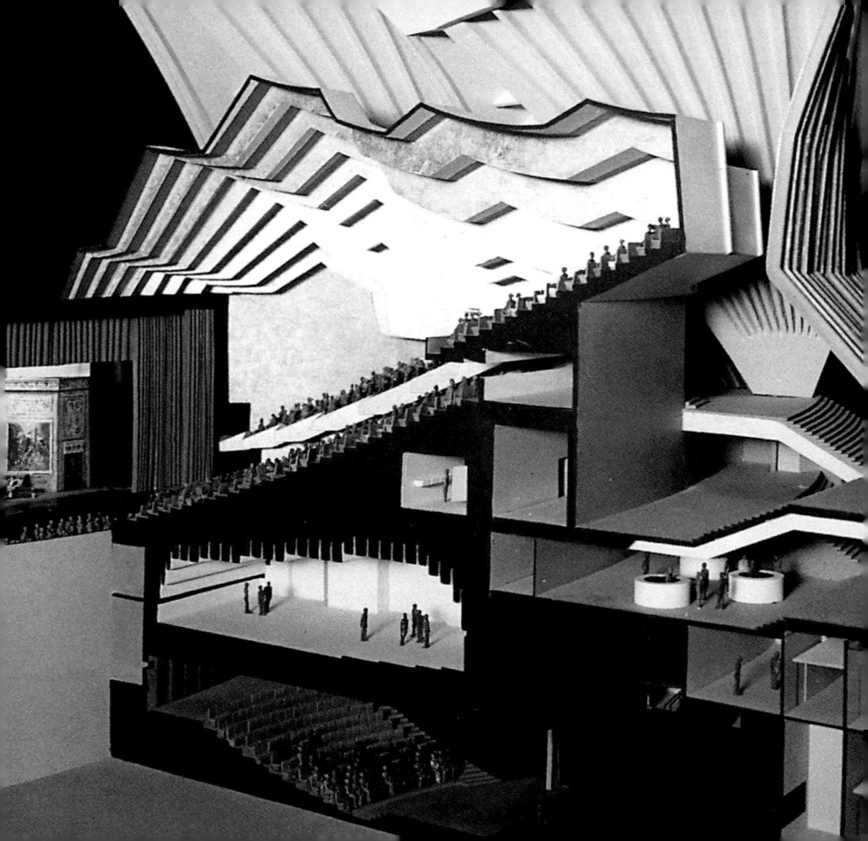

Progetti per la terza fase

Jørn Utzon diffonde rapidamente gli insegnamenti ricavati dall'avventura delle volte. La sua ormai consolidata filosofia è riassunta in un documento pubblicato dal suo studio nel gennaio 1965: "L'uomo non può più permettersi il tempo e la competenza degli artigiani per costruire manualmente. Noi dobbiamo inventare sia gli strumenti per fabbricare i nostri componenti, sia i mezzi per assemblarli, con il solo limite delle potenzialità costruttive dell'epoca delle macchine in cui viviamo ... I risultati insoddisfacenti ottenuti durante la fase 1, con lo scalone e altro, hanno provato che il solo modo di affrontare il problema delle altre parti essenziali dell'Opera è controllarle grazie a un procedimento geometrico rigoroso e quindi dividerle in componenti identici che possano essere prodotti meccanicamente, sorvegliandone da vicino dimensioni e qualità"[1]. Egli applicherà questi principi alla progettazione di tutte le fasi successive: il rivestimento dello zoccolo, la realizzazione delle vetrate triangolari che vanno a chiudere le ogive delle volte, così come tutte quelle concernenti gli interni, non ultimi i due auditorium.

I rivestimenti esterni
I rivestimenti esterni della muratura e della pavimentazione della piattaforma sono stati oggetto di ricerche approfondite. Per mantenersi il più fedele possibile alla sua intenzione iniziale, Utzon in un primo momento aveva pensato di usare la pietra naturale – lastre di arenaria locale di 1,20 × 0,45 m –, poi del granito, svedese o americano, di colore bruno-rossiccio. Ma col tempo l'arenaria tende a sbiadire e a sfaldarsi; inoltre, sarebbe stato difficile reperire lastre delle dimensioni necessarie, e la messa in opera si presentava delicata. Anche il granito rischiava di essere poco omogeneo e insufficiente. La pietra viene così scartata e alla fine Utzon fa cadere la sua scelta su lastre prefabbricate di granito artificiale, studiato insieme alle Concrete Industries, un ramo dell'azienda Monier[2]. Le tecniche di fabbricazione sono sviluppate dalla ditta a partire dal 1963. I suoi ingegneri hanno proposto a Utzon una trentina di campioni prima di riuscire a soddisfare le sue esigenze – colore, dimensioni, granulometria, durevolezza e rifiniture. Vengono realizzati prototipi di vari tipi di elementi di diversa grandezza e si simulano soluzioni di montaggio.
Le pareti verticali della piattaforma devono essere tutte rivestite di lastre di 3 pollici (7,5 cm) di spessore, in moduli di 4 piedi (1,20 m) di larghezza per una lunghezza variabile fino ai 30 piedi (9 m). La loro faccia visibile presenta uno strato di sassolini di granito grigio-rosa, il cui taglio è messo in luce dalla pomiciatura omogenea, seguita da una bocciardatura che evita il brillio della superficie e il suo conseguente precoce invecchiamento. Vengono disegnate variazioni dell'elemento standard destinate ai parapetti, ai piedritti e alle ringhiere dei belvedere e delle scalinate. Durante un soggiorno nell'Australia del Nord, Utzon è rimasto colpito dall'eleganza e dall'efficacia delle tettoie che riparano le facciate delle case. Al di sopra delle porte, delle finestre e delle bocche d'aerazione, egli prevede così degli architravi speciali con una sezione a forma di berretto, con la funzione di proteggere le aperture dai rigori del clima, movimentando nello stesso tempo la zona periferica dello zoccolo grazie ai rilievi e alle ombre che creano. Tut-

ti gli elementi della gamma devono essere agganciati tramite giunti variabili a rotaie metalliche orizzontali fissate al cemento della struttura. Quelli dello zoccolo si fermeranno giusto al di sopra del massimo livello dell'alta marea, a formare una demarcazione netta che deve proteggere la pietra dall'acqua, tirare una linea orizzontale di riferimento che echeggi quella della piattaforma e lasciar galleggiare una linea d'ombra, d'ampiezza sempre variabile, là dove l'edificio si tuffa nel mare.

Per il pavimento della piattaforma si prevedono lastre di 3,60 × 1,20 m nello stesso materiale. I loro angoli vivi verranno smussati per evitare che le lastre si scheggino. Una finitura bocciardata, uguale a quella dei pannelli verticali, renderà antiscivolo la pavimentazione antistante l'Opera House; le acque piovane scivoleranno via dalle aperture dei giunti per giungere ai canaletti di scolo delle travi dello scalone principale: la piattaforma è una gigantesca lastra su pilastri. Uniformemente rivestito di granito rigenerato, lo zoccolo dell'Opera House dovrebbe così assumere quell'aspetto di massiccio roccioso che Utzon voleva conferirgli fin da principio, per accentuare il contrasto con l'aspetto aereo delle coperture. Nel 1965, si sta studiando la disposizione delle lastre in relazione all'arrivo al suolo delle pareti vetrate che devono chiudere il colmo delle volte.

Campioni e prototipi realizzati dalla ditta Concrete Industries (Mitchell Library, State Library of New South Wales).

Le vetrate

Il cambiamento nella geometria dei gusci ha avuto ripercussioni sulla forma delle facciate: esse ora sono più alte e più appuntite, come i volumi che contengono, ma soprattutto Utzon ne ha modificato le caratteristiche. La sovrastruttura dell'edificio, infatti, completamente autoportante, non richiede più che le facciate presentino i sostegni complementari progettati nel *Red Book* quattro anni prima. Libere da ogni funzione strutturale, possono ridiventare le leggere membrane immaginate all'inizio, tende sospese sotto le ogive, ventagli di lame di vetro imprigionate in sottili armature. "Bisognava creare un sistema sufficientemente elastico da adattarsi alla forma irregolare (dei gusci) e abbastanza resistente da assorbire la pressione dei venti su una superficie così vasta", spiega Utzon. "I nostri primi tentativi di usare strutture composite di cemento e acciaio – o bronzo – erano sfociati in soluzioni troppo complesse e rigide. Dovevamo trovare un sistema geometrico semplice, composto da una serie di moduli vetrati trattenuti da montanti capaci di adattarsi a tutte le forme e a tutte le posizioni richieste"[3]. Questi montanti non devono necessariamente essere spessi, perché non sono elementi portanti, ma di rinforzo. Il multistrato tubolare viene scelto per queste ragioni, e ne sono messi a punto dei campioni.

Utzon si è liberato della verticalità troppo marcata delle sue soluzioni precedenti a favore di vetrate articolate "come le ali di un gabbiano". Questa metafora, che egli ama illustrare con l'immagine di un uccello in volo, viene rispettata alla lettera nella prima delle sue nuove versioni. Partendo dall'alto verso il basso, le vetrate si incurvano verso l'interno con movimenti successivi, seguendo una geometria sottile che articola in diverse tappe il passaggio dalla verticale fuori di piombo, che devono occupare sotto la sommità delle volte per poter seguire la nervatura alla quale si applicano, alla linea d'arrivo orizzontale sulla piattaforma. Le loro sporgenze inferiori formano i ripari sotto i quali si aprono le porte d'accesso ai foyer. Le pieghe suggeriscono l'assenza di un ruolo strutturale di queste superfici leggere ed eliminano i riflessi del vetro. Facendo variare con l'altezza il taglio e la sezione dei montanti, Utzon insiste ancora una volta sulla metafora organica e rinforza l'effetto di sospensione.

Come sempre, questa soluzione si raffinerà col passar del tempo, e il suo principio informatore si

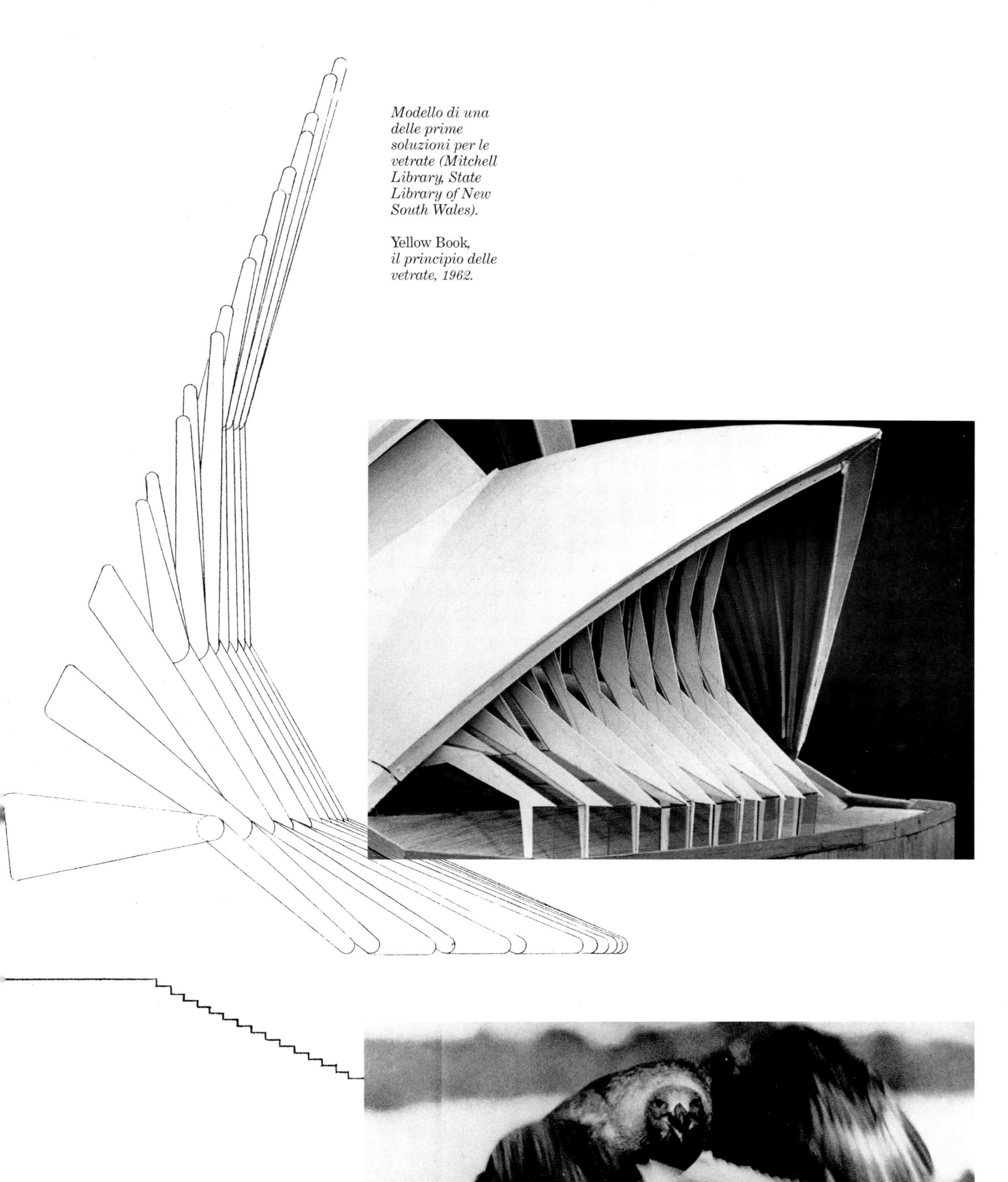

Modello di una delle prime soluzioni per le vetrate (Mitchell Library, State Library of New South Wales).

Yellow Book, il principio delle vetrate, 1962.

Il volo di un gabbiano, immagine di riferimento per la prima idea delle vetrate (Emil Schulthess, da "Zodiac", 14, 1965).

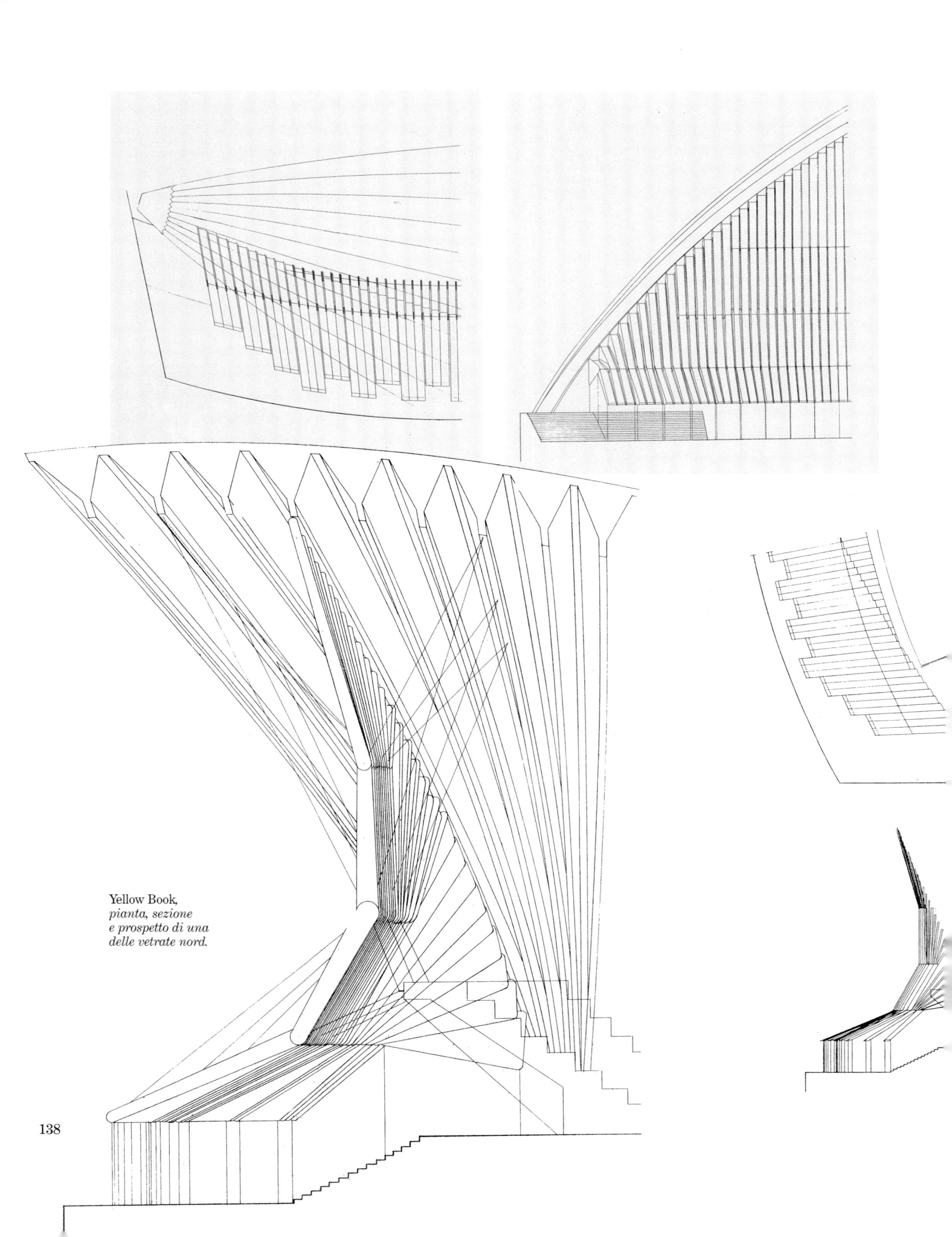

Yellow Book,
*pianta, sezione
e prospetto di una
delle vetrate nord.*

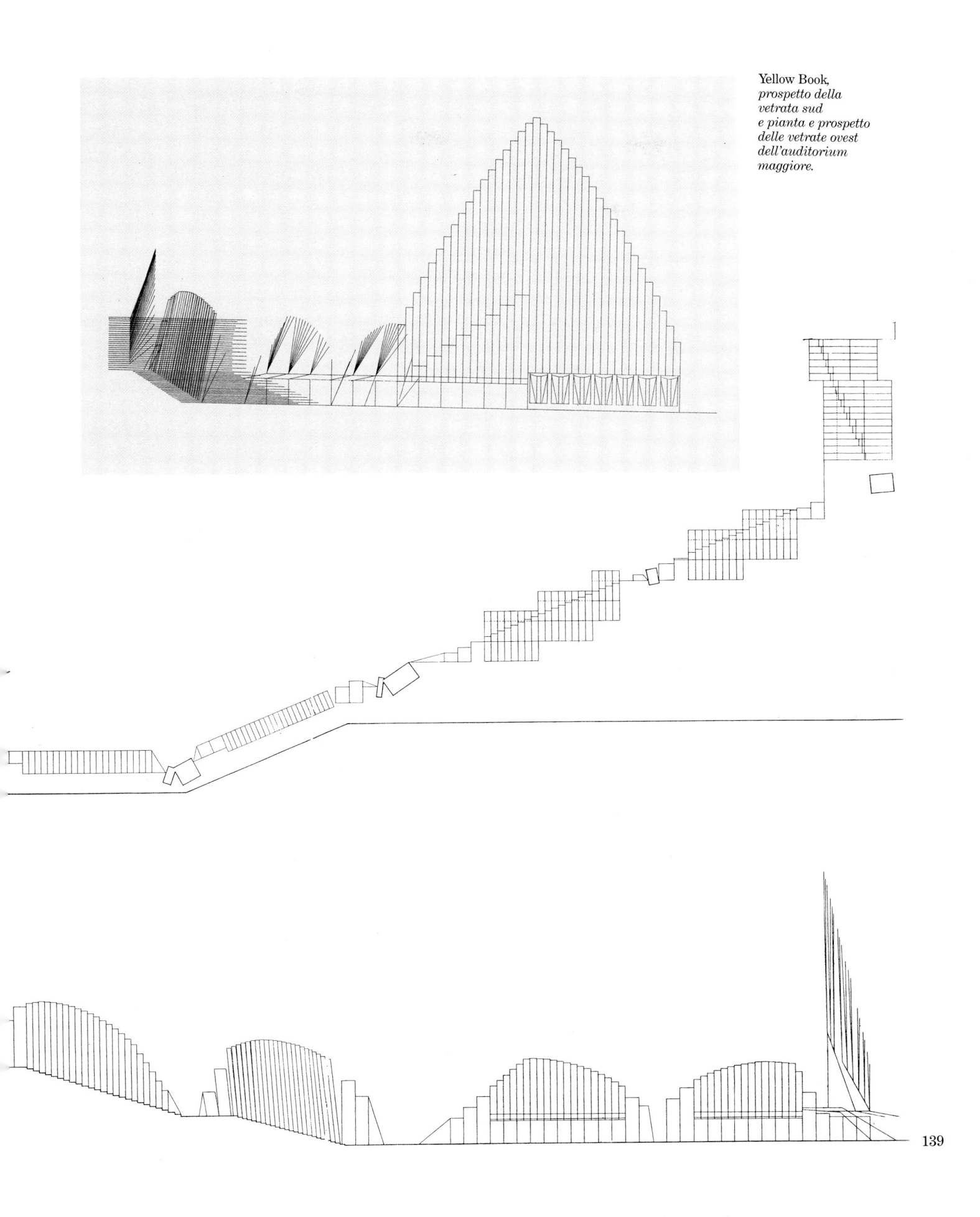

Yellow Book, *prospetto della vetrata sud e pianta e prospetto delle vetrate ovest dell'auditorium maggiore.*

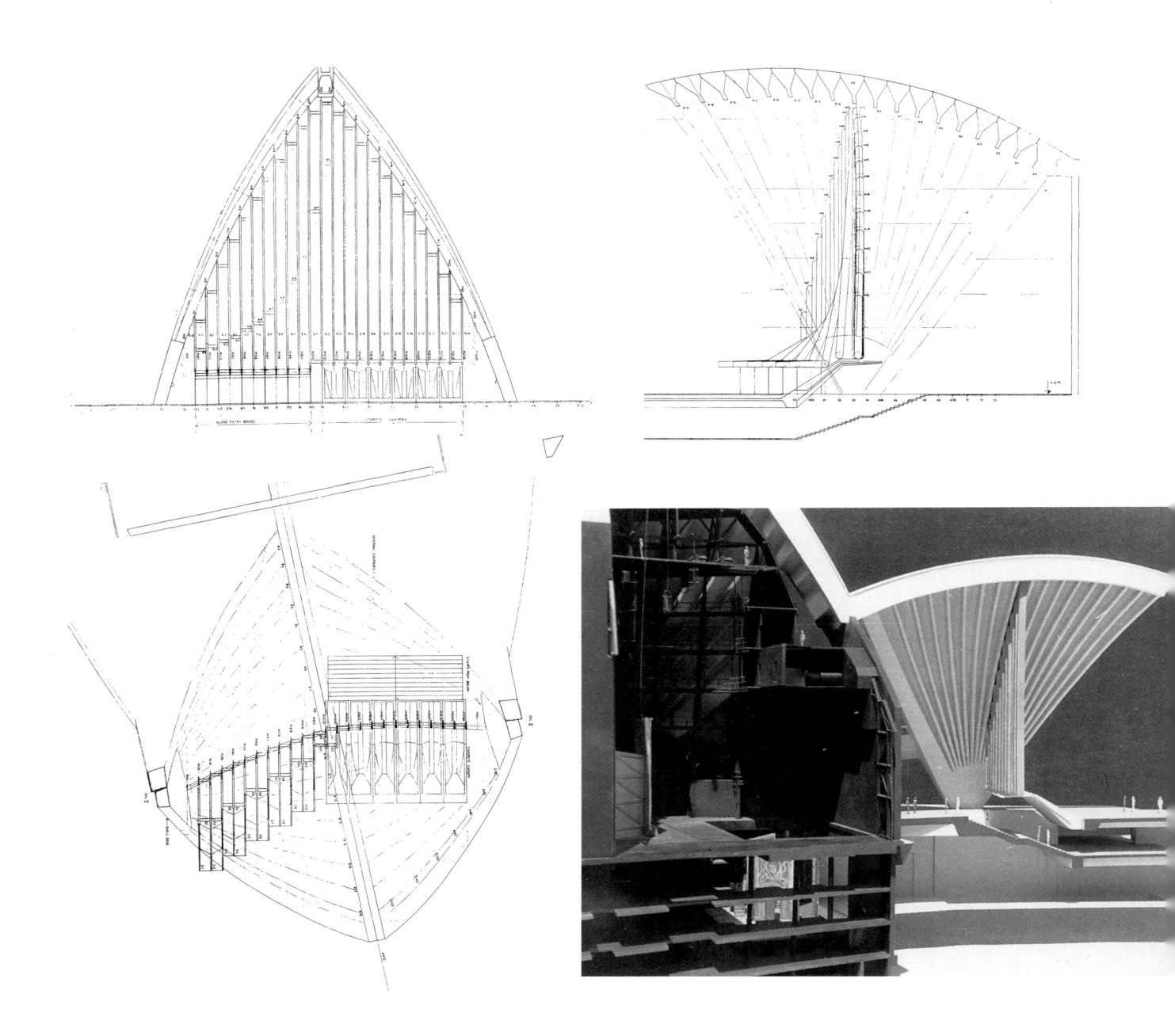

Il principio della soluzione "standardizzata" per le vetrate, prospetto, pianta e sezione, fine del 1964 (da "Zodiac", 14, 1965).

Modello della soluzione standardizzata (Mogens Prip-Buus).

distaccherà dalla soluzione originaria per evolvere verso una maggiore standardizzazione degli elementi costitutivi. Le successive tappe di studio vedono la trasformazione dei montanti in regoli identici, con lati paralleli ed estremità arrotondate – la stessa forma di un bastoncino da gelati che Utzon dà anche alle bacchette destinate al soffitto dei corridoi. Le estremità inferiori delle vetrate si fermano sempre a una certa distanza dalla piattaforma, e vengono riprese su una putrella orizzontale che costituisce l'architrave dei vestiboli a doppia porta, sul lato sud, o della facciata verticale dei foyer, dalla parte della Baia. In pianta, la loro sezione aggettante permette di includere volumi più ampi di quelli definiti dalla verticale dei punti d'aggancio dei montanti, in funzione degli spazi che essi accolgono. I piani risultanti, che collegano una serie di coordinate spaziali appartenenti a diverse superfici curve e che permettono così di conciliare tutte le geometrie presenti, sono di una grande complessità descrittiva.

Tuttavia, il rigore geometrico assoluto che governa le sovrastrutture ha dato alle facciate un profilo omotetico. Utzon può così ridurre l'esercizio alla variazione su un unico tema. Tutte le vetrate sono formate da moduli identici, che riprendono in verticale la larghezza di 4 piedi (1,20 m) delle lastre della piattaforma e la ripetono fino in cima alle volte. Il vetro utilizzato è del tipo securit,

Sezione di una delle crociere e scomposizione in elementi delle vetrate, fine del 1964 (da "Zodiac", 14, 1965).

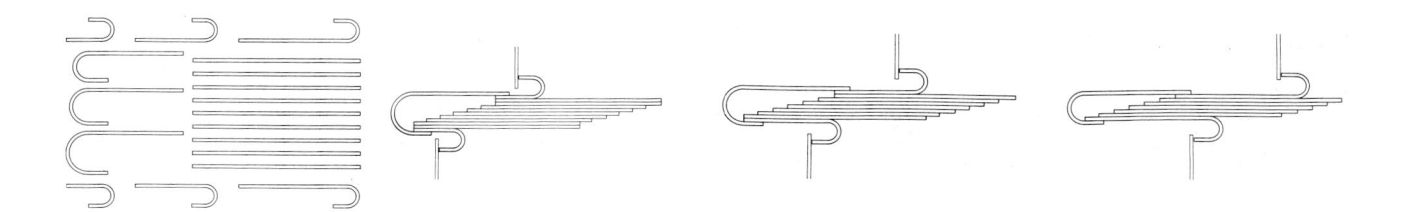

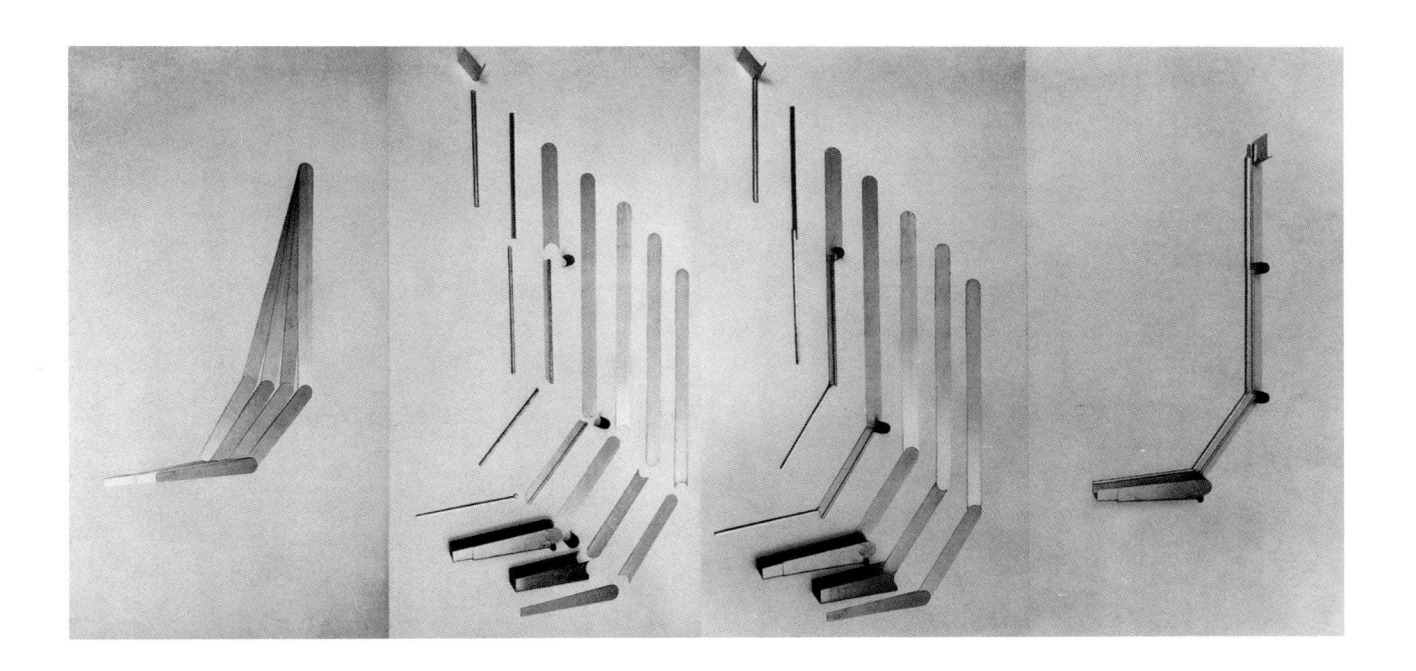

conforme alle dimensioni di mercato[4]. I montanti sono costruiti assemblando fogli di compensato di pino Seraya bianco di mezzo pollice (13 mm), a formare un profilato profondo circa 90 cm. Gli strati sono scalati per permettere tutte le configurazioni previste dal montante-tipo. Curvato a un'estremità, lo strato superiore genera una canalina laterale che forma il listello e blocca il vetro a delle clips standard. Sulla facciata, la costa del montante è coperta da un cappuccio a U che ne nasconde la parte esterna. Lo spessore degli strati di legno, la direzione del filo e le colle sono studiati appositamente perché possano sopportare un raggio di curvatura molto ridotto. Questo cappuccio è rifinito con una foglia di bronzo, incollata a caldo sulla superficie del compensato al momento della fabbricazione. Sulle parti diritte e a ogni piega della vetrata, i montanti sono uniti fra di loro a distanze regolari da giunti metallici a sezione cilindrica, che hanno anche la funzione di chiudere gli interstizi fra le vetrate nei punti dove si sovrappongono. Si preferisce prefabbricare in serie i montanti e poi assemblarli come nel meccano, piuttosto che modellarli uno ad uno in cantiere; il risultato combinerà la precisione del disegno dei pezzi, perfettamente adattati alla loro funzione e posizione, con l'esattezza della loro esecuzione industriale. Gli studi sono stati lunghi, ma la posa sarà rapida.

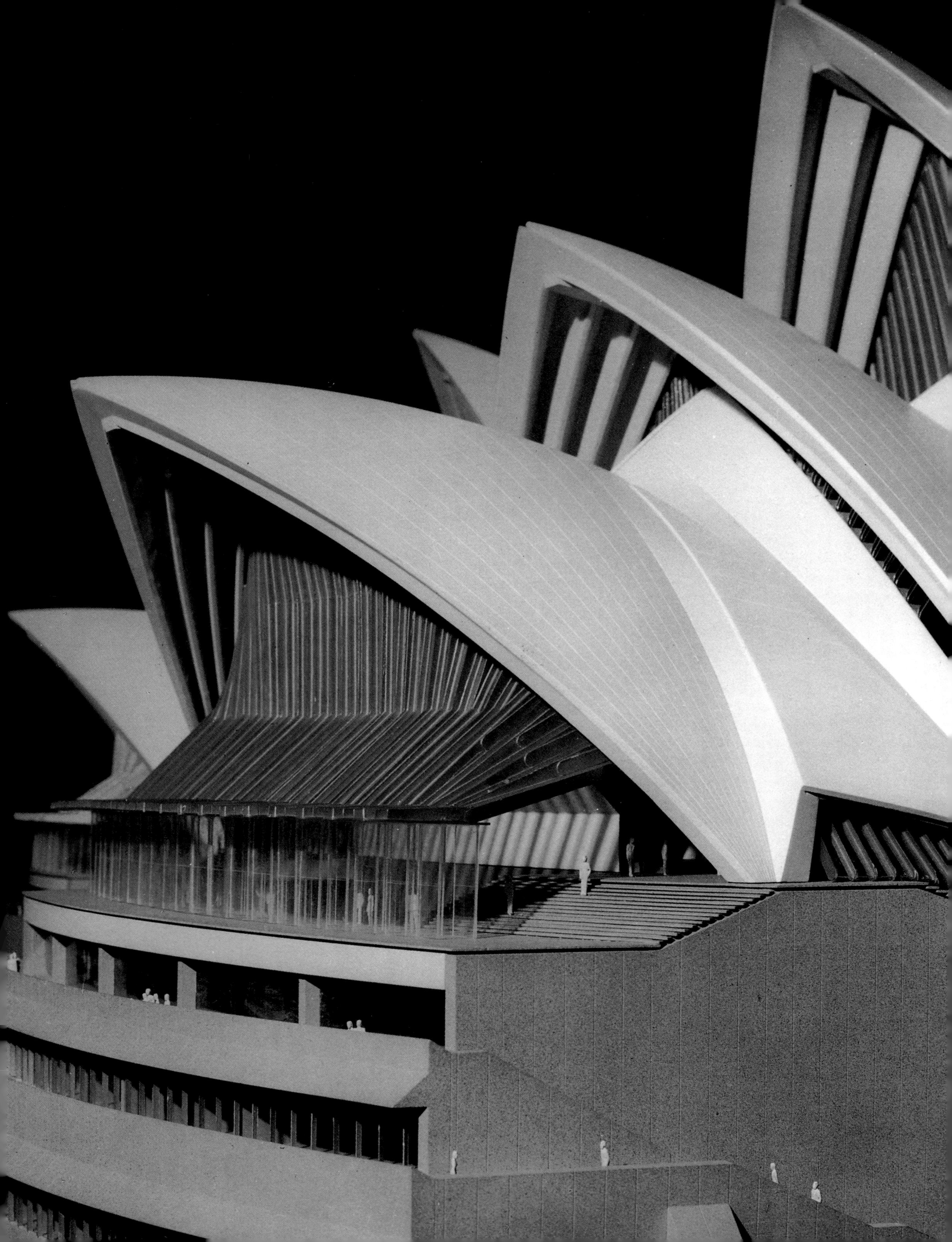

Modello di presentazione, fine del 1964, veduta del lato rivolto verso la Baia e del lato dell'ingresso (Max Dupain).

Il ristorante, pianta e sezioni, 2 e 8 ottobre 1964, 25 gennaio 1966 (Mitchell Library, State Library of New South Wales, SOH, 1153, 1154 e 1158).

Tavola dallo Ying zao fa shi.

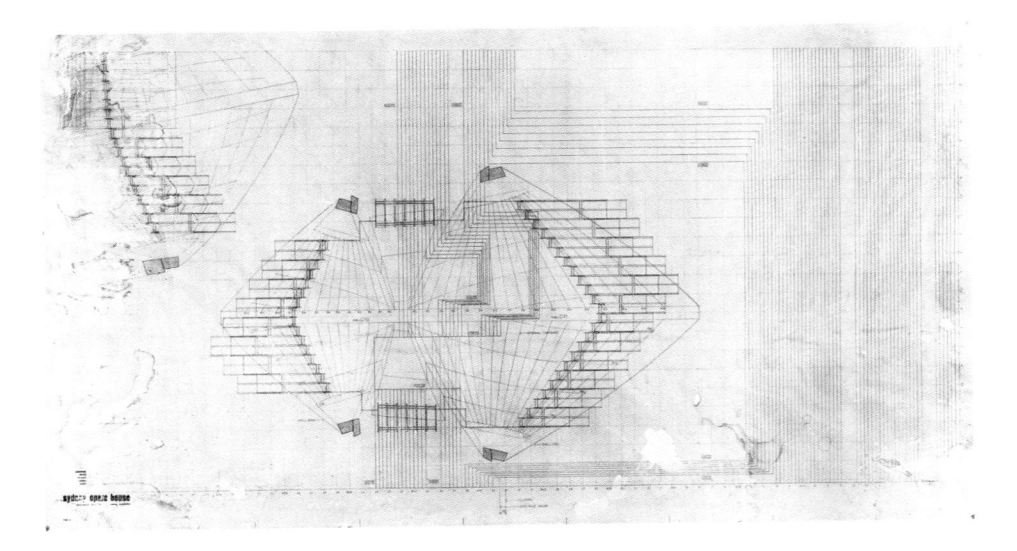

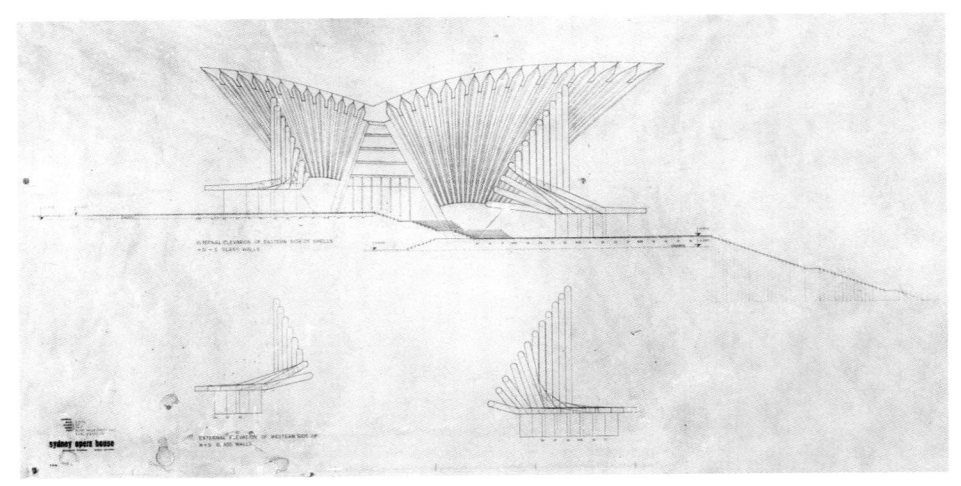

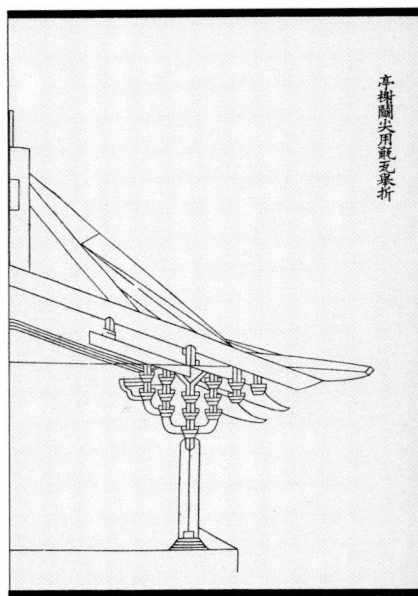

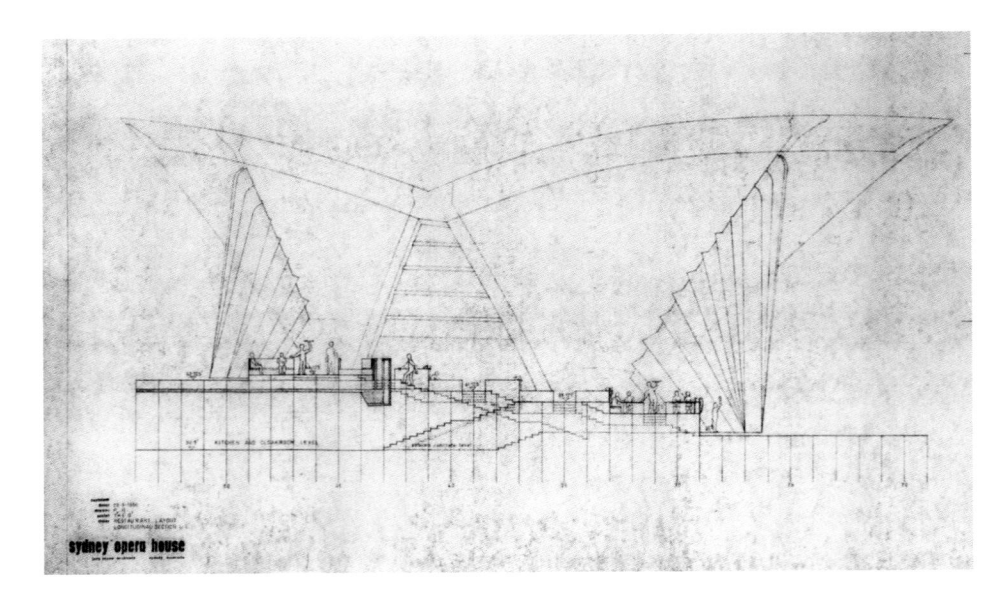

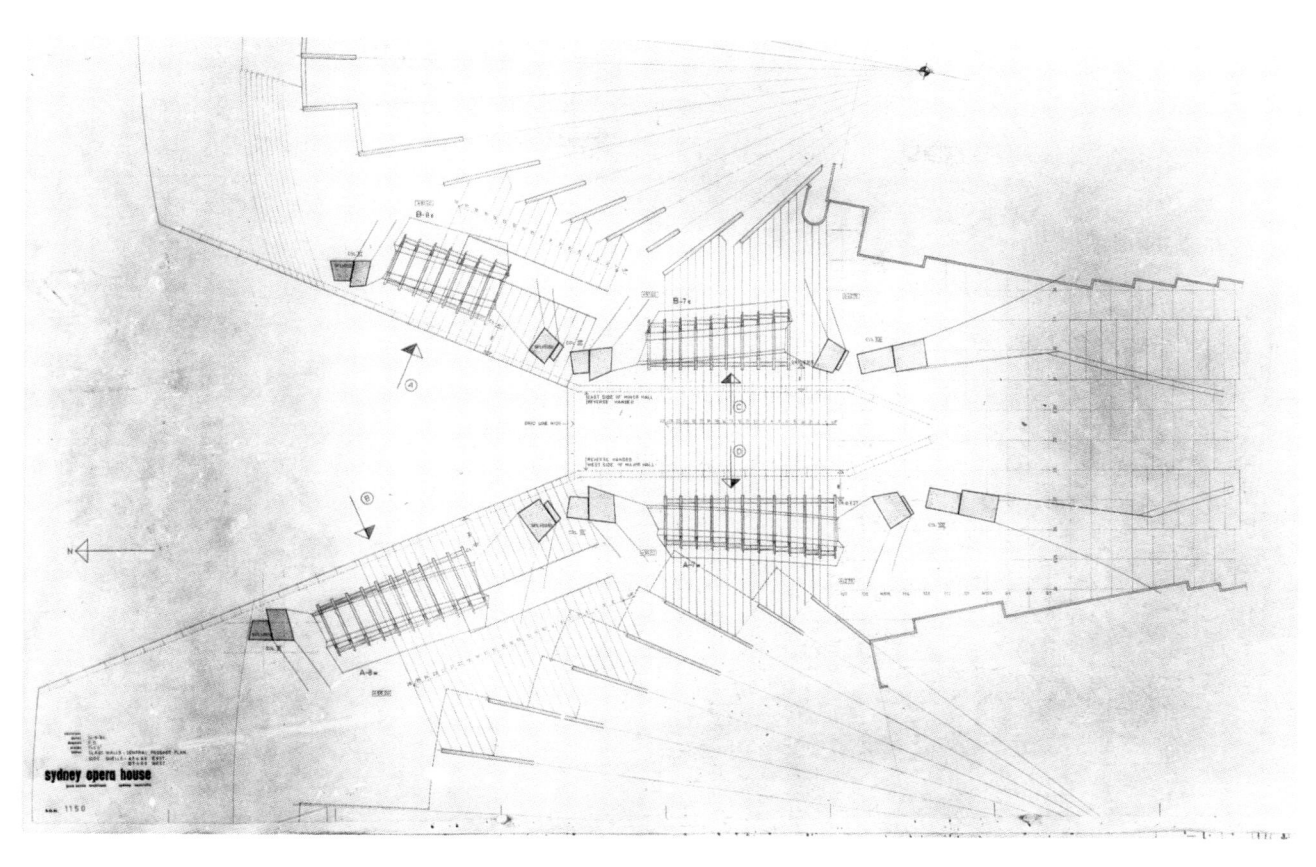

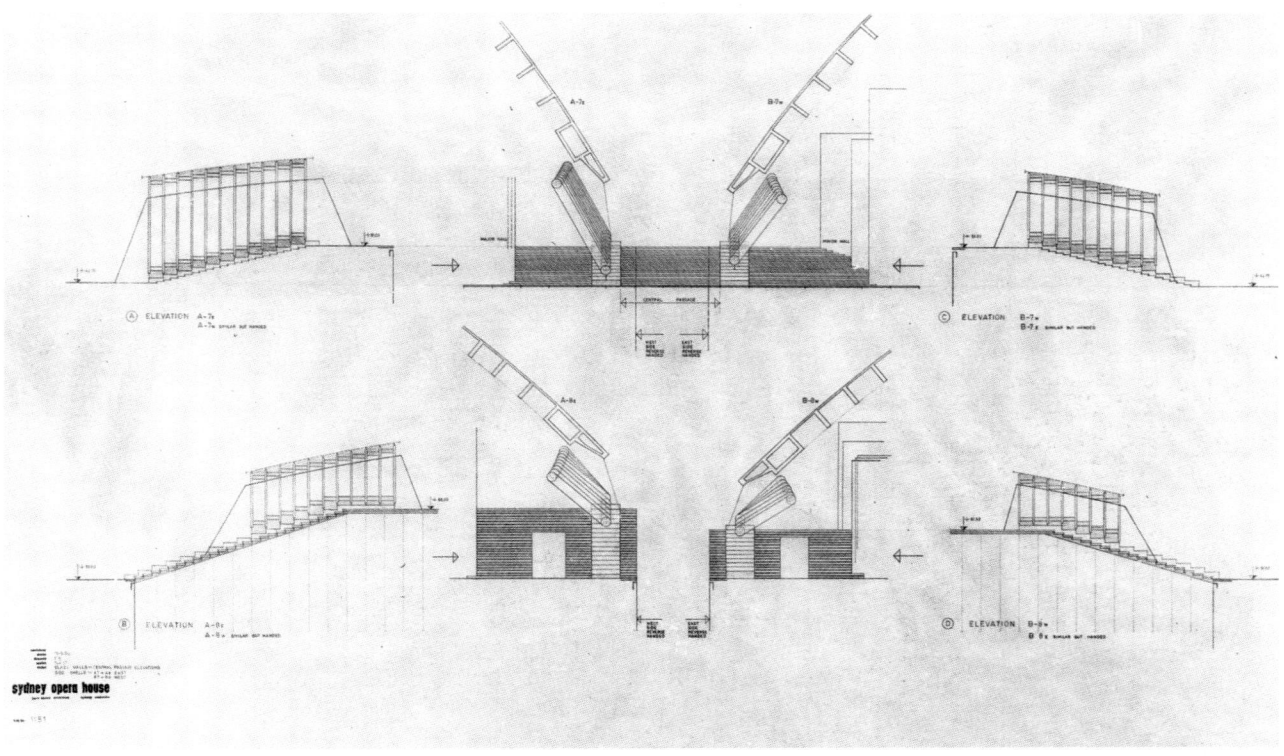

Vetrate di sbarramento lungo i passaggi, 14 e 15 settembre 1964 *(Mitchell Library, State Library of New South Wales, SOH 1150).*

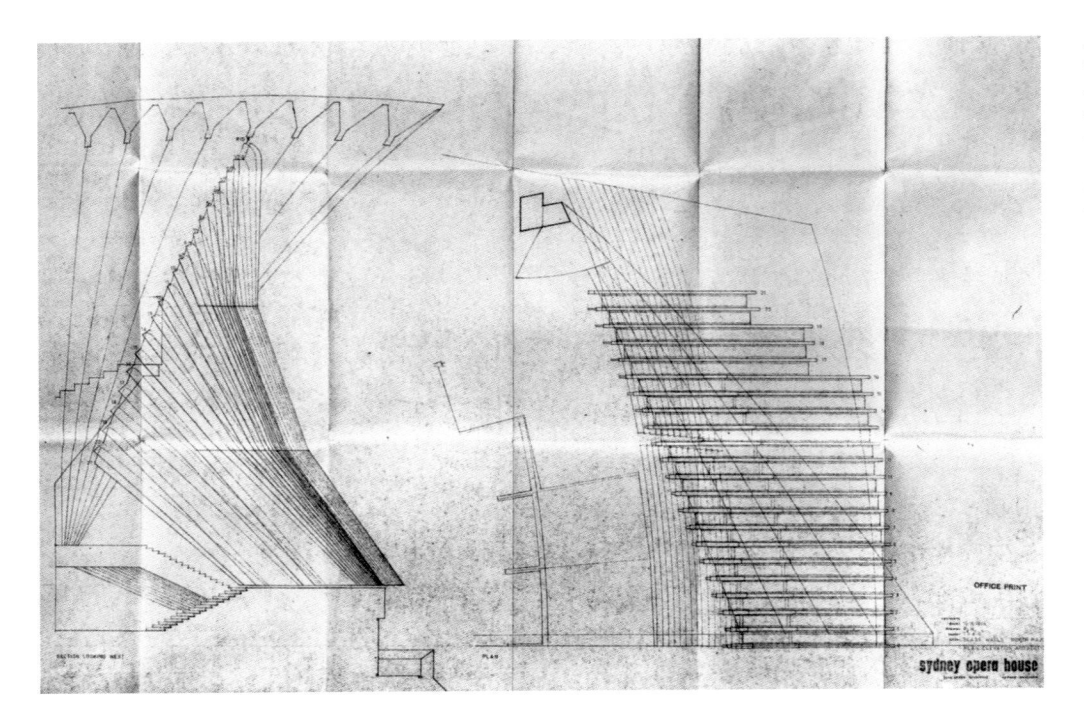

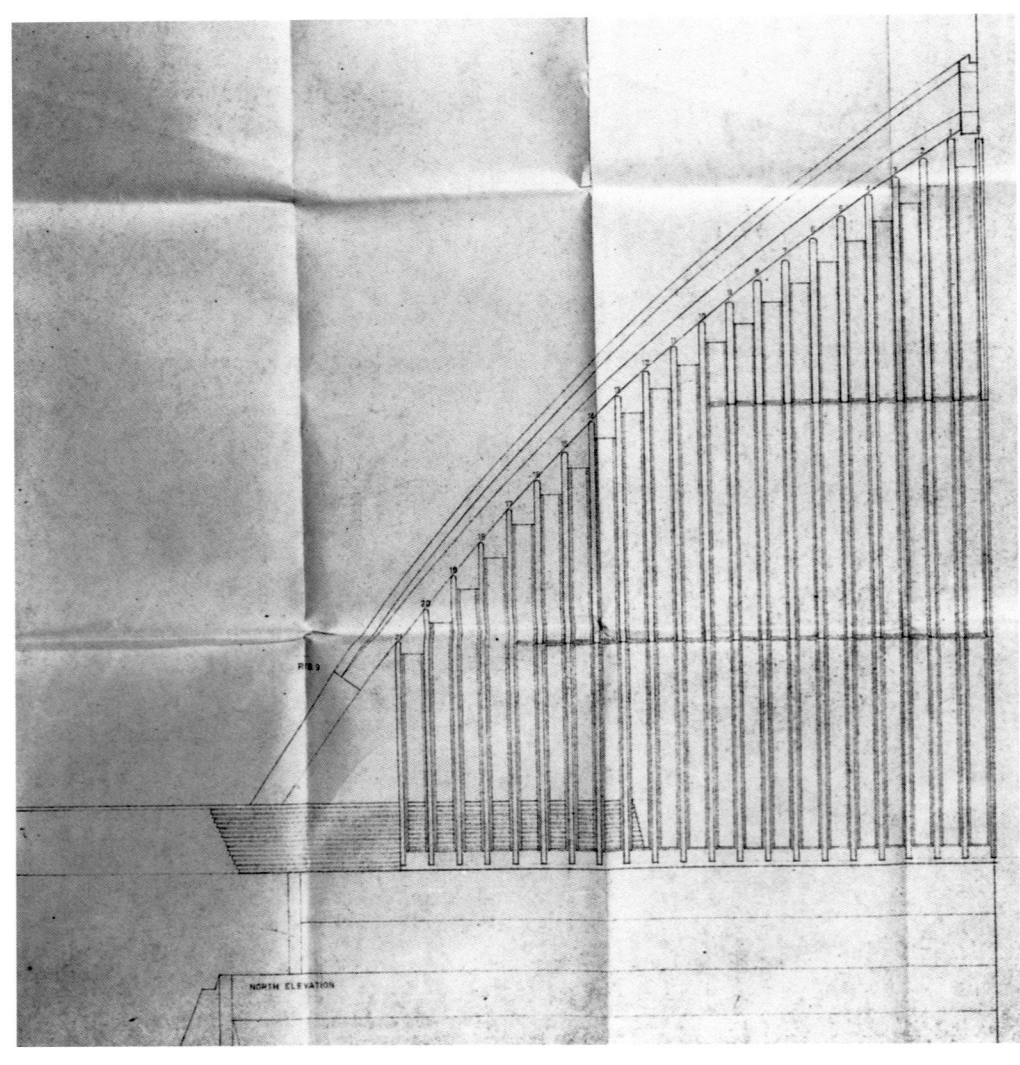

Auditorium maggiore, foyer, sezione, pianta e prospetto, 15 ottobre 1965 (Mitchell Library, State Library of New South Wales, SOH 1317).

Auditorium minore, foyer, sezione del lato verso il bar e dettagli della vetrata, 25 gennaio 1966, 14 ottobre 1965 (Mitchell Library, State Library of New South Wales, SOH 1402 e 1341).

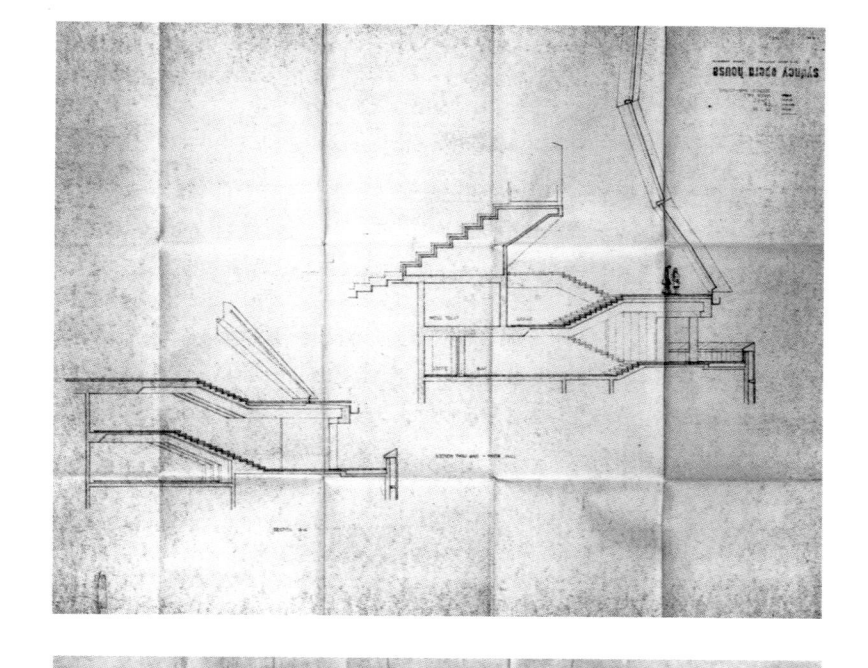

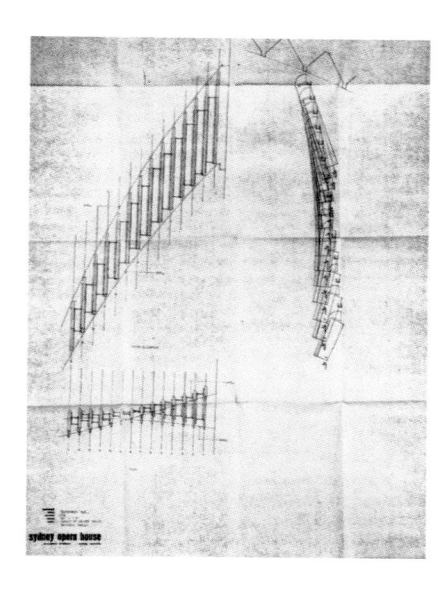

Pianta, sezione e prospetto di massima delle persiane di chiusura tra i gusci, settembre 1965 (Mitchell Library, State Library of New South Wales, SOH 1316).

Sistema di incastro del vetro all'articolazione delle crociere e dettaglio del punto di arrivo al suolo, 28 gennaio 1966 (Mitchell Library, State Library of New South Wales, SOH 1407).

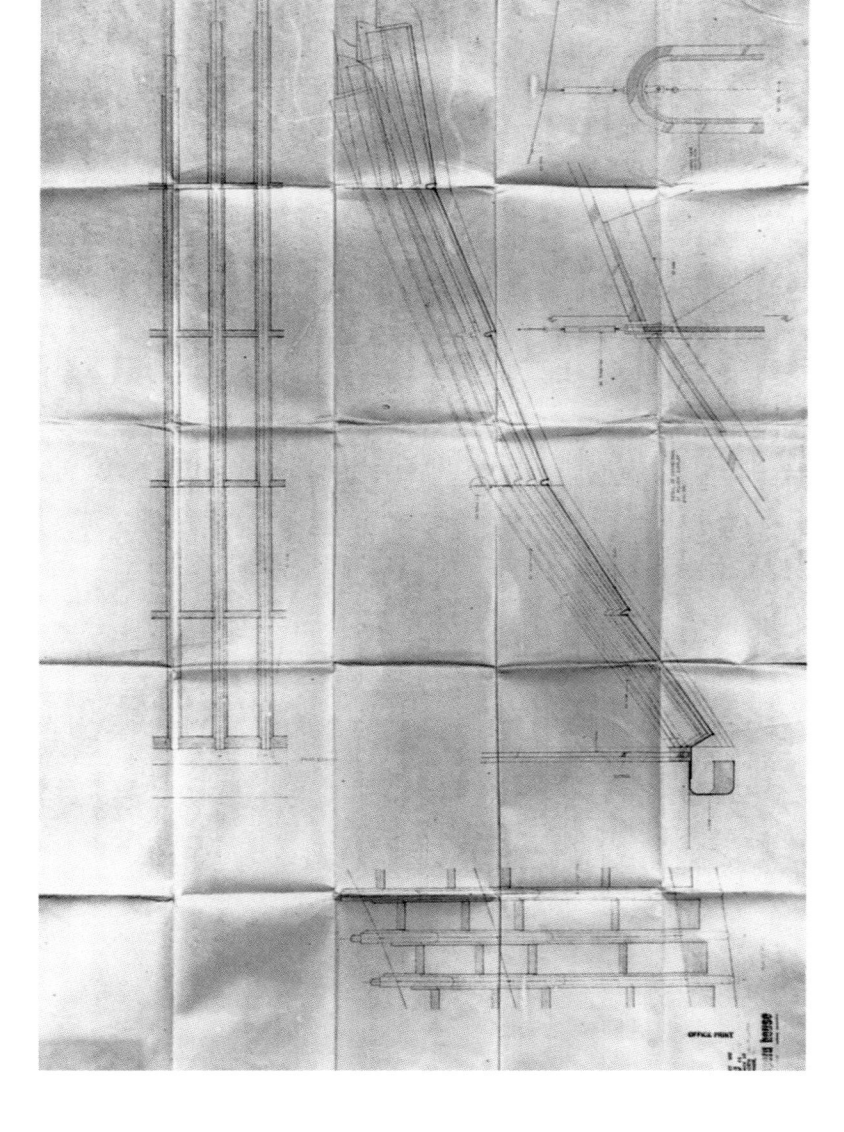

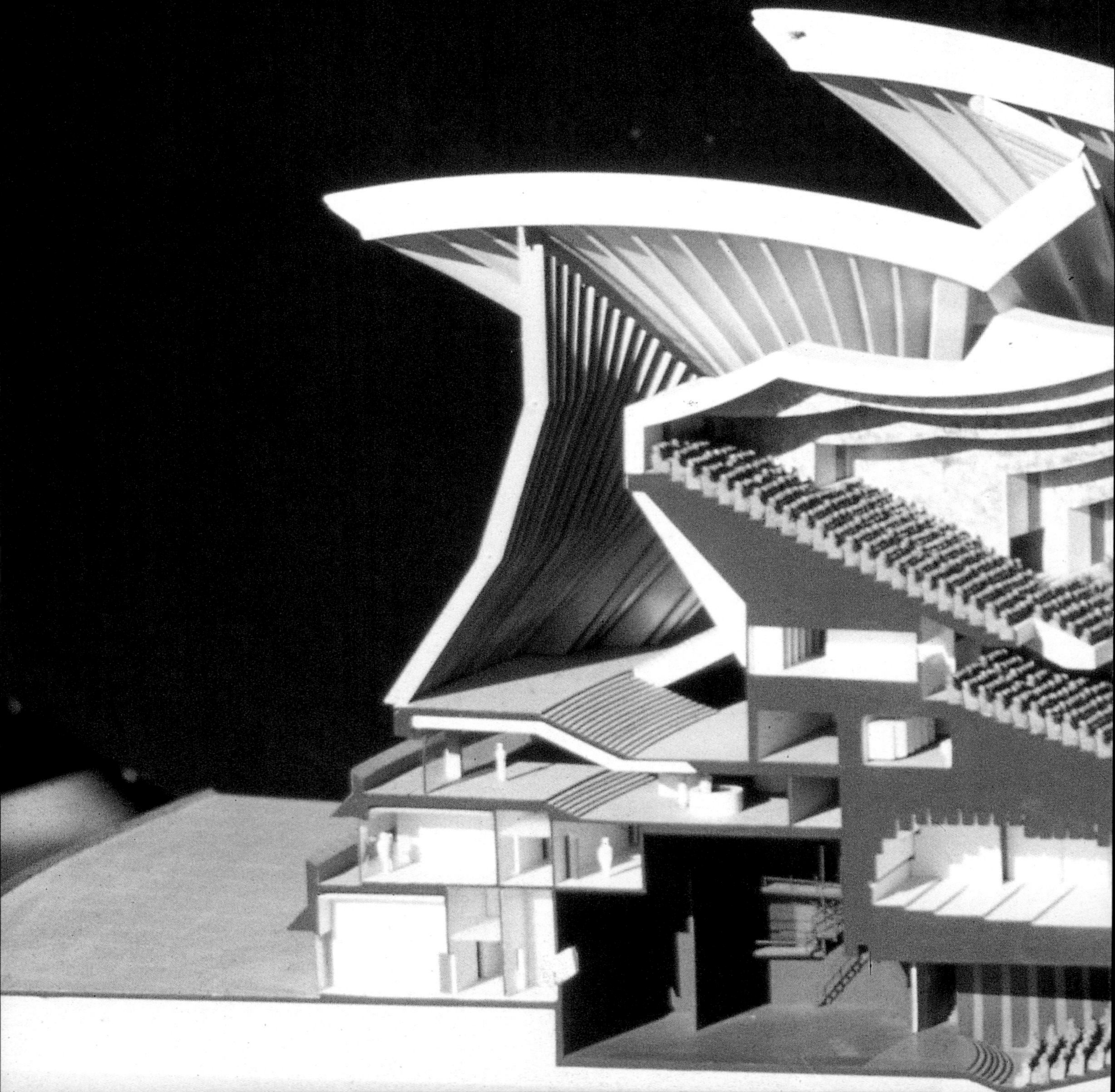

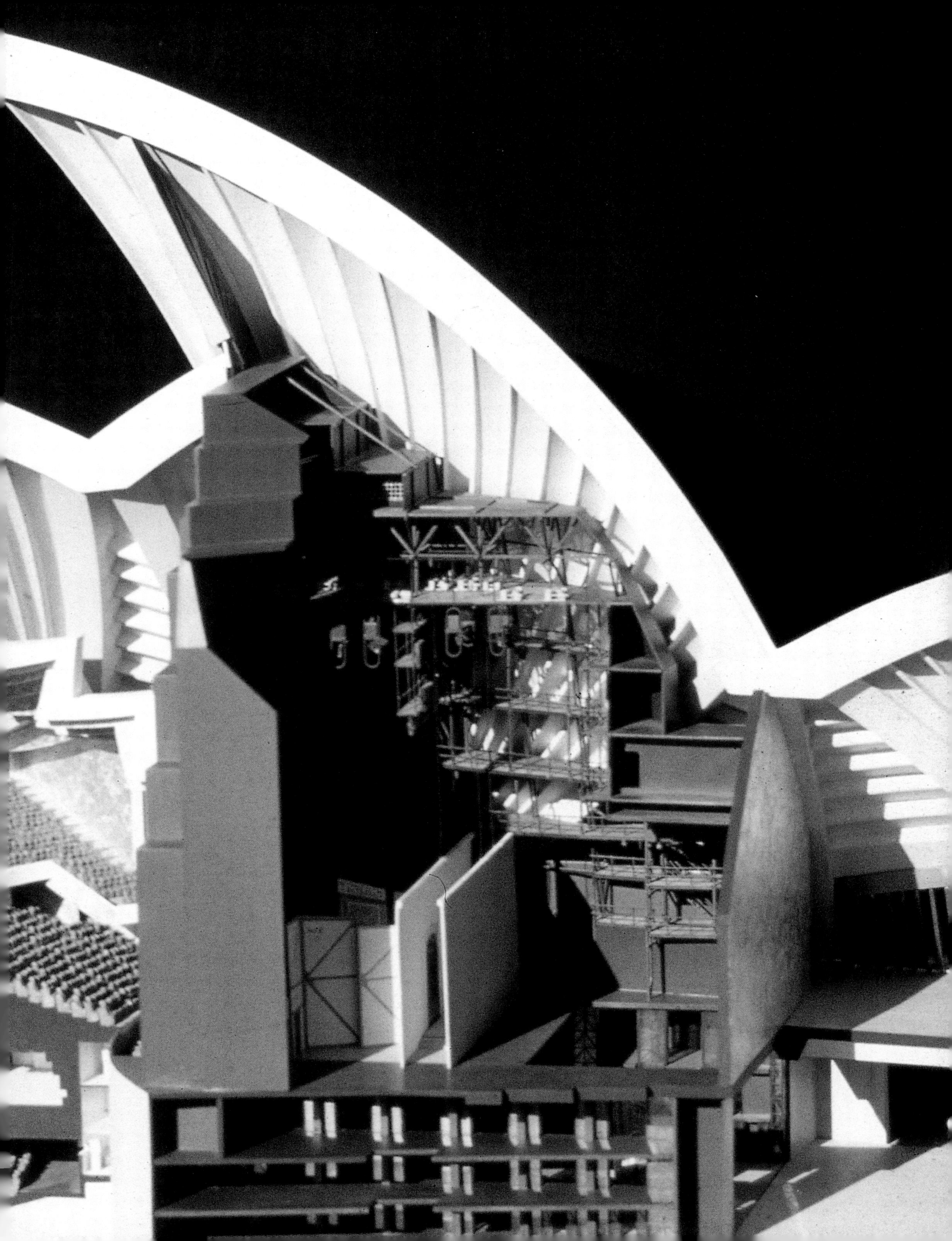

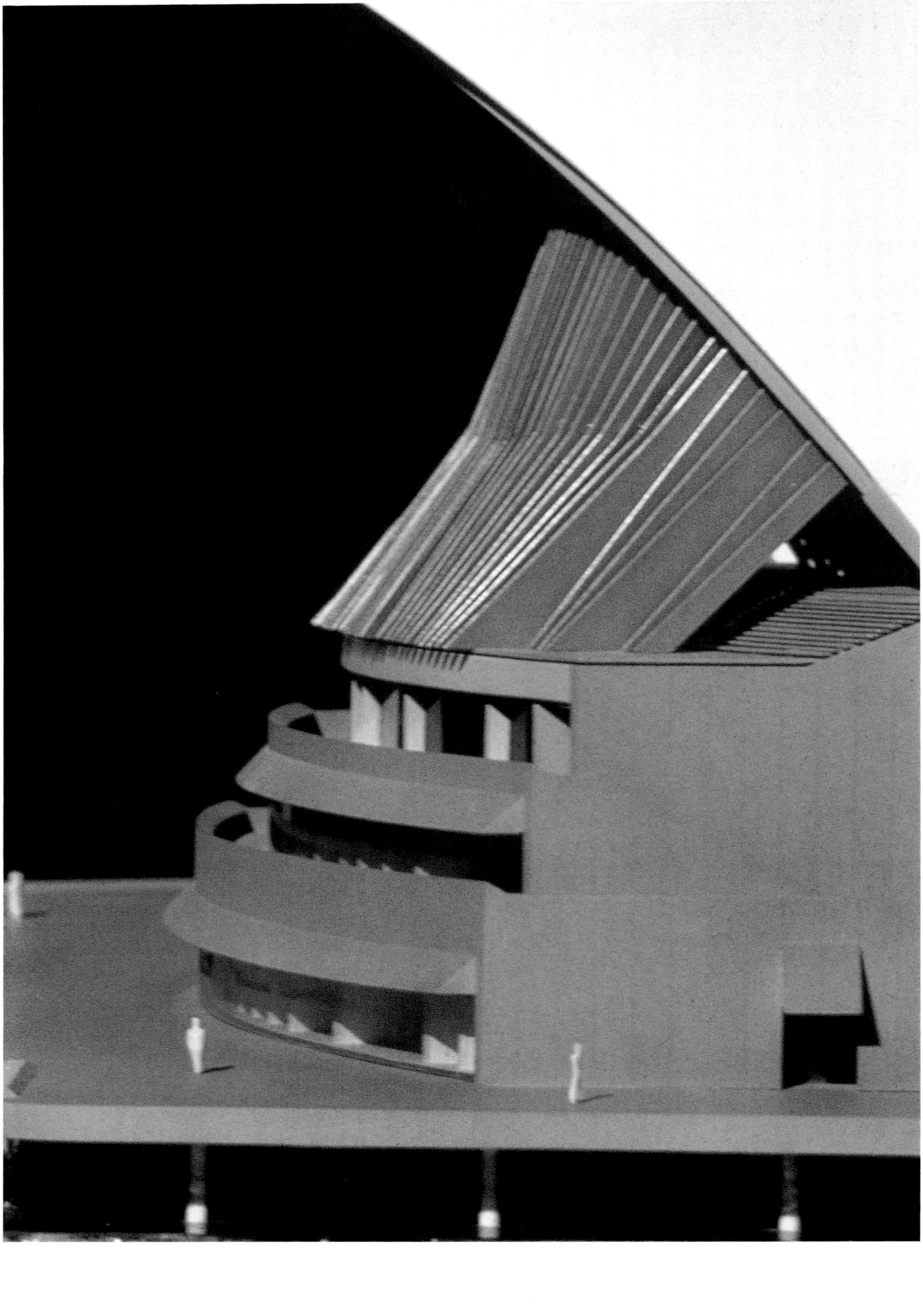

pagine precedenti e qui di seguito: *Auditorium maggiore, modello finale, sezione e prospetti ovest e nord del foyer, 1966 (Mogens Prip-Buus).*

Il modello definitivo prodotto dallo studio Utzon e le ultime tavole dedicate alle vetrate, risalenti all'inizio del 1966, mostrano queste ultime rette da un'ossatura più robusta, con un effetto di cascata più marcato. Sulla facciata degli auditorium, vediamo degli sbarramenti di lamine, tanto fitte da sembrare fanoni di balena; sotto le volte del ristorante, sorte di fasci di legamenti tesi fino a terra; persiane chiudono come feritoie gli spazi tra guscio e guscio. Ma il loro principio in pianta e in alzato, così come la sezione dei montanti, sono esattamente gli stessi. Esse scendono fino alla piattaforma, dove terminano in una gola metallica che forma un enorme plinto sporgente. I montanti sono sottili e profondi; viste di lato, le facciate appaiono come superfici di multistrato opaco. La loro trasparenza si svela a mano a mano che l'osservatore gira loro intorno, cambiando l'angolo di visuale. Ai passeggeri delle navi e dei traghetti, che circumnavigano Bennelong Point per raggiungere Circular Quay, la massa degli auditorium apparirà attraverso uno schermo di vetro e bronzo.

"In un edificio di questo genere, il vetro presenta difficoltà quasi insormontabili: come fargli esprimere il fatto che non è portante, come impedirgli di lottare con il guscio per la definizione dello spazio interno? Una risposta errata all'una o all'altra di queste domande, e l'aspetto dell'edificio potrebbe diventare assurdo; Saarinen, che si fece con tanto vigore campione del progetto di Utzon, non è mai riuscito a risolverle compiutamente nei suoi stessi lavori. Gli studi di Utzon, a oggi, indicano che è sulla strada giusta", scriverà Vincent Scully al "Sydney Morning Herald"[5].

L'uso innovativo di un materiale industriale: il multistrato

La scelta del multistrato per la costruzione dell'armatura delle immense vetrate dell'Opera House può sembrare incongrua, ma si capisce meglio se si considera che Utzon studiava da anni le possibilità del legname lavorato industrialmente in collaborazione con un'azienda australiana all'avanguardia in questo settore, quella di Ralph Symonds. Imprenditore ingegnoso, coraggioso e poco convenzionale, Symonds ha raggiunto una fama mondiale per le sue innovazioni in questo campo. Ha inventato delle colle sintetiche che, associate con tecniche di pressatura a caldo, gli permettono di ottenere, nei suoi laboratori di Sydney, dei compensati multistrato spessi e resistenti. I fogli che può produrre sono i più grandi al mondo (50 piedi di lunghezza, cioè più di 15 m, per 9 piedi di larghezza). Queste dimensioni inusuali rendono possibili grandi campate composte da un solo pezzo, riducendo il numero degli assemblaggi e, di conseguenza, quello dei giunti. Utzon inizialmente fa uso di questo prodotto per le casseforme delle putrelle dello scalone, e poi per gli stampi dei segmenti della sovrastruttura. Dei fogli di metallo possono essere intercalati fra gli strati di legno, a rinforzo o come rivestimento. Il metallo si dilata con il calore al momento della pressatura, e si contrae raffreddandosi: il compensato viene così in qualche modo precompresso e reso robusto come acciaio, ma con una frazione del suo peso. Nel 1957, a Sydney, la "casa dell'anno" era stata costruita con questo materiale rivoluzionario, il Giant Reswood, usato anche dalle ferrovie di stato per la costruzione dei vagoni.

Il materiale privilegiato delle prime fasi dell'Opera House era il cemento. Quello della seconda parte del lavoro sarebbe stato il compensato. "Questi due materiali si completano: il cemento è il materiale primario portante, il compensato il materiale secondario sospeso. Ho trattato il cemento nella sua forma pura ottenendo strutture che esprimevano la funzione portante; ora voglio esprimere il compensato nella sua autenticità, in una membrana sottile, resa rigida dalle piegature"[6]. La riflessione di Utzon richiama il rapporto fra materiali e loro natura intrinseca: per il cemento, la libertà di colata data dal suo stato liquido; per il compensato, le curvature e il gioco di sovrapposizioni ai quali incita la sua stratificazione artificiale. Symonds ha fatto riservare un'area per gli esperimenti nei suoi immensi laboratori di Homebush Bay, e ha ordinato ai suoi uomini di dare risposta a tutti i quesiti posti da Utzon, senza limiti di budget[7]. I montanti delle vetrate derivano dagli esperimenti, compiuti in collaborazione con Symonds, che avevano saggiato le possibilità estreme del compensato tubolare. Per tutte le rifiniture – i pannelli di rivestimento per i corridoi dello zoccolo, il rivestimento delle sale e i costoloni che formano gli involucri degli auditorium – Utzon utilizzerà ed estenderà ancora quanto appreso per le vetrate.

All'interno della piattaforma si trovano tutti i locali del programma, collegati da lunghi corridoi di considerevole importanza, dai tracciati irregolari. "I corridoi ... sono definiti dai muri portanti, che a loro volta devono la loro forma e posizione agli auditorium che sostengono. I corridoi conducono il flusso – il pubblico, ma anche le tubature e gli altri condotti – e, se occorre nasconderli, d'altra parte bisogna anche facilitarne obbligatoriamente l'accesso ... Abbiamo ideato un sistema basato su questo semplice principio: due elementi collegati da un giunto elastico possono prendere qualunque posizione, all'interno della loro lunghezza totale, come la mano e il braccio."[8] Pannelli di compensato alti e sottili (40 cm di larghezza), con profilo a U, sono fissati al suolo per mezzo di un binario. Due pannelli gemelli ai due lati di uno stesso corridoio sono uniti da una barra orizzontale di larghezza costante a for-

Andersson, Utzon e Symonds nel 1957 (Mitchell Library, State Library of New South Wales).

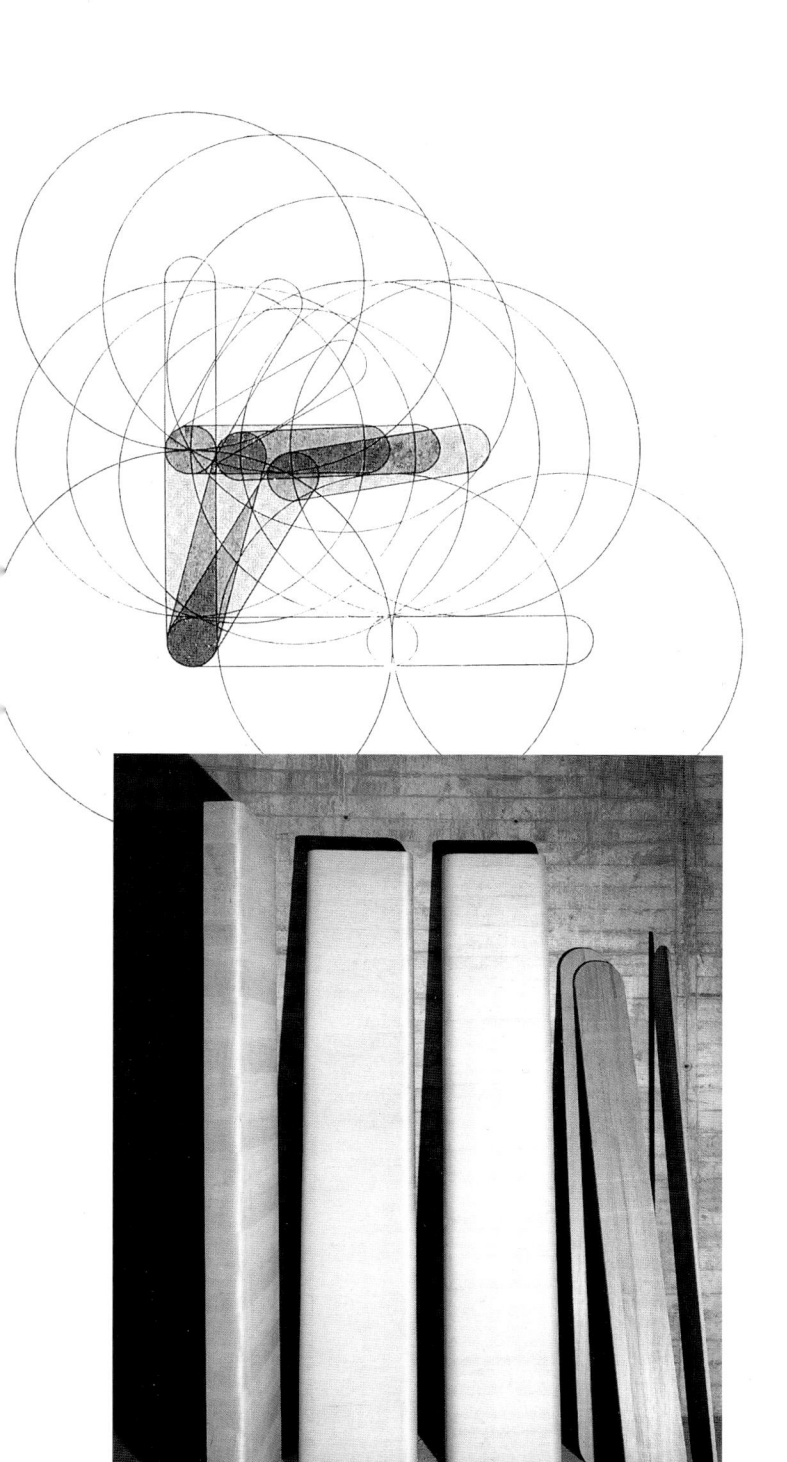

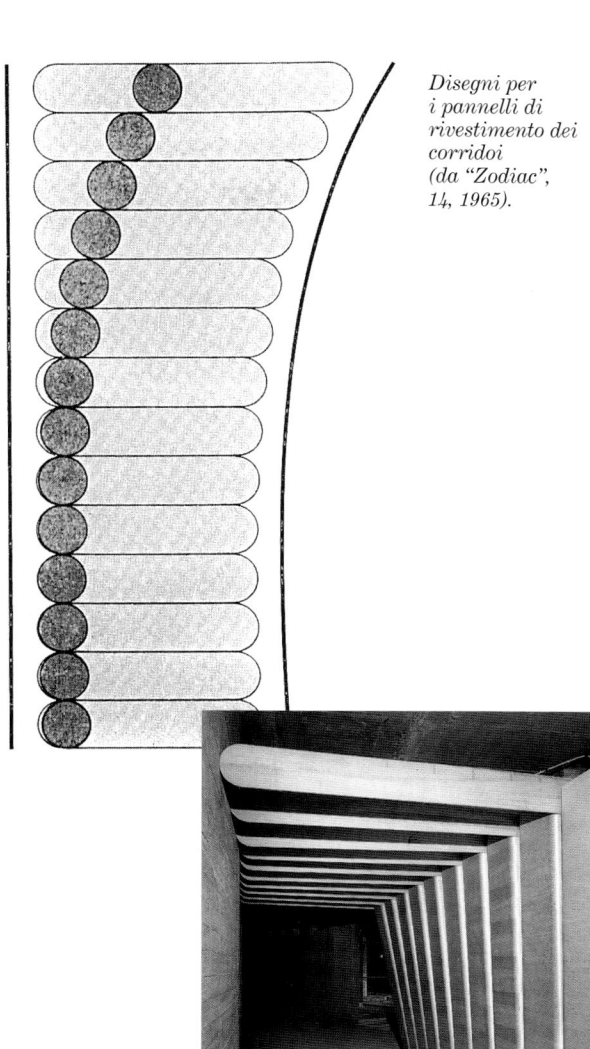

Disegni per i pannelli di rivestimento dei corridoi (da "Zodiac", 14, 1965).

Pannelli per il rivestimento dei corridoi: le varie tipologie e la sequenza della messa in opera (Max Dupain).

mare una sorta di arco. I pannelli verticali prendono così inclinazioni variabili a seconda della larghezza dei corridoi, che trasformano in tunnel dall'andamento sinuoso. Utzon evoca i viali di *tori* dei templi di Kyoto e di Nara, le loro infilate di portici monocromatici che conducono all'ingresso seguendo i capricci del terreno.

Anche qui è previsto il compensato, per realizzare le unità dei servizi, anch'esse interamente prefabbricate e poi imbullonate fra di loro in cantiere. Le sale prova, per le quali inizialmente era stato previsto un rivestimento tradizionale – gesso o pannelli assorbenti –, saranno ricoperte da elementi di compensato tubolare che hanno le stesse forme di quelli dei corridoi: anche in questo caso, massimo livello di standardizzazione e di economia[9]. Ma è per la modellatura delle due sale da concerti che il materiale troverà il suo uso più spettacolare e innovativo, permettendo a Utzon di risolvere simultaneamente tutti i problemi.

Gli auditorium: l'invenzione di un sistema
Torniamo per un attimo alle sue idee iniziali per queste due sale, ripercorrendone in breve l'evoluzione e mettendone in evidenza i momenti chiave[10]. I soffitti degli auditorium, così come figurano nel *Red Book*, nel 1958, sono stati probabilmente schizzati dallo studioso di acustica Jordan sotto la supervisione di Arup. Gli spaccati suggeriscono una successione di cornici sospese perpendicolarmente all'asse delle sale, la cui resa acustica sembra essere stata considerata secondaria rispetto alla sistemazione dell'apparecchiatura per il cambio delle scene. Nell'autunno 1960 Ashworth fa un viaggio negli Stati Uniti e in Europa. Accompagnato da Utzon, si informa sulla disposizione interna di numerosi teatri d'opera: a New York, il Lincoln Center, allora in piena fase di progettazione; a Londra il Covent Garden e la Royal Festival Hall, poi Mannheim, Vienna, Salisburgo e Copenaghen. In seguito, si reca a Hellebæk per visitare il laboratorio dei modelli di Utzon e rendersi conto del punto in cui sono gli studi. Utzon lavora in stretta collaborazione con i modellisti dei cantieri navali di Elsinore, e fabbrica modelli in diversi tipi di scala per testare tutte le nuove idee. Le fotografie scattate durante questa visita e i corrispondenti disegni mostrano che i soffitti dell'auditorium maggiore sono stati considerevolmente rimaneggiati. Le loro punte di diamante sono imbricate per venire incontro alle esigenze acustiche, e sospese alla struttura dei gusci. Questo dispositivo, soprannominato "progetto sfaccettato", sarà studiato fin verso la fine del 1963, quando alcune modifiche nella pianta della sala, richieste dal committente, porteranno al suo abbandono definitivo. L'auditorium minore, invece, presenta una configurazione più libera (una "nuvola digradante" o "acconciatura da geisha", nel gergo dello studio). La struttura che lo avvolge è formata da una serie di strisce morbidamente aperte come un ventaglio nella stessa direzione del suono, a partire da un punto del palco. Alcuni modelli di grandi dimensioni sparsi per lo studio mostrano una struttura aracniforme che ricorda quella dell'anfiteatro progettato da Aalto per il Politecnico di Otaniemi. Ciò che compare nello *Yellow Book* del 1962 per gli auditorium è un derivato di ciascuno di questi progetti.

Gli involucri delle sale non hanno alcun ruolo strutturale. Essi possono essere modellati secondo due parametri: la capienza e la resa in termini di acustica – interna, ma anche esterna, perché bisogna assorbire il rumore che circonda l'edificio, considerevole a causa dell'attività portuale della Baia. Utzon vuole isolare dal mondo l'universo in cui si svolge il rito della rappresentazione, non solo per garantire un buon ascolto, ma anche per ragioni simboliche. Quest'intenzione è palese nella dissociazione fra i volumi sospesi degli auditorium e le coperture, esposte sia dal lato dell'ingresso che da quello dei foyer laterali. Descrivendo le sale, l'architetto prendeva accenti poetici, raccontando che il pubblico avrebbe costeggiato, acciambellate "come due grandi uccelli esotici"[11] sotto volte più pallide, queste grandi gabbie toraciche le cui costole sorgono dal suolo per unirsi in ogive. Egli procedeva a tentoni intorno ai suoi temi prediletti – geometria, modularità, produzione standardizzata – pur cominciando a interessarsi dell'acustica.

Nel 1962, scontento delle soluzioni convenzionali nelle quali sfocia la sua collaborazione con Jordan, prende con sé Cremer e Gabler, due famosi esperti di acustica berlinesi responsabili, fra l'altro, della Philharmonie di Scharoun, che stava per essere terminata in quel periodo. Perché la

Auditorium maggiore: progetto "a cornici", modelli e schizzo fotografati nello studio a Hellebæk, settembre 1960 (Mitchell Library, State Library of New South Wales, PXA 590/107).

Auditorium maggiore: sezione trasversale, maggio 1960 (Mitchell Library, State Library of New South Wales, PXD 492/768).

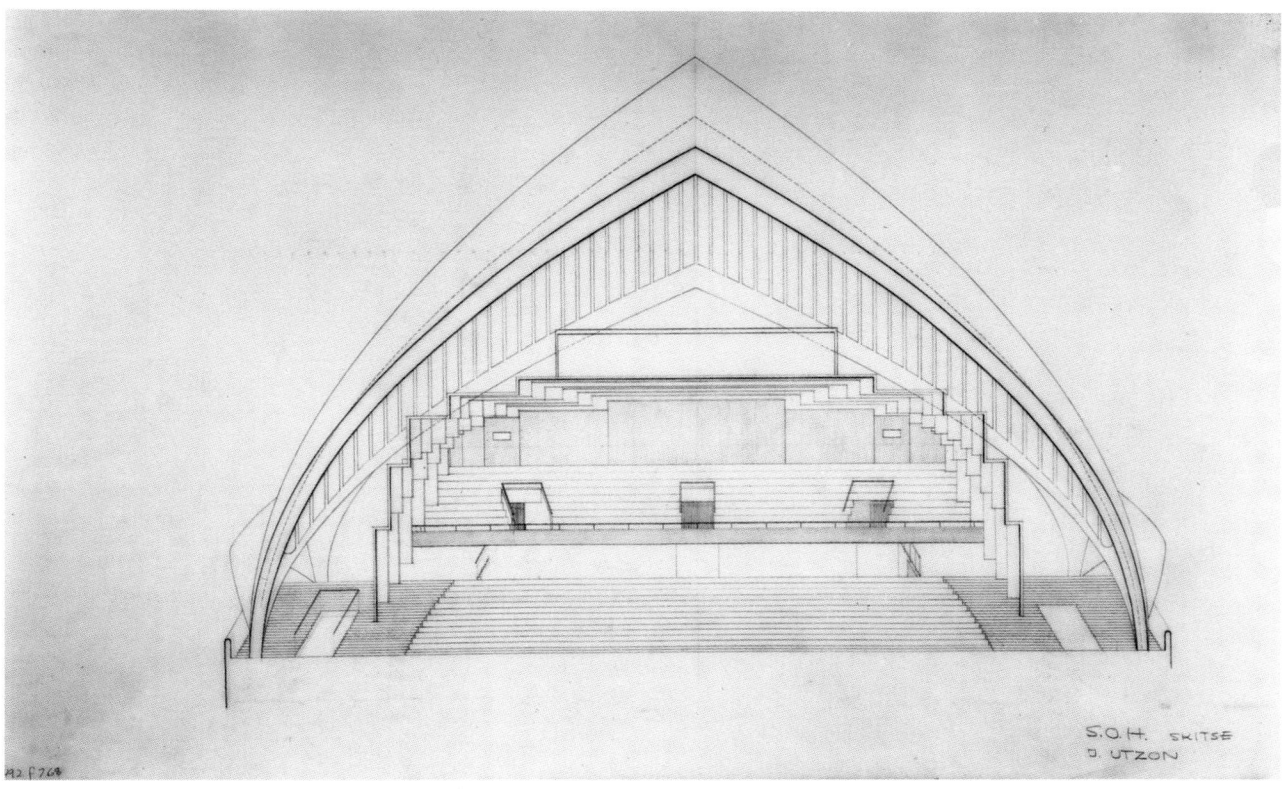

sydney opera house

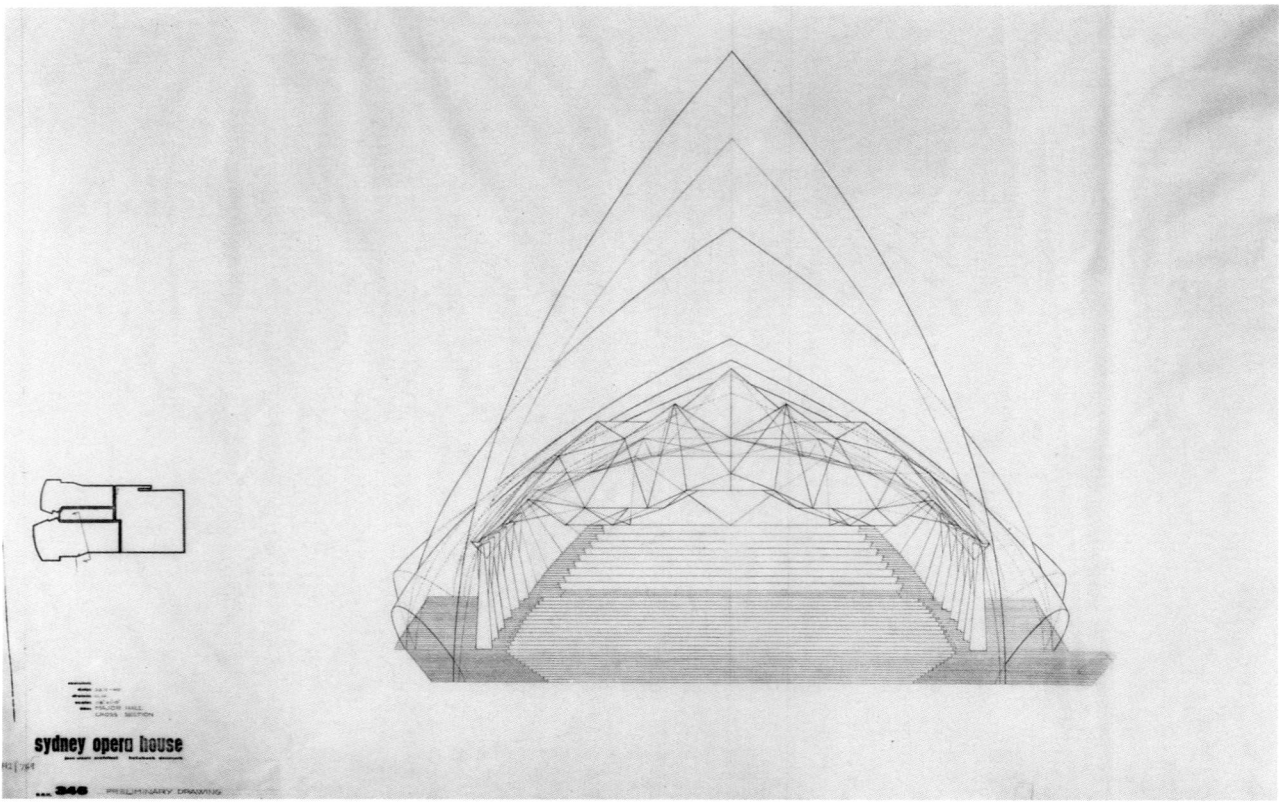

Auditorium maggiore: progetto "sfaccettato", modello fotografato a Hellebæk, fine del 1960 (Mitchell Library, State Library of New South Wales, ON 122/107).

Auditorium maggiore: sezione trasversale, pianta del pavimento e del soffitto e sezione longitudinale, novembre 1960 (Mitchell Library, State Library of New South Wales, SOH 346, 347b).

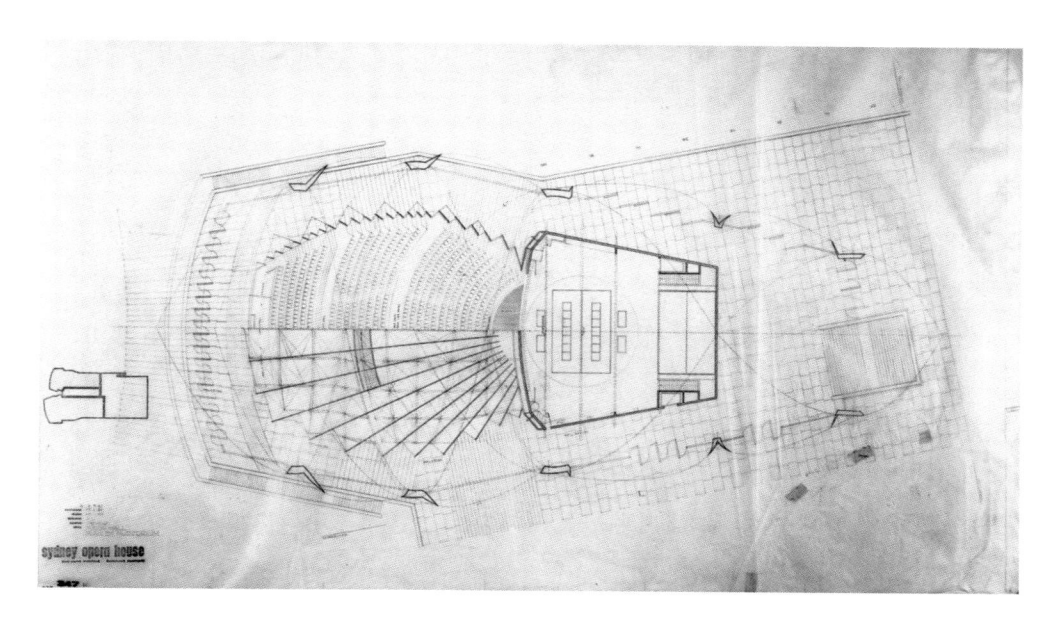

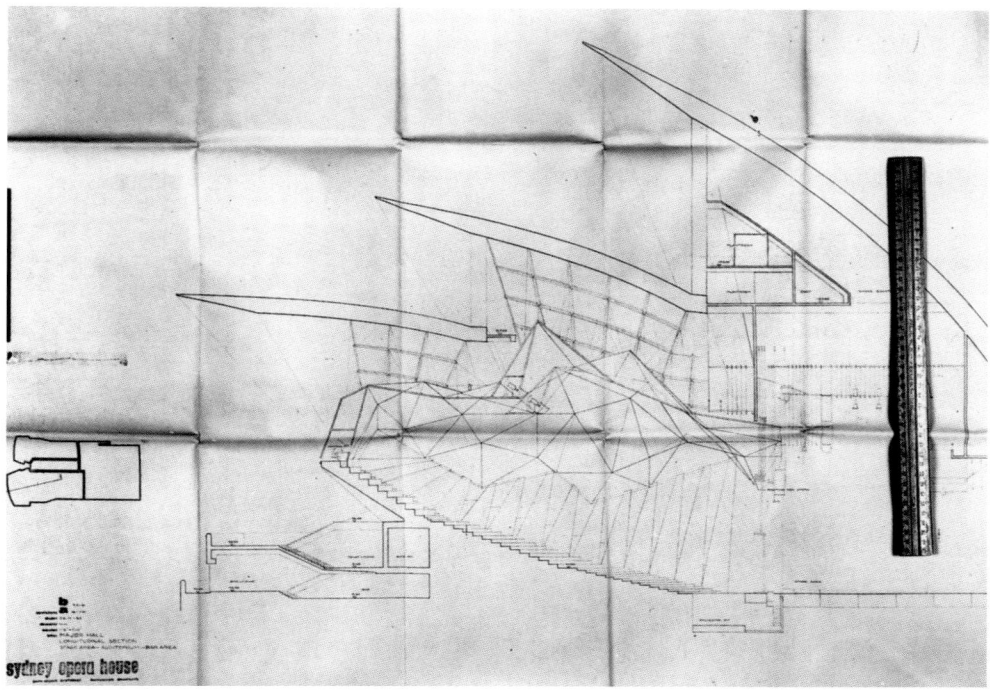

Auditorium minore: sezioni trasversali e longitudinale, novembre 1960 (Mitchell Library, State Library of New South Wales, SOH, 349 e 348).

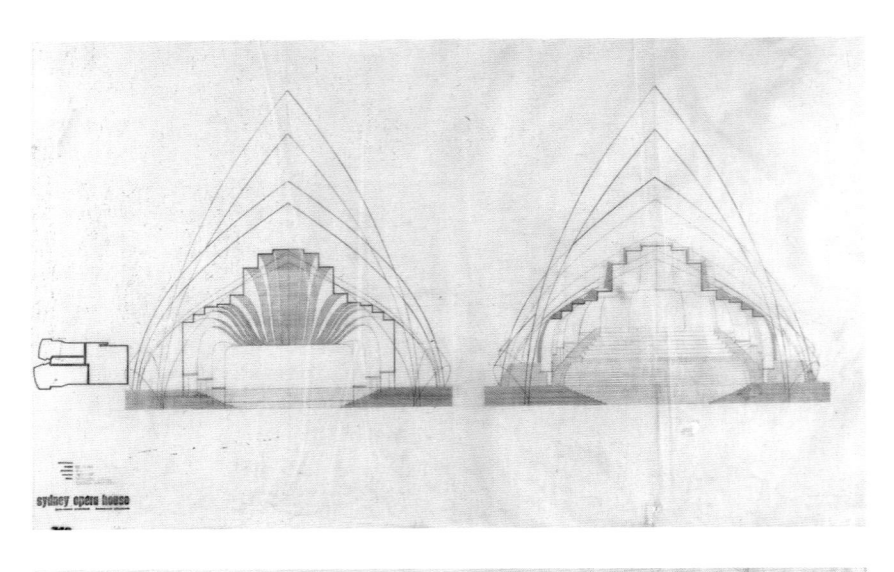

Auditorium minore: vedute dei modelli e degli schizzi per il progetto "acconciatura da geisha" nello studio di Hellebæk, fine del 1960 (Mitchell Library, State Library of New South Wales, ON 122/152 e 122/1393).

Modello generale con i due auditorium, Hellebæk, fine del 1960 (Mitchell Library, State Library of New South Wales).

Ashworth in visita a Hellebæk nel settembre 1960 (Mitchell Library, State Library of New South Wales, ON 122/101).

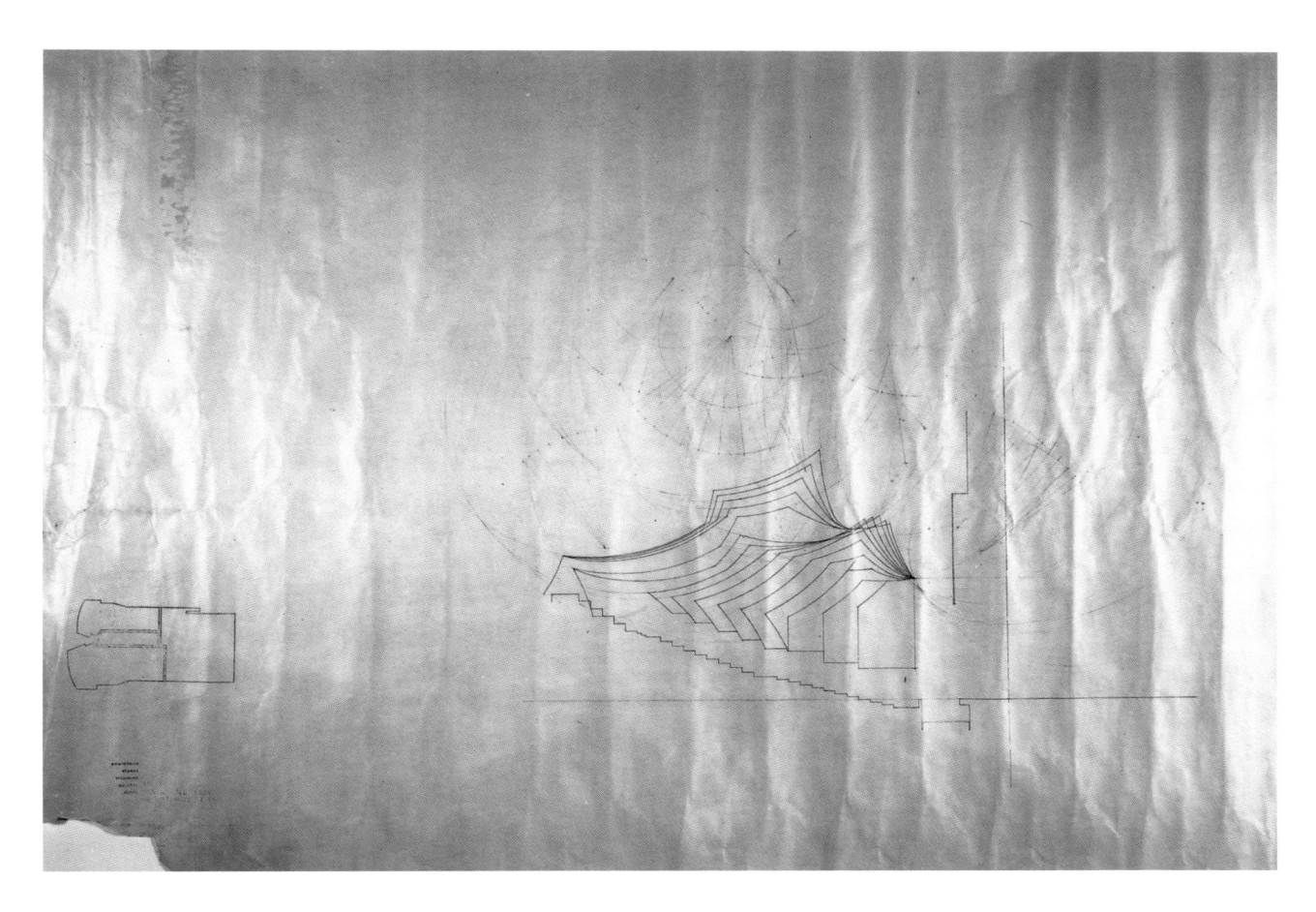

Auditorium minore: principio del sistema geometrico, dicembre 1962 (Mitchell Library, State Library of New South Wales).

Auditorium minore: modello di studio del sistema di sospensione alle volte delle coperture, giugno 1963 (Mitchell Library, State Library of New South Wales, ON 122/151).

Auditorium minore: prospetto e pianta delle coperture, luglio 1964 (Mitchell Library, State Library of New South Wales, SOH 1093).

Modello in carta del principio geometrico dell'auditorium minore, 1964 (Max Dupain).

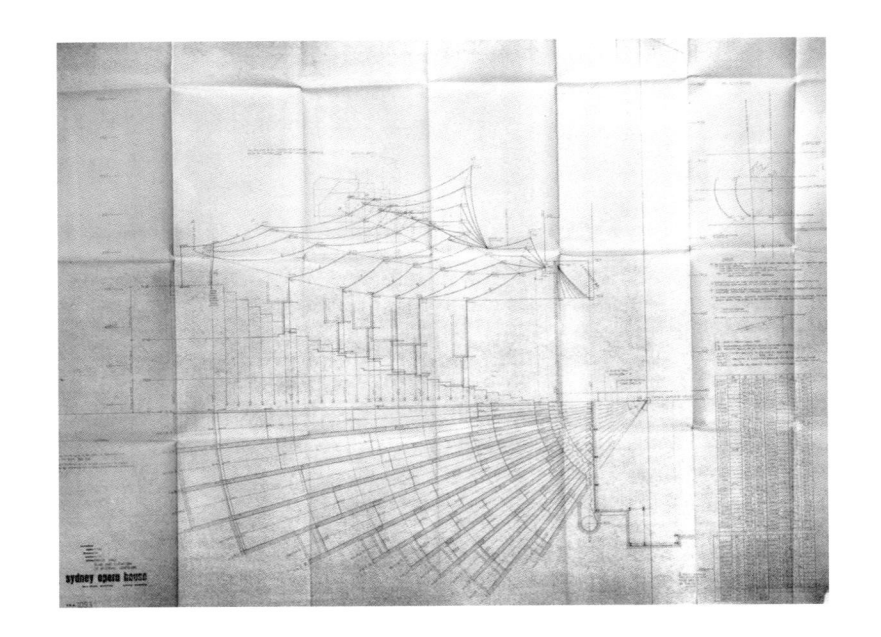

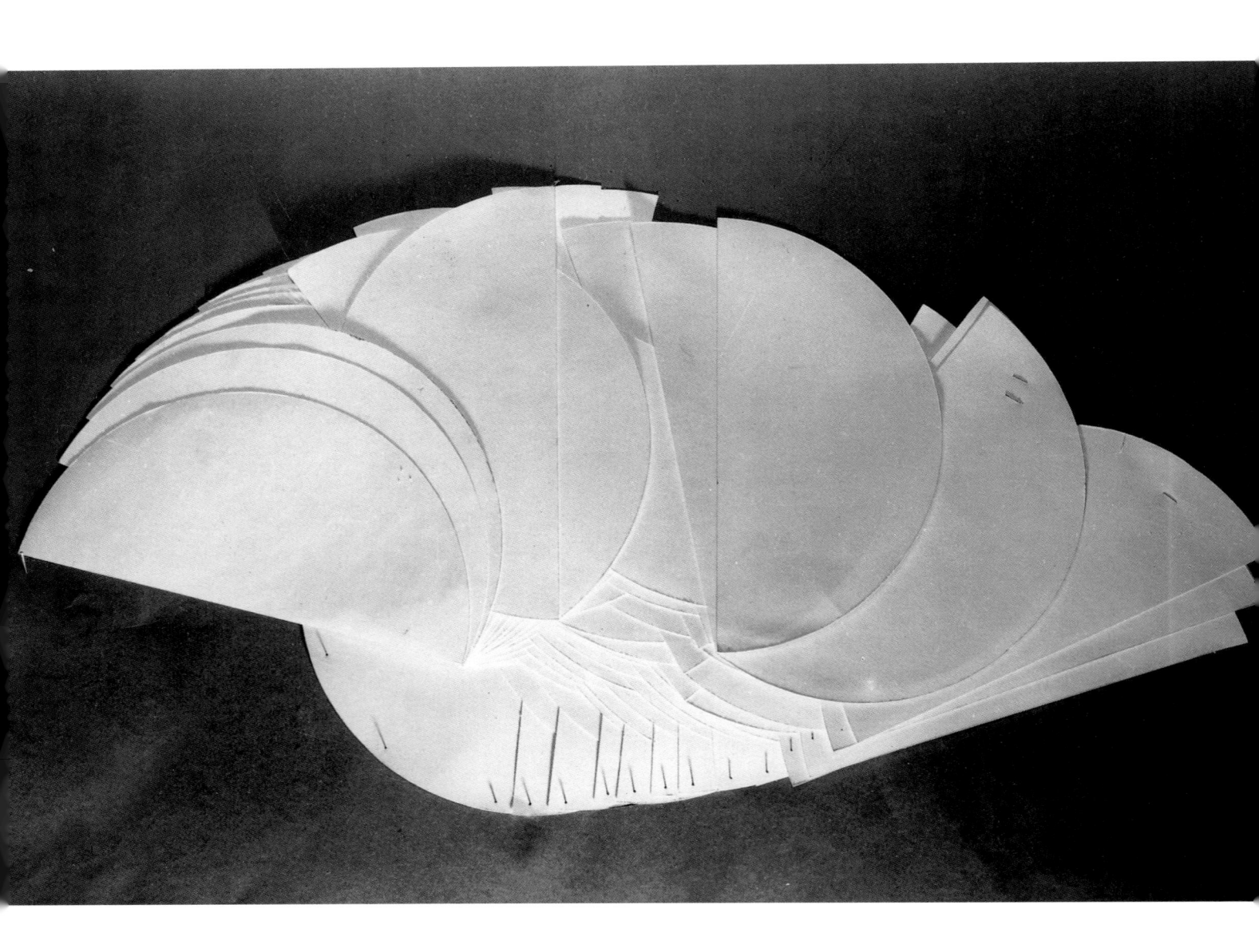

Auditorium minore: pianta e sezione, giugno 1965 (Mitchell Library, State Library of New South Wales, SOH 1092).

Modello in legno dei volumi interni dell'auditorium minore con la struttura del proscenio (Max Dupain).

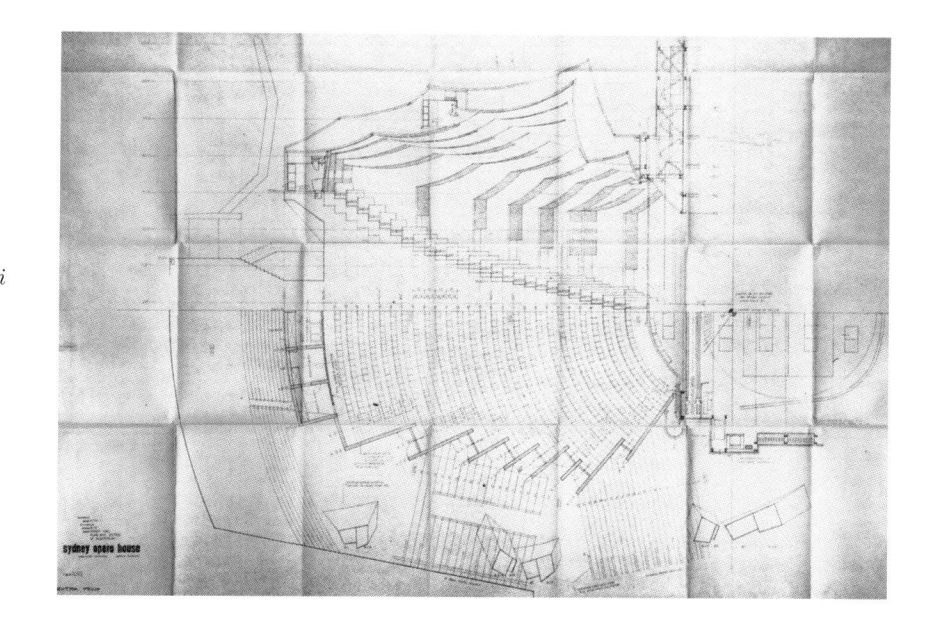

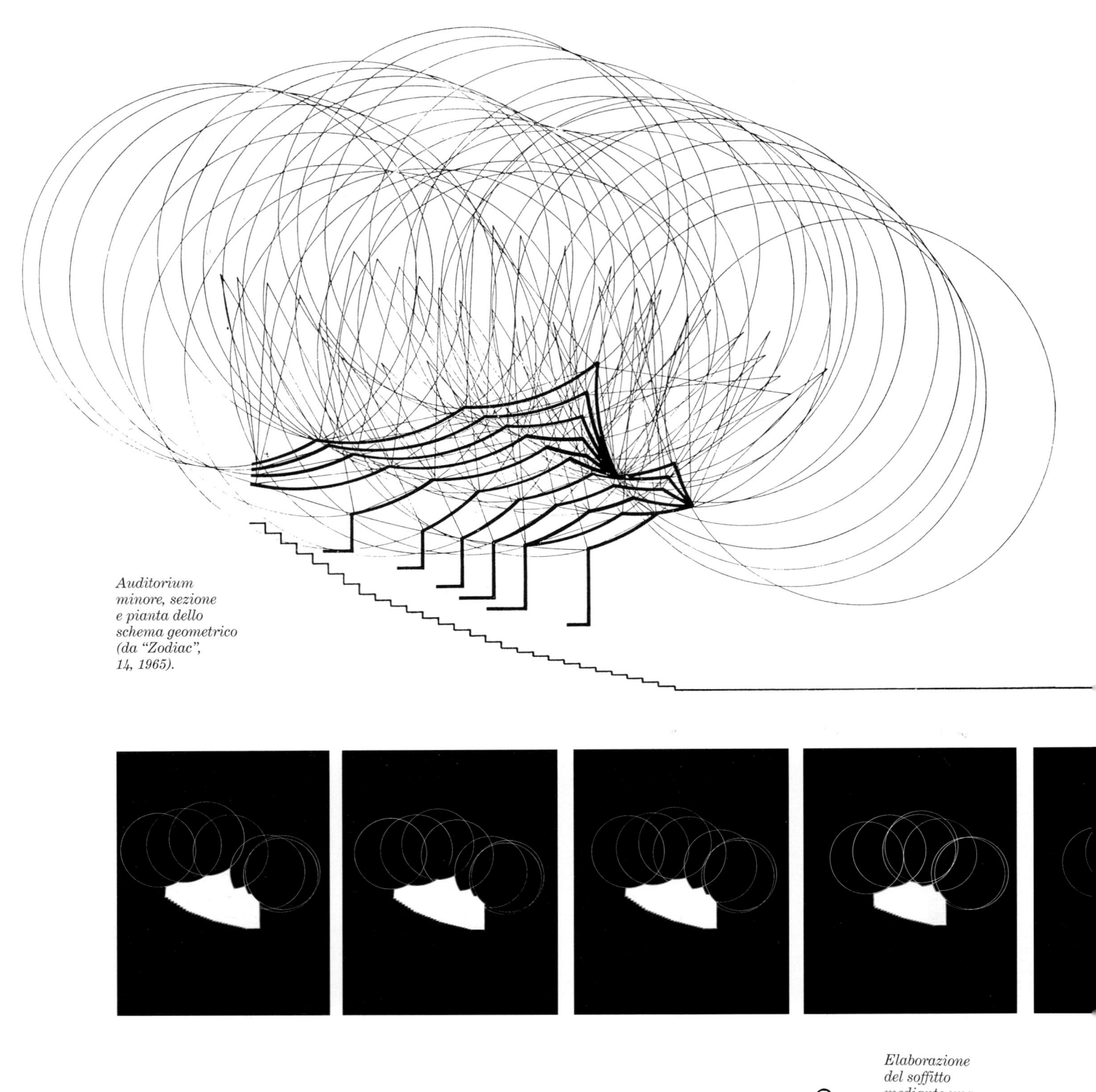

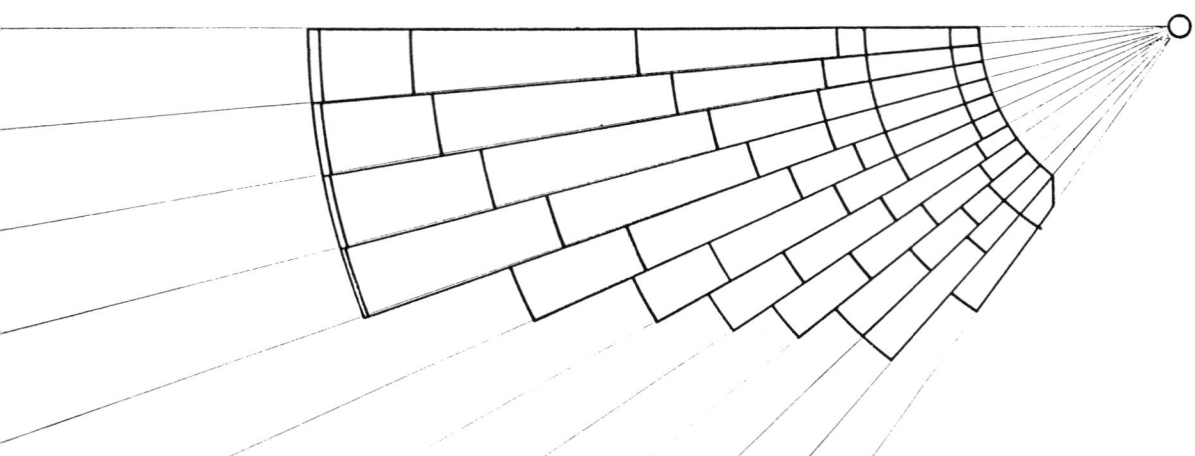

Auditorium minore, sezione e pianta dello schema geometrico (da "Zodiac", 14, 1965).

Elaborazione del soffitto mediante una serie di cerchi che descrivono l'acustica ideale della sala (da "Zodiac", 14, 1965).

Auditorium maggiore, sezione dello schema geometrico (da "Zodiac", 14, 1965).

Auditorium maggiore, pianta e sezione, luglio 1964 (Mitchell Library, State Library of New South Wales, SOH 1095).

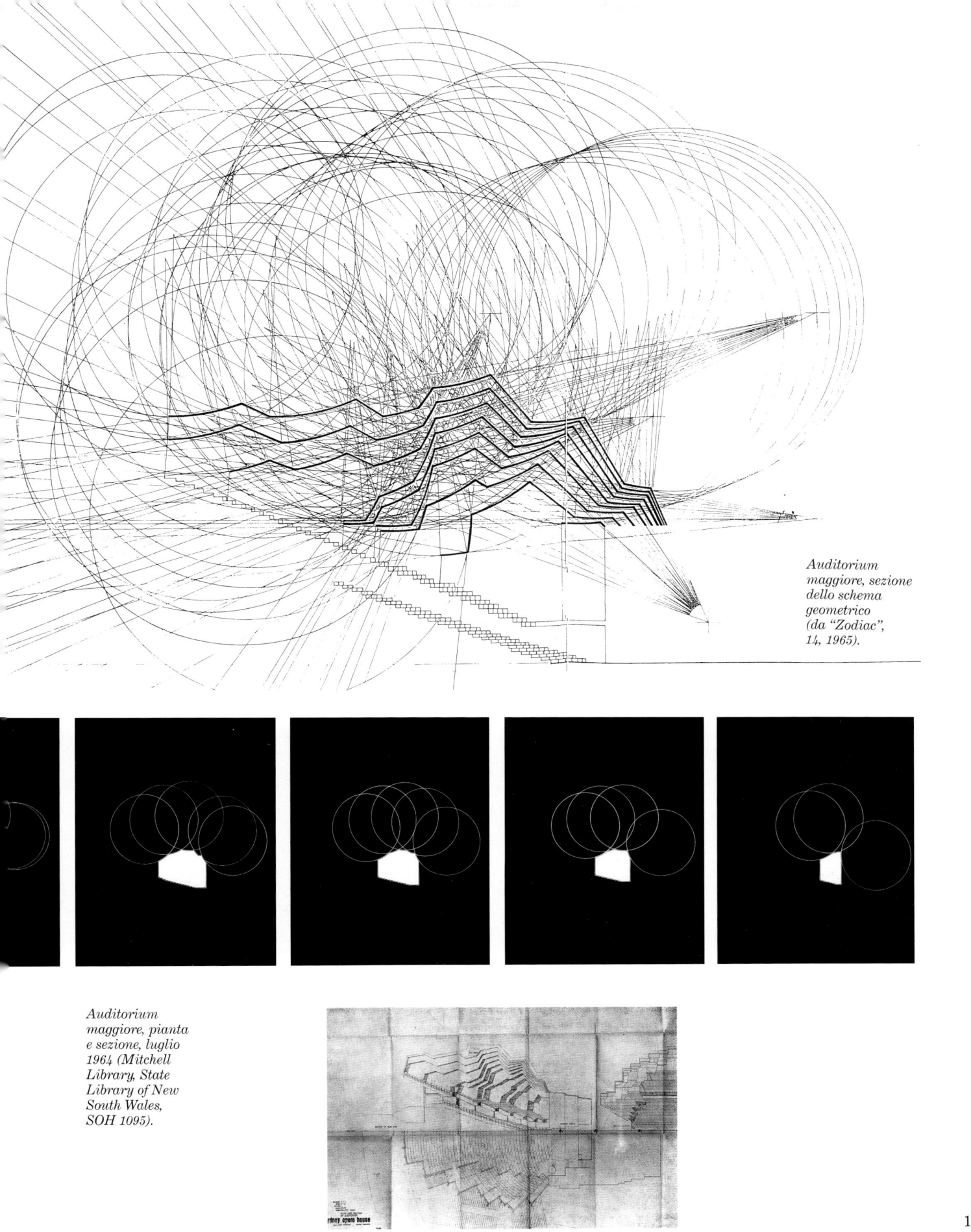

Copertina di Antarctica *di Emile Schulthess.*

Veduta aerea di sastrugi *(Emile Schulthess).*

"nuvola" del piccolo auditorium rifletta più fedelmente il percorso del suono, Gabler suggerisce che le sue curve, ampie e concave, vengano sostituite da archi convessi di raggio più modesto. Utzon schizza una modifica del progetto in questo senso e introduce l'idea di un soffitto generato dall'intersezione teorica di cilindri di raggio diverso i cui centri siano determinati dal profilo acustico stabilito dai suoi consulenti. L'involucro della sala corrisponderebbe al suo utilizzo, come se fosse stata disegnata dal percorso del suono. Il principio echeggia l'"acustica visiva" rivendicata da Le Corbusier per i muri curvi di Ronchamp, o le argomentazioni con le quali Aalto motivava i soffitti ondulati della biblioteca di Viipuri. Ma Utzon continuerà sulla stessa linea e renderà identici i cilindri generatori dei suoi soffitti. Rendendo tangibile il profilo acustico ideale con l'aiuto di un unico concetto geometrico, egli potrà integrare all'idea dei suoi predecessori la dimensione costruttiva, così come la concepisce lui. Non senza malizia, designa questa sintesi tra struttura e acustica con una parola ibrida che annota a margine di uno dei suoi schizzi: "Strucacustithese"[12].

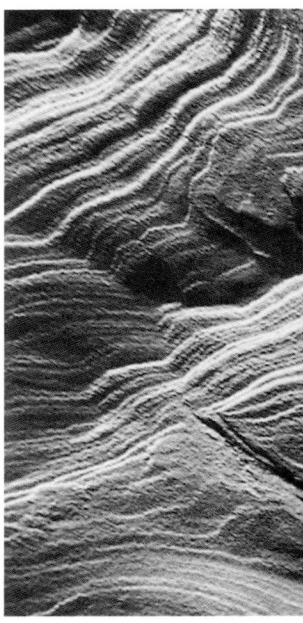

Come per le coperture, e quasi nello stesso tempo, Utzon è passato da un'intenzione iniziale di ordine espressionista (la nuvola, le vele) alla sua razionalizzazione a partire da un principio geometrico. La ripetizione di forme identiche favorisce la standardizzazione, e quindi l'economia di produzione e di montaggio. Su suggerimento di un ingegnere di Arup, Paul Beckmann, si mette a studiare la possibilità di costruire le sale con l'aiuto di travi cave di compensato. All'inizio del 1963, quando lascia Hellebæk per Sydney, porta con sé questo principio di involucro acustico, che diventerà il punto di partenza delle sue proposte per i due auditorium.

Un anno dopo, il progetto della sala minore è praticamente completato, mentre quello della maggiore sta per esserlo. La polivalenza delle sue funzioni (sinfonica e operistica), infatti, rende più delicati i calcoli acustici. Questi sono i tempi di riverberazione, diversi a seconda degli usi: meno di 1,5 secondi per l'opera; 2 secondi per i concerti. Utzon lavora sulla base di 1,7 secondi[13]. Alcuni plastici vengono costruiti e testati da Cremer e Gabler a Berlino, e da Jordan a Copenaghen; tutti danno eccellenti risultati. Anche l'arredamento deve partecipare dell'acustica: Utzon riflette su un tipo di sedile di compensato al quale uno schienale alto darebbe un soddisfacente tasso di assorbimento sonoro, che sia occupato o no. Egli riassume le sue ricerche nel 1965, nel numero 14 di "Zodiac" che gli è dedicato quasi per intero. Eleganti serie di disegni spiegano il principio generatore dei soffitti. Quello che rappresenta l'auditorium maggiore fa da *pendant* al famoso intreccio di cerchi che dava luogo alla sagoma dei gusci sferici, disegnato per lo *Yellow Book* due anni prima. I disegni sono accompagnati da fotografie degli innumerevoli modelli che Utzon ama

Abbazia di Vézelay, particolare dell'immagine del Cristo scolpita nel timpano.

preparare – intersezioni di cilindri metallici, sovrapposizioni di dischi di carta, presentati in diverse configurazioni per illustrare il sistema e le infinite variazioni possibili dovute al carattere modulare dei suoi componenti. Alcuni solidi costruiti con pezzi di legno incastrati uno nell'altro rappresentano l'impronta dello spazio contenuto dagli auditorium, prefigurando la visione, dall'esterno, di quelle conche sonore collocate sotto le volte come "un violino e un contrabbasso" nelle loro custodie.

Tutte le componenti delle opere di rifinitura partecipano di una stessa intenzione: costruire grazie a procedimenti sistematici le pieghe di involucri leggeri, che non siano una bardatura o un rivestimento, ma una vera architettura secondaria inserita nell'ordine tettonico primario dell'edificio. Questa ossessione "tessile" è confermata da una collezione inedita di immagini di riferimento, probabilmente preparate per la pubblicazione degli interni dell'Opera House in "Zodiac", e che gli archivi di Sydney ospitano ancora. Esse suggeriscono un universo visivo inatteso, intessuto di rimandi discreti. In una pubblicità per una marca di costumi da bagno svedesi appaiono motivi identici deformati dalle curve del corpo che seguono. Si è citata la *Venere* di Botticelli nella ripetizione dell'ondulazione della sua chioma a tortiglione. Utzon possiede un libro di fotografie dell'Antartico, da cui trae l'immagine del gabbiano in volo che illustrava le sue idee originarie per le vetrate[14]. Da qui ne ha tratta un'altra, più misteriosa: un primo piano su dei *sastrugi*, le creste di neve ghiacciata, increspate dal vento in onde parallele. L'immagine è da accostare a un'altra ancora, la veste del Cristo scolpito nel timpano di Vézelay, il cui panneggio, che si apre a partire dalla spalla o dal ginocchio, disegna un motivo assai simile al profilo delle vetrate che compare nelle ultime versioni[15]. All'interno degli auditorium, la geometria circolare dà coerenza alle movenze del panneggio, come cristallizzatosi nel seguire il percorso dei flussi sonori.

Il progetto per gli auditorium è un'ulteriore concretizzazione di ciò che ormai si è impadronito di Utzon: la ricerca di una visione che abbraccia dispositivo spaziale, efficacia funzionale, procedimento costruttivo e intenzione estetica. In questo, l'ideazione delle sale è l'aspetto più eloquente di questa terza fase dell'Opera House. Ma le sue soluzioni per i dispositivi scenografici sono altrettanto ingegnose. Come si è detto, gli obblighi imposti dalle scelte architettoniche impedivano la realizzazione di quinte laterali tradizionali. A partire dal 1962 egli comincia a mettere a punto, in collaborazione con la ditta viennese Wagner-Biro, una scena girevole per l'auditorium minore e, per quello maggiore, un congegno che comanda un cambio di scena verticale, ma riesce anche a soddisfare tutte le esigenze previste dalla sua polivalenza d'uso (in quello minore, lo stesso procedimento è abbinato al palcoscenico girevole). Il pavimento del palco è suddiviso in piattaforme elevatrici larghe 18 m, che fanno salire o scendere le scenografie immagazzinate al di sotto. Lo sviluppo massimo delle centine, che sfruttano lo spazio disponibile sotto il guscio più alto, completa il dispositivo. Anche la buca d'orchestra è posta su martinetti: l'altezza a cui sono collocati i musicisti rispetto al pubblico può così variare secondo il tipo di rappresentazione, operistica piuttosto che sinfonica. I diversi usi della sala implicano anche diverse ripartizioni degli spettatori. Il gioco delle piattaforme permette di modellare il pavimento in funzione del loro numero e della natura dello spettacolo. Nel periodo in cui Utzon sta ancora perfezionando il sistema degli involucri acustici, consigliato da Joachim Nutsch, assistente di Cremer, questi dispositivi sono in corso di realizzazione[16].

Bayview, luogo d'esperimenti

La tecnica con la quale Utzon pensa di realizzarli è inseparabile da un altro suo progetto: la casa che vuole costruire per sé a Bayview e che ha cominciato a studiare fin dal suo trasferimento in Australia[17]. Per essa ha ideato un sistema sperimentale di travi-coperture di compensato Symonds, che pensa di far brevettare e che testa parallelamente alle rifiniture dell'Opera House per provarne la validità a ogni scala e su programmi diversi[18]. "Attualmente, sto facendo realizzare dei prototipi a grandezza naturale di questi elementi per le case unifamiliari. Me ne farò costruire una. Qui c'è una ditta straordinaria (Symonds) che è riuscita a fabbricare un elemento per coperture di 40 piedi di lunghezza (12 m), isolante, impermeabile, che può combinarsi con altri per formare qualunque tetto, dalle superfici incurvate alle forme di onde parallele, passando per le terrazze. Vi si può inserire qualunque tipo di apertura; è relativamente economico e può essere montato o smontato in qualche minuto", scrive a Giedion[19]. Gli schizzi e le fotografie dei prototipi realizzati dalle officine Symonds mostrano delle travi, costituite da due sezioni di compensato a forma di U squadrata di circa 65 cm di base, incastrate una nell'altra. Il vuoto che si crea fra di

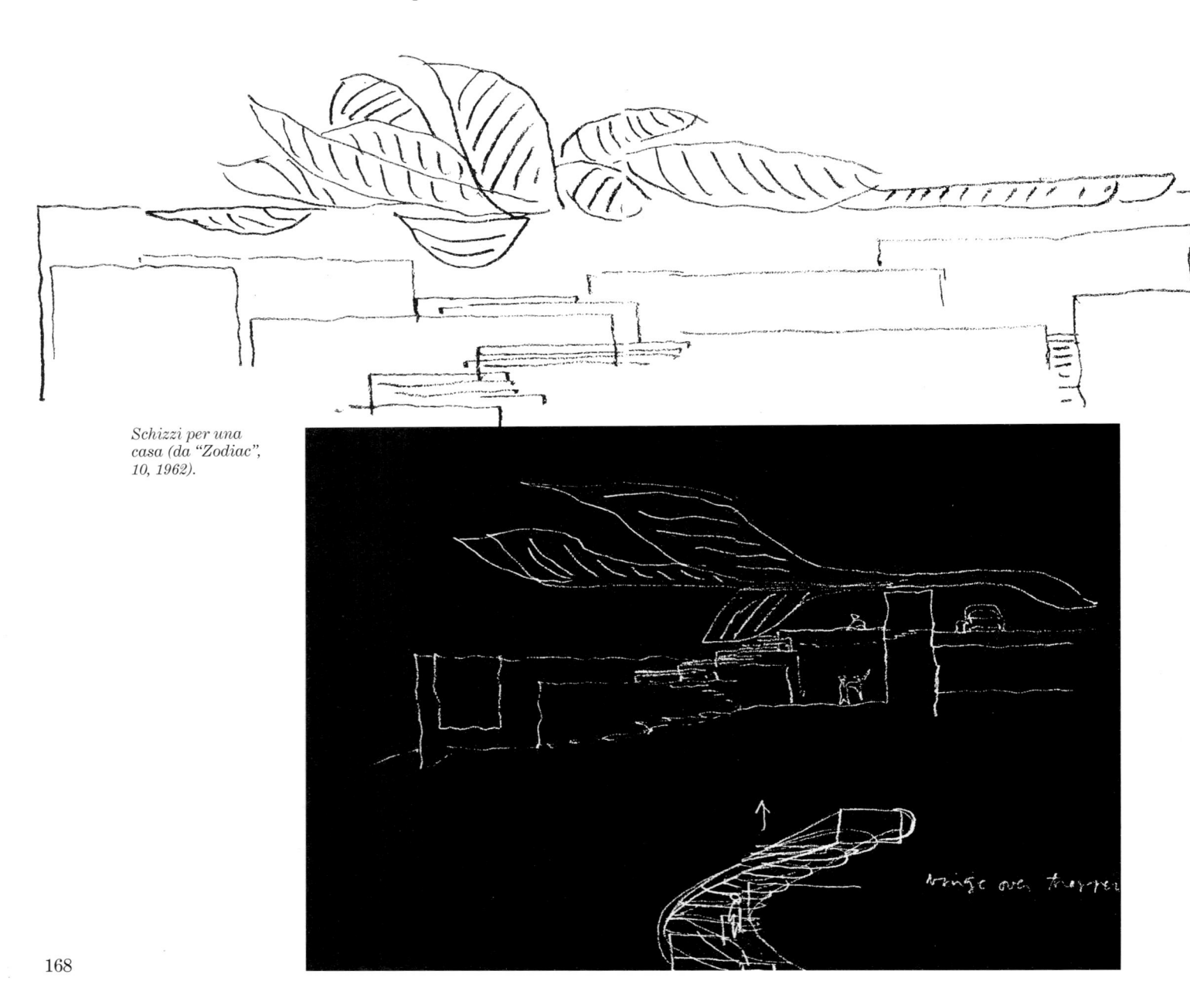

Schizzi per una casa (da "Zodiac", 10, 1962).

Casa a Bayview, schizzi preliminari (Peter Myers) e prospetto.

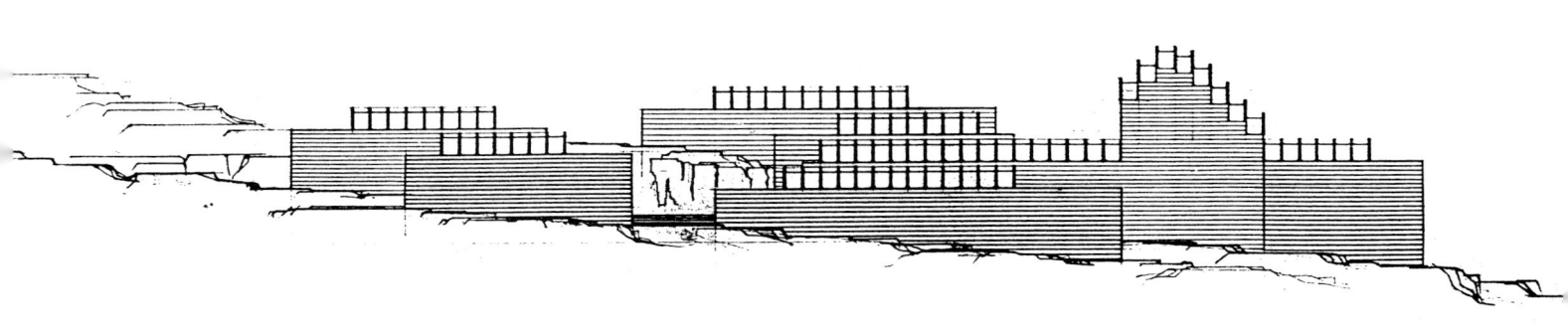

Casa a Bayview, schizzo di massima e studio per la realizzazione delle travi di copertura.

esse assicura l'isolamento termico e acustico; la loro sottofaccia grezza corrisponde al soffitto della casa. La giuntura fra due travi è ricoperta con l'aiuto di un elemento curvato a U arrotondata, e rifinita da un foglio di alluminio incollato industrialmente – simile a quello di bronzo che finisce i montanti delle vetrate dell'Opera House. Stagnare per realizzare la ricopertura parziale di elementi identici: dopotutto, è il principio delle tegole dell'antichità.

Lo spettro di utilizzazione di queste travi è vasto: possono essere tagliate a qualunque lunghezza, scalate per seguire ogni pendenza oppure interrotte per far posto a un foglio di plexiglas incurvato; i tratti di coronamento possono oltrepassare la facciata e proiettarsi a formare un pergolato. Una copertura è composta, tradizionalmente, da un'ossatura, da un rivestimento e da un soffitto, che assicurano rispettivamente la struttura, l'impermeabilizzazione, la protezione dal sole, l'isolamento e le finiture interne; questi elementi sono posati uno dopo l'altro da diverse squadre di operai. Utzon tenta di riassumere questi procedimenti in un solo sistema prefabbricato, che assolva contemporaneamente tutti i compiti e si possa installare con un'unica operazione.

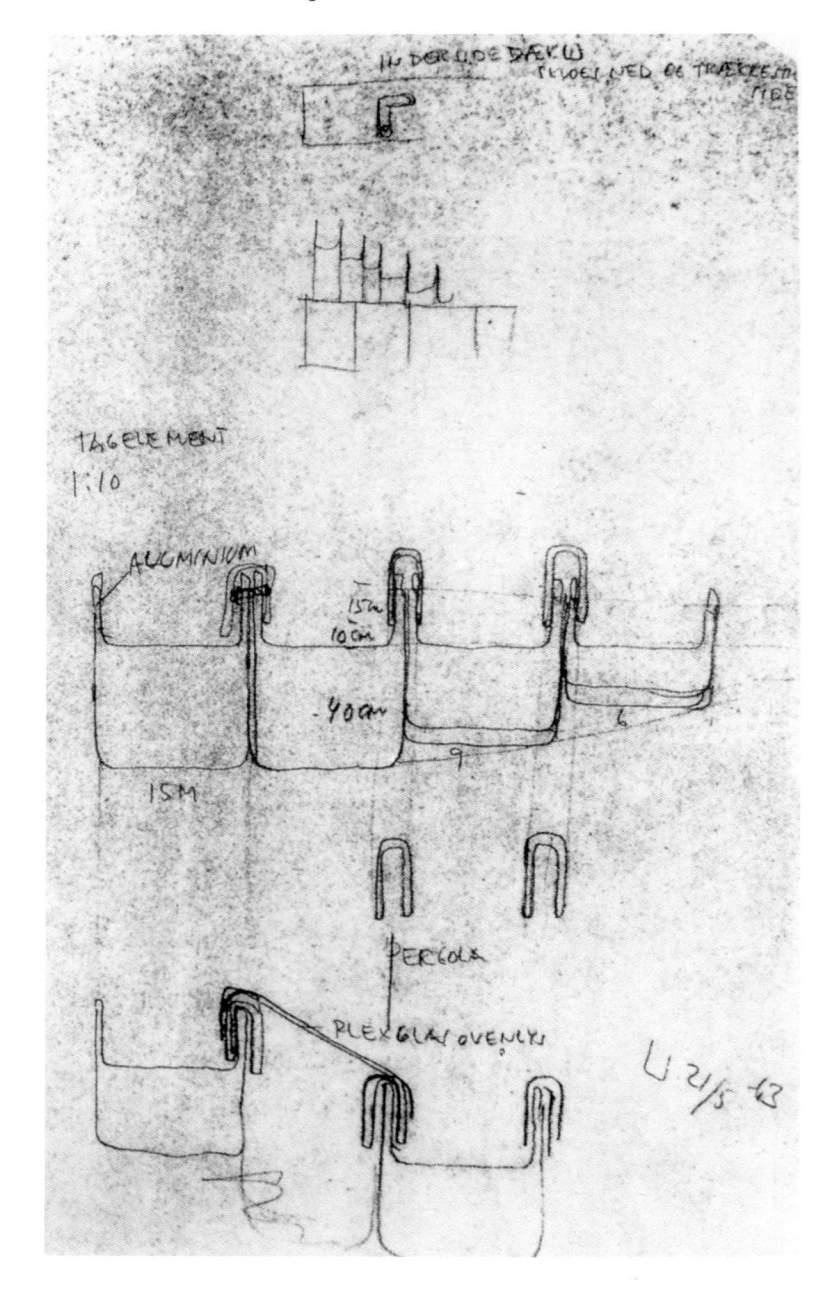

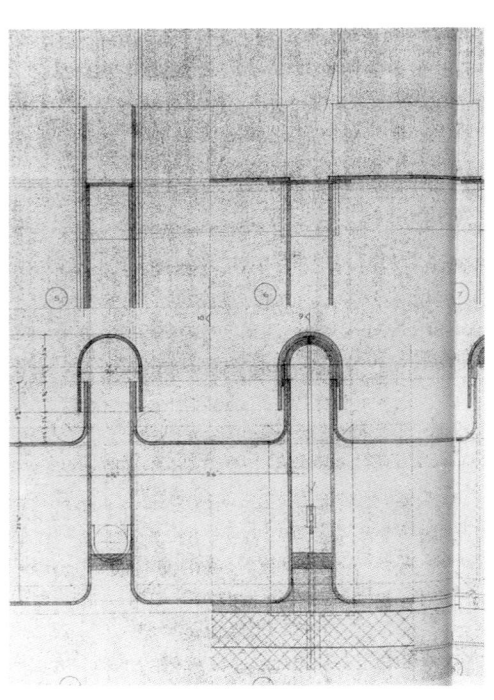

Particolari dei prototipi delle travi di copertura realizzati dalle officine Symonds nel 1965 (Mogens Prip-Buus).

171

Modelli della serie di travi in compensato per la costruzione dell'auditorium minore (1965) e della scomposizione di una trave in elementi prefabbricati secondo la scansione geometrica (Mitchell Library, State Library of New South Wales, ON 122/122 e 122/123).

Il progetto di realizzazione degli auditorium

Basandosi su un principio simile, egli progetta di realizzare gli auditorium per giustapposizione di grandi travi di compensato, a sezione rettangolare, che ne strutturano l'involucro e ne modellano lo spazio interno fino a ottenere l'acustica ottimale. Fogli di piombo, inseriti nel legno seguendo la tecnica Symonds, hanno il compito di aumentarne la resistenza e di favorire l'isolamento acustico. Ogni costola è un assemblaggio di segmenti articolati la cui faccia visibile è modellata seguendo la geometria sferica. Interamente fabbricate, assemblate e dipinte nelle officine Symonds (situate a Homebush Bay, sull'estuario del fiume Parramatta, che si getta nella Baia), queste travi-scatole devono essere trasportate con chiatte fino all'Opera House, con le stesse precauzioni usate per il trasporto degli yacht. Le più lunghe misureranno più di 40 m. Si prevede poi di portarle sotto le volte, di alzarle per sospenderle l'una di fianco all'altra, prima di saldarle "come un grande *puzzle* tridimensionale"[20], mentre una delle estremità rimane appoggiata a terra

Studio dei particolari per l'assemblaggio dei vari elementi delle travi di compensato, fine del 1965 (Mitchell Library, State Library of New South Wales, PCXD 492/483).

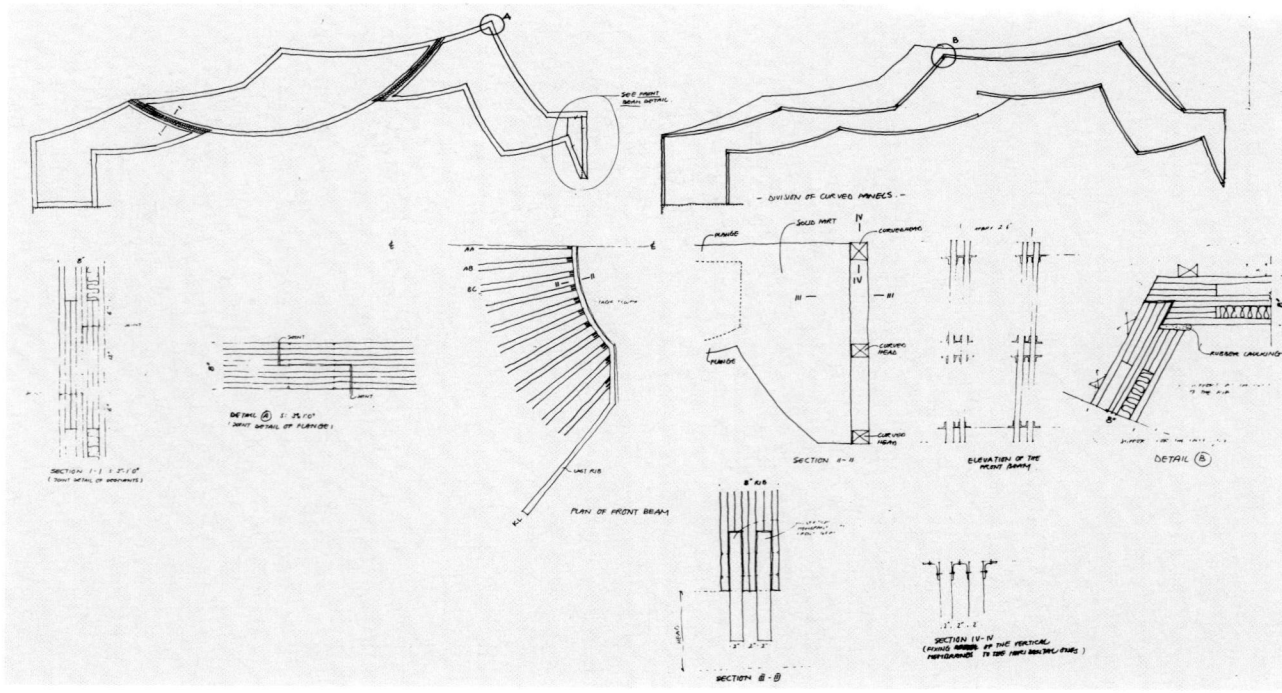

per non gravare con il suo peso sulla sovrastruttura. Un modello del 1965 presenta, smontata, la serie necessaria per la costruzione di metà di una sala. Le travi sono divise per dimensioni in senso decrescente, partendo dalla grande costola assiale fino al tratto triangolare che chiude l'involucro contro le strutture di scena. Questa presentazione assomiglia alle tavole di anatomia ossea, ma soprattutto ricorda in modo impressionante quelle dello *Ying zao fa shi*, che rappresentano i modelli di "bracci-leve" sui quali è basata tutta la carpenteria tradizionale cinese.

"La forma finale dà eccellenti risultati acustici. Le sottofacce cilindriche convesse della superficie aggettante assicurano una buona diffusione e una grande ricchezza di suono. Le sale possiedono anche un carattere architettonico molto forte, poiché le loro forme si aprono a partire da un punto posto sulla scena, dirigendo lo sguardo degli spettatori su di essa ... Come mostrano i disegni, una soluzione geometrica assai semplice può definire completamente tutti gli elementi, permettendo di individuare la parentela che li lega e di organizzare la decorazione in modo organi-

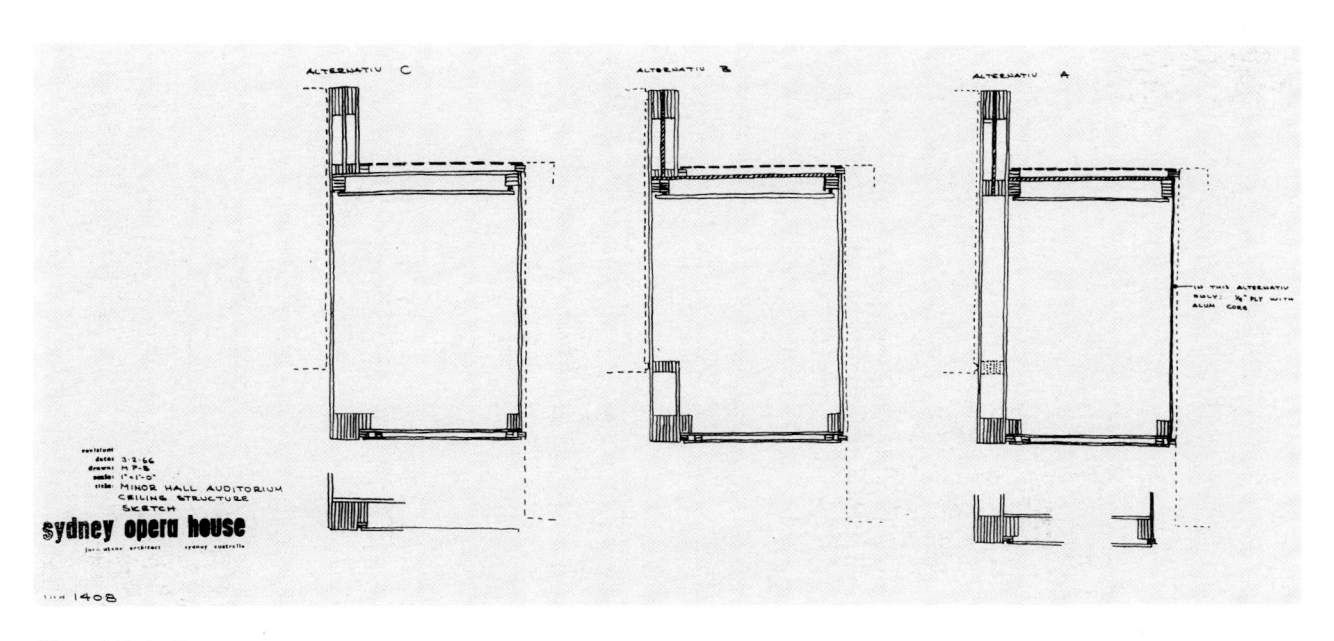

Disegni di studio della struttura di una trave di compensato, 3 febbraio 1965, e del suo sistema di fabbricazione (Mitchell Library, State Library of New South Wales, SOH 1408 e PXD 492/482).

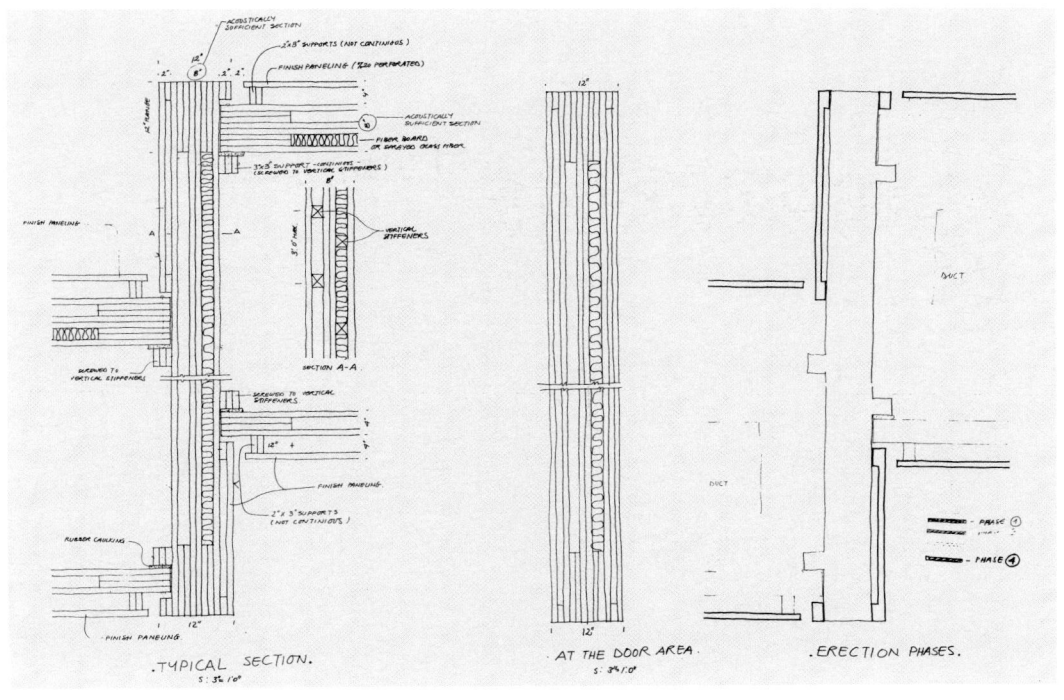

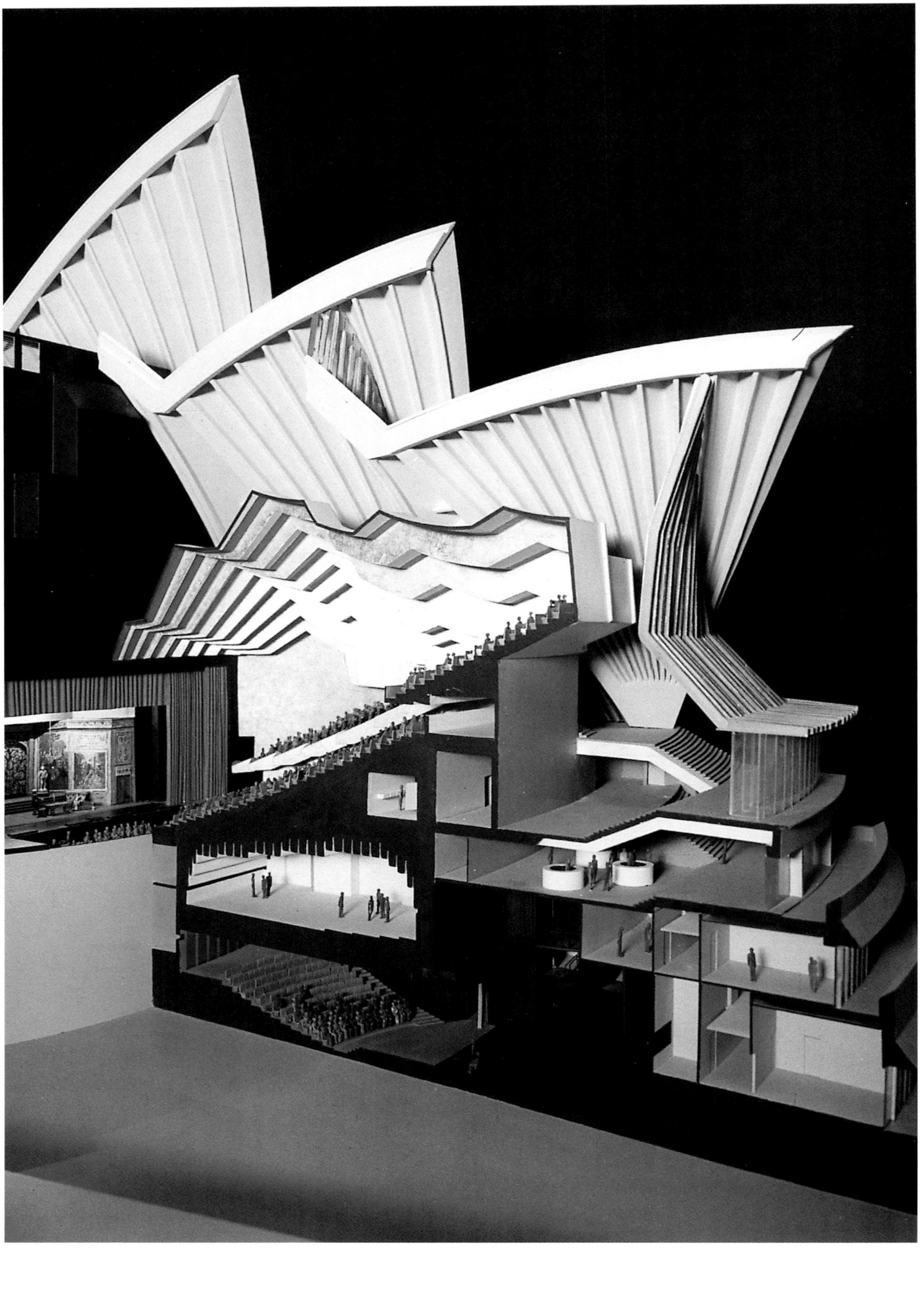

pagina precedente:
Auditorium maggiore, modello sezionato, 1965 (Max Dupain).

Disegni dallo Ying zao fa shi con esempi di "bracci-leve".

Auditorium maggiore, modello sezionato, 1966 (Mogens Prip-Buus).

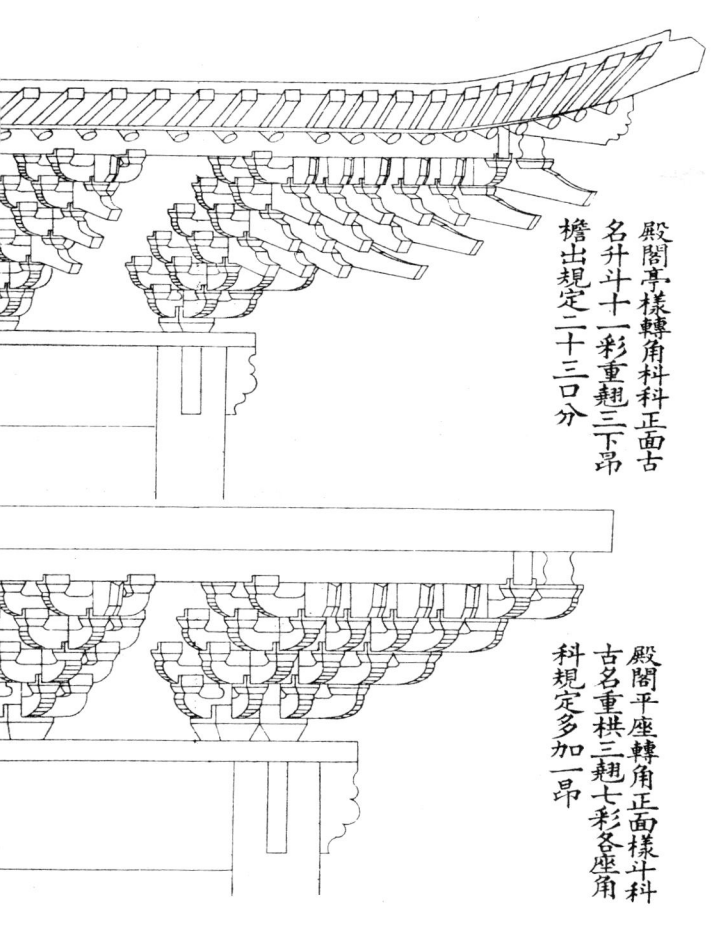

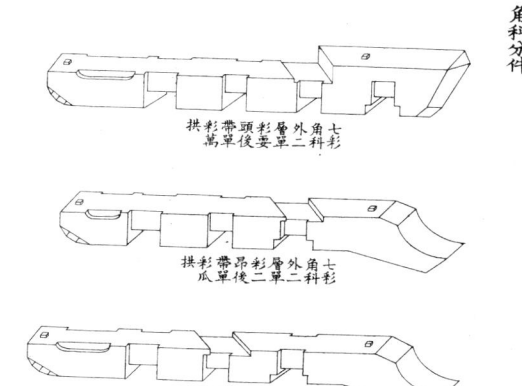

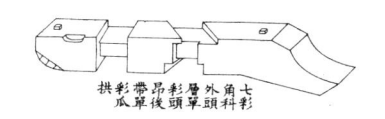

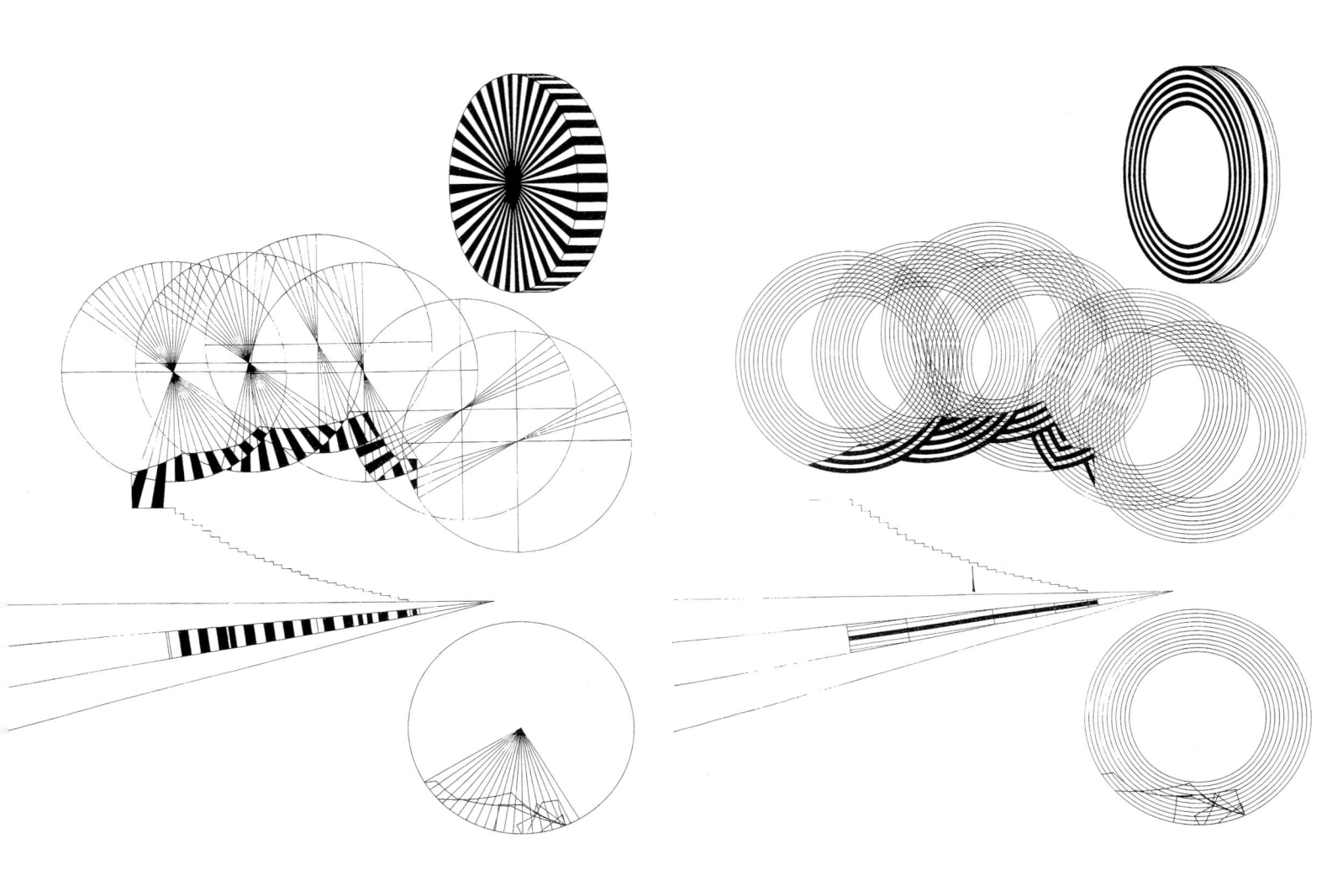

Principi per la decorazione geometrica dei due auditorium (da "Zodiac", 14, 1965).

Simulazione informatica dell'interno dell'auditorium maggiore (Skyer, DR-TV, Pi Michael).

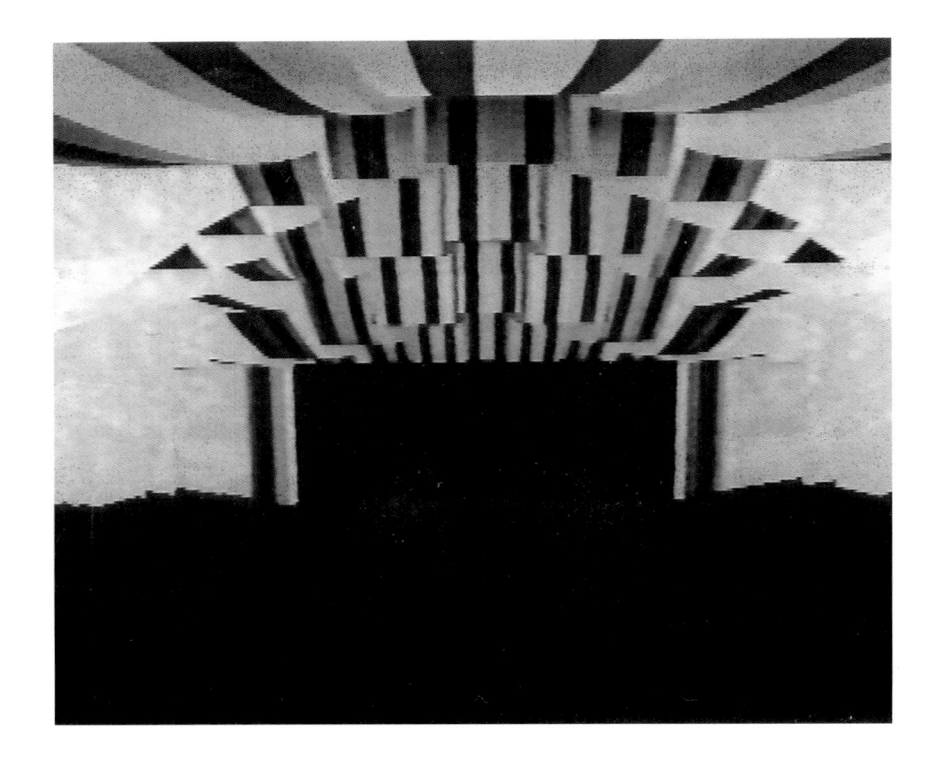

co."²¹ Utzon spiega poi la sua accezione della parola "organico": "Deve essere mostrato tutto ciò che può mettere l'accento sull'idea e sulla sua messa in opera, per esempio il metodo di produzione, il sistema costruttivo, il colore. Per arrivare a un carattere o a uno stile coerenti e completi, la decorazione e il colore devono essere organici, vale a dire parte integrante di questo complesso, come la schiuma bianca è parte integrante dell'onda"²². "I colori cangianti saranno in armonia con il concetto geometrico."²³ Nel 1952, Aldo Van Eyck e Constant Nieuwenhuis, uno degli artisti del movimento COBRA, avevano pubblicato congiuntamente un testo-manifesto (*Pour un colorisme spatial*), nel quale sostenevano che "la forma e il colore dello spazio possono formare un'unità solo se sono concepiti in stretta interdipendenza", e proponevano di far evolvere insieme l'architettura e la pittura "verso una realtà plastica organizzata a un livello superiore, in cui il colore e la spazialità siano indissociabili"²⁴. Il progetto di Utzon per gli auditorium di Sydney dà forma alla loro visione.

I segmenti delle travi di ognuno degli auditorium sono decorati da motivi concentrici nell'auditorium grande, e da righe in quello piccolo – divisioni geometriche derivanti dai cerchi teorici nei quali sono ricavati. Gli ultimi modelli dell'Opera House, quelli dell'inizio del 1966, mostrano che Utzon aveva immaginato per le sue sale dei colori vivaci, in contrasto con il cemento grezzo delle volte: rosso e oro per la grande, blu e argento per la piccola. Se è vero che i modelli dell'auditorium maggiore presentano le tonalità canoniche dei teatri classici europei, è vero anche che si tratta in primo luogo di colori della tradizione, portatori di un forte significato simbolico. Utzon non aveva forse ribattezzato il manuale cinese "il nostro modulor personale"²⁵?

---

[1] Jørn Utzon, *Descriptive Narrative with Status Quo. Sydney Opera House*, gennaio 1965, relazione dattiloscritta, p. 5.

[2] All'inizio (gennaio 1963), Utzon sottopone i suoi criteri per la superficie voluta a due aziende: Concrete Industries e Melocco Bros. La ricerca di Monier si è rivelata più soddisfacente (*Chronological report on planning and design*, una relazione di Utzon per il cliente datata 2 ottobre 1964, Ashworth Papers, Box 8).

[3] Lettera di Utzon a Johnson, ministro dei Lavori pubblici, datata settembre 1964.

[4] Vedi Jørn Utzon, *Descriptive Narrative...* cit., pp. 8-9.

[5] In una lettera pubblicata il 30 marzo 1966.

[6] Lettera di Utzon a Johnson, ministro dei Lavori pubblici, datata 29 settembre 1964 (Archivio Utzon, Mitchell Library, Sydney, Box 32, item 343).

[7] Ralph Symonds morirà accidentalmente nel gennaio 1961. Da quel momento, l'interlocutore principale di Utzon all'interno della ditta sarà Ellis Ezra.

[8] Jørn Utzon, *Corridor problem*, in "Zodiac", 14, 1965.

[9] Utzon, *Chronological report on planning and design* cit.

[10] Vedi il minuzioso esame a cui sottopone l'evoluzione del progetto degli auditorium Philip Nobis in *Utzon's interiors for the Sydney Opera House. The design development of the major and minor hall, 1958-1966*, memoria inedita, University of Technology, Sydney 1994.

[11] Lettera di Utzon ad A. R. Meyer, professore all'università di Sydney, luglio 1962. Citato da Philip Nobis, *Utzon's interiors for the Sydney Opera House...* cit.

[12] Si tratta del foglio di un disegno per l'auditorium piccolo che risale al 1962 (Mitchell Library, Sydney Opera House plans, PXD 492-ff. 319).

[13] Vedi *Utzon's unseen work*, memoria inedita di Peter Giorgiades, University of Technology, Sydney 1993.

[14] *Antarctica*, del fotografo Emil Schulthess (Artemis Verlag, Zürich 1960).

[15] Tutte queste immagini appartengono alla collezione di negativi lasciata da Utzon alla Mitchell Library di Sydney (ON 122, da 303 a 314).

[16] Il blocco dei disegni esecutivi, prodotto da Wagner-Biro, risale all'aprile 1964.

[17] Vedi *Jørn Utzon. Kara Crescent, Bayview, 1963-1965*, in "Content", 1, 1995, pp. 24-63.

[18] Ha anche fondato una compagnia sua, Sisu, per fabbricare e commercializzare i suoi prodotti ideati a partire dal compensato, in particolare i suoi mobili.

[19] In una lettera datata 2 ottobre 1963 (Archivio Utzon, Box 2, Item 321-323).

[20] Jørn Utzon, in "Zodiac", 14, 1965.

[21] Jørn Utzon, *Minor Hall*, ibidem.

[22] Ibidem.

[23] Jørn Utzon, *Descriptive Narrative with Status Quo...* cit.

[24] Questo testo è riprodotto integralmente in *Documents relatifs à la fondation de l'Internationale Situationniste, 1948-1957*, Allia, Paris 1985, pp. 82-83.

[25] Lettera di Utzon ad Ashworth, 10 febbraio 1959 (Ashworth Papers, Box 1, Folder 9).

UNIVERSITY of N.S.W.
ARCHITECTURE students
PROTEST
WE WANT
UTZON
ON THE JOB

Fine di un sogno

Le ragioni della crisi

Nessuno dei progetti di Utzon per la terza fase dei lavori sarà realizzato. Le cause della crisi del 1966, che porterà all'abbandono dell'opera, sono complesse e ancora controverse. Oltre all'architetto, al suo committente (il governo del New South Wales) e ai suoi consulenti (gli ingegneri di Ove Arup), protagonisti sono anche gli imprenditori e l'ordine degli architetti locali, ma anche la stampa e l'opinione pubblica, che si mobilitano regolarmente di fronte al continuo aumento dei costi per la realizzazione dell'edificio e ai continui rinvii della data di consegna. I metodi di Utzon trovano numerosi detrattori. Instancabili ricerche in collaborazione con aziende di punta, piuttosto che studi minuziosi seguiti da gare d'appalto: tutto questo provoca qualche moto d'impazienza da parte del committente. Per le gru speciali delle coperture, il governo aveva insistito perché si bandisse una gara d'appalto regolare e si desse così una possibilità anche alle aziende australiane. Ora, lo svedese Höganäs ha vinto la gara con un'offerta di gran lunga inferiore a quella di chiunque altro, trasporto e diritti doganali compresi. La dimostrazione è stata chiara, pensa Utzon, che conta di affidare i rimanenti lotti di lavoro della terza fase alla Concrete Industries, così come a Symonds, il solo che potesse fornire e modellare compensato di lunghezza sufficiente per corrispondere alla lunghezza d'onda delle note più gravi negli auditorium[1].

Ma gli altri imprenditori si sentono esclusi senza ragione da un affare tanto remunerativo quanto prestigioso, e protestano contro questa violazione delle leggi della concorrenza. Il governo presta orecchio a queste critiche, tanto più che, dal mese di maggio 1965, la gestione dello Stato è passata dalle mani dei laburisti a quelle dei conservatori. Robin Askin, il leader del Liberal Party – e quindi della vecchia opposizione –, ha preso il posto di Heffron, succeduto a sua volta a Cahill. La critica al grande progetto del suo predecessore è stato proprio uno dei temi della campagna elettorale di Askin. Ha poi nominato ministro dei Lavori pubblici un politico ambizioso, Davis Hughes, che ha più volte interpellato il suo predecessore Ryan su quello spreco che a suo parere è l'Opera House. Hughes ha ricevuto il mandato dall'elettorato degli agricoltori, che reclama ospedali e scuole per le città dell'interno e diffida di questa dispendiosa attrezzatura culturale, che la grande città si concede. Fin dal suo arrivo, egli si è ingegnato a dimostrare la sua fermezza su un tema che potrebbe fargli fare una bella carriera. Ha modificato il ruolo dell'Executive Committee in modo da poter controllare meglio le sue decisioni, e ha nominato il suo "rappresentante personale incaricato di sorvegliare più da vicino il cantiere"; in poche parole, un architetto funzionario del Public Works Department.

In agosto, Askin conferma alcune voci apparse sulla stampa, secondo le quali il costo finale dell'Opera House potrebbe superare i 50 milioni di dollari[2]. Utzon declina ogni responsabilità. La stima iniziale di 7 milioni era stata fatta da un gabinetto di esperti nominati dalla giuria al momento del concorso, e diventati amministratori ufficiali del progetto. La fattura dei lavori per le infrastrutture ha subito considerevoli aggravi a causa della mancanza di preparazione, della fretta con cui si è cominciato a operare e delle brutte sorprese relative alla natura del sottosuolo di Bennelong Point. Civil & Civic ha vinto l'appalto per la prima fase grazie a un'offerta sottostimata,

Collare presidenziale del Royal Australian Institute of Architects, disegnato da Utzon nel 1965 (Jill White).

basata su documenti esecutivi incompleti, e la questione è stata saldata quattro anni dopo con una memoria di lavori supplementari che ne ha fatto quasi raddoppiare il preventivo originale[3]. Questa situazione si è ripetuta al momento della costruzione delle sovrastrutture: stima scorretta degli amministratori e offerta troppo bassa da parte di Hornibrook. Per queste due fasi, i piani esecutivi e l'amministrazione del cantiere erano stati posti sotto la responsabilità degli ingegneri di Arup, e non dell'architetto. Al contrario, i lotti di cui egli si è direttamente fatto carico – macchinari e illuminazione di scena, ascensori – sono rientrati nei termini e nei costi previsti. Utzon insiste con il nuovo ministro perché gli conceda i prototipi che richiede da mesi, senza successo, per le vetrate e gli auditorium. Da ciò dipende la messa a punto definitiva degli elementi di compensato da parte di Symonds, e l'architetto sottolinea che quanto più si indugia, tanto più si ritarderà l'inizio della loro produzione. Egli reitera le sue richieste di un contratto diretto con l'industriale del legno, così come con Concrete Industries, il cui annoso lavoro per la pavimentazione esterna di granito sta per giungere a termine. Davanti ai ripetuti rifiuti di Hughes, finisce per adattarsi all'idea di una gara d'appalto, a condizione che sia effettuata sulla base dei campioni delle Concrete Industries, a cui però bisognerebbe rifondere il costo delle ricerche. Ma il ministero non acconsente a questa spesa. Esso esige da Utzon gli esecutivi definitivi delle opere mancanti, che permetterebbero di bandire una gara d'appalto aperta e di stilare un calendario con la scansione temporale dei lavori.

Nel rifiuto dell'architetto di obbedire, Hughes vede la prova della sua incapacità dal punto di vista organizzativo. Sconcertato da queste pratiche di studio – poco abituali, è vero, per un paese anglosassone – egli mette sotto accusa l'équipe di Utzon, formata da pochi componenti, e la mancanza di esperienza dei suoi collaboratori: lo studio comprende infatti al massimo una quindicina di assistenti, per la maggior parte giovani neodiplomati. Ma Utzon si è costruito una struttura su misura per la sua metodologia di lavoro: le sue idee vengono sviscerate, testate in scala, e quindi perfezionate in collaborazione con gli imprenditori che provano i processi di fabbricazione a partire dai prototipi approvati dal suo studio. Questo modo di procedere richiede una piccola squadra di architetti dalla mente aperta, non un'armata di esecutori che si affretterebbero a riempire pagine e pagine di dettagli in vista di una valutazione. Utzon ricorda incessantemente che il suo progetto non ha precedenti, che viene ideato a mano a mano che lo si costruisce, e che non ammette approssimazioni. Si possono immaginare le invidie suscitate dall'Opera House fra i grandi studi di architettura di Sydney, gelosi del favore del precedente governo e della carta bianca che questo gli aveva così a lungo accordato. Ciononostante, le relazioni di Utzon con i colleghi sembrano buone. In marzo è nominato membro del Royal Australian Institute of Architects e, per l'occasione, progetta e dona una nuova decorazione ufficiale, il collare riservato alle cerimonie[4]. Le maglie provengono da un assemblaggio di tre tubi metallici inseriti l'uno nell'altro – di sezione circolare, quadrata e triangolare – e poi tagliati secondo diverse angolature. Si ottiene così una serie di dischi della stessa famiglia, la cui superficie varia dal cerchio all'ellisse, e sui quali lo stesso motivo geometrico appare sempre più deformato.

Verso la fine del 1965, i rapporti fra Utzon e il governo sono talmente conflittuali che il versamento dell'onorario mensile che egli riceveva dai tempi della sua assunzione è stato sospeso. La stampa riuscirà a venire a conoscenza dell'ammontare; sommando quello di nove anni, si ottiene una cifra che al pubblico parrà esorbitante. In realtà, è conforme alle tariffe abitualmente praticate, e l'architetto ha anche dovuto pagare di tasca propria alcune spese per certi studi specifici[5]. A questa situazione si aggiunge il progressivo deterioramento delle sue relazioni con le équipe locali di Arup. Gli ingegneri sono convinti che si sia lasciato sopraffare dalla complessità del progetto[6], considerano le sue proposte per le finiture irrealistiche e si mostrano reticenti a prenderle in esame. A gennaio, in un breve memorandum trasmesso al governo, Mick Lewis condanna gli auditorium in legno come li ha concepiti Utzon. Spiega che le travi a scatola non potrebbero essere prefabbricate nelle officine Symonds perché rischierebbero di danneggiarsi durante il trasporto e la posa, e che le volte non potrebbero sopportare un simile sovraccarico. Propone quindi di sostituirle con una struttura metallica autoportante, montata sotto le coperture in maniera indipendente, e poi ricoperta di fogli di compensato di piccole dimensioni.

Utzon aveva esaminato questa possibilità molti anni prima, ma l'aveva scartata per tre ragioni: i difetti d'acustica dovuti alla moltiplicazione dei giunti fra le tavole di legno, le imperfezioni che sarebbero risultate dalla loro posa in cantiere, e la mancanza di integrità strutturale di questi involucri dalla formula ibrida. Il principio sul quale si era soffermato, tuttavia, era stato approvato da Peter Miller, l'ingegnere consulente di Symonds. Qualche mese prima, costui l'aveva considerato "eminentemente semplice e pratico", integrando i suoi commenti favorevoli con una serie di suggerimenti per la messa in opera[7]. Utzon, visibilmente esasperato, a questo punto si rivolge direttamente a Ove Arup, con una lettera angosciata che sembra scritta in una situazione di emergenza. Si appella all'arbitrato del suo vecchio alleato, accusando apertamente i suoi ingegneri di incapacità e di tradimento: "Voglio che mi assistiate voi personalmente per quanto riguarda lo sviluppo dei soffitti e poi per le vetrate, perché non ho ricevuto un aiuto adeguato da parte della vostra filiale di Sydney. Non sono loro che io ho ingaggiato per l'Opera ... ma voi personalmente, in virtù di quanto avevate compiuto fino ad allora, e la nostra collaborazione è stata estremamente fruttuosa. La situazione è molto grave; ricorda da vicino il momento in cui il primo progetto dei gusci stava per essere abbandonato. Ho una soluzione ingegnosa, perfetta, che tiene conto di tutti gli aspetti del problema dei soffitti degli auditorium. È questo che io voglio costruire, e ho bisogno del vostro sostegno e delle vostre brillanti competenze ingegneristiche, perché i vostri partner locali non vogliono neanche sentir parlare di questo progetto e propongono al suo posto una cattiva idea, sostenuta da una buona dose di dilettantismo. Vi mando i loro schizzi e la loro relazione, insieme con i miei disegni e i miei documenti, perché possiate giudicare voi stesso. Vorrei anche informarvi che il loro comportamento non è affatto professionale: trattano direttamente con il committente alle mie spalle malgrado il mio espresso divieto. Ciò causa problemi a tutti. Spero che, dopo aver ricevuto questi documenti, mi risponderete che siete intenzionato a intervenire. Altrimenti, per resistere alle pressioni del vostro studio, potrei essere costretto a sentire il parere di un altro ingegnere"[8].

Pare che Ove Arup non rispose. Tre anni prima, però, egli scriveva al governo un vibrante elogio di Utzon: "... un ideatore brillante, uno dei migliori, probabilmente il migliore tra coloro con cui io mi sia trovato a lavorare nella mia lunga esperienza. Egli possiede una notevole capacità di capire l'essenza delle discipline tecniche implicate nei suoi progetti architettonici"[9]. Quali che fossero le ragioni del suo silenzio, è chiaro che gli ingegneri non vogliono più seguire Utzon per lo stretto cammino sul quale si è avviato.

Dimissioni forzate

Alla fine di febbraio 1966, mentre le squadre della Hornibrook hanno già costruito i tre quarti delle volte e si è già cominciata la posa delle capriate piastrellate, la crisi, ormai inevitabile, esplode violentemente. Il 28, Utzon si incontra con Hughes per reclamare l'onorario che gli è ancora dovuto, ricordando di aver fissato al 15 la data limite per il pagamento, dopodiché dovrebbe chiudere lo studio per mancanza di fondi. Il ministro temporeggia ancora; Utzon dichiara allora che se ne andrà. La sera stessa, fa portare a Hughes una lettera: "Non volete ancora accettare le note spese che vi sottopongo da mesi, e che sono perfettamente giustificate. Non pagandomi, voi mi costringete a lasciare il progetto. È anche l'assenza di cooperazione da parte vostra sui problemi-chiave, nel corso di questi ultimi mesi, che mi obbliga a ritirarmi, perché vedo che voi non mi rispettate come architetto". Hughes avverte immediatamente la stampa delle dimissioni di Utzon. L'indomani il "Sydney Morning Herald" annuncia a tutta pagina che "Utzon abbandona l'Opera"[10].

Da quel momento, gli eventi precipitano. Il Royal Australian Institute of Architects, nella persona del presidente Ron Gilling, accetta di consigliare il governo sui nomi dei futuri sostituti di Utzon. Il 2 marzo riunisce un comitato che ne propone molti[11]. Il 3, il governo annuncia la decisione di dare mandato a una nuova équipe, sotto la direzione dell'architetto governativo E. H. Farmer. Il giorno stesso, una manifestazione di molte migliaia di persone, tra cui lo scrittore Patrick White, ha luogo davanti al cantiere dell'Opera House per reclamare il ritorno senza condizioni del suo architetto; una delegazione presenterà al ministro una petizione sottoscritta da tremila firme. "Prima Griffin, ora Utzon", proclamano i cartelli di protesta. La storia ha avuto infatti un imbarazzante precedente. Mezzo secolo prima, l'americano Walter Burley Griffin vinceva il concorso internazionale per il piano regolatore di Canberra, la futura capitale del-

Prima pagina del "Sydney Morning Herald", 1 marzo 1966.

Immagine della manifestazione di appoggio a Utzon, 3 marzo 1966.

Assemblea nel municipio di Sydney, 14 marzo 1966.

Veduta aerea del cantiere al momento della partenza di Utzon (Max Dupain).

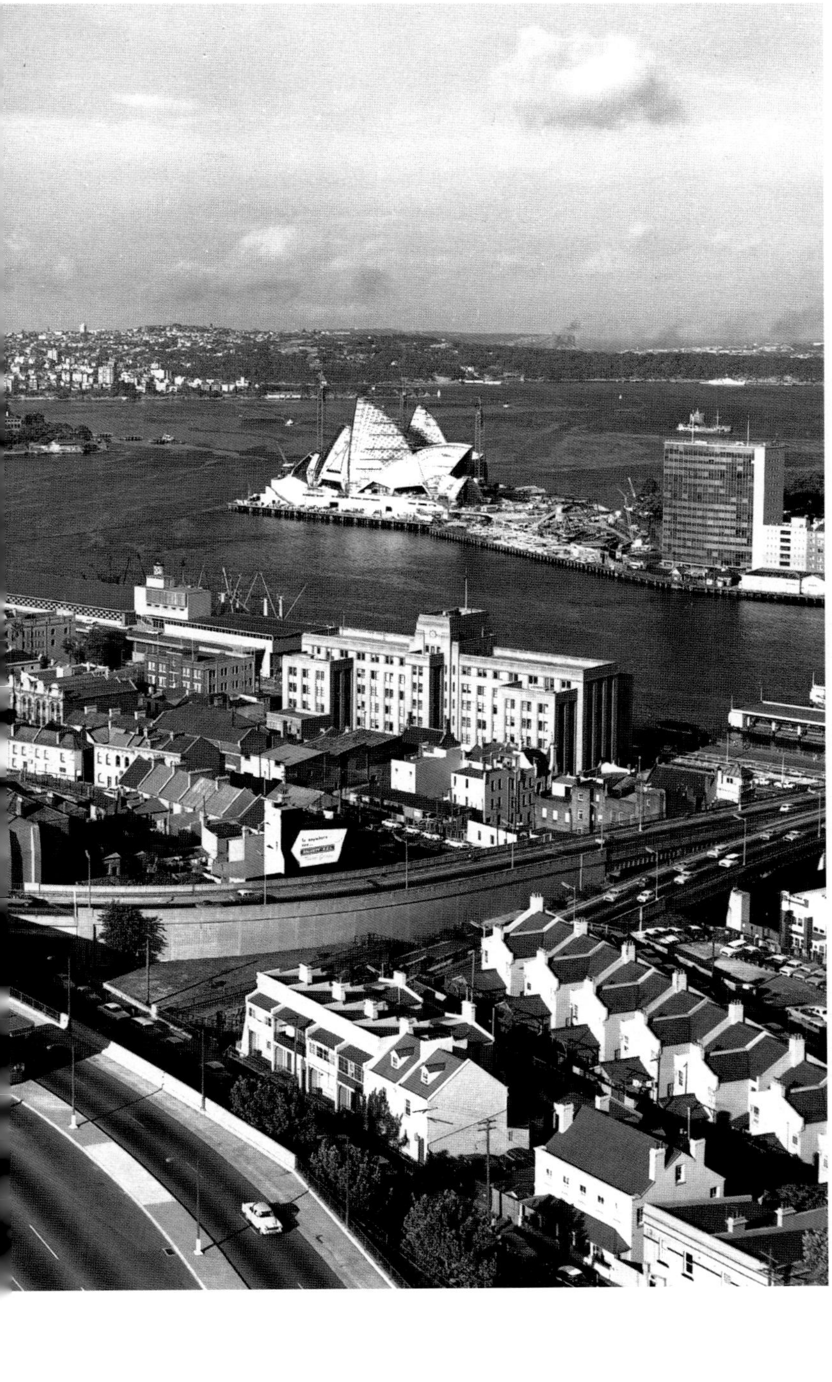

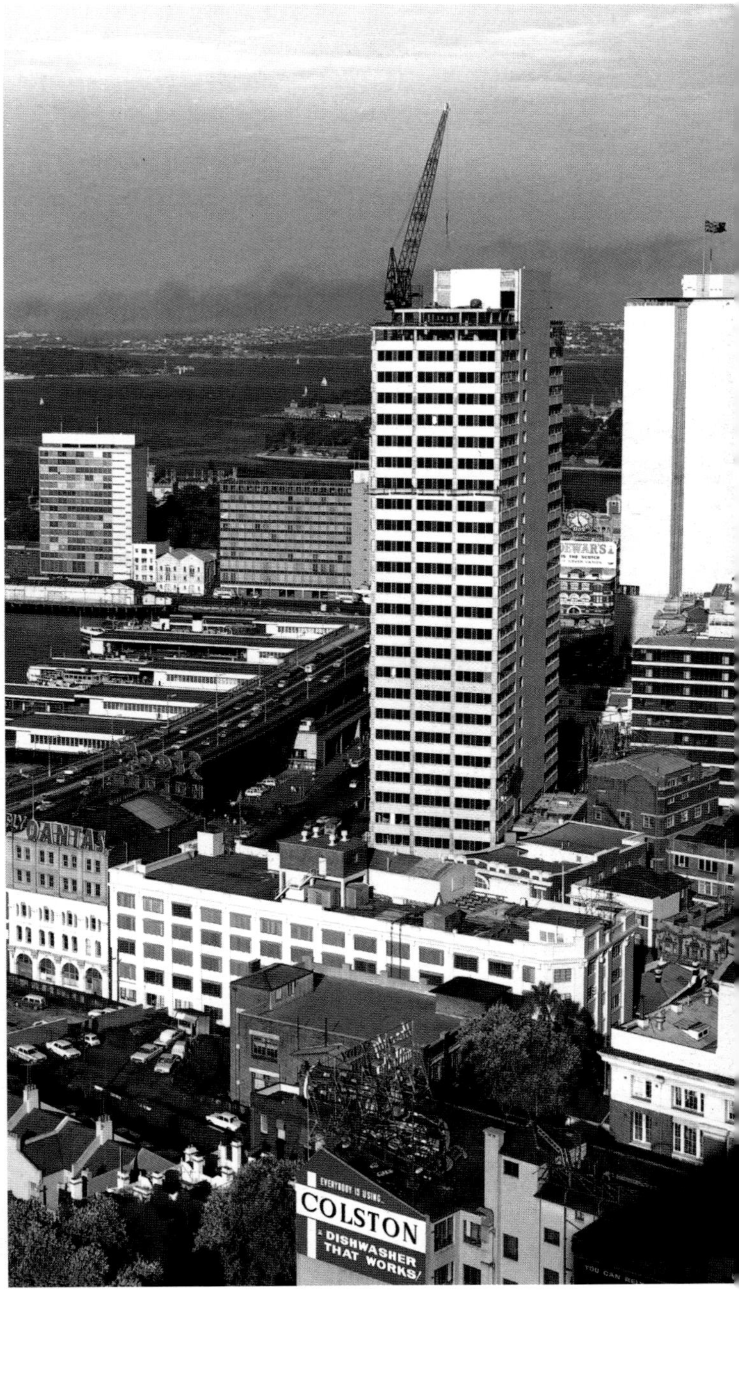
QANTAS
EVERYBODY IS USING...
COLSTON
A DISHWASHER THAT WORKS!

l'Australia appena riunita in confederazione. Una lunga serie di preoccupazioni politico-finanziarie l'avrebbe allontanato dal suo progetto, del quale alla fine furono realizzate solo poche delle idee iniziali.

Il 7 marzo, il governo propone un compromesso, che vedrebbe il ritorno di Utzon come semplice progettista. Egli fa tre controproposte, tutte rifiutate. Il 10 ha luogo un ultimo colloquio tra lui, Hughes e Gilling. Utzon rimarrebbe l'ideatore, il designer dell'Opera House, ma senz'altro ruolo e con pari autorità dei suoi tre colleghi, dal momento che l'équipe sarebbe diretta dall'architetto designato dal governo. Ha quattro giorni a sua disposizione per dare una risposta. Nel frattempo Harry Seidler, fervente sostenitore di Utzon, ha organizzato con Peter Kollar un comitato chiamato "Utzon-in-charge"[12]. Il 14 marzo, questa associazione organizza un raduno che raccoglie davanti al municipio duemila partecipanti. L'indomani, Utzon fa pervenire a Hughes una lunga lettera in cui rifiuta l'organigramma che gli viene proposto, che lo priverebbe delle sue responsabilità di architetto, farebbe di lui un subordinato e lo escluderebbe dal processo di costruzione, a suo avviso indissolubile dall'ideazione. E aggiunge in calce una nota premonitrice, all'attenzione del ministro: "Non sono io, ma è l'Opera che causa tutte queste difficoltà. Il ministero, e i suoi nuovi architetti, dovranno confrontarsi esattamente con gli stessi problemi di oggi. Senza i miei nove anni di sapere acquisito, e senza la forza e l'entusiasmo di cui il processo creativo ci ha fin qui riempito, essi partiranno svantaggiati. Dovranno ricominciare da capo e, non appena capiranno quali sono le difficoltà, verranno a cercarvi per chiedervi le stesse autorizzazioni che sollecitavo io da tanto tempo"[13]. Il governo prende atto, e dichiara che agirà come aveva proposto a Utzon, ma senza di lui. Il 18 marzo l'architetto consegna i suoi progetti a Farmer alla presenza dei legali. La settimana seguente vengono resi pubblici i nomi dei suoi tre successori[14]. La rivista della sinistra liberale "Nation" vede nella rapidità con la quale si è risolta la crisi la prova che i termini della sua conclusione erano già stati preparati da tempo, e nota con amarezza che "il successo (del governo) è tanto più stupefacente in quanto la lettera di dimissioni di Utzon maschera la vera natura dell'operazione"[15].

Le reazioni
Questo epilogo provoca un notevole subbuglio a Sydney, e poi in tutto il mondo. Seidler dichiara alla stampa: "Sono l'architetto della torre di Australia Square, la più grande costruzione del continente, e mi reputo abbastanza bravo. Ma ho visto i disegni di Utzon per la fase finale dell'Opera, e la loro complessità mi ridimensiona. Ci è voluta un'intelligenza superiore per mettere sulla carta queste idee. Nessun altro al mondo può riprendere in mano questa situazione senza che ne risulti un ridicolo compromesso"[16]. Il comitato "Utzon-in-charge" organizza una petizione internazionale con l'aiuto di Edward Bassett, uno dei più importanti partner di Skidmore, Owings & Merrill a San Francisco, a Sydney per affari. Dall'ultima settimana di marzo, le istituzioni governative sono sommerse da telegrammi spediti dai più importanti personaggi dell'architettura mondiale. Kahn, Candela, Neutra, Gropius, De Carlo, Roth, Tange, Rogers, Bakema, Van Eyck, Markelius, Stubbins, Grung, Wogensky, Noyes, Doshi, Candilis Josic & Woods e altri ancora chiedono a Hughes la reintegrazione di Utzon in tutte le sue funzioni[17]. L'eco dello scandalo dà un'idea dell'interesse suscitato dal progetto, che era seguito ovunque con curiosità. Il comitato "Utzon-in-charge" prefigura di adire le vie legali. Il presidente dell'UIA, Pierre Vago, scrive al governo Askin per manifestare la sua preoccupazione circa gli ultimi eventi: "Come sapete, questo edificio è stato oggetto di un concorso internazionale il cui bando è stato approvato dall'UIA. ... Il rappresentante della nostra sezione scandinava ha ufficialmente portato l'incidente davanti alla nostra organizzazione ... Sarebbe estremamente importante per noi se voleste farci conoscere le ragioni che vi hanno portato a sostituire l'autore del progetto, il signor Utzon, con un architetto o un gruppo di architetti, decisione assai grave"[18]. Il dipartimento di architettura dell'università di Melbourne pubblica un numero straordinario del suo notiziario in cui apostrofa violentemente il governo, confuta i suoi argomenti ad uno ad uno e ingiunge al suo Istituto di architettura di dichiarare contraria alla deontologia professionale ogni partecipazione all'équipe destinata a sosti-

tuire Utzon[19]. Il suo equivalente di Sydney renderà pubblica una mozione di sostegno all'architetto, ma solo dopo che i nomi dei sostituti saranno stati resi pubblici[20].

Utzon ha chiuso il suo studio. Riassume la situazione con un gioco di parole amaro: "Malice in Blunderland"[21]. All'inizio di aprile i suoi collaboratori licenziati ricevono ciascuno una lettera di referenze. Quelle dei colleghi che gli erano stati più vicini fin dagli anni di Hellebæk, Prip-Buus e Nayman, recitano così: "Non posso raccomandarlo a chiunque perché non voglio che una persona diversa da me benefici dei suoi fantastici servigi, della sua fantastica amicizia e del suo fantastico talento"[22]. Il 28 aprile 1966, cioè due mesi dopo le dimissioni forzate, Utzon con la famiglia lascia discretamente l'Australia, dove non farà più ritorno. Lascia dietro di sé un cantiere incompiuto, una massa di disegni, di documenti e di plastici che testimoniano il lavoro svolto e devono permettere di risolvere la questione degli onorari non pagati[23]. Parte per le Hawaii, poi rientra in Danimarca passando per il Messico e gli Stati Uniti. Da New York manda una cartolina a Bill Wheatland, il suo principale assistente australiano, incaricato di liquidare i suoi ultimi affari a Sydney. Essa rappresenta un tempio maya e porta queste poche parole: "Ho visitato lo Yucatàn. Queste rovine sono meravigliose, e allora perché prendersela? Un giorno, anche l'Opera sarà un cumulo di rovine"[24].

---

[1] Una lettera di Utzon al ministro dei Lavori pubblici (29 settembre 1965) precisa la frequenza di queste note basse d'organo e di piano (27 cicli/secondo) e la lunghezza d'onda corrispondente (40 piedi).

[2] All'epoca, le lotterie organizzate per finanziare il progetto avevano già dato più di 26 milioni di dollari.

[3] Civil & Civic ha vinto l'appalto nel febbraio 1959 con un'offerta di 1.397.878 sterline, vale a dire 2.795.858 dollari (nel frattempo, l'Australia abbandonerà il sistema monetario imperiale). Alla fine della prima fase, la ditta ha ottenuto un supplemento di 1,2 milioni di sterline.

[4] Questo collare è ancora in uso, e, ironia della sorte, rimane l'unico progetto australiano di Utzon realizzato secondo le sue intenzioni.

[5] Per contratto, l'onorario di Utzon rappresenta il 4% dei lavori per le prestazioni che abbiano richiesto un consulente, e il 6% per quelle di cui egli sia l'unico ideatore. Arup, così come altri consulenti, tra cui quelli per le scenografie, sono pagati direttamente dal governo. Tra il 1957 e il 1966, Utzon avrà ricevuto 1.250.000 dollari australiani, più alcuni fondi supplementari per coprire alcune spese, in particolare i modelli e i suoi viaggi. Quando se ne va, reclama 480.000 dollari che gli sono ancora dovuti, di cui 102.000 per l'ideazione della scena. Gliene verranno pagati 150.000 (fonte: John Yeomans).

[6] Questa opinione sembra generalmente condivisa da tutti i membri dello studio Arup. In ogni caso, è la versione ufficiale che figura nelle pubblicazioni dell'agenzia, per esempio sotto la penna di Robert Thorne in *Arup on Engineering*, a cura di David Dunster (Ernst & Sohn, Berlin 1996).

[7] In un rapporto del 6 settembre 1965, citato da Elias Duek-Cohen, *Utzon and the Sydney Opera House, statement of public interest*, Morgan, Sydney 1967.

[8] La lettera è datata 10 febbraio 1966 (Archivio Utzon, Mitchell Library, Sydney, Box 33, item 32).

[9] Lettera al governo, 26 marzo 1963.

[10] "Sydney Morning Herald", 1 marzo 1966. La parola "dimissioni" non compariva nella lettera di Utzon.

[11] Da una dichiarazione giurata di Seidler, che assisteva a questa riunione, i nomi pronunciati da Gilling sono quelli di Bryce Mortlock, O. Jarvis e dello studio Edwards, Madigan & Torzillo.

[12] Kollar era architetto e professore alla facoltà di architettura dell'University of New South Wales. C'è da rilevare che Seidler e Kollar erano due dei tre architetti australiani menzionati dalla giuria al concorso del 1957.

[13] Utzon nell'appendice I alla sua lettera, datata 15 marzo 1966, indirizzata a Hughes.

[14] La nuova équipe è composta da Peter Hall, un architetto governativo di 34 anni, per l'ideazione, Lionel Todd, dello studio Hanson, Todd & Partners, per la parte esecutiva, e David Littlemore, dello studio Rudder, Littlemore & Rudder, per la parte amministrativa.

[15] In un articolo intitolato *Bennelong Pointers – Davis Hughes and Jørn Utzon in conflict*, pubblicato immediatamente subito dopo la fine della crisi, il 19 marzo 1966.

[16] Citato da John Yeomans, *The other Taj Mahal*, Longman, Sydney 1968, p. 141.

[17] Questi telegrammi sono conservati negli archivi personali di Harry Seidler.

[18] La lettera è datata 13 aprile 1966.

[19] *Utzon only*, in "Cross-section", 162, numero straordinario, marzo-aprile 1966. Il Royal Australian Institute of Architects di Vittoria, a Melbourne, ha preso nettamente posizione in questo senso il 22 marzo.

[20] Il 27 aprile 1966. La mozione dichiarerà fra l'altro: "l'Opera può essere costruita ad immagine del progetto che aveva vinto il concorso. Essa potrà contribuire alla storia dell'architettura solo se Utzon ne rimarrà l'architetto". Elias Duek-Cohen nota che il consiglio aveva fatto ostruzionismo ai precedenti tentativi di redigere questa dichiarazione, e che uno dei membri del consiglio dell'Istituto appartiene ad uno degli studi che succederanno ad Utzon (*Utzon and the Sydney Opera House...* cit.).

[21] Questa espressione, che letteralmente suonerebbe "Malanimo nel paese delle menzogne", è un intraducibile gioco di parole con "Alice in Wonderland".

[22] Le copie di tutte queste lettere sono archiviate alla Mitchell Library di Sydney (Jørn Utzon Records, Box 2).

[23] Conformemente alla volontà di Utzon, questi piani, oggi archiviati alla Mitchell Library di Sydney, sono rimasti sotto embargo fino al 1982: essi sono diventati accessibili al pubblico solo dopo questa data.

[24] Citato da John Yeomans, *The other...* cit.

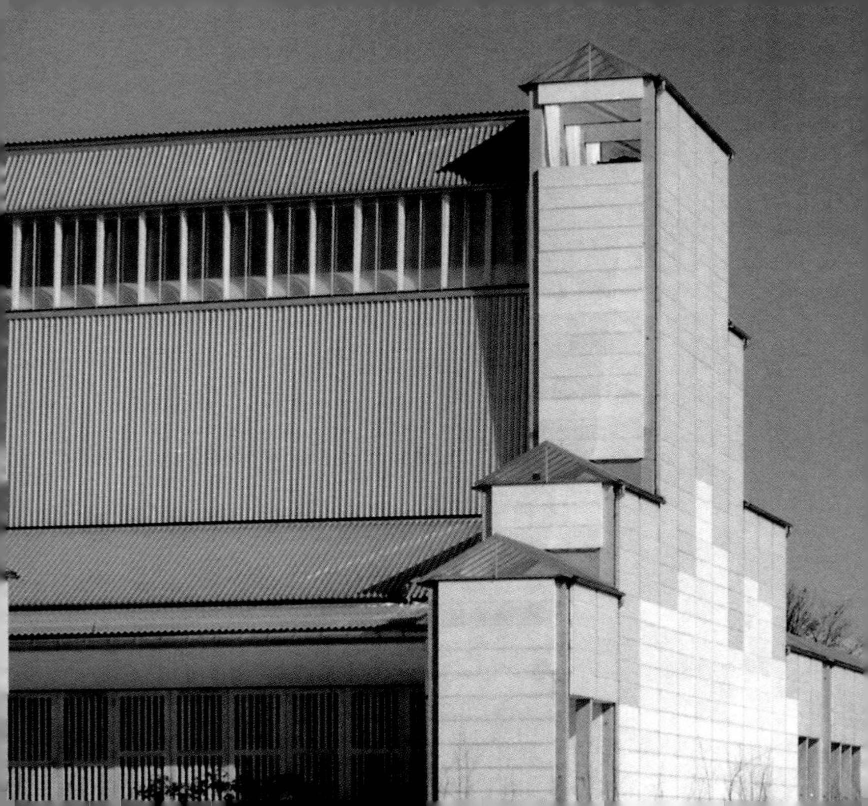

Jørn Utzon dopo Sydney

Un'opera lasciata incompiuta
dal suo autore

Nel gennaio 1967, cioè quasi esattamente dieci anni dopo la vittoria di Utzon al concorso di Sydney e dieci mesi dopo la sua partenza, il 2194esimo segmento delle coperture dell'Opera House verrà posato dalle squadre di Hornibrook. I pannelli piastrellati saranno posati in un secondo momento, e poi il cantiere si fermerà finché i disegni di un nuovo progetto per gli interni e le vetrate saranno allo studio sui tavoli dei sostituti di Utzon. Quest'ultimo, che a Hellebæk[1] ha continuato a riflettere sui suoi auditorium, proporrà in due riprese di tornare a Sydney per portare a termine la costruzione[2]. Il governo rifiuterà seccamente. Destinazione e capacità delle sale saranno radicalmente modificate. L'auditorium maggiore non sarà più polivalente, e il rompicapo con il quale Utzon aveva avuto a che fare verrà risparmiato ai suoi successori. L'ingegnoso macchinario di scena, già arrivato da Vienna, diverrà perciò obsoleto; sarà smantellato e rivenduto a peso[3]. Arup rimarrà l'ingegnere del progetto, e la costruzione della terza fase sarà affidata all'impresa Hornibrook senza accordi ufficiali né termini di consegna ben definiti. Il giorno dell'inaugurazione dell'Opera House alla presenza della regina Elisabetta II, il 20 ottobre 1973, il nome di Utzon non verrà nemmeno pronunciato. Saranno passati più di sette anni dalla sua partenza; alla fine, l'edificio sarà costato 102 milioni di dollari, vale a dire il doppio della più alta stima fatta dall'arrivo di Davis Hughes al ministero dei Lavori pubblici.

A Sydney, della visione di Utzon non rimangono che le "vele" piastrellate ed uno zoccolo di cui neppure il rivestimento è stato realizzato seguendo il suo progetto. Né le vetrate, né gli auditorium, né nessun'altra delle finiture interne sono opera sua[4]. Anche le sue proposte per i dintorni, riunite e consegnate in un fascicolo battezzato *Blue Book*, sono state ignorate. Tuttavia, esse risalivano all'estate 1961. Ashworth all'epoca gli aveva chiesto in via ufficiosa di riflettere sulla questione "per paura che questo delicato progetto cada nelle mani di un qualunque ufficio tecnico". Utzon gli aveva risposto con alcuni schizzi, menzionando inoltre un modello di lastra di cemento prefabbricato "che, diversamente combinata, potrebbe prestarsi a tutte le funzioni – fioriere, panchine, barriere antitraffico, e così via", messo a punto dal suo studio per il rivestimento del suolo delle banchine circostanti[5]. Inoltre, stava per disegnare un autentico progetto per East Circular Quay, che doveva regolamentare la distribuzione e le dimensioni degli edifici circostanti l'Opera House, i sistemi di accesso con i diversi mezzi di trasporto e il profilo del lungomare[6].

Giedion riteneva lo scorno subito da Utzon caratteristico di un'epoca che autorizza la burocrazia e i politici a controllare il lavoro di un artista scelto da una giuria illustre. Egli rammentava anche che, prima di quest'epoca, "l'architetto poteva essere eliminato prima ancora di essere assunto, come era stato per Le Corbusier nel 1927, quando altri erano stati incaricati a forza di intrighi della costruzione della sede della Società delle Nazioni di Ginevra. Oggi, il risultato è sotto gli occhi di tutti"[7]. La polemica sulla partenza di Utzon è ben lungi dall'essersi sopita. A Sydney le tensioni tra partigiani e oppositori dell'architetto si manifestano alla minima occasione. I conflitti che nascondono sembrano così profondi che il caso è stato soprannominato "l'affaire Dreyfus australiano"[8]. Eretta sulla prua della città che egli ha contribuito a collocare sul planisfero, l'O-

Préparez votre voyage 1996

Australia

*L'immagine della
Sydney Opera
House, simbolo
dell'Australia
in tutto il mondo.*

Tavole dal Blue Book, *progetto di Utzon per il Circular Quay.*

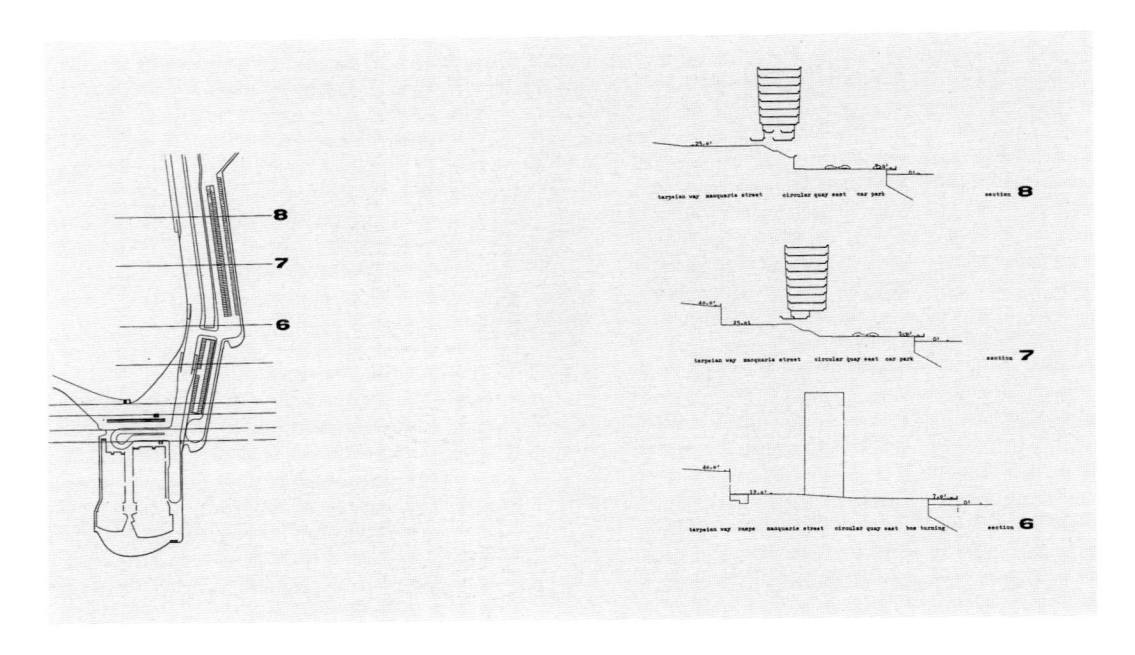

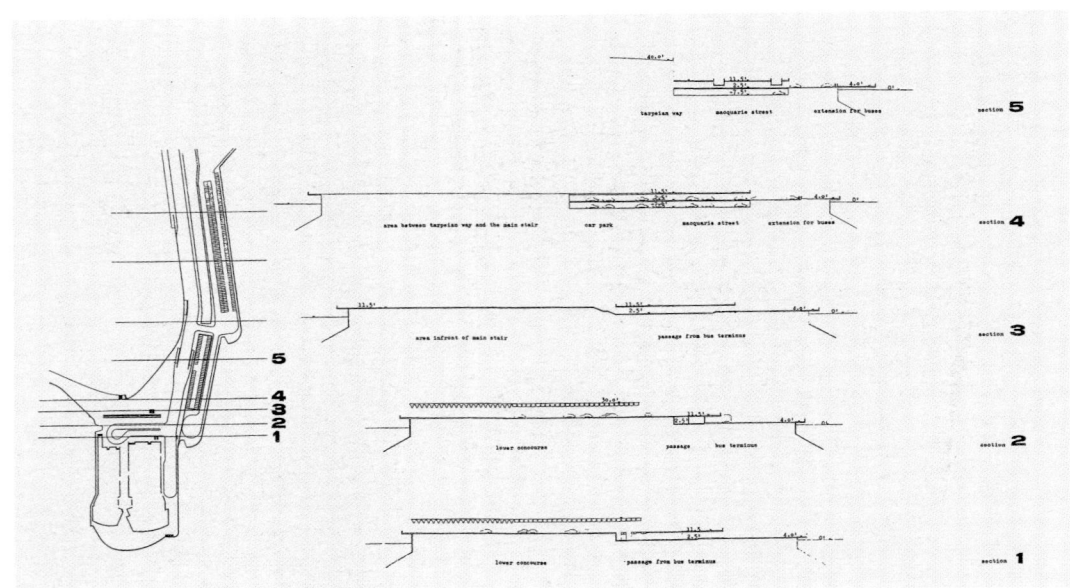

pera House, monumento emblematico alle contraddizioni di una cultura, suscita ancora a Sydney sentimenti appassionati. L'orgoglio diffuso si stempera nel rimpianto, per qualcuno che ancora sogna ciò che avrebbe potuto essere. Le disgrazie di Utzon prefigurano quelle a cui sarebbe andato incontro vent'anni più tardi il suo compatriota Spreckelsen con l'Arche de la Défense di Parigi: anche in quel caso, il vincitore a sorpresa di un concorso altamente simbolico avrebbe visto il suo ideale sconfitto dalla logica finanziaria e politica delle "grandi opere"[9].

Assai presto, alla luce della delusione che nell'animo di molti segue all'allontanamento di Utzon, l'Opera House è vissuta come il manifesto mutilo non solo di una nuova architettura, ma anche di un nuovo modo di fare architettura. Il critico australiano Philip Parsons, che scrive subito dopo l'evento, vede nell'avventura una parabola della lotta ricorrente tra innovazione e reazione: un progetto radicale si è schiantato contro la muraglia del cinismo e dell'immobilismo, incarnati per l'occasione dal provincialismo australiano: "Quando la febbre sarà calata, credo che la storia dell'Opera House sarà vista essenzialmente come un conflitto di principio tra due concezioni dell'architettura: una radicale, cosciente, piena di vitalità, costantemente rivolta verso l'avvenire; l'altra conservatrice, pratica a modo suo, radicata nelle esperienze passate"[10]. La filosofia di Utzon confonde i confini tra architettura e costruzione, dice Parsons, che si interessa più al metodo che alla forma. Se alla fine per l'*establishment* il progetto era diventato accettabile da un punto di vista estetico, non lo era tuttavia dal punto di vista del metodo costruttivo. Poiché confonde ideazione e realizzazione in un tutto unico, Utzon rimette radicalmente in causa i ruoli prefissati e le connesse responsabilità: "Il suo metodo era simile a quello di una catena di montaggio, dove l'équipe di progettisti necessaria alla produzione di un milione di macchine è la stessa che ne progetta una sola. [Questa idea] manda in corto circuito non solo la nozione tradizionale di progetto, ma anche la sacrosanta procedura degli appalti ... Utzon avrebbe progettato l'Australia nell'età della macchina, in quell'architettura che chiamiamo industriale. Egli vi vedeva una soluzione avveniristica agli ormai vecchi criteri dell'artigianato individuale e una logica risposta alle sfide dell'era tecnologica. L'industrializzazione, in architettura, non è cominciata con Utzon, ma c'è da scommettere che, se l'Opera fosse stata terminata secondo i suoi progetti, egli vi avrebbe condotto il mondo intero"[11].

L'architettura addizionale
L'Opera House condensa l'universo di Utzon in una sintesi unica. L'invenzione della geometria sferica delle coperture – la sua svolta decisiva – ne è stata il catalizzatore. Una volta avviata, la reazione si è propagata all'insieme del progetto; essa continuerà a influenzare tutta la carriera dell'architetto, durante e dopo questa realizzazione. A partire dal 1967, egli continuerà in Danimarca le ricerche di applicazioni possibili per le sue convinzioni, ormai ossessive, sulle virtù della produzione seriale.
Già quattro anni prima, forte delle sue scoperte per l'Opera House, scriveva a Giedion: "Ho una gran voglia di dedicarmi a una scala ancora maggiore, e di tentare di applicarvi alcune di (queste) idee, per esempio la produzione industriale di elementi costruttivi combinabili in totale libertà spaziale"[12], aggiungendo che questi principi potrebbero essere estrapolati dall'urbanistica. Uno dei primi progetti realizzati dopo l'Opera House radicalizza la sua riflessione precedente sulla casa unifamiliare alla luce di ciò che ha appreso a Sydney. Espansiva è una casa su catalogo, il cui studio gli è stato richiesto da un gruppo di costruttori danesi. Le condizioni poste sono assai limitative: il materiale principale dev'essere il legno, i componenti facili da montare e da assemblare, economici, e si devono offrire combinazioni multiple adattabili a tutte le condizioni possibili. Utzon idea un sistema di elementi prefabbricati che possono essere messi in opera da qualunque architetto in funzione di qualsiasi cliente e di qualsiasi sito. A differenza dei suoi colleghi che invocano il progresso tecnico – addirittura umano – per giustificare l'abitazione in serie, o che con il suo aiuto fanno dell'abitazione un bene di consumo, egli si rifà alla "storia della casa fino ai giorni nostri, da cui si evince che le nostre esigenze sono soddisfatte in modo ottimale dalla casa nella quale copertura e pavimento sono due superfici continue, mentre le murature esterne, non portanti, e interne, tra i pilastri, mantengono la loro flessibilità. Ho dunque diviso la casa in moduli o unità di dimensioni corrispondenti alle diverse funzioni delle stanze, ottenendo una completa libertà di scelta nella composizione delle abitazioni a partire da questi moduli"[13]. L'unità di base è composta da una struttura di laminato plastico, coperta da un soffitto leggermente inclinato in compensato rivestito di materiale isolante. Lastre di cemento cellulare posano su travi in cemento armato prefabbricate che creano una leggera soprelevazione rispetto al terreno. Le dimensioni di tutti i componenti, primari e secondari, hanno come modulo base la lunghezza di un mattone, cioè 12 cm, che era già quella della prima casa di Utzon, nel 1952. I rivestimenti possono essere assai diversi: tegole, lastre d'acciaio, *shingles* o fibrocemento per la copertura; mattoni, blocchi o pannelli leggeri per tamponare la struttura. La redistribuzione interna degli ambienti e gli ampliamenti risultano assai semplici in virtù dei materiali e dei sistemi di assemblaggio delle pareti, formate da leggeri pannelli fissati alla struttura con bulloni.
Le simulazioni grafiche alle quali Utzon si dedica mostrano configurazioni sempre più elaborate e progressivamente crescenti come un organismo vivente, ma in cui la proliferazione delle ali e

Casa Espansiva, vedute e tavole di progetto (da "Arkitektur", 1, 1970).

dei corridoi è disciplinata da un evidente riferimento ai modelli di case estremorientali. Le successive aggiunte finiscono per formare cortili, e i corridoi divengono vere e proprie gallerie, che servono le stanze da una parte e sviluppano uniformemente la loro facciata sui patii dall'altra. L'aspetto che Utzon ha scelto di dare ai suoi prototipi, d'altronde, è tipicamente cinese: patii che si alternano a pavimenti lastricati, aree acciottolate, boschetti di bambù; composizioni di grandi rocce davanti alle facciate cieche dei muri esterni; tetti di tegole.

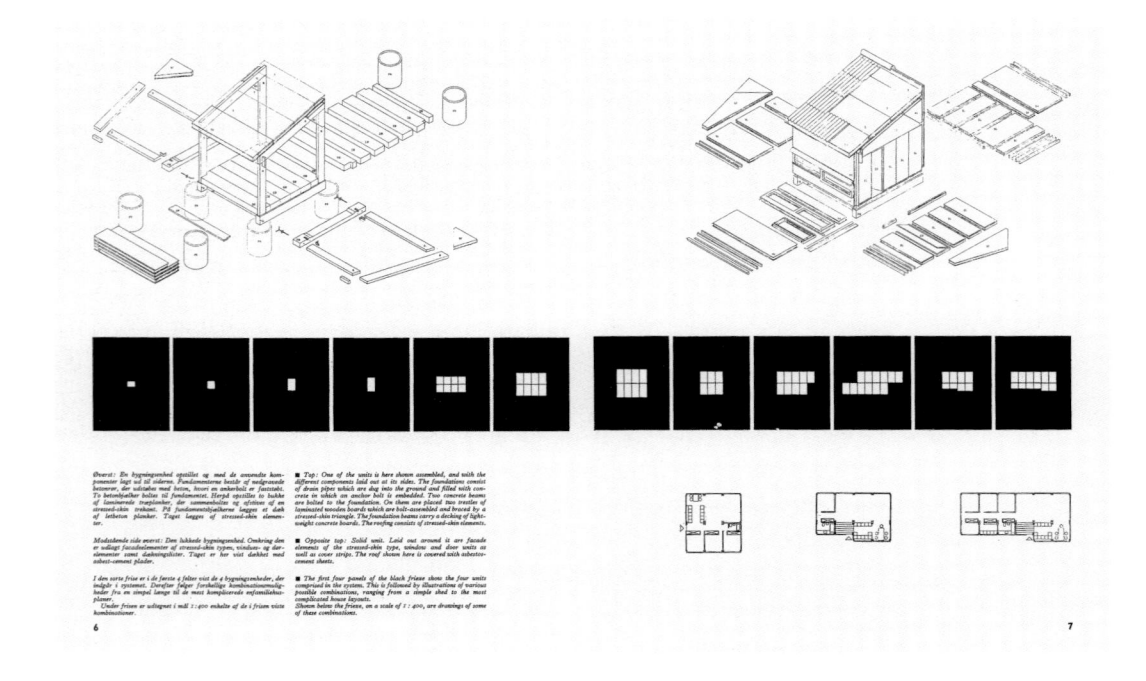

L'esperienza di Espansiva apre un numero speciale della rivista danese "Arkitektur" del 1970, in cui Utzon ricapitola le ricerche sulla ripetitività modulare applicata a tutti i campi: abitazioni, piani regolatori, edifici pubblici, mobili[14]. Utzon ha sempre considerato le sue pubblicazioni come opere a pieno titolo. Il *Red Book* e lo *Yellow Book* esprimevano un vero e proprio progetto estetico e grafico, al di là dei problemi che erano destinati a trattare. Lo stesso vale per i modelli di presentazione, begli oggetti la cui eleganza aveva fini pedagogici, o ancora per il suo modo di ridisegnare i progetti per le riviste, che chiarisce gli intendimenti complessi in rapporto con l'essenza dell'argomento[15], un riflesso del processo che segue l'architettura, oppure uno strato supplementare del suo perfezionamento.

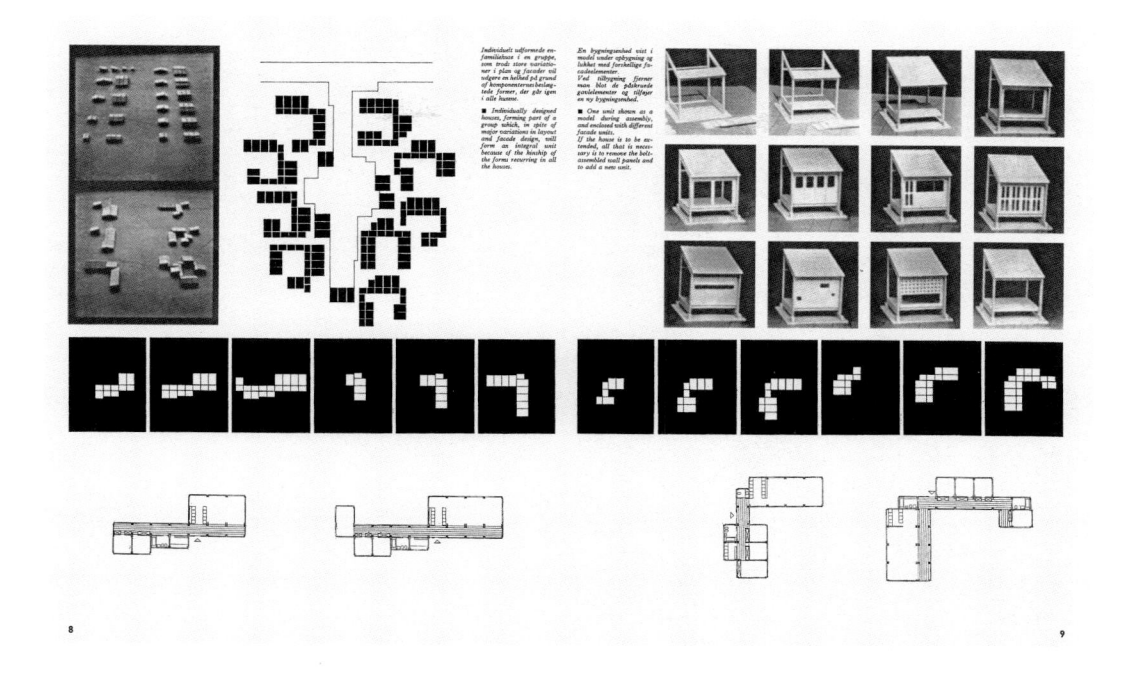

In "Arkitektur" Utzon espone numerosi altri studi condotti nei tre anni precedenti. La pubblicazione rappresenta una testimonianza unica sulla sua attività posteriore al periodo australiano, tanto più che nessuno dei progetti che vi compaiono troverà una realizzazione. Tutte queste ricerche sono presentate in un'unica prospettiva: quella dell'"architettura addizionale". Nell'omonimo testo introduttivo, Utzon torna ancora una volta alla tradizione costruttiva scandinava ("L'unico uso coerente dei componenti prodotti industrialmente è assemblarli senza modificarli o tagliarli"), come per liberarsi meglio dai suoi limiti e ripensare a una possibile fusione tra i suoi

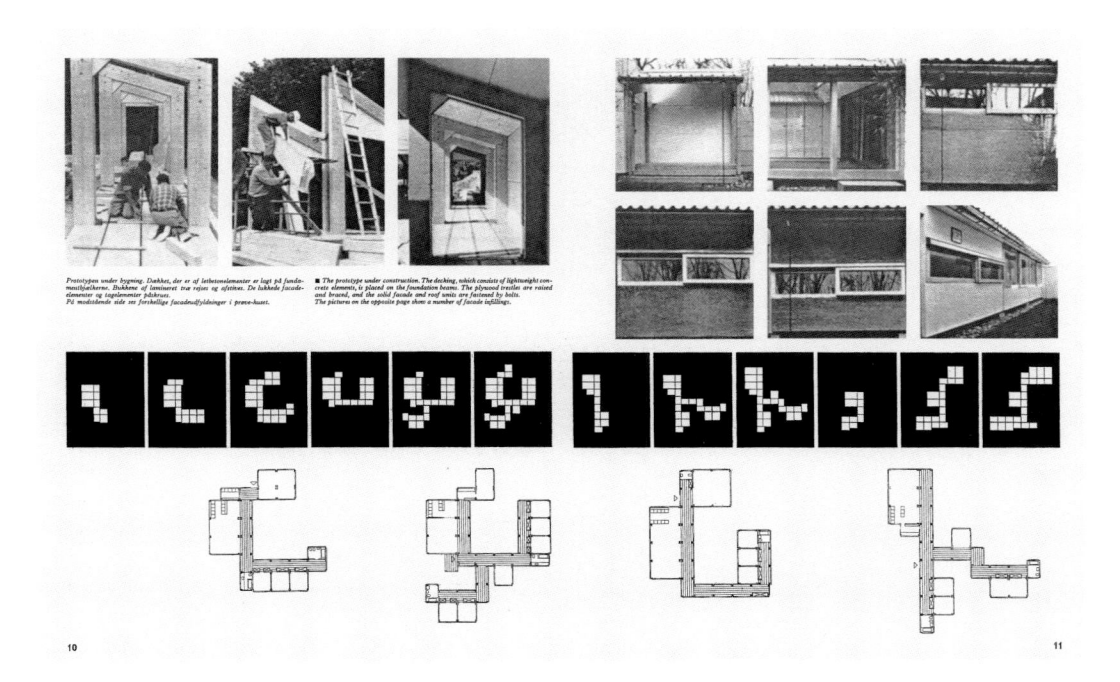

■ *The need for establishing an educational centre at Herning formed the basis of a programme for a school complex with several colleges, concerned with export, textiles, design, etc. Whilst each of these colleges was to have its own organisation, they were to share many subjects, teachers and buildings – a school centre capable of adapting itself, and of attracting other colleges as well.*
At the Herning colleges, an additive principle arose in that it was desired to have, for each type of room, a completely free choice in respect of height, size and lighting and to bring all these different types of rooms on a common denominator so that they could come together, link up, become additive. The common denominator is a horizontal frame at door level, resting on posts at the corners of the rooms. Above and on this frame, the roof is freely developed to meet the volume and lighting requirements; below the frame, the bays between the columns, the rooms can be freely connected with each other or with the outside by means of non-bearing elements, as the load bearing function is exclusively assigned to the frame and the four columns.
It is not so difficult to imagine a continuous expansion or modification of a house, a group of buildings or a town, if the house, the buildings or the town are based on the additive principle.

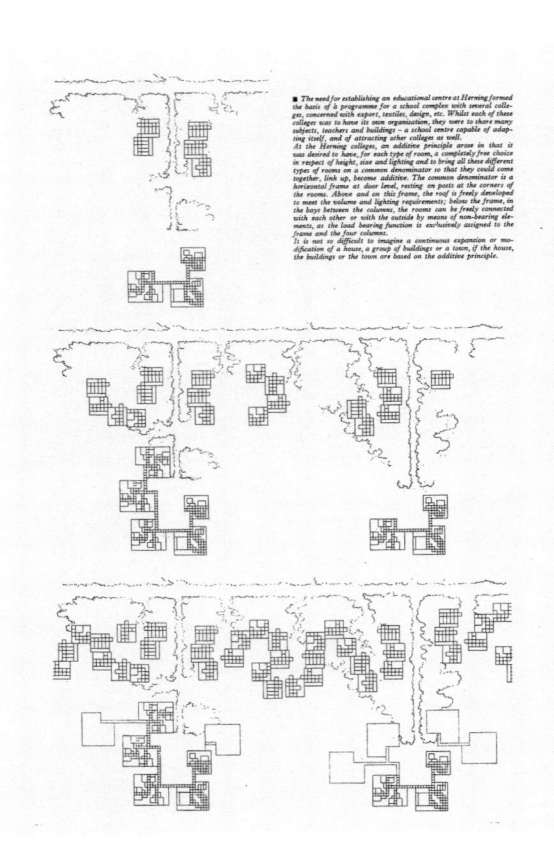

En skoleby i Herning
Arkitekt: Jørn Utzon

Ønsket om at lægge et undervisningstyngdepunkt i Herning var grundlaget for et program til en skoleby med flere skoler: eksport, tekstil, design etc., skoler som havde deres egen organisation, men som delte mange fag, lærere og bygninger med hinanden. En skoleby som ændrede sig og trak flere skoler til stedet.

Organisationsdiagrammer for sådanne skoler viser rumgrupperinger med rum af forskellige størrelser, form og belysningskrav, forbundet med hinanden på en bestemt måde. Sådan bobleligende diagrammer, som er smukke, frie og rigtige som boblerne i bølgeskummet, bliver normalt presset ind i bygningslænger uden større variation i loftshøjder og med ensartede fagindelinger.

I Herning-skolerne er et additivt princip opstået ved at udforme hver rumtype helt frit med sin egen rumhøjde, størrelse og belysningsform og ved at påføre alle disse forskellige rumtyper en fællesnævner, for at de alle kunne mødes og forbindes, adderes sig. Fællesnævneren er en vandret ramme i dørhøjde, hvilende på søjler i rummenes hjørner. Oven over og på denne udfolder taget sig frit efter kravet om lys og volumen, nedenunder rammen i felterne mellem søjlerne kan forbindelse med andre rum eller med naturen ske frit med ikke-bærende elementer, da rammen og de fire søjler er den bærende konstruktion.

Tagrenderne følger rammerne eller mellemrummet mellem rammerne. Spillet med denne arkitekturform bliver som en leg med chokoladestykkerne, når man brækker en plade chokolade i fugerne og samler den igen. I dette spil er chokoladestykkerne blot ikke ens, men kan variere. Fugen er fællesnævneren.

Karakteren af komplekset er som et frokostbord: kopper, glas, fade, tallerkener og de forskellige retter i al deres frodighed præsenterer måltidet og indbyder til udfoldelse og variation – i modsætning til en servering med vand og brød – i arkitektursproget: en puritansk æstetik.

Det er ikke spørgsmålet, hvordan tingene ser ud, det er spørgsmålet, hvad de repræsenterer.

Der har længe været stærke tendenser til en frigørelse fra den lammelse, som æstetik- og facadearkitektur påtvinger vore bygninger og omgivelser.

Alt dette her er et forsøg på at skabe større frihed og mindre bundethed, et forsøg på at muliggøre en forlening af de kreative kræfter; men disse projekter viser også, at en disciplin er nødvendig for at tingene ikke skal falde fra hinanden. Denne disciplin er her snarere en fællesnævner end et valgt tal.

Hvis man betragter et stykke natur, et skovbryn, en strandbred, havet eller en blomstrende græsmark, ser man, at f. eks. græsmarkens karakter er opstået ved en addition af så og så mange forskellige typer af blade og stængler, alle sammensat efter bestemte love. Det er de mange gentagelser – i let variation – der giver karakteren.

Det er ikke så svært at forestille sig en konstant vækst og ændring af et hus, af en gruppe huse eller af en by, når huset, husene eller byen er baseret på additionstanken.

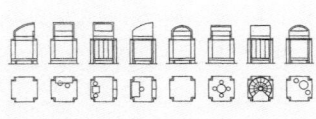

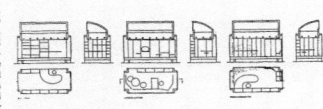

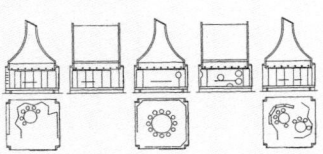

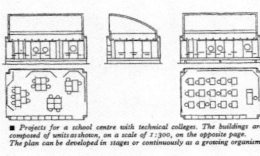

■ *Projects for a school centre with technical colleges. The buildings are composed of units as shown, on a scale of 1:300, on the opposite page. The plan can be developed in stages or continuously as a growing organism.*

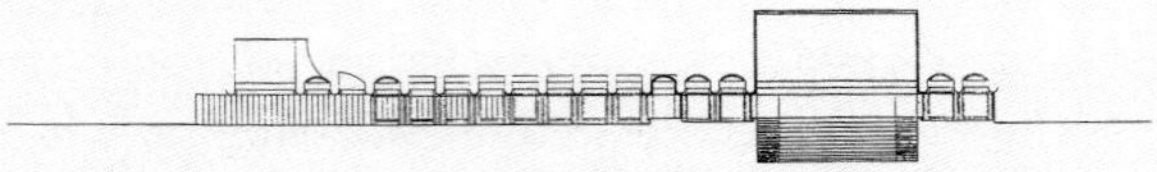

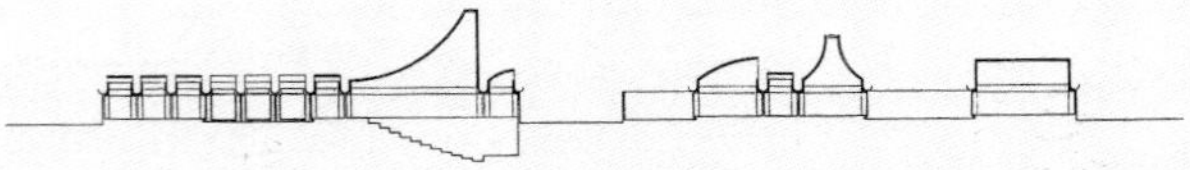

1. etape af skolebyen. Planer og snit i mål 1:500.
■ *First stage of the school centre. Plans and section, 1:500.*

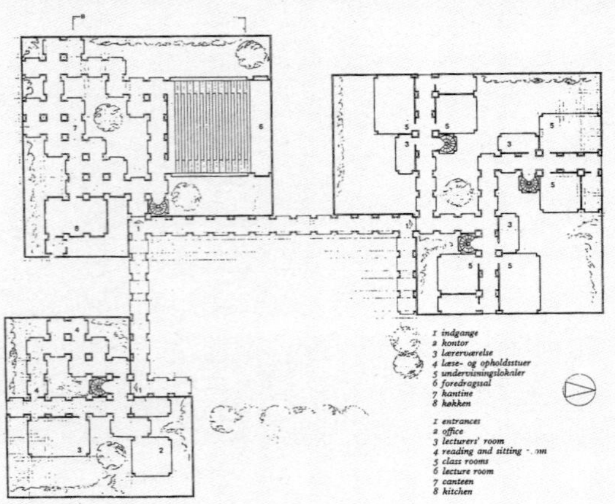

1 indgange
2 kontor
3 lærerværelse
4 læse- og opholdsstuer
5 undervisningslokaler
6 foredragssal
7 kantine
8 køkken

1 entrances
2 office
3 lecturers' room
4 reading and sitting room
5 class rooms
6 lecture room
7 canteen
8 kitchen

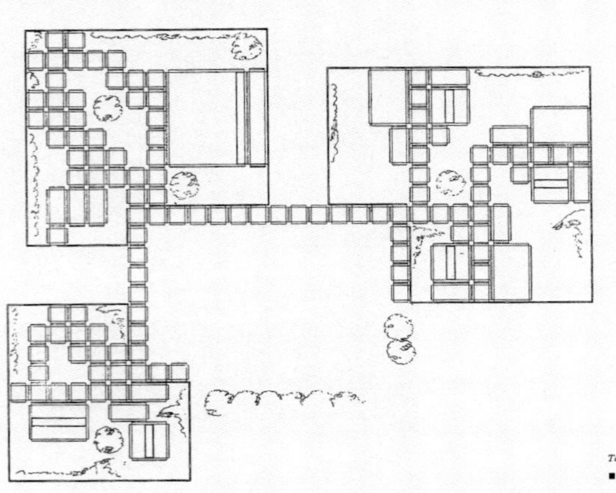

Tagplan af skolen.
■ *Roof plan.*

196

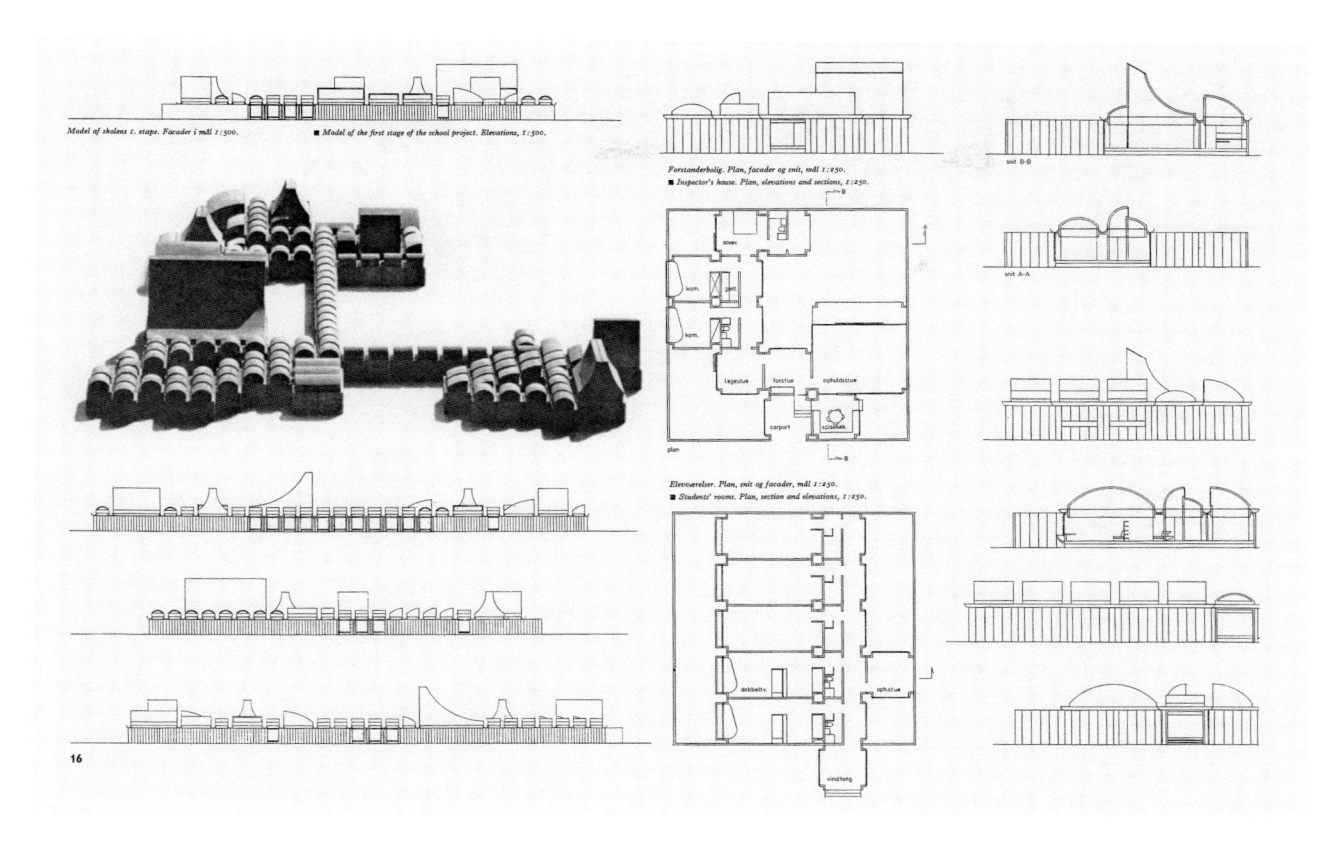

Centro educativo Herning, tavole di progetto e vedute del modello (da "Arkitektur", 1, 1970).

insegnamenti e i compiti imposti dall'attualità: "questo principio di addizione pura implica un nuovo tipo di architettura, una nuova espressione i cui effetti e attributi sono paragonabili a quelli che si ottengono aggiungendo alberi a una foresta, capi a un gregge, ciottoli a una spiaggia o vagoni a una stazione. Tutto dipende dal numero di componenti messi in gioco. Questo principio calza a pennello alle esigenze della nostra epoca – libertà progettuale, rottura con la casa-scatola di dimensioni fissate, distribuzione convenzionale degli ambienti. Se si lavora partendo da questo principio addizionale è possibile soddisfare agevolmente tutte le esigenze del progetto, così come i suoi ampliamenti e le sue alterazioni: l'architetto – o piuttosto il carattere dell'edificio – è quello della somma delle sue parti, e non di una composizione dettata dalla facciata. Ecco ci evita di attentare all'integrità di ogni componente. Tutti trovano la loro espressione individuale. La morale del funzionalismo, sulla quale si fonda ogni architettura degna di questo nome, è così rispettata. I disegni non sono fini a se stessi, linee sprovviste di senso e di dimensioni ... I progetti (che qui illustro) testimoniano del grado di libertà a cui si può giungere grazie al principio addizionale, e per le tipologie più disparate. Essi mostrano anche le problematiche principali dell'ideazione delle unità di base, i loro vantaggi in termini di controllo della fabbricazione, di costi e di assemblaggio rispetto alla costruzione eseguita con metodi tradizionali"[16].

A questa dichiarazione preliminare, i cui argomenti e accenti ricordano gli ultimi testi dedicati all'Opera House, segue l'illustrazione di cinque progetti, sviluppati e impaginati in modo da mettere in risalto la loro "addizionalità". Il procedimento è unico: definizione di un'unità di base in funzione della natura del programma, messa a punto delle varianti, assemblaggio di queste ultime in funzione del sito e delle fasi di realizzazione. Da tutti traspare il richiamo a modelli storici con il fine di controllare la logica del procedimento. Utzon si riallaccia ai suoi primi complessi residenziali, quelli di Elsinore e di Fredensborg, ma per staccarsene grazie al ricorso alla prefabbricazione di tutti i componenti, ereditata dall'esperienza dell'Opera House.

Per il concorso della città di fondazione di Farum (1966), ad esempio, egli resuscita un riferimento che appariva già in molti dei suoi progetti precedenti: il bazar delle città mediorientali, con le sue strade interne fiancheggiate da negozi, il cui sviluppo, limitato dalla forma urbana, corri-

Farum bycenter
Arkitekt: Jørn Utzon

Projektet er udarbejdet til den af Farum kommune i 1966 udskrevne konkurrence om et nyt bycenter. Grunden ligger i udkanten af den eksisterende by, begrænset af en skole og facadeløse veje. Adgangen til centret må ske på få punkter. Det har motiveret udformningen som et lukket basaranlæg med få, arkitektonisk fremhævede indgange, og iøvrigt lukket mod omgivelserne. Anlægget er udformet med bygningsfacader mod de overdækkede gader og torve, og leddelingen er fremhævet, så de enkelte butikker og udstillinger er underordnet helheden. I de lange perspektiver ser den besøgende sammenhængen i bygningsanlægget, og når opmærksomheden rettes mod butiksvinduerne udgør de led i en kæde af afvekslende udstillinger.

Anlægget er formet som en voksende struktur, bygget op af led, der kan fremstilles af præfabrikerede komponenter. Ved en etapevis udbygning vil anlægget ikke på noget tidspunkt fremtræde som et ufuldført bygningsanlæg.

Farum Town Centre
The project was prepared in response to a contest for a new town centre, sponsored by the Farum Borough Council in 1966. The site is at the edge of the existing town, bordered by a school and access-free roads. Access to the town centre must therefore be confined to a few points. In consequence, the town centre has been designed as a closed bazaar with a few, architecturally emphasized entrances, but otherwise turning its back to the surroundings. The buildings face covered streets and piazzas and the segmentation is emphasized so that the individual shops and displays are subordinated to the whole.

The town centre is conceived as a growing structure, composed of uniform particles which can be produced from prefabricated components.

Etapeplaner, 1:4000.
■ *Three stages.*

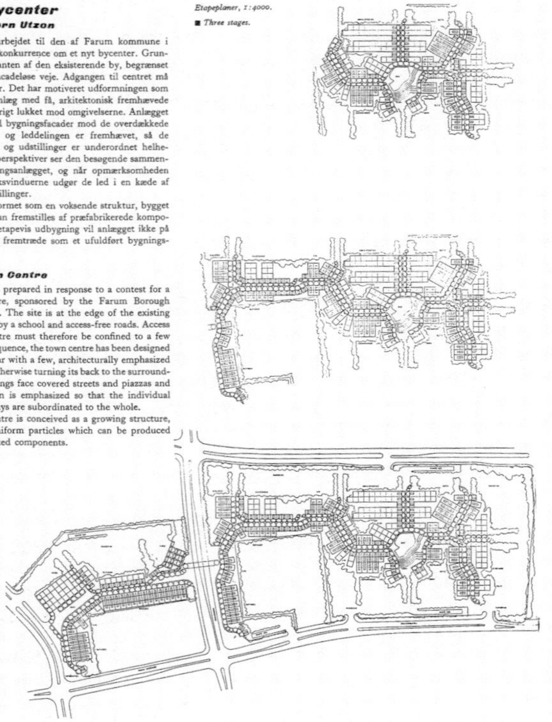

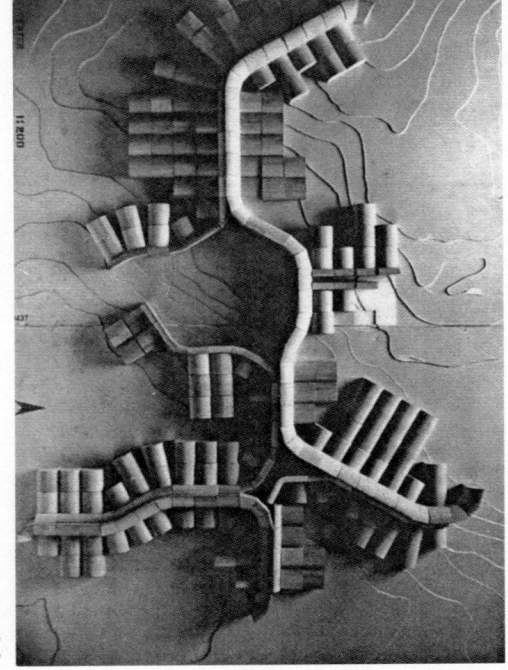

Model af Farum bycenter, 1. etape. Forslaget kommer ikke til udførelse.
■ *Model af Farum town centre, first stage. The project will not be realized.*

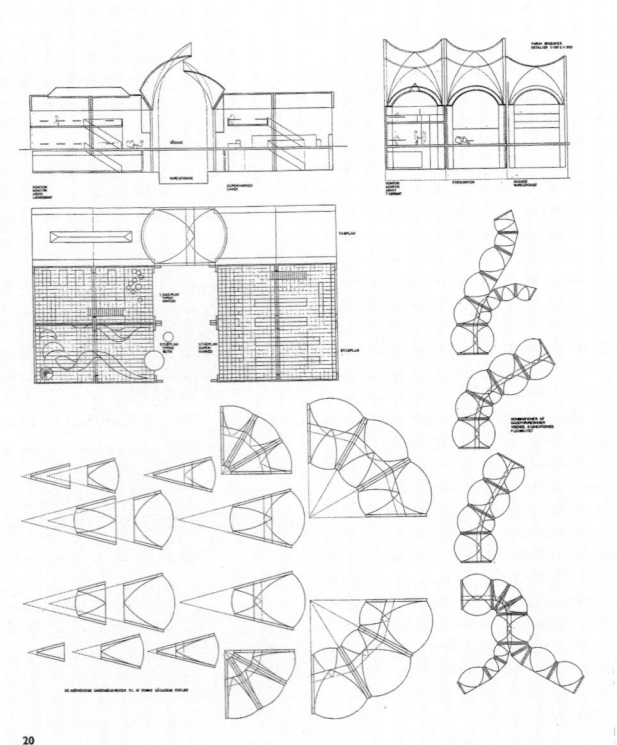

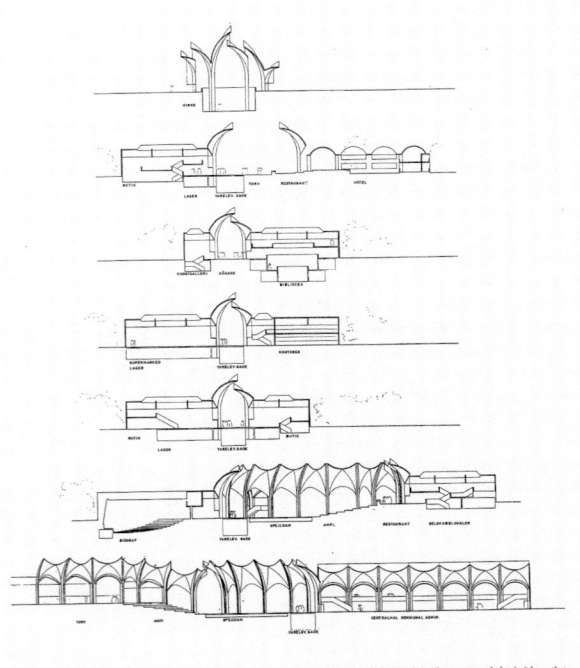

Centret er opbygget af led, udformet over et geometrisk princip, som gør det muligt at præfabrikere komponenterne i beton i et stærkt begrænset antal varianter. Leddene kan sammenbygges til et blødt kurvet forløb af basargader, hvorfra butiks- og institutionslokaler kan udbygges i etaper efter behov.

■ *The centre is composed of units designed to a geometrical principle so that the components can be prefabricated in a strictly limited number of variants. The units can be combined to form a gently curved bazaar street from which the shops and other premises can be built in stages as required.*

Farum, tavole di progetto e veduta del modello (da "Arkitektur", 1, 1970).

sponde esattamente alle sue stesse preoccupazioni: "ampliare un edificio senza distruggerne il significato originale ... Gli arabi hanno risolto questa difficoltà con la struttura dei loro bazar e delle loro case basse, che permettono la continuità nel rispetto del programma"[17]. A Farum, questo modello risponde a una duplice esigenza: la richiesta di superfici commerciali e il carattere intercluso del sito, che permette solo un numero ristretto di accessi al centro. Gli elementi a Y della galleria commerciale, al tempo stesso strutturali e di copertura, richiamano quelli già presenti in un precedente progetto di centro commerciale, del 1959, contemporaneo della banca Melli che stava costruendo in quel momento a Teheran. La pianta al livello terra è fortemente caratterizzata dalla ripetizione di moduli quadrati e dai punti di aggancio della struttura; quella delle coperture li riunisce più liberamente nel disegno di una "quinta facciata". Per il centro educativo di Herning, Utzon progetta delle unità cubiche identiche coperte da piccole volte. Assemblate a schiera, a grappolo o a chiostro, esse costituiscono dei "college" autonomi: di altezza costante, sormontati, a seconda delle dimensioni e dell'uso a cui sono destinati gli spazi che ricoprono, da diversi tipi di copertura ad arco di cerchio a costituire un tessuto variegato che ricorda i campanili o le cupole di un villaggio.

Un progetto per un complesso sportivo a Gedda, in Arabia Saudita, completa lo spettro d'applicazione dei principi addizionali. Come a Farum, essi si rivelano utili prima di tutto per unire i tre oggetti che compongono l'insieme (stadio, piscina e palestra) permettendo di costruire infrastrutture di collegamento modulari che si sviluppano con il progredire delle fasi di realizzazione. "Il sistema può crescere in maniera organica come un albero nella foresta, cosa che evita costantemente la spiacevole sensazione di 'lavori in corso' associata al cantiere a più tappe". Il principio si sviluppa anche sulla scala più strettamente costruttiva. La situazione climatica del luogo impedisce di prevedere grandi elementi di cemento colati *in situ*: gli edifici saranno composti da segmenti più piccoli, prefabbricati in unità di produzione installate vicino al luogo prescelto e poi assemblate in cantiere.

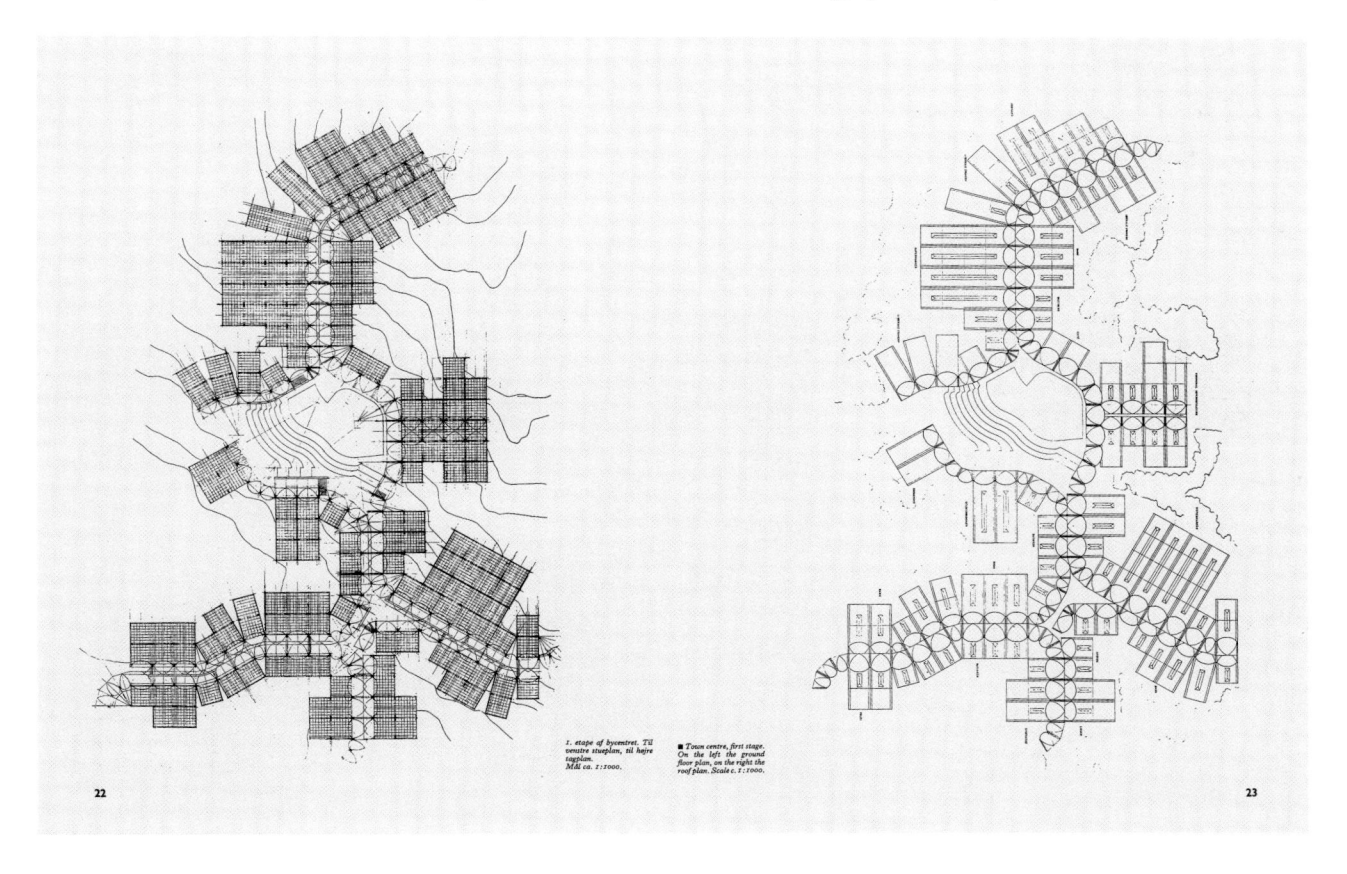

Stadio di Gedda,
vedute del modello
e tavole di progetto
(da "Arkitektur",
1, 1970).

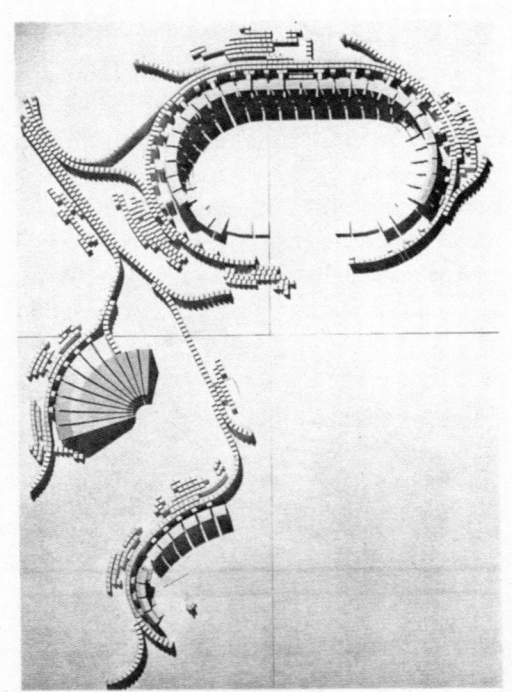

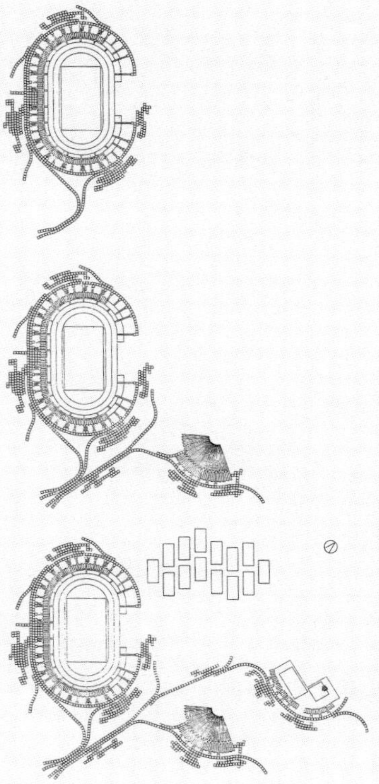

Jeddah Stadium, Saudi-Arabia
Architect: Jørn Utzon

The design of the stadium has been governed by the local climatic conditions which require the greatest possible number of seats to be in the shade. The grandstands turn their backs to the south and the hot south wind, and are open towards the cooler wind from the north.

The design was also influenced by the desire to match the layout to the movement pattern of the thousands of spectators who walk from and to the different parts of the ground. Finally, the wish to permit construction in stages has been a major factor in the design.

Some 30,000 people can move along the covered, bridge-like, shaded, gently curved passages without causing traffic jams. The bridges imperceptibly force the spectators to follow the marked paths and ensure a complete control of the entrances to the different venues.

In this extremely hot climate, it is difficult to work with in-situ cast concrete structures which would be exposed to cracking and other technical problems. All the parts of the buildings are therefore so designed that they can be assembled from simple concrete units which can be produced in local field factories under cover. In the local circumstances, the utilisation of such precast units also ensures a higher standard of quality and easier quality control.

The access roads form the backbone of the whole establishment; they may be compared to the trunk of a tree, with branches leading to the different parts of the ground. The system is able to grow just as organically as a tree in the forest, avoiding at all times that unpleasant impression of unreadiness otherwise associated with buildings erected in stages. It is not even necessary to plan the final stage before work is commenced on the first. As the components can be assembled in any desired combination, the plan can still be altered during later stages.

Structural Unit No. 1. The access bridges are assembled from two-storeys high bridge units with four legs which carry a paving slab at first floor level and a roof at second floor level. This roof is designed as a quarter-cylinder, open on one side, so as to provide shade as well as ventilation.

This structural unit consists of concrete cast in steel moulds which, being used many times over, are of high quality.

Structural Unit No. 2 is a one-storey high roof element, composed of the quarter-cylinder roof which, as already mentioned, is open on one side to provide shade and ventilation, and of louvred screen walls. This unit is designed for use with restaurants, lavatories, offices, changing rooms, etc., and is produced in the same way as the bridge unit. Again, this unit is obviously capable of being added to the pre-existing posts at any time without difficulty. And the architectural overall impression derived from the composition of these roof and bridge units in any combination and quantity will remain harmonious and will form a convincing contrast to the colossal, screen-like grandstand surrounding the stadium and swimming pool, and also to the enormous structure of the indoor sports arena.

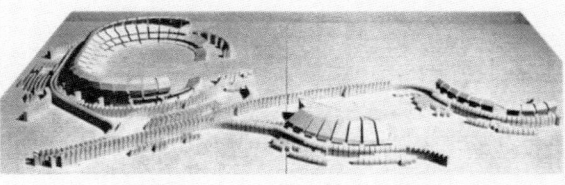

Structural Unit No. 3. The stadium grandstand is arranged on three staggered tiers. Each spectator has a perfect view over the sports ground, and the great majority of them will sit in the shade. The structural design, using thin, angled slabs, provides an elegant, facetted screen which is further emphasized by the interplay of light and shade. It represents a very economic structure which can easily be assembled from small components.
Structural Unit No. 4 is the grandstand of the swimming pool. Apart from being confined to a single storey, this unit is similar in structure and design to Unit No. 3.
Structural Unit No. 5. The sports arena is entirely enclosed. Even so, it also consists of prefabricated segments and also forms a folded structure. Because of the need to provide shade, it has been given an additional, leaf-like layer of roof elements which have the dual function of affording ventilation and of giving shade to the upper side of the folded roof structure.

■ *Tre etaper i stadionanlæggets udbygning.*
■ *Three stages in the development of the stadium project.*

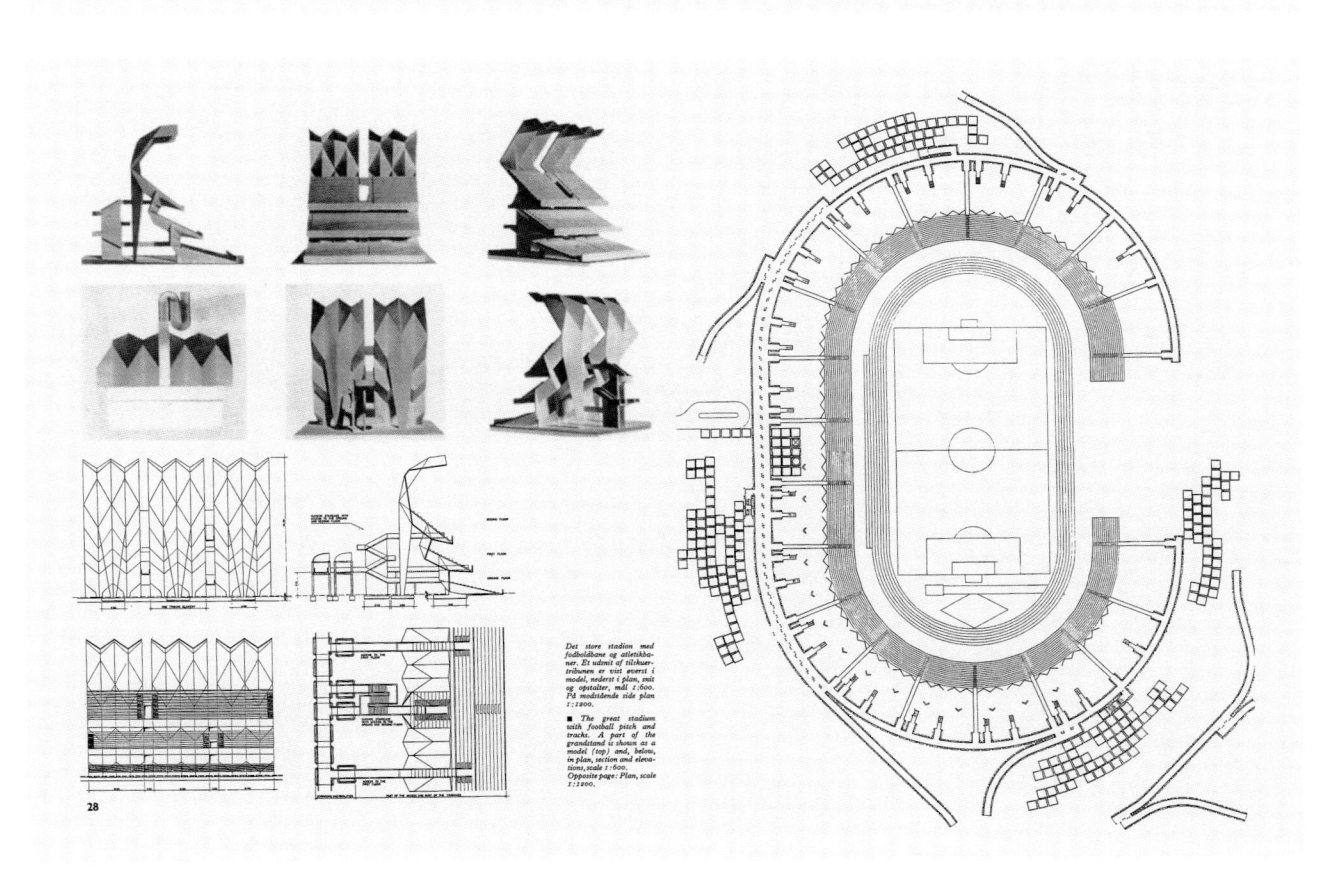

■ *Det store stadion med fodboldbane og atletikbaner. Et udsnit af tilskuertribunen er vist øverst i model, nederst i plan, snit og opstalter, mål 1:500. På modstående side plan 1:1200.*
■ *The great stadium with football pitch and tracks. A part of the grandstand is shown as a model (top) and, below, in plan, section and elevations, scale 1:500. Opposite page: Plan, scale 1:1200.*

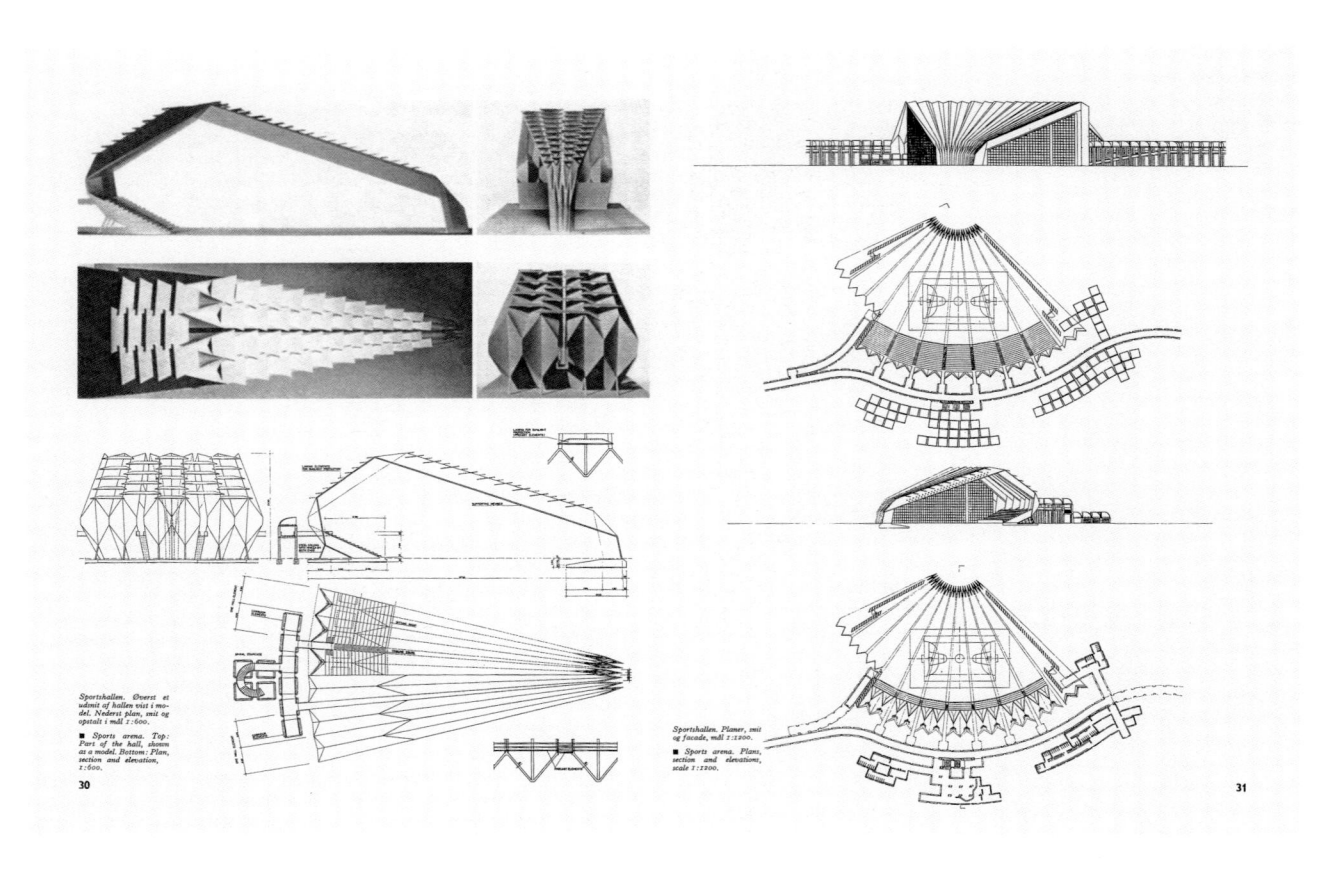

Sportshallen. Øverst et udsnit af hallen vist i model. Nederst plan, snit og opstalt i mål 1:600.
■ Sports arena. Top: Part of the hall, shown as a model. Bottom: Plan, section and elevation, 1:600.

Sportshallen. Planer, snit og facade, mål 1:1200.
■ Sports arena. Plans, section and elevations, scale 1:1200.

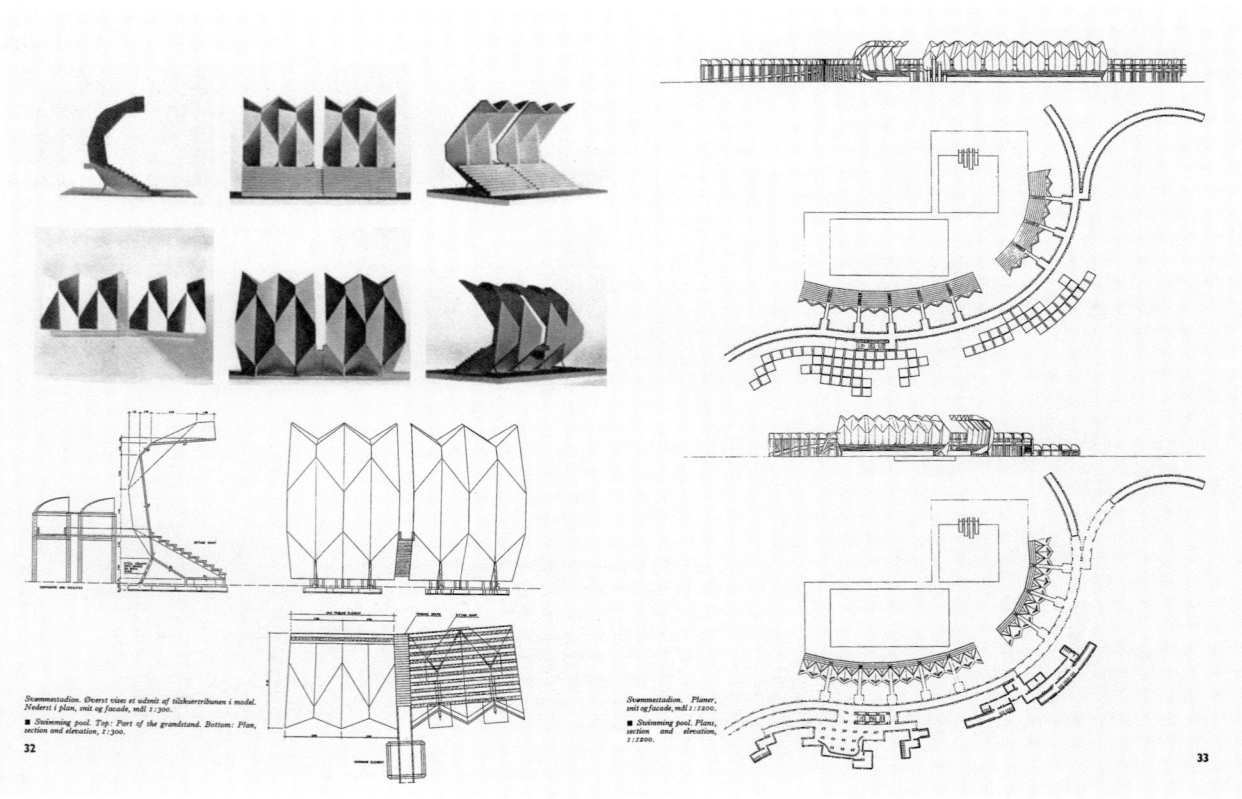

Svømmestadion. Øverst vises et udsnit af tilskuertribunen i model. Nederst i plan, snit og facade, mål 1:300.
■ Swimming pool. Top: Part of the grandstand. Bottom: Plan, section and elevation, 1:300.

Svømmestadion. Planer, snit og facade, mål 1:1200.
■ Swimming pool. Plans, section and elevation, 1:1200.

Stadio di Gedda, tavole di progetto (da "Arkitektur", 1, 1970).

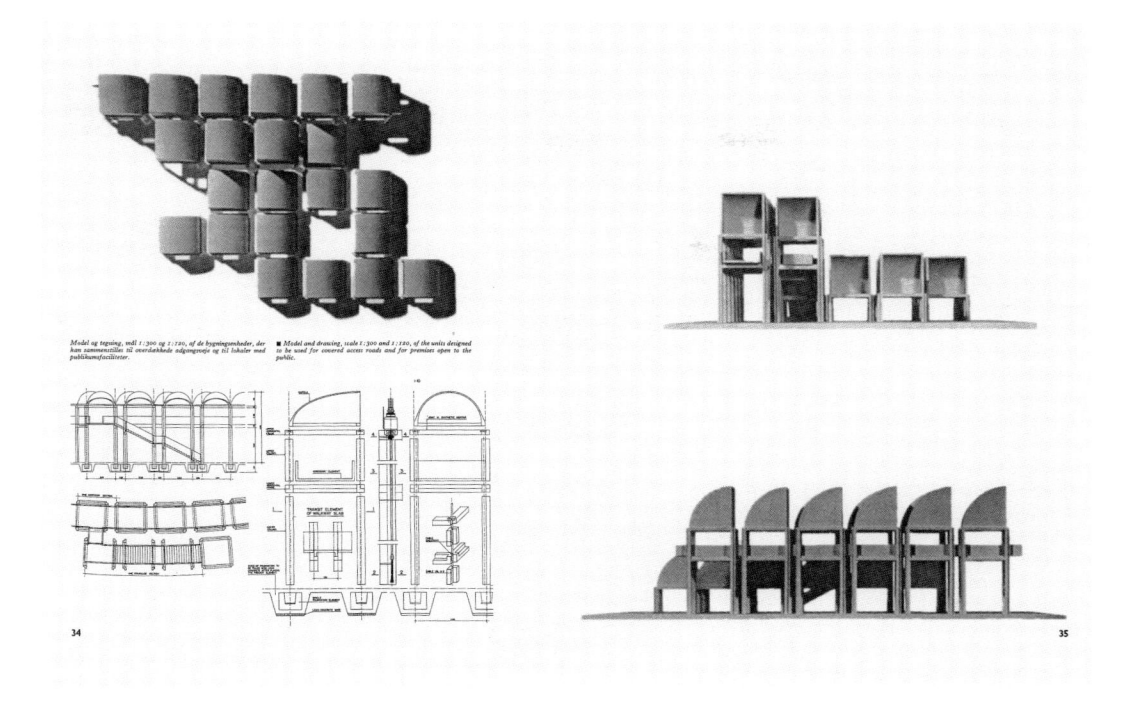

Il numero di "Arkitektur" termina con due progetti di mobili destinati a luoghi pubblici. Il profilo di cigno dei sedili "Utsep Mobler" tenta di conciliare ergonomia e scultura ("forme seducenti posate al suolo" e non "file di panche schierate militarmente"), mentre la flessibilità degli assemblaggi deve tradurre l'informalità dei contatti sociali. Il secondo, "A New Angle", è un sistema di cornici d'alluminio i cui 9 tipi si assemblano in kit formando poltrone, sgabelli, divani e tavoli. L'ultima pagina presenta un esempio di "paesaggio di mobili governato da moduli" che Utzon riesce a creare associandoli a paraventi. La fotografia è accompagnata dalla riproduzione di una stampa che mostra una scena di genere in mobili dalle configurazioni simili. "Queste possibilità erano già conosciute in Cina mille anni fa, per arredare le grandi sale dei palazzi", conclude Utzon.

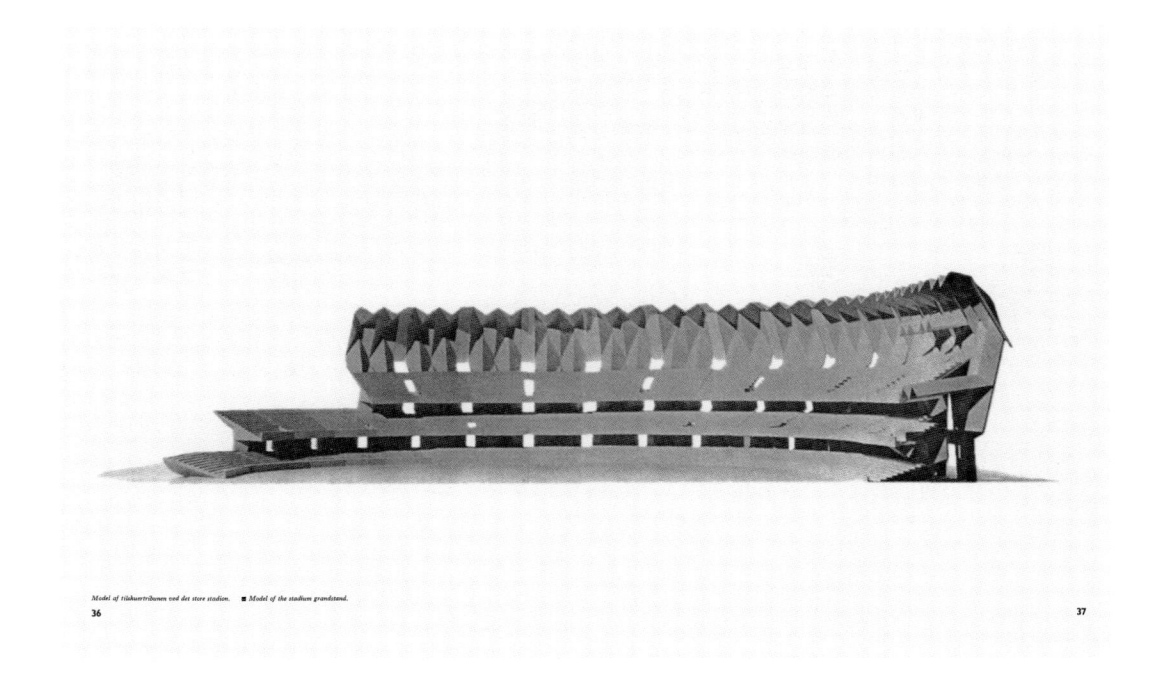

Utsep møbler
Arkitekt: Jørn Utzon

Møbelsystemet er opstået ved at studere menneskers naturlige trang til at forme grupper og til at sidde sammen i større eller mindre klynger. Hele vores selskabelige liv baseres på en sådan trang til at samtale og agere sammen med andre mennesker.

Den firkantede 90 graders møbelopstilling i opholdsstuer, selskabsrum, foyerer og venterum lokker ikke til nogen intim samtale. Mødebordet er, fra at have været rektangulært, blevet rundt. Alle ser hinanden, alle er af samme betydning, og alle har derved samme mulighed for udfoldelse.

Det runde bord er blevet lighedens symbol i modsætning til det rektangulære bord med den dominerende person ved bordenden, symboliserende et autoritært system. Den krumme møbelopbygning giver gruppen, som slår sig ned, den samme fornemmelse af venlig samhørighed, som det runde mødebord giver mødedeltagere. Praktisk taget alle krumninger er med dette møbelsystem blevet mulige på grund af de vinkelformede elementers evne til kombination med rektangulære elementer. Man kan opbygge små siddemøbler med cirkulær plan, der helt lukker sig, så møblerne næsten danner et rum, eller man kan bygge snoede møbelkombinationer med siddepladser, ryg mod ryg.

Disse bevægede møbelformer er, selv ubenyttede eller med kun enkelte personer, fine skulpturer på en gulvflade, mens de militærisk-opstillede bænkerader, kendt fra venteshaller, lufthavne og stationer, har en uinspirerende tomhed over sig.

I Tuilerierne i Paris er parkmøbleringen ikke bænke, men jernstole. Det er et meget inspirerende syn at se, hvorledes grupper af unge flytter stolene sammen i cirkler og klumper, så gruppens samvær rigtigt understøttes af den enkeltes position i forhold til de andres.

I vores nuværende konstruktive, fagdelte, rektangulære arkitektur kommer møblerne med deres levende former ind som en fin kontrast til et klart kubisk-opbygget rum. Ved arbejdet med rum og opbygninger, hvor mange mennesker samles eller føres igennem, er det i arbejdet med at finde den arkitektoniske løsning en støtte at forestille sig mennesker, uafhængige af deres omgivelser, løsrevet fra vægge, gulv og møbler, og betragte dem, som når man betragter store fugleflokke. Ser man på en fugleflok pludseligt ændrede karakter, når den efter en fri flugt lander og sidder i lige rækker på telefontrådene, forstår man, hvor stærkt arkitekten binder menneskers bevægelsesfrihed og naturlige bevægelseslyst med sine gange, sine trapper, sine møbel- og bordopstillinger og sine bænkerader.

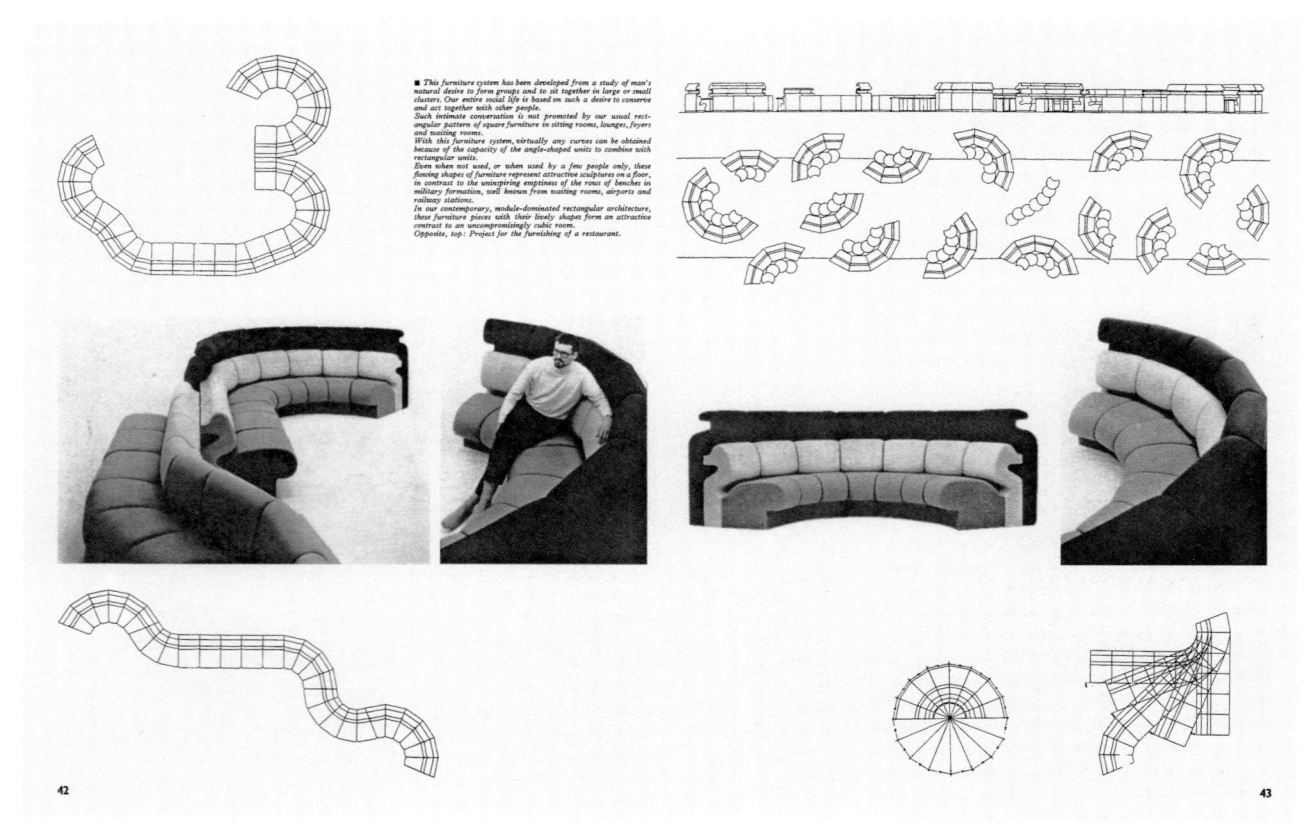

■ This furniture system has been developed from a study of man's natural desire to form groups and to sit together in large or small clusters. Our entire social life is based on such a desire to conserve and act together with other people.
Such intimate conversation is not promoted by our usual rectangular pattern of square furniture in sitting rooms, lounges, foyers and waiting rooms.
With this furniture system, virtually any curves can be obtained because of the capacity of the angle-shaped units to combine with rectangular units.
Even when not used, or when used by a few people only, these flowing shapes of furniture represent attractive sculptures on a floor, in contrast to the uninspiring emptiness of the rows of benches in military formation, well known from waiting rooms, airports and railway stations.
In our contemporary, module-dominated rectangular architecture, these furniture pieces with their lively shapes form an attractive contrast to an uncompromisingly cubic room.
Opposite, top: Project for the furnishing of a restaurant.

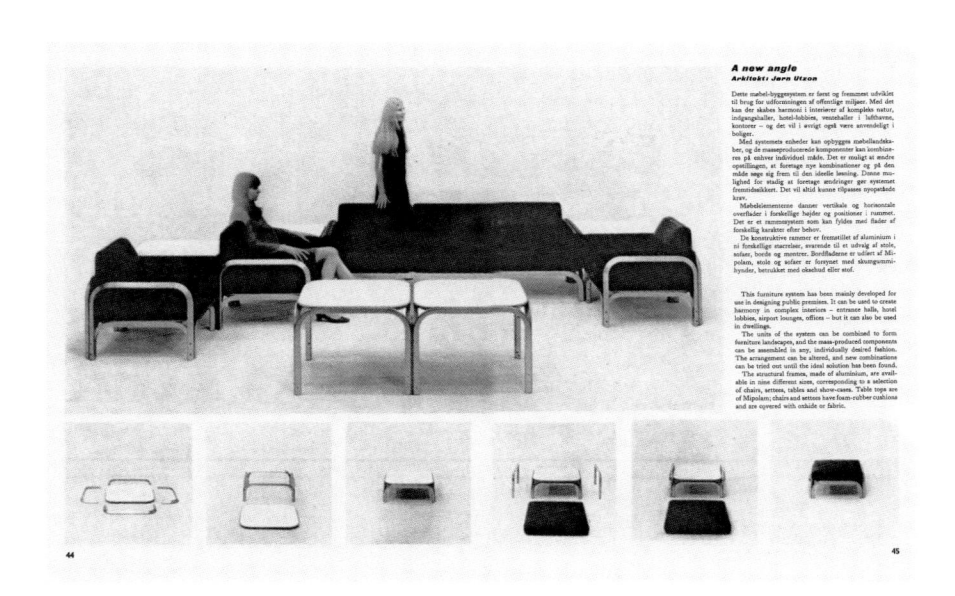

*Sistemi di arredo,
principio ideativo
e vedute (da
"Arkitektur",
1, 1970).*

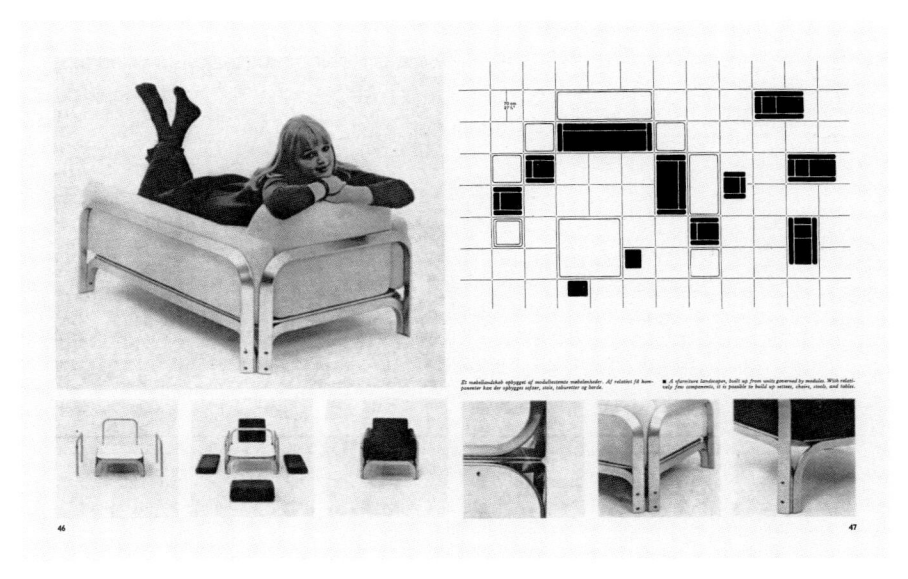

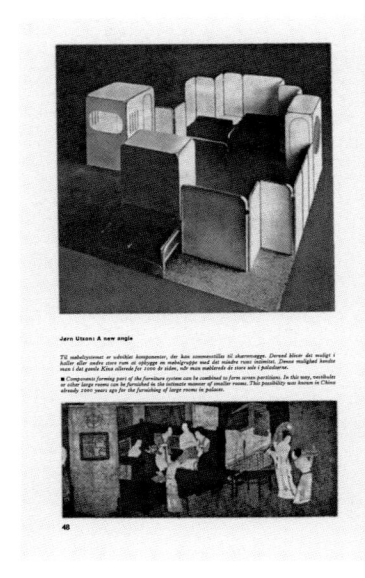

Maiorca, Can Lis, 1971-73, pianta, prospetto e veduta esterna (Søren Kuhn).

Una casa a Maiorca: Can Lis

Con le sue tre realizzazioni più significative degli anni seguenti, Utzon naviga tra le sue preoccupazioni ricorrenti come fra i paletti di uno slalom. In un primo momento, sembra staccarsi dal sistematismo dell'architettura addizionale a favore di ciò che Norberg-Schulz chiamerà "il primordiale"[18]. Tra il 1970 e il 1973 costruisce la sua casa, Can Lis, sull'isola di Maiorca, dove si è ritirato. Ha acquistato un terreno inerpicato su una scogliera di fronte al mare, in una macchia di pini e arbusti – un paesaggio arido e grandioso che ricorda quello delle spiagge presso Sydney, dove aveva pensato di vivere qualche anno prima. La pianta di Can Lis ha ereditato da Bayview la divisione in entità autonome corrispondenti ai componenti della famiglia – genitori, figli, amici. Quattro padiglioni, leggermente disassati per seguire l'andamento del terreno, sono disposti fianco a fianco a formare un microvillaggio, su un'area livellata e delimitata da muretti. Sul retro, quest'area si trasforma in una successione di patii dai muri continui, che presentano facciate cieche dalla parte dell'ingresso. Dall'altra, i padiglioni si dispongono di fronte al mare. Il più grande si piega a U con due colonnati laterali che definiscono un cortile aperto sull'orizzonte. Le stanze di soggiorno degli altri tre sono dotate di tubi a vista, alloggiati dietro alla fila di pilastri che sorregge la copertura. Ruotati in pianta, i muri laterali di questi "acchiappapaesaggi" incorniciano il mare da diverse angolature; i dettagli in legno, fissati sulla testata dei muri, rimangono invisibili all'interno. Alla scansione regolare dei porticati corrisponde la rotazione delle stanze che celano. Questo gioco di regolarità e variazioni fa eco alla disposizione dinamica dei volumi che compongono l'insieme, che la rigorosità dell'assemblaggio fa sembrare, per contrasto, ancora più inafferrabile.

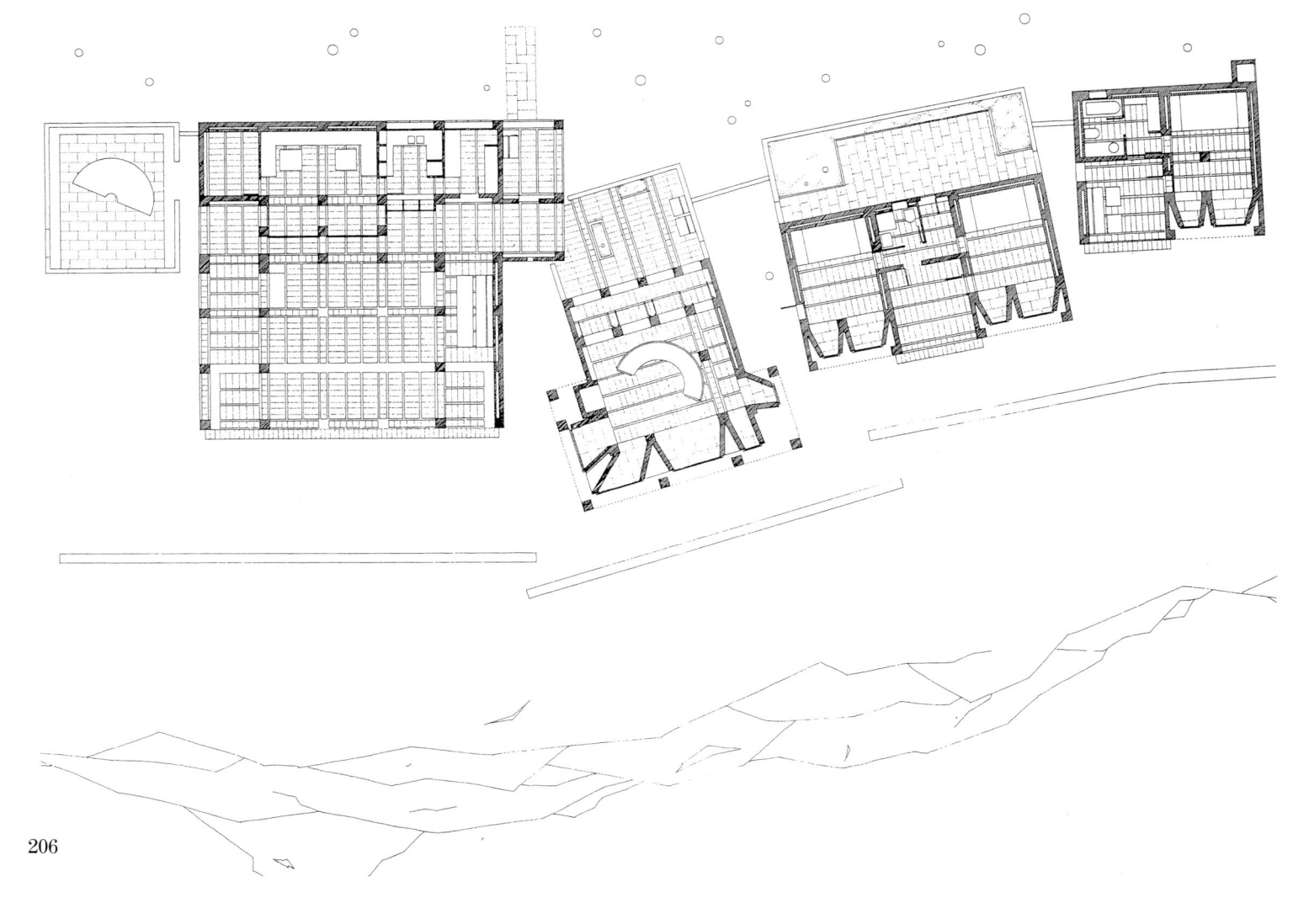

Perché Can Lis è un esercizio di stereotomia a partire da un materiale unico, il calcare tenero della regione, al quale Utzon ha aggiunto, per la struttura, putrelle prefabbricate di cemento bianco e tegole di terracotta. I moduli di pietra sono usati come trama della composizione – impilati in colonne, in spessi muri oppure posati in lastre; il motivo dei pavimenti riflette quello dei soffitti. L'esercizio al quale si dedica Utzon, oltreché meno dimostrativo dei suoi progetti "programmatici", sembra più essenziale; è anche più esoterico. La muratura lascia trasparire deroghe alla sua stessa regola, misteriosi pentimenti di cui non si saprebbe dire se correggano un errore o se siano parte di un messaggio, come quelli che fanno arrovellare gli archeologi sui templi egizi. L'architetto segue giorno per giorno la costruzione della sua casa, apportando in cantiere incessanti modifiche ai disegni[19]. Una feritoia praticata in un secondo momento nel grande soggiorno lascia penetrare un raggio di sole, che taglia il volume della stanza con una spettacolare diagonale e la trasforma in uno gnomone. I morsi della sega che ha tagliato i blocchi lasciano sulle loro facce dei segni concentrici; messi in luce sulle pareti come bassorilievi semicancellati, essi sembrano alludere agli incastri di motivi circolari disegnati per l'Opera House. Come a Sydney, Utzon attribuisce molta importanza alle forme, poi le costruisce con elementi la cui lettura, nel quadro del risultato finale, rimane discreta, se non addirittura confidenziale. Qui come laggiù, gli assemblaggi modulari non generano l'insieme: gli sono sottomessi. Utzon eguaglia l'Asplund del cimitero di Woodland: l'ordine dell'edificio è per così dire fuso con la sua forma, l'uso di un materiale omogeneo ne accentua ancora l'astrazione, la sua tessitura e le dimensioni dei blocchi ne accentuano l'arcaica gravità[20]. A strapiombo sul Mediterraneo, Can Lis è il rifugio al ritorno da un'odissea.

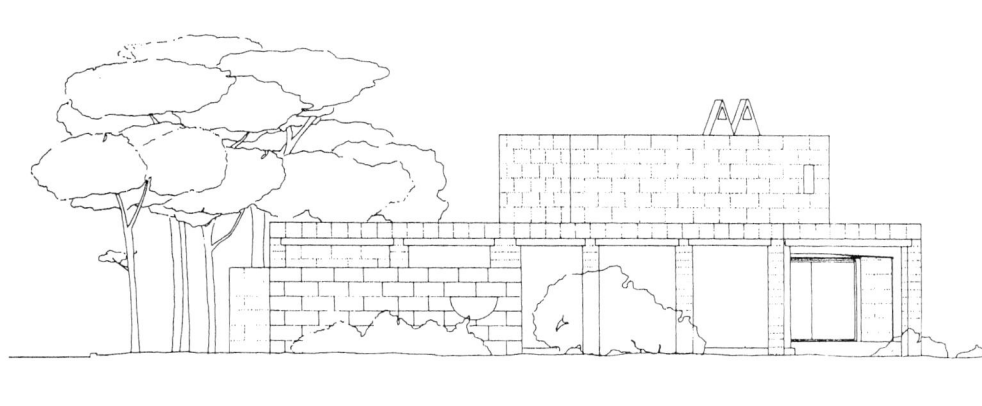

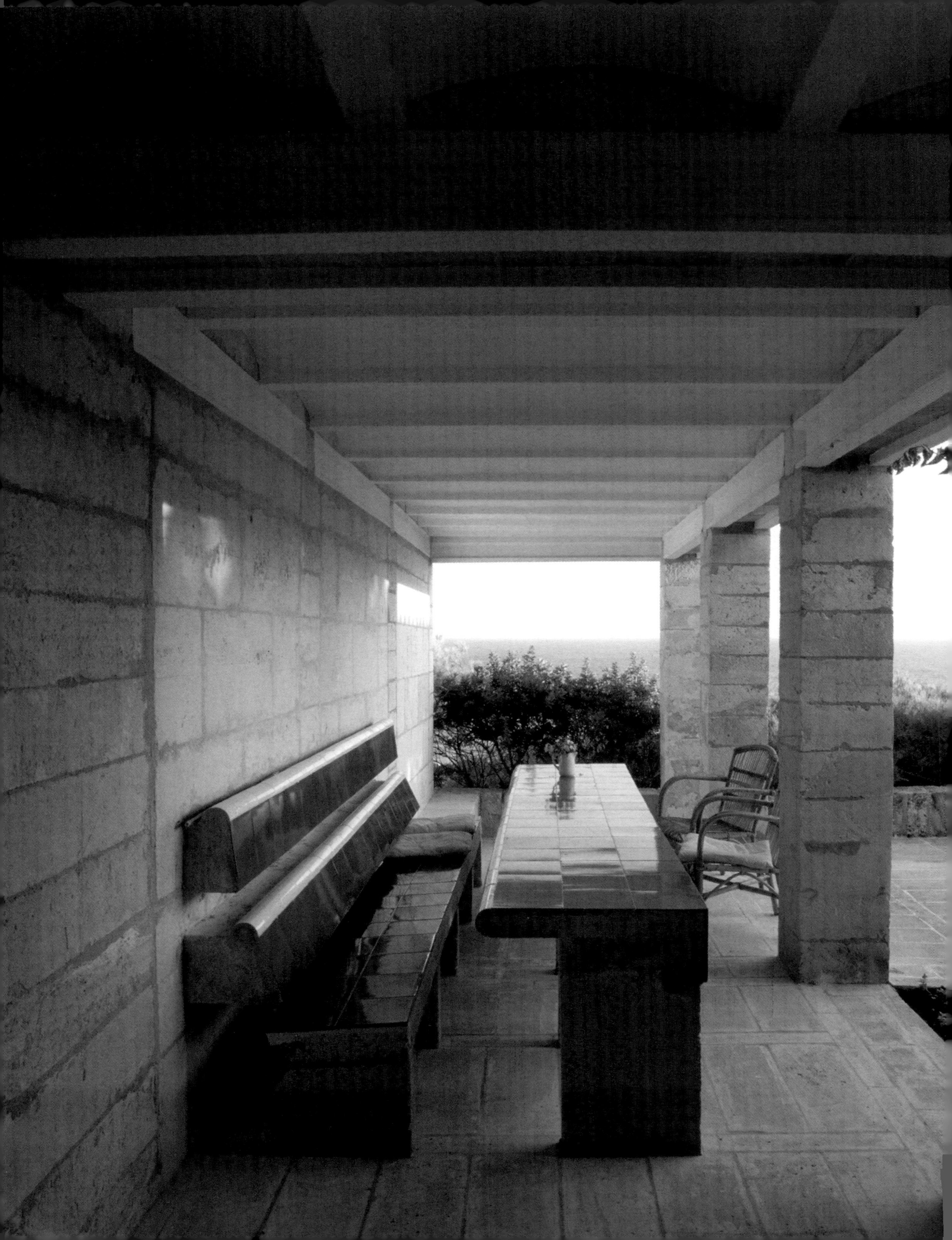

Can Lis, vedute del portico del primo padiglione, dell'interno della zona soggiorno e particolare di un "acchiappapaesaggi" (Søren Kuhn).

La chiesa di Bagsværd

La chiesa di Bagsværd, l'opera che segue, è la prima realizzazione danese di Utzon dopo le case di Fredensborg di dieci anni prima[21]. Essa resterà un caso isolato: la reputazione di Utzon ha risentito delle sue polemiche con il governo di Sydney; la diffidenza, quasi l'ostracismo di cui sembra essere vittima nel suo paese natale spiegano senza dubbio perché abbia costruito così poco al suo ritorno dagli antipodi.

Tra tutti i suoi edifici pubblici, la chiesa rimane quello realizzato più conformemente alle sue intenzioni. Essa sorge alla periferia nord di Copenaghen, non lontano da quella di Grundtvig, la cui famosa facciata di mattoni si scorge da lontano, imponente nel piatto paesaggio di case basse. La chiesa di Utzon si scopre nel mezzo di un prato punteggiato di giovani betulle, di cui sembra che l'architetto abbia finanziato l'acquisto. "Il pastore Simonsen mi ha detto: 'Non si fabbrica uno spazio sacro, lo si inizia. Ciò può avvenire sotto un albero'", ricorda[22]. Il sito proposto era una sfida a questo ideale druidico. Utzon disponeva di una fascia di terreno completamente libera, compresa fra un'importante arteria e un lotto anonimo. La sua scelta corrisponde in primo luogo a questo contesto ingrato. La chiesa si presenta all'esterno con volumi opachi, ieratici, un recinto di cemento parzialmente rivestito di piastrelle la cui risonanza industriale, di primo acchito, riesce a sconcertare. A questo ermetismo dell'involucro corrisponde l'universo, luminoso e intimo, dell'interno: patii alberati e corridoi aperti verso il cielo e, nella cappella, una cascata di volte bianche, di cui solo la demarcazione fra cemento e piastrelle, sui pannelli delle facciate esterne, lascia indovinare l'esistenza.

Utzon fa volentieri appello a un ricordo hawaiano per giustificare queste volte[23]: l'osservazione delle nuvole spinte dal vento sul mare gli avrebbe ispirato questo soffitto scultoreo, le cui ondulazioni catturano il visitatore fin dal suo ingresso e lo conducono verso la luce che lasciano filtrare da qualche pertugio invisibile. Tuttavia, anche in questo caso, egli ha dato forma alla sua iniziale intenzione espressionista servendosi di geometrie che le hanno conferito consistenza. Le curve di queste volte sono generate dalla compenetrazione di cerchi teorici, evidenziati nella sezione longitudinale. Si è riusciti a colarle su armature metalliche preformate, in porzioni di cilindri di diametro diverso. I loro profili sono calcolati per dirigere il suono e minimizzare il riverbero, dal momento che gli arredi e i fedeli costituiscono un sufficiente fattore di assorbimento sonoro. Utzon può così lasciare grezze le loro superfici di cemento, imbiancandole semplicemente con latte di calce, evitare di applicarvi pannelli e preservare l'integrità del movimento dei soffitti. Guidata dalle geometrie generatrici, la costruzione ne è anche facilitata; l'amplificazione è al tempo stesso spaziale e acustica: il principio, evidentemente, è derivato da quello degli auditorium di Sydney.

Se la sezione della chiesa è governata dal cerchio, la sua pianta è interamente costruita sul quadrato. Utzon ha giustapposto tre unità quadrate identiche, il cui lato è pari alla larghezza dell'edificio, cioè 22 m. Ciascuna di esse corrisponde a un punto del programma: cappella, servizi parrocchiali, locali di riunione. La morfologia della costruzione è il risultato di una rigida disciplina modulare, basata su un'unica dimensione – 2,20 m – che regola quelle degli elementi costruttivi, tutti prefabbricati. La trama si concretizza in pilastri quadrati collegati da travi piatte. L'ossatura portante sostiene pannelli di tamponatura chiaramente staccati da essa, e aventi tutti il medesimo formato, di cemento o di pino svedese, a seconda che servano per la facciata, per le pareti o per le porte. Essi sono posati in ragione di dieci unità in larghezza (divisione omotetica a quella della pianta della chiesa), oppure tagliati a strisce dell'altezza di queste piastrelle, o ancora lasciati grezzi; il legno è massiccio o lavorato a giorno. I pavimenti sono formati da lastre di cemento identiche, cinque per modulo.

Tuttavia, la combinazione tra contesto, geometria e modularità non basta a spiegare il progetto. Utzon, ancora una volta, si è ispirato a un modello tratto da quell'architettura orientale che predilige: il monastero buddista cinese. La pianta della chiesa riprende in modo impressionante la tipologia di questi templi, che sul loro asse maggiore alternano padiglioni e cortili, all'interno di un'area delimitata da sottili ambulacri[24].

*Chiesa di
Bagsværd, 1973-76,
schizzi di studio.*

211

Section

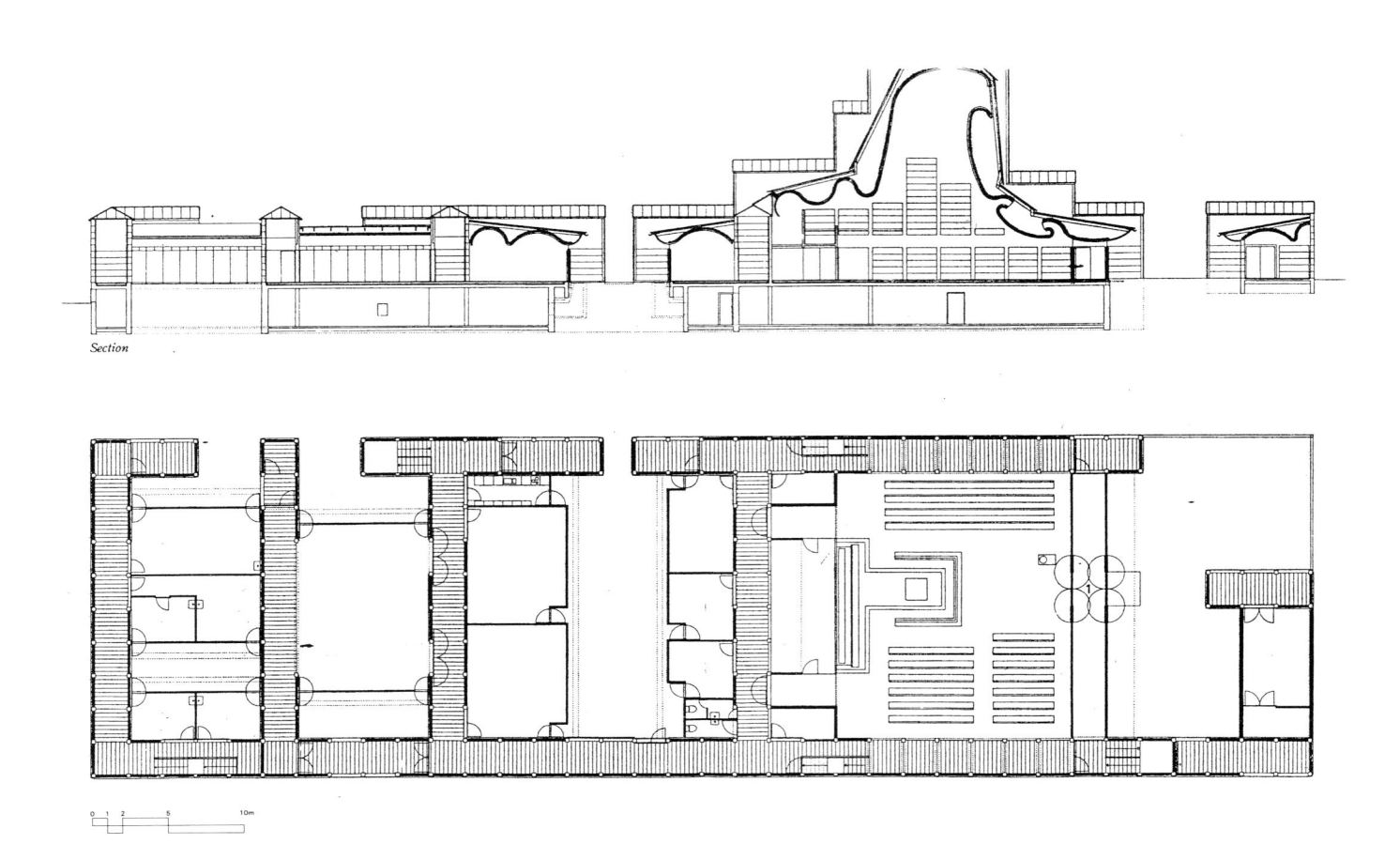

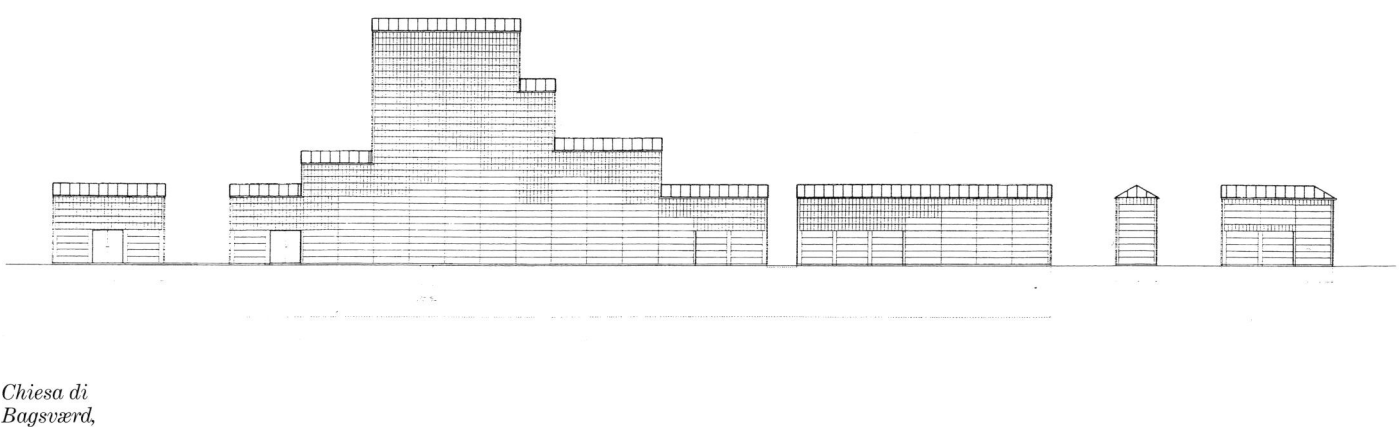

Chiesa di Bagsværd, prospetti sud e nord e sezione geometrica.

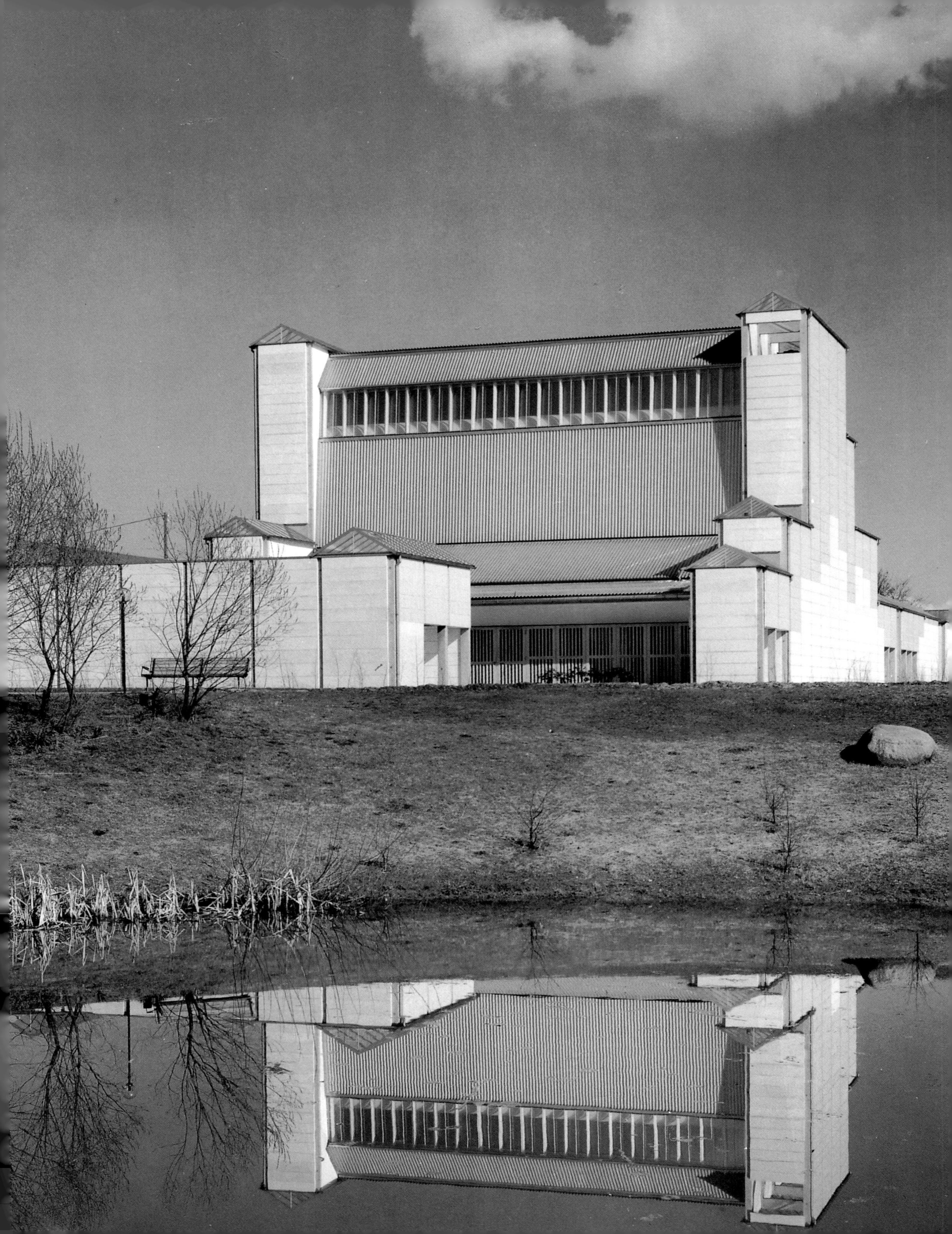

Chiesa di Bagsværd, vedute dei prospetti ovest e sud nel 1976 (Keld Helmer-Petersen).

Veduta del prospetto principale, 1994 (Françoise Fromonot).

Chiesa di Bagsværd, vedute degli interni (Keld Helmer-Petersen).

Il metodo di costruzione di Bagsværd richiama anche quello descritto dallo *Ying zao fa shi*: combinazioni di elementi standard i cui assemblaggi, senza artifici né pezzi aggiuntivi, danno alle pareti una modanatura e un ritmo. Le coperture di acciaio ondulato, i profili aguzzi delle vetrate e gli elementi di legno a graticcio contribuiscono alla connotazione orientale dell'insieme. Il rischio della ripetitività, insito nella modularità, è così contenuta in un riferimento arcaico che, prescrivendo al tempo stesso la forma e il principio della costruzione, li lega in modo indissolubile. Inoltre, l'architettura cinese attribuisce le stesse tipologie di base a tutti i suoi edifici – case e templi, granai e palazzi. Utzon trova in essa il precedente più antico e l'applicazione più generale dell'approccio sintetico che fa suo fin dall'inizio. Grazie ad essa, a Bagsværd egli cerca di abolire in una volta sola e in maniera intrinseca le differenze tra vernacolare e dotto, sacro e profano.

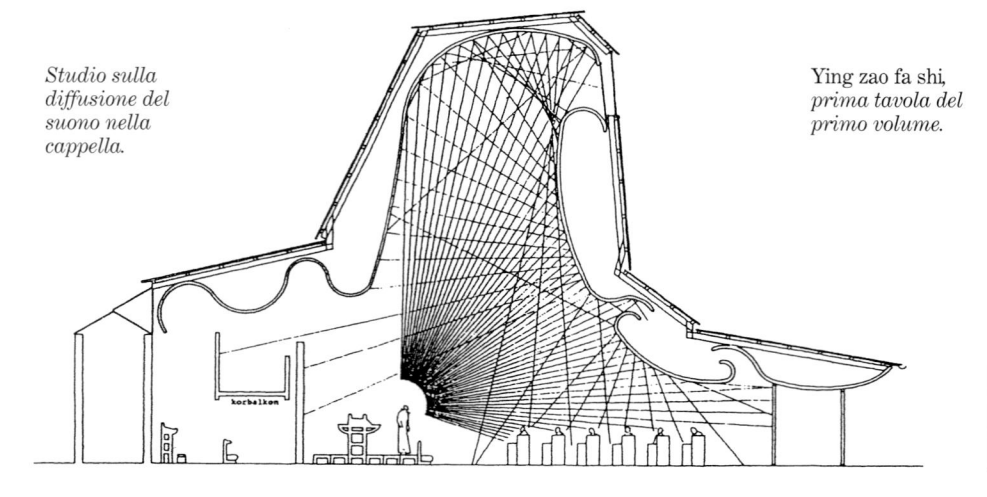

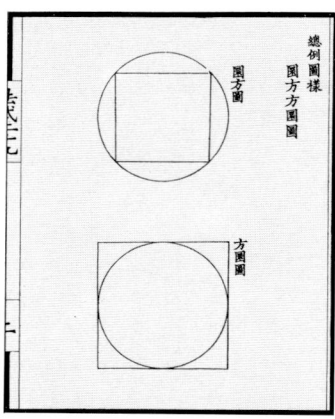

Studio sulla diffusione del suono nella cappella.

Ying zao fa shi, prima tavola del primo volume.

Il Parlamento del Kuwait

Parallelamente a queste due realizzazioni, Utzon lavora a una commissione di grandissimo respiro, che tra progetto e cantiere durerà oltre dieci anni: il Parlamento del Kuwait, che comincia a studiare nel 1972, associato a suo figlio Jan. Il complesso, che deve occupare una superficie di 18.000 mq, sorgerà in riva al mare. La pianta quadrata è disegnata lungo un passaggio coperto che la attraversa perpendicolarmente alla riva e che serve un gruppo di uffici e servizi ripartiti su due piani al di sopra di un livello sotterraneo. Pianta e sezione mostrano una grande chiarezza organizzativa. "Tutti i settori del complesso sono collocati lungo il passaggio centrale. Sono moduli di dimensioni variabili, costruiti intorno a piccoli patii o corti, collegati al passaggio centrale da piccole vie laterali. Ogni settore può essere ampliato in qualunque momento aggiungendo moduli; la costruzione si può estendere lateralmente, seguendo la strada centrale; i suoi limiti cambiano col tempo. Questa caratteristica si richiama all'architettura tradizionale islamica del bazar" scriverà Utzon[25].

I due grandi aggetti perpendicolari che si dispiegano al di sopra degli uffici sono il pezzo di bravura del progetto. Le loro gigantesche tende danno alla sede dell'istituzione la monumentalità che le si confà, affermano la sua presenza nel paesaggio e la sua immagine simbolica. Uno di essi copre l'emiciclo della Camera; è chiuso sulla facciata da vetrate rettangolari dalle sottili armature a lisca di pesce. L'altro, il più grande (82,50 × 40 m), protegge un vasto spazio pubblico aperto verso la parte finale della strada interna, e si apre di fronte al golfo Persico. La forma degli elementi strutturali di questi aggetti sposa il percorso delle forze alle quali essi sono sottoposti. "Si ha la rassicurante sensazione di qualcosa di costruito, e non semplicemente disegnato."

Il processo costruttivo "riecheggia la purezza delle costruzioni islamiche", ed è simile a quello dell'Opera House. Le fondamenta sono di cemento armato colato *in situ*, la sovrastruttura è un meccano di elementi prefabbricati di cemento bianco, ma privi di parti aggiuntive. Questa volta, Utzon lavora con l'ingegnere zurighese Max Walt e, per la costruzione, con l'impresa francese Freyssinet, l'azienda dell'inventore del cemento precompresso[26].

Tutti gli elementi aggiunti sono prefabbricati in un'unità di produzione installata appositamente in Kuwait dall'azienda inglese Stilmo International. Gli altri sono colati *in loco* in forme realizzate da un'azienda finlandese. I 12.800 elementi necessari si suddividono in 150 tipi. Solo le travi divisorie che costituiscono la copertura delle "tende" sono colate sul posto. Sorrette alle loro estremità dalla cima di due colonne per ogni fila, esse superano in una sola campata i 37 m, incurvandosi a formare un arco di cerchio cavo verso il cielo. I loro segmenti a botte sono colati uno dopo l'altro in casseforme metalliche riutilizzabili, con lati smontabili, che avanzano per traslazione su profilati laterali d'acciaio che in quel caso servono da rotaie. Ogni mezzo cilindro è poi chiuso da una lastra rettangolare prefabbricata. Una squadra di operai cola sei segmenti al giorno su sei travi diverse; ci vogliono 11 giorni per terminare una trave, che viene poi sottoposta alle operazioni di precompressione[27].

Ci vorrebbe un intero saggio per presentare come merita un'opera di questa complessità e di questa scala. Non è l'intento di questo libro, tanto più che Utzon ha lasciato per le poche pubblicazioni disponibili solo una ristretta documentazione sul Parlamento. L'edificio in Kuwait è un tentativo di unire le lezioni dell'Opera House e l'architettura addizionale. Meno vincolato dal contesto rispetto a Sydney, Utzon ha disegnato le superfici seguendo geometrie ortogonali, cosa che gli ha permesso di riflettere fin dall'inizio su un sistema spaziale e costruttivo che integri la modularità e la crescita, e quindi la prefabbricazione industriale. Nella stessa ottica, egli attribuisce una geometria circolare contemporaneamente al movimento delle coperture e al profilo delle loro travi. L'edificio riecheggia due precedenti moderni con programma simile: la pianta e l'aggetto aperto richiamano quelli dell'Assembly Building di Chandigarh, mentre alcune forme manipolate sul cantiere fanno pensare al parlamento di Dacca, che sta per essere ultimato mentre la costruzione in Kuwait è agli inizi. Le Corbusier, Kahn, Utzon: tre architetti-faro per tre generazioni della modernità.

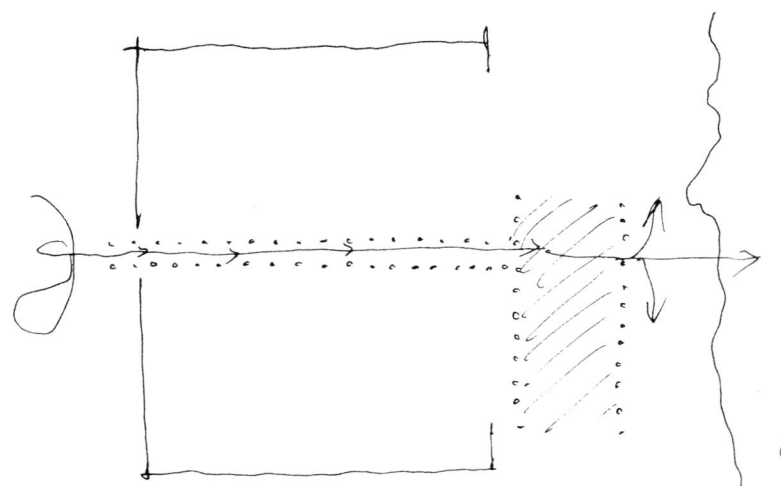

Sede del Parlamento del Kuwait, 1972-82, schizzi preliminari e pianta.

– The entrance – the central street leading to the covered square at the ocean –
– The building site defined by a wall

the different department modules composed from prefabricated elements built around interior courtyards in 2 floors

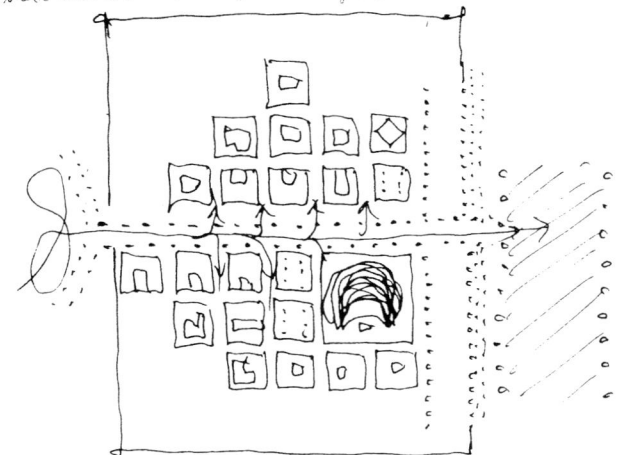

first building stage represented in a logical order all departments represented with the heart in the building along the central street with the assembly hall dominating the organisation

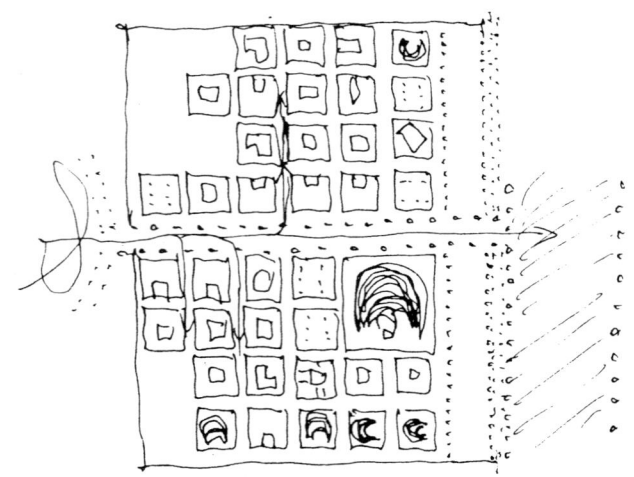

later additions to each department is possible without disturbing the work in the Parliament

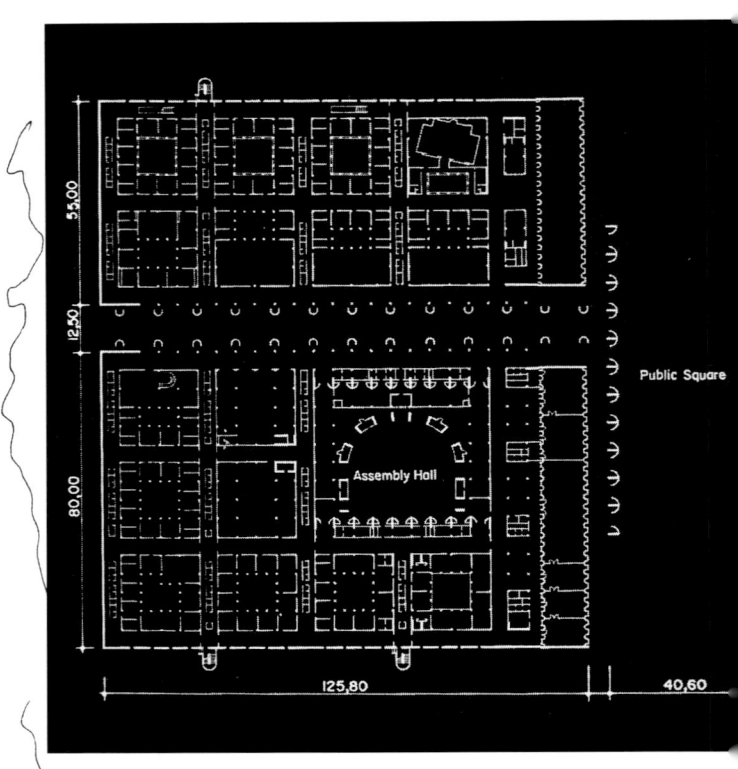

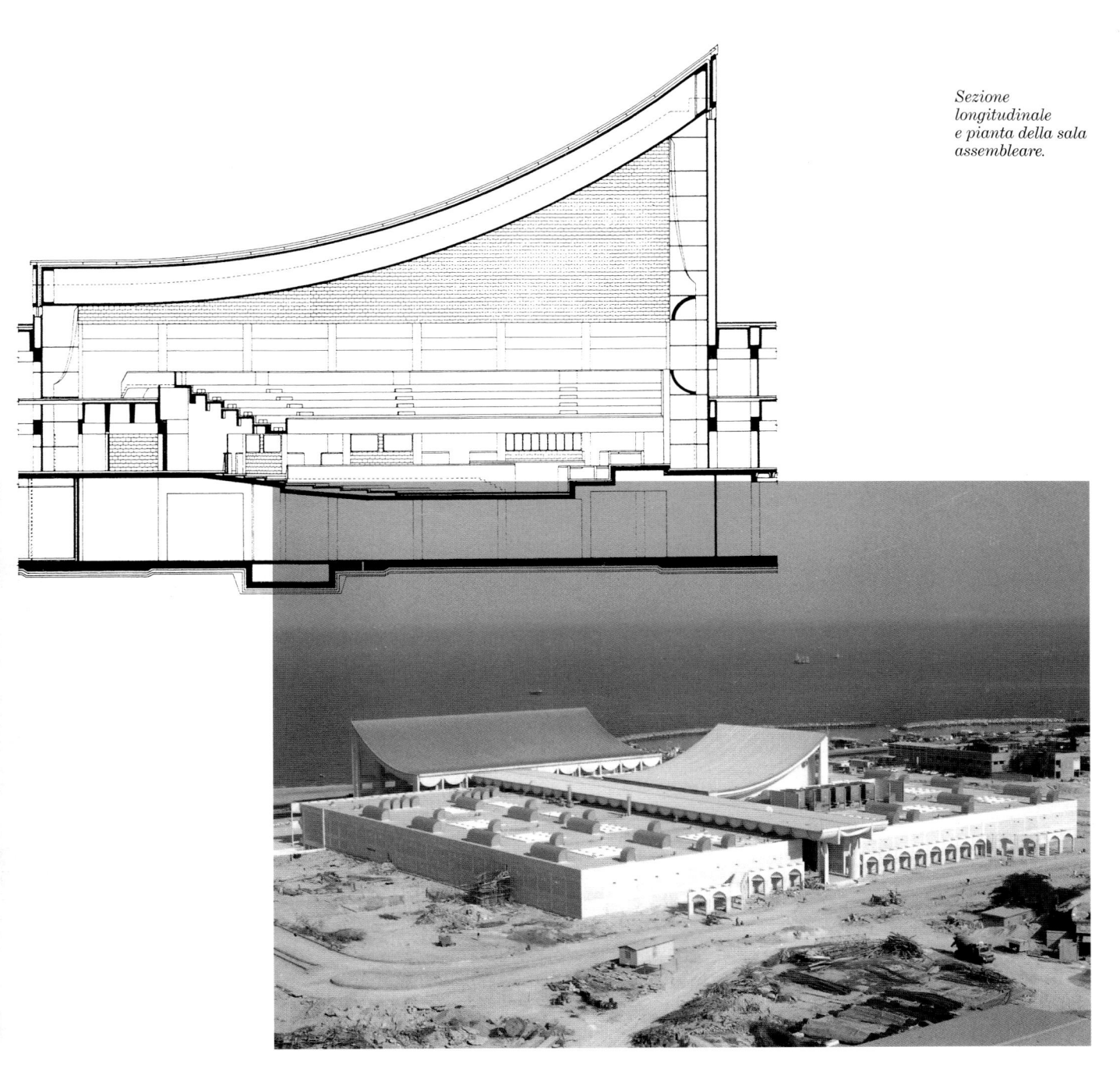

Sezione longitudinale e pianta della sala assembleare.

Veduta del cantiere (fototeca Freyssinet).

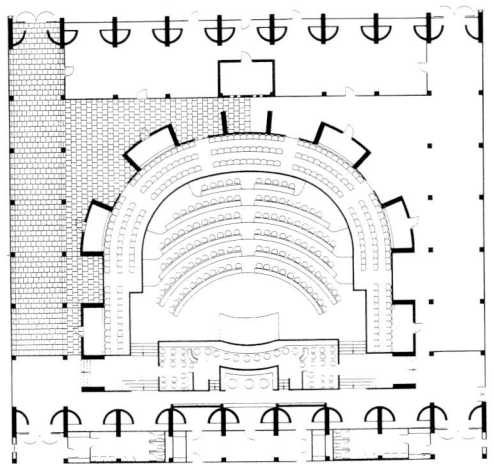

Sede del Parlamento del Kuwait, fasi della costruzione della copertura (fototeca Freyssinet).

Sezione trasversale della sala assembleare.

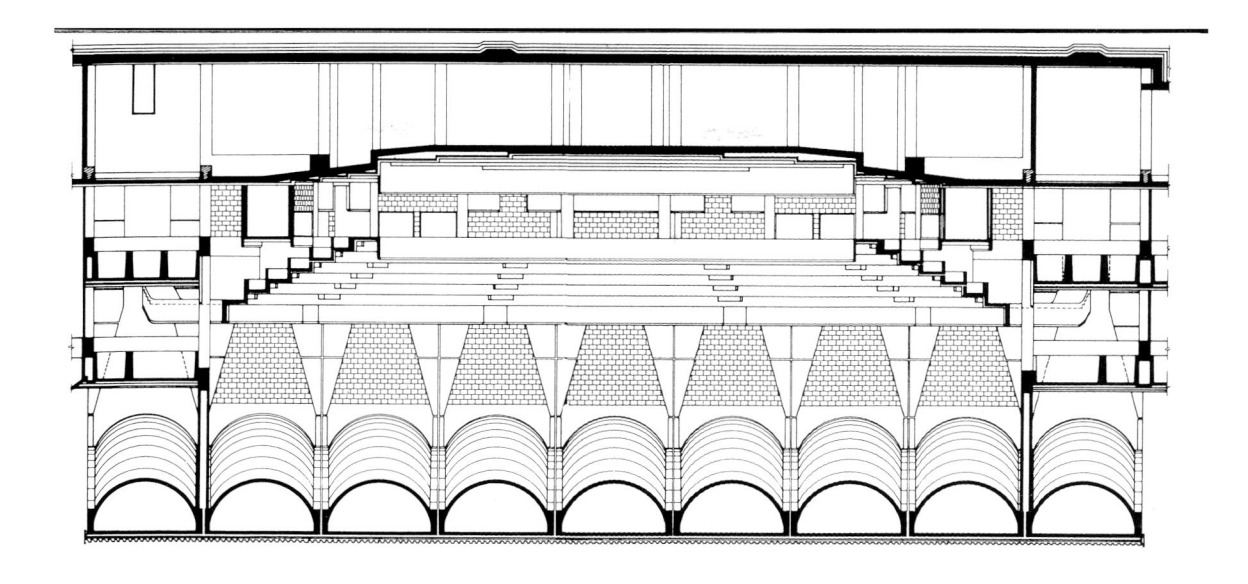

Scorcio dal basso della struttura di copertura e particolare delle vetrate della sala assembleare (fototeca Freyssinet).

221

Dalla terza generazione moderna al regionalismo critico
Di fatto, è proprio Utzon che Giedion ha scelto come eroe della sua "terza generazione", consacrando questa nomina con l'inclusione del saggio *Jørn Utzon and the third generation* nella seconda edizione di S*pace, Time, and Architecture*. Questo scritto, datato estate 1964, venne pubblicato l'anno seguente, nello stesso numero di "Zodiac" che presentava le più recenti invenzioni di Utzon per gli interni dell'Opera House. Uno straordinario ritratto fotografico dell'architetto come angelo nunziante – o come mago birichino? – apriva queste pagine: Utzon disegnava nell'aria con le mani due curve simmetriche che, grazie all'impressione sulla pellicola del loro movimento, apparivano come due ali.

Il testo di Giedion, che è stato per lungo tempo la sola interpretazione dell'opera e del metodo di Utzon, fece senza dubbio la fortuna di quell'espressione. Essa era apparsa per la prima volta all'inizio degli anni sessanta per designare i giovani architetti nati all'inizio degli anni venti o alla fine del decennio precedente, e che cominciavano in quel momento a far parlare di sé. La prima generazione era quella delle grandi figure nate negli anni ottanta del secolo scorso (Le Corbusier, Mies), vale a dire quella dei pionieri del moderno; la seconda, quella degli architetti nati con il secolo – Aalto, che vi occupava una posizione di cerniera, oppure Kahn[28]. Il termine "terza generazione" fu dapprima utilizzato in un senso cronologico: in assenza di un sufficiente stacco temporale, riuniva personalità appartenenti a una stessa fascia d'età successiva alle precedenti.

Jürgen Joedicke la usava come titolo di un capitolo del lungo articolo introduttivo al "panorama 1960" pubblicato quell'anno da "L'Architecture d'Aujourd'hui", in cui insisteva sull'aspetto motore delle tecniche di costruzione nell'ambito dell'espansione del concetto plastico presso i suoi giovani rappresentanti[29]. L'accezione della formula sarebbe a poco a poco diventata sinonimo di una nuova tendenza, di cui critici avrebbero cercato di definire i tratti, fino a che Giedion non la battezzò come una sorta di movimento, dotandola di un contenuto omogeneo e di proprie rivendicazioni. La logica del passaggio da una generazione all'altra consisterebbe così nella conquista di una maggiore flessibilità nei principi, nelle forme e nei materiali, legata a una più marcata sensibilità rispetto all'arte di vivere e alla libertà di espressione dell'architetto. Giedion estende la riflessione iniziata con *Spatial Imagination* e definisce così le caratteristiche di questa "terza generazione": "Si precisa l'orientamento sociale. Si tiene volutamente conto del committente anonimo. Pianificazione aperta. Si prendono in considerazione modifiche future in quanto elementi positivi dell'architettura. Integrazione del traffico in quanto elemento urbano positivo. Attenzione più viva prestata a una situazione data, per creare rapporti più vivi tra l'architettura e l'ambiente in cui si colloca, dato che l'uno mette in risalto l'altra"[30]. Come Joedicke, egli nota una trasformazione nelle forme e uno slittamento dei loro riferimenti: "Uso accentuato di piattaforme artificiali in quanto elementi urbanistici. Consolidati i rapporti con il passato, non in modo formalista, ma nel senso di una relazione interiorizzata, di un bisogno di continuità. Intensificazione delle tendenze plastiche nell'architettura. Rapporti più liberi tra forma interna ed esterna, e stabilirsi di relazioni tra i volumi nello spazio. Diritto all'espressione indipendentemente dal bisogno e dalla funzione"[31]. Mentre la prima generazione si era mostrata indifferente all'architettura anonima, la terza riabilita il suo valore di legame con il passato. In quel caso si tratta di "tutt'altra cosa rispetto alla ripresa di alcuni dettagli estratti dal loro contesto originale, ma piuttosto di un'affinità interiore, di un riconoscimento spirituale di ciò che, nel cumulo delle esperienze architettoniche precedenti, ci è affine ed è suscettibile di rinforzare, in alcuni casi, il nostro equilibrio interiore"[32].

Questi paragrafi introduttivi, che descrivono così bene Utzon prima ancora di nominarlo e di svelare il suo percorso, lasciano perplessi. È acquisito che Giedion vedesse in lui il rappresentante più dotato di una giovane avanguardia, di una nuova sensibilità architettonica di cui l'Opera House di Sydney sarebbe il blasone, ma sembra piuttosto che abbia ritagliato la nozione su misura per Utzon e che, lungi dall'aver scelto l'architetto danese per illustrare una tendenza, si sia impadronito del suo caso per definirne le caratteristiche. Egli prosegue dicendo che "la nostra epoca si riflette in tutta la sua complessità nella personalità di Utzon", ma non cita quasi nessuno dei suoi contemporanei. Questa nozione avrà d'altronde una posterità ridotta al minimo[33] e Giedion, cosciente della fragilità di questo genere di demarcazioni, in seguito si ingegnerà a sfumarle a favore di filiazioni più sottili. "Dalla Finlandia all'Italia esiste oggi una tendenza comune, che fa dell'architettura una scultura e al tempo stesso uno spazio interiore. Hans Scharoun ... ha dimostrato che occorreva un metodo diverso per dare agli edifici un'espressione spaziale e plastica. Egli cominciò a farlo in uno studio vicino al cantiere, non basandosi su disegni bidimensionali, ma su plastici, come già Gaudì prima di lui. Tuttavia, non riuscì a raggiungere il suo scopo. La cappella di Le Corbusier a Ronchamp e l'Opera House di Utzon evidenziano la difficoltà di raggiungere questo ideale", scriverà al governo australiano dopo i fatti del 1966[34].

Vent'anni dopo, Utzon sarà mandato ancora in prima linea a rappresentare una tendenza emergente. Nel 1983, Frampton aggiunge al suo *Modern Architecture: a critical history* – da cui Utzon era crudelmente assente – un capitolo nel quale sviluppa la sua teoria del "regionalismo critico"[35]. Lo storico snida nell'opera del "maestro danese" quel "processo di ibridazione e di reinterpretazione" caratteristico secondo lui di un fenomeno assai importante: la fecondazione, da parte delle culture locali, della civilizzazione universale nata dalla modernizzazione. La chiesa di Bagsværd, in particolare, ne sarebbe il paradigma, perché "le tecniche di produzione modulare (elementi di cemento prefabbricati inseriti in un'ossatura di cemento armato) si combinano con gusci isolati di cemento armato che si stendono al di sopra dei volumi principali. Innanzi tutto, si può considerare che questa combinazione di un assemblaggio modulare a secco con una forma colata 'in situ' in maniera artigianale non è niente di più che un modo appropriato di sfruttare le nostre attuali capacità tecniche. Tuttavia, Utzon sembra avere anche come scopo la creazione paradossale di una cultura mondiale: nel momento in cui il rivestimento in cemento, il tetto d'amianto e le vetrate fanno tutti riferimento alle costruzioni agricole occidentali, le volte ondulate che coprono la chiesa stessa alludono non solo alla forma gotica, ma anche alla pagoda orientale". Egli proseguirà la sua rivalutazione di Utzon senza cercare più di ridurlo a una tendenza, ma al contrario facendolo comparire in *Studies in Tectonic Culture* alla pari con Wright, Perret, Mies, Kahn e Scarpa – un modo di ammetterlo nel Pantheon da vivo.

Un eroe senza discendenti

Così, Utzon viene promosso al rango di eroe del dopo-modernismo da due storici di primo piano. Tuttavia, se la sua personalità e il suo metodo hanno impresso segni profondi in coloro che vi si sono avvicinati, al punto da influenzare a volte il loro percorso[36], la sua opera è rimasta senza veri continuatori. Spinto dai mutamenti della sua epoca, Utzon cercava di rigenerare l'architettura moderna. Con il suo progetto per l'Opera House, egli rispondeva a questioni che si ponevano tutti. Lo faceva in modo eclatante, certo, ma affermando posizioni peculiari. Non avrebbe smesso di battere questa strada e, per tre decenni, avrebbe provato, grazie alla sua architettura, la fecondità di una forma di pensiero da cui le correnti dominanti avrebbero alla fine preso le distanze. Questa serie di paradossi può forse spiegare la sconcertante mescolanza di fortune e disgrazie che ha finito per essere, alla fine, la sua carriera.

Subito dopo la vittoria a Sydney, Utzon ricordava che un solo edificio poteva dare un volto completamente nuovo all'intera città. "Nel 1920, il comune di Stoccolma diede a un architetto l'incarico di disegnare un nuovo municipio. Dal momento in cui questo fu terminato, l'aspetto della città cominciò a cambiare"[37]. Utzon rivendica immediatamente quest'idea forte: l'architettura può affermarsi nel paesaggio che la contiene, e un edificio condensare la nuova immagine che una città avrà di se stessa. Da qui il suo gesto iniziale, che suscita immediata adesione, insieme con le polemiche che abbiamo visto. Meditando sulla cupola di Santa Maria del Fiore, André Chastel si chiedeva "cosa diventerebbe la massa urbanistica di Roma o di Firenze senza queste escrescenze ovoidali che, come per decreto divino, sembrano essere state portate alle dimensioni giuste per occupare quel sito e fissarlo sotto il cielo". E aggiunge: "Michelangelo ha voluto – e potuto – imitare la felice intuizione di Brunelleschi. E va a credito di quest'ultimo l'i-

Utzon nel 1976 nella chiesa di Bagsværd (Aage Sørensen).

niziativa che conchiude il paesaggio. Definizione meno ingenua di quanto si pensi dell'opera architettonica"[38]. Utzon ha voluto, e potuto, imitare la felice intuizione dei suoi illustri predecessori; è il suo modo di chiudere il paesaggio di Sydney, con le sue cupole, che ha dato un senso al sito. L'Opera House è diventata il punto focale, ma anche il centro dello spettacolo che la Baia offre a se stessa nel faccia a faccia dei suoi tanti fronti. Vele bianche, e una piattaforma sopra la quale galleggiano: è questa immagine che aveva fatto vincere Utzon, è ancora questa che tutti hanno in mente. Si era appena consolidata sul promontorio di Bennelong, quando l'Australia licenziava il suo architetto con tutti i progetti che rimanevano sulla carta. L'Opera House non divenne un modello: restò un'icona.

Per poter raccogliere la sfida che lui stesso aveva lanciato – erigere questa *Stadtkrone*, questa corona per la città – Utzon dovrà gettarne a mare un'altra: la parte di utopia costruttiva che le forme del suo manifesto iniziale presupponevano. Facendo ciò, egli avrebbe rivisto il posto che la borsa valori di allora assegnava alla tecnica.

L'Opera House spesso viene presentata come una grande opera d'arte, un'invenzione ingegneristica. Ora, essa è molto di più un'invenzione architettonica che tecnica. Utzon ha abbandonato i gusci del concorso a favore di una combinazione di moduli prefabbricati, uniti da una geometria unica, di grande semplicità. Egli ritorna al vecchio principio delle volte gotiche di pietra, in confronto alle quali i gusci sottili erano considerati rivoluzionari. Questo ritorno sembra suonare le campane a martello per le tecniche che avevano ispirato il progetto, e che rappresentavano la promessa di un soffio nuovo per la modernità. Il destino della costruzione a guscio, dopo gli anni sessanta, è difatti molto più effimero di quanto pensassero i suoi esaltatori. In questo senso, l'Opera House è la tomba delle aspirazioni che avevano riposto delle speranze in esso. Utzon si lascia guidare dal suo gusto per l'armonia organica dei sistemi, abbandonando a suo favore la ricerca sulle strutture in se stessa. Le tecniche che Utzon usa a Sydney non hanno più niente di rivoluzionario nel senso in cui gli ingegneri intendevano allora; non rappresentano neppure un progresso significativo. Incarnano degli sviluppi innovativi – e spettacolari – di procedimenti sperimentati, condotti da un pensiero che vuole afferrare tutti gli aspetti architettonici nella loro globalità.

Con la sua soluzione per le volte dell'Opera House, e le proposte per la conclusione del progetto che ne sono la logica conseguenza, Utzon risponde contemporaneamente a diverse questioni tipiche della sua epoca, anche se le sue risposte non soddisfano completamente tutte le attese. Razionalità contro espressione plastica? Egli dimostra che l'opposizione è solo apparente, poiché il ricorso alla razionalizzazione gli ha permesso di avvicinarsi il più possibile a un'intenzione formale che non era tale. Onnipotenza della tecnologia? L'Opera House segna la vittoria del metodo sul mito della tecnica, poiché la prefabbricazione *in situ* delle sue serie di elementi delinea una sorta di artigianato industriale che subordina l'utensile all'ideazione. Rapporti con il passato? Utzon prova che la storia, per quanto poco la si sappia leggere, nasconde strumenti preziosi per risolvere i problemi della contemporaneità, se è vero che l'interpretazione di un trattato cinese vecchio di mille anni ha potuto stimolare tutta la sua riflessione.

Tuttavia, le sue estrapolazioni teoriche di questa logica dei sistemi, di cui egli, con l'Opera House, ha scoperto le virtù e il ventaglio delle possibilità, conosceranno una fortuna ancora più breve. Della sua "architettura addizionale" – la sua versione di un problema che travagliava moltissimi suoi colleghi – resta innanzitutto la pubblicazione che ne esponeva i principi e ne illustrava le applicazioni. Questo ultimo tentativo editoriale, che somigliava a un nuovo manifesto, suona in effetti come un testamento teorico, tanto più che coincide con l'irresistibile ascesa del post-modernismo[39]. Utzon rimane il depositario di ideali fugaci, quegli stessi che ha contribuito a far nascere, quegli stessi che ha saputo soddisfare in maniera così inattesa. Ma la sua opera, pur se da essi supportata, era senz'altro troppo personale per essere esemplare, troppo radicale per essere seguita. L'Opera House di Sydney rimane una lezione magistrale, e gli altri suoi progetti dei particolarissimi successi, e la sua ricerca di tutta una vita – la totale fusione fra tutte le sfaccettature di una disciplina – quella di un umanista, disperatamente moderno.

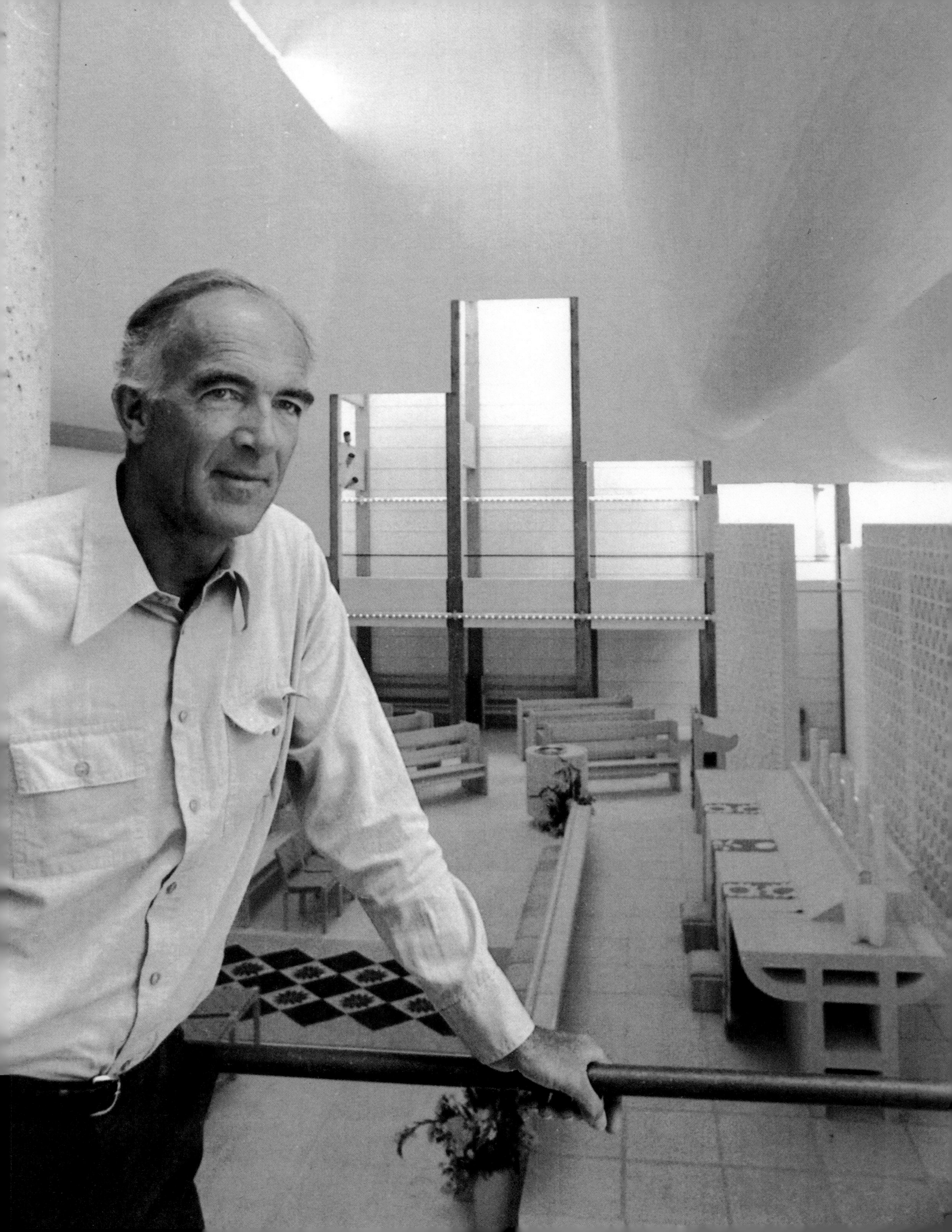

[1] Un'ulteriore controversia scoppia dopo la partenza di Utzon. I suoi detrattori sostengono che l'auditorium grande, così come l'aveva lasciato lui, non avrebbe potuto ospitare il numero di posti richiesto, se non a detrimento dello spazio fra le file, e quindi della comodità di spostamento e di sistemazione degli spettatori. Secondo Elias Duek-Cohen, la soluzione immaginata da Utzon permetteva di collocare 2518 posti davanti all'orchestra e 300 dietro, rispetto ai 2800 richiesti, lasciando una distanza tra schienale e schienale pari a quella del Royal Festival Hall di Londra (*Utzon and the Sydney Opera House, statement of public interest*, Morgan, Sydney 1967).
[2] Il 28 febbraio 1967 e nel marzo 1968.
[3] Era costato 3 milioni di dollari e ne erano state consegnate 488 tonnellate.
[4] L'edificio così com'è, mescolando le varie direzioni di cantiere, è stato pubblicato in un'opera dettagliata da Philip Drew, *Sydney Opera House*, Phaidon, London 1995.
[5] Queste lettere compaiono negli Ashworth Papers, Box 1, Folder 10.
[6] Su questo sito è stata recentemente avviata un'operazione immobiliare di dimensioni e di un impatto tali che annulleranno una delle prospettive più celebri sull'edificio. Il progetto è già vecchio, ma una violenta controversia è scoppiata a questo riguardo all'inizio del 1997, mentre facevano la loro apparizione le prime costruzioni. La stampa ha crocefisso gli "esperti che ci hanno lasciato *questo* in eredità". Manifestazioni di protesta contro "questa tragedia", accompagnate da petizioni, hanno avuto luogo a Sydney nel febbraio 1997. Vedi i tre articoli pubblicati dalla "New Review" del "Sydney Morning Herald", il 15 febbraio 1997.
[7] In *Jørn Utzon et la troisième génération*, in *Espace, temps, architecture*, La Connaissance, Bruxelles 1968, p. 421.
[8] Dalla scrittrice e critica Sylvia Lawson, nel suo saggio-romanzo sull'Opera *The Outside Story*, inedito.
[9] Secondo Mogens Prip-Buus, che in gioventù aveva lavorato con lui presso Vilhem Wohlert, Spreckelsen era ben cosciente della somiglianza della sua situazione con la storia dell'Opera. Poco dopo l'annuncio della sua vittoria per l'Arche, aveva telefonato a Prip-Buus stesso per manifestargli i suoi timori e chiedergli consiglio.
[10] Philip Parsons, *Radical versus conservative architecture: the ruin of Utzon's audacious vision*, in "Meanjin Quarterly", 110, vol. 26, n. 3, 1967, pp. 339-347. Parsons pubblica anche una serie di tre articoli in "The Australian", con Francis Evers, nel febbraio 1967. Per la prima volta su un quotidiano nazionale australiano, i due critici spiegano lo scandalo da un punto di vista decisamente pro-Utzon.
[11] Ibidem.
[12] In una lettera datata 2 ottobre 1963, già citata (Archivio Utzon, Box 2, Item 321-323).
[13] Jørn Utzon, *Espansiva*, in "Arkitektur", 1, 1970, p. 3.
[14] "Arkitektur", 1, 1970.
[15] Si potrà paragonare il grafismo dei progetti per il concorso per il teatro di Zurigo ed i disegni di presentazione pubblicati in "Zodiac", 14, 1965.
[16] Jørn Utzon, *Additive Arkitektur*, in "Arkitektur", cit., p. 1.
[17] Utzon al quotidiano danese "Politiken", 1978.
[18] "Cos'è fondamentale? Ciò che è eterno." Vedi il suo articolo *Jørn Utzon og det opprinnelige - Jørn Utzon and the primordial*, pubblicato fra gli altri da "Arkitektur DK", 2, 1996, pp. 73-78.
[19] I suoi figli Jan e Kim raccontano qualche aneddoto sul suo metodo di lavoro in *Skyer*, il film di Pi Michael già citato. "Abbiamo segnato", racconta Kim, "i confini della casa sul sito. Abbiamo messo dei ciottoli al posto di ogni pilastro, perché ci si potesse immaginare dove sarebbero sorti". "I miei genitori avevano scelto dei posticini dove sarebbe loro piaciuto sedersi a guardare", prosegue Jan. "Quando il costruttore venne con i disegni (della casa), mio padre posò delle pietre ad ogni angolo e disse 'Più o meno lì'. Poi egli posò dei blocchi di pietra e, seduti là, papà e mamma decisero che quel muro andava spostato".
[20] Can Lis era inizialmente coperta da tetti a terrazza. I suoi padiglioni si fermavano contro il cielo con un colmo ben marcato, il che amplificava la risonanza "primitiva" dei loro volumi costruiti a blocchi. Probabilmente, per supplire ai difetti rilevati a proposito della loro tenuta stagna, sono state recentemente aggiunte coperture in tegole tradizionali. Il motivo ondulato che esse aggiungono fino al bordo confonde un po' la lettura dell'intenzione iniziale.
[21] Utzon avrebbe cominciato a riflettere su questo progetto nel 1968, per cominciarne gli studi nel 1973. La chiesa fu consacrata nel 1976.
[22] Utzon agli studenti di Aarhus, maggio 1988.
[23] Egli, in particolare, racconta la storia nel film *Skyer*. Sull'interpretazione di questo aneddoto come "ricordo-schermo", vedi Françoise Fromonot, *Jørn Utzon, un ricordo delle Hawaii*, in "Casabella", 649, ottobre 1997, pp. 24-37.
[24] Si tratta del monastero di Wen Shu Yüan, a Chengtu, nella provincia del Sezuan, che compare nell'opera di Johannes Prip-Møller, *Chinese Buddhist Monasteries*, Hong-Kong University Press, Hong-Kong 1982, p. 31.
[25] Utzon, in *The importance of Architects*, in D. Lasdun (a cura di), *Architecture in an age scepticism*, Heinemann, London 1984, p. 222.
[26] Utzon e Walt si erano conosciuti in occasione del concorso per il teatro di Zurigo. Utzon racconta del loro incontro nella prefazione, redatta nel 1990, per un fascicolo monografico pubblicato in occasione del settantesimo compleanno di Walt. Secondo Béatrice Petersen-Walt, figlia dell'ingegnere, Utzon era rimasto positivamente impressionato dai piloni della seggiovia del lago di Zurigo, costruita da Walt nel 1959. Utzon e Walt collaboreranno in seguito in altre due occasioni: per il progetto dello stadio di Gedda in Arabia Saudita (1964) e per lo Hölentheater di Beirut, la cui realizzazione fu impedita dalla guerra in Medio Oriente.
[27] Vedi *Il complesso per l'Assemblea Nazionale del Kuwait*, presentato dall'ingegner Marcello Ciampoli, in "L'Industria Italiana del Cemento", 12/1987, pp. 772-791.
[28] Mies è nato nel 1886, Le Corbusier nel 1887, Aalto nel 1898 e Kahn nel 1901.
[29] "L'aspetto esteriore si caratterizza grazie all'uso preferenziale di materiali e di elementi d'origine industriale, la cui gamma è stata arricchita dall'introduzione di materiali non ferrosi – alluminio, rame ecc. – e di materie sintetiche. Certo, si continuano ad usare i materiali naturali; ma ciò che è una novità è la predilezione per la precisione e l'esattezza dei materiali industriali. L'influenza delle condizioni regionali è sensibile, ma essa è meno determinante che durante gli anni trenta. Si tende ad una differenziazione delle forme a partire dal programma dato. Analogamente, nel campo della struttura si tende a trovare forme specifiche per ogni materiale". Jürgen Joedicke, *1930-1960: trente ans d'architecture*, in "L'Architecture d'Aujourd'hui", 91-92, settembre-ottobre-novembre 1960, p. 28.
[30] Giedion, *Jørn Utzon et la troisième génération... cit.*
[31] Ibidem.
[32] Ibidem.
[33] William Curtis ricorda che gli architetti che Giedion prova a schierare dietro un unico vessillo sono ben lontani dal costituire un movimento unificato, nel senso in cui egli lo intendeva – o se lo augurava. È vero che essi condividono alcuni temi poiché "le loro date di nascita sono scaglionate tra il 1910 ed il 1930, i loro anni giovanili sono stati segnati dalla seconda guerra mondiale. I loro vocabolari si sono formati sulla base dello Stile Internazionale in declino, ed essi si sono rivolti verso le ultime opere dei

maestri nella loro ricerca di una architettura più robusta, più complessa. Tuttavia, pur rispettando le direttive dell'architettura moderna, essi non sostenevano affatto un'ortodossia servile. La loro posizione era caratterizzata dalla tensione tra omaggio vassallatico ai padri fondatori ed il bisogno di un'espressione originale: un equilibrio tra fede e scetticismo, evitando al tempo stesso sia il dogma che lo scisma", William Curtis, *Modern Architecture since 1900*, Phaidon, London 1982, p. 344. Anch'egli critico nei confronti delle conclusioni di Giedion, Philip Drew, in un'opera giustappunto intitolata *The Third Generation* (Verlag Gert Hatje, Stuttgart 1972), ne riunisce tutti i pretendenti nella loro diversità: Paul Rudolph, certamente Utzon, Aldo Van Eyck, Kevin Roche, Frei Otto ecc. La loro principale caratteristica comune è a suo avviso una "riscoperta dell'uomo" unita all'invenzione di un "nuovo equilibrio tra ragione ed emozione", "una sintesi dinamica tra gli ideali razionali geometrici e quelli intuitivi organici" da cui discende "la manifestazione del senso". Egli segue in questo la vena di un Norberg-Schultz, che bada al ruolo dell'architettura come espressione dell'essere nel suo radicamento in un luogo.

[34] Lettera indirizzata da Giedion al "RIBA Journal" nel mese di maggio 1967.

[35] In *Modern Architecture: a Critical History*, Thames & Hudson, London 1983. L'edizione originale dell'opera risale al 1980.

[36] Penso ad alcuni dei suoi contemporanei, come Sverre Fehn; a coloro che lavorarono con lui, Prip-Buus o Nayman; a Leplastrier, Myers e agli altri giovani australiani che furono colpiti dal suo impatto con Sydney, o lo stesso Peter Rice.

[37] Utzon nella sua risposta all'annuncio della sua vittoria al concorso, 1957.

[38] André Chastel, *L'architecture cosa mentale*, in *Brunelleschi*, ENSBA, Paris 1985.

[39] *Contradiction and complexity in Architecture* e *Learning from Las Vegas*, sono stati pubblicati rispettivamente nel 1966 e nel 1972. Venturi è nato nel 1925, è un allievo di Kahn ed appartiene alla stessa generazione di Utzon. Charles Jencks afferma che Venturi classifica l'Opera di Sydney tra i "canards", cioè "un edificio che ha la forma della sua funzione (un edificio a forma di volatile nel quale si vedono richiami per uccelli) o un edificio moderno in cui la costruzione, la struttura e la volumetria diventano la decorazione". "Il *canard* è, in termini semiotici, un segno *iconico*, perché il significante (la forma) ha alcuni aspetti in comune con il significato (il contenuto). Lo shed decorato è tributario dei significati appresi (scrittura e decorazione) che sono segni *simbolici*". Sappiamo che Venturi parteggia per il secondo (*The language of post-modern architecture*, New York 1977).

Apparati

Cronologia

Gli avvenimenti riguardanti la vita di Utzon e i suoi progetti diversi dall'Opera House sono indicati in corsivo. Gli asterischi segnalano le realizzazioni.

1918
Utzon nasce a Copenaghen, il 9 aprile.

1937
Intraprende gli studi all'Accademia Reale di Copenaghen.

1942
Riceve la medaglia d'oro dell'Accademia (equivalente del diploma) per un progetto di conservatorio a Copenaghen.
Soggiorna in Svezia.

1945
Partecipa al concorso per il Crystal Palace a Londra (in associazione con Tobias Faber).
Progetta un crematorio.
È assistente di Alvar Aalto.

1946
Progetta un castello d'acqua sull'isola di Bornholm*.

1947
Progetta la stazione centrale di Oslo (con Arne Korsmo).

1948
Progetta una scuola commerciale a Göteborg (con Arne Korsmo).
Elabora il piano regolatore per il quartiere Vestre Vika ad Oslo (con Arne Korsmo).
Viaggio in Marocco e soggiorno a Parigi.
Disegna degli alloggi e una fabbrica in Marocco.

1949
Viaggio negli Stati Uniti e in Messico.

1952
Si associa con Erik ed Henry Andersson, architetti di Häbingborg (Svezia).
Progetta casa Utzon ad Hellebæk*.

1953
Partecipa al concorso per le case popolari di Skaane (primo premio).
Progetta casa Middleboe ad Holte*.
Partecipa al concorso per il ristorante di Langelinie (terzo premio).

1954
Partecipa ad un concorso per la costruzione di alloggi, una scuola e un centro comunitario ad Elineberg (primo premio).
Novembre: creazione del Sydney Opera House Executive Committee.

1955
Maggio: viene scelto Bennelong Point come sito della futura Opera House.
13 settembre: J. J. Cahill annuncia ufficialmente il bando di concorso.

1956
63 case Klingo ad Elsinore* (consegnate nel 1958).
3 dicembre: data limite per la consegna dei progetti per l'Opera House da parte dei partecipanti al concorso.

1957
Gennaio: formazione della giuria per il concorso per l'Opera House.
29 gennaio: annuncio ufficiale dei risultati al concorso di cui Utzon risulta vincitore. Il costo del progetto è stimato da Rider, Hunt & Partners intorno ai 7 milioni di dollari.
1 maggio: proposta di una lotteria per finanziare i lavori.
Luglio: Utzon ed Andersson si recano a Sydney.
Settembre: viaggio in Giappone e negli Stati Uniti.

1958
Concorso per un centro educativo ad Højstrup (primo e terzo premio).
Progetto per un centro commerciale.
Concorso per un liceo nei pressi di Elsinore (vincitore).
26 marzo: secondo viaggio a Sydney. Presentazione del *Red Book*.
Maggio: sondaggi del sottosuolo di Bennelong Point.
Firma dei contratti per le tre fasi da parte del Sydney Opera House Trust (direzione dei lavori), Utzon (direzione del cantiere) ed Arup.
18 agosto: inizio dei lavori di demolizione a Bennelong Point.
3 novembre: terzo viaggio a Sydney. Gara d'appalto per la prima fase (piattaforma).
Soggiorno in Cina.

1959
Concorso per la fiera internazionale di Copenaghen.
Banca Melli a Teheran*.
Concorso per il piano regolatore di Frederiksberg (vincitore).
Concorso per un complesso residenziale a Birkenhøj.
Complesso residenziale a Fredensborg* (consegnato nel 1962).
4 febbraio: Civil & Civic vince l'appalto per la prima fase.
2 marzo: posa della prima pietra alla presenza di Cahill.
22 ottobre: morte di Cahill, sostituito da Heffron.

1960
Concorso per il piano regolatore della città di Elviria (Spagna).
Febbraio: breve soggiorno di Utzon a Sydney.
22 marzo: il costo dell'Opera House è stimato in 9,6 milioni di dollari.
Viaggio negli Stati Uniti.
17 agosto - 19 settembre: viaggio di Ashworth in Europa (Hellebæk) e negli Stati Uniti.
Settembre: Wagner-Biro firma il contratto per i macchinari di scena.
Novembre: arrivo di Skipper-Nielsen a Sydney.

1961
Gennaio: morte di Ralph Symonds.
Aprile: stima del costo in 13 milioni di dollari.
Giugno: schizzo delle prime proposte per i dintorni dell'Opera House su richiesta di Ashworth.
Settembre: passaggio alla geometria sferica per le coperture.
Novembre: il costo corrispondente al rivestimento piastrellato delle coperture è incluso nella seconda fase.

1962
Gennaio: *Yellow Book*.
Marzo: viaggio a Sydney con Zunz per presentare la soluzione definitiva per le coperture.
Agosto: il costo dell'Opera House è stimato in 25 milioni di dollari.
18 ottobre: l'impresa Hornibrook firma il contratto per la seconda fase.

1963
Inizio della prefabbricazione *in situ* dei segmenti dei costoloni per le volte.

Marzo: Utzon si trasferisce a Sydney con la famiglia.
Aprile: fine della prima fase.
Ottobre: progetto per il museo Asger Jorn a Silkeborg ed inizio del concorso per il teatro di Zurigo.
Novembre: posa della prima arcata per la prima volta.
Primi schizzi per casa Utzon a Bayview (Sydney).

1964
Marzo: concorso per l' Opera di Madrid.
Aprile: consegna del progetto per il concorso di Zurigo (primo premio).
Giugno: il costo dell'Opera House è stimato 35 milioni di dollari e la fine dei lavori è prevista per marzo 1967.
Il permesso di costruire la sua casa a Bayview viene rifiutato dal comune di Warringah.
I macchinari di scena e gli impianti di illuminazione arrivano dall'Europa.
17 dicembre: il Department of Public Works rifiuta di affidare i lavori alla Symonds & Concrete Industries senza gara d'appalto.

1965
Febbraio: concorso per il museo d'arte dell'Università di Berkeley (USA).
9 marzo: Utzon è ammesso a far parte del Royal Australian Institute of Architects (RAIA). Disegna il collare presidenziale*.
1 maggio: vittoria dei conservatori (Liberal Party) alle elezioni dello stato del New South Wales. Robin Askins sostituisce Heffron e Davis Hughes Norman Ryan.
Agosto: il costo dell'Opera House è stimato 49 milioni di dollari.
Da giugno a settembre: concorso per il teatro di Wolfsburg (Germania).
Inizio del conflitto fra Utzon e il nuovo governo a proposito dell'onorario.

1966
Gennaio: relazione sfavorevole di Arup sulla soluzione studiata da Utzon per gli auditorium.
Febbraio: inizio della posa delle capriate piastrellate sulle coperture.
28 febbraio: riunione con il ministro, che rifiuta di pagare gli onorari. Utzon manda una lettera di dimissioni, accettata e comunicata alla stampa.
3 marzo: manifestazione a Sydney per il ritorno di Utzon.
7 e 10 marzo: riunione di "conciliazione". Hughes propone ad Utzon di mantenere l'incarico rinunciando alla direzione dei lavori.
15 marzo: Utzon rifiuta.
19 aprile: Hall, Todd e Littlemore sono nominati da Hughes architetti dell'Opera House, sotto la responsabilità di E. H. Farmer, architetto del Public Works Department.
28 aprile: Utzon lascia l'Australia.
Riceve la targa onorifica del Bund Deutscher Arkitekten.
Concorso per un centro universitario ad Odense.
Progetto per il centro di Farum.

1967
17 gennaio: consegna delle volte dell'Opera House.
Progetto per lo stadio di Gedda (Arabia Saudita).

1968
Progetto per i mobili Utsep Mobler.
28 febbraio: Utzon propone al governo australiano di tornare per portare a termine l'Opera House.

1969
Progetto per l'insieme didattico di Herning.
Case su catalogo Espansiva.*

1971
Secondo progetto per il museo Asger Jorn a Silkeborg.
Casa Utzon a Maiorca (Spagna), Can Lis (terminata nel 1973).*

1972
Parlamento del Kuwait (con Jan Utzon, consegnato nel 1982).*

1973
20 ottobre: la regina Elisabetta II inaugura ufficialmente l'Opera House. Costo finale: 102 milioni di dollari.
Chiesa di Bagsværd a Copenaghen (consegnata nel 1976).*
Medaglia d'oro del RAIA (Sydney).

1978
Medaglia d'oro del RIBA (Londra).
Progetto per il villaggio di vacanze e piscina a Vendsyssel.

1981
Premio del Danske Arkitektur Landsforbund.

1982
Medaglia Alvar Aalto (Helsinki).

1985
Showroom Paustian a Copenaghen (consegnato nel 1987).*

1986
Serbatoi di petrolio ad Herning (Utzon & Associates).

1987
Cabine telefoniche per KTAS.*

1988
Progetto per un museo d'arte moderna danese.

1994
Casa Utzon a Maiorca (Can Feliz).*
Medaglia d'oro dell'Académie d'Architecture (Parigi).

Bibliografia

Opere generali
Banham, R., *Guide to Modern Architecture*, The Architectural Press, London 1962.
Bekas, F. e Zipper, P., *Architectures vitalistes*, Parenthèses, Marseille 1985.
Benevolo, L. *Histoire de l'architecture moderne. 4. L'inévitable éclectisme (1960-1980)*, Dunod, Paris 1987.
Borsi, F. e Konig, G., *Architettura dell'espressionismo*, Vitali & Ghianda, Genova 1967 (ed. fr. Vincent & Fréal, Paris 1967).
Curtis, W. J. R., *Modern Architecture since 1900*, Phaidon, London 1982 (III ed. 1996).
Dal Co, F. e Tafuri, M., *Architettura contemporanea*, Electa, Milano 1976.
De Haan, H. e Haagsma, I., *Architects in Competition. International Architectural Competitions of the last 200 years*, Thames & Hudson, London 1988.
Drew, P., *The Third Generation*, Verlag Gerd Hatje, Stuttgart 1972.
Faber, T., *Danish Architecture*, Det Danske Selskab, Copenaghen.
-, *Neue dänische Architektur/New Danish Architecture*, Verlag Gerd Hatje, Stuttgart 1968.
Frampton, K., *Modern Architecture: a Critical History*, Thames & Hudson, London 1980 (II ed. 1983).
Giedion, S., *Space, Time and Architecture, the Growth of a new Tradition*, Harvard University Press, 1941 (1963) (tr. fr. *Espace, temps, architecture*, La Connaissance, Bruxelles 1968).
Jacobus, J., *Twentieth Century Architecture*, Thames & Hudson, London 1966.
Joedicke, J., *Geschichte der Moderner Arkitektur*, Stuttgart 1958.
-, *1930-1960: trente ans d'architecture*, in "L'Architecture d'Aujourd'hui", 91-92, settembre-ottobre-novembre 1960, pp. 22-31.
McCallum, I., *Architecture USA*, The Architectural Press, London 1959.
Mumford, L., *Roots of Contemporary American Architecture*, Reinhold, New York 1952.
Norberg-Schulz, C., *Genius Loci*, Electa, Milano 1979, pp. 198-200.
Rice, P., *An engineer imagines*, Artemis, London-Zürich-Munich 1994.
Sowden, H., *Towards an Australian Architecture*, Ure Smith, Sydney 1968.
Taylor, J., *Australian Architecture since 1960*, The Law Book Company, Sydney 1986.

Scritti di Jørn Utzon
Faber, T. e Utzon, J., *Tendenser i nutidens arkitektur*, in "Arkitekten", 7-8-9, 1947, pp. 63-69.
Utzon, J., *Sydney National Opera House (Red Book)*, Atelier Elektra, Copenaghen 1958.
-, *Sydney Opera House (Yellow Book)*, 1962.
-, *Platforms and Plateaus: ideas of a Danish architect*, in "Zodiac", 10, 1962, pp. 112-139.
-, *Silkeborg kunstmuseum*, in "Arkitektur" 1, 1964, pp. 1-5.
-, *Descriptive-Narrative with Status Quo. Sydney Opera House*, gennaio 1965.
-, *Report on Acoustical Research on Major and Minor Halls, Sydney Opera House*, 1965.
-, *The Sydney Opera House*, in "Zodiac", 14, 1965, p. 49.
-, *Additive Architecture*, in "Arkitektur", 1, 1970, pp. 1-48.
-, *The importance of architects*, in Lasdun, D. (a cura di), *Architecture in an age of scepticism*, Heinemann, London 1984, pp. 214-233.

Scritti su Jørn Utzon e sulle sue opere diverse dall'Opera House
Bartholomew, R., *Jørn Utzon, his work and ideas*, tesi di laurea presso la University of Technology, Sydney 1981 (inedita).
Ciampoli, M., *Il complesso per l'Assemblea nazionale del Kuwait*, in "L'industria Italiana del Cemento", 12, 1987, pp. 772-791.
Davidsen, L. e Kirkfeldt, S. S. (a cura di), *Jørn Utzon. Aarhus*, Arkitektskolen, 1988.
Ein dritter Platz, Jørn Utzon, in "Bauwelt", Heft 19, 1966, p. 539.
Faber, T., *Konkurrencen om en højskole ved Helsingør*, in "Arkitekten", 6, 1959, pp. 101-107.
-, *Jørn Utzon. The Vision of Nature*, in "World Architecture", 15, 1991, pp. 28-31.
-, *Jørn Utzon. Houses in Fredensborg*, Ernst & Sohn, Berlin 1991.
Frampton, K., *Jørn Utzon: Transcultural Form and the Tectonic Metaphor*, in *Studies in Tectonic Culture*, MIT Press, Cambridge 1996.
-, *Utzon at Kara Crescent*, in "Content", 1, 1995, pp. 56-63.
Fromonot, F., *Un ricordo delle Hawaii*, in "Casabella", 649, ottobre 1997, pp. 24-37.

Jeunes architectes dans les pays nordiques, in "L'Architecture d'Aujourd'hui", 73, settembre 1957, pp. 36-37.
Giedion, S., *Jørn Utzon and the third generation*, in "Zodiac", 14, 1965, pp. 36-47.
-, *Jørn Utzon et la troisième génération*, in *Espace, temps, architecture*, La Connaissance, Bruxelles 1968, pp. 410-425.
Helmer-Petersen, K., *Jørn Utzon: a new personality*, in "Zodiac", 5, 1959, pp. 70-105.
Hughes, R., *Australia's own Taj Mahal*, in "Time", 8 ottobre 1973, pp. 48-54.
Jørn Utzon huse pa Mallorca, in "Arkitekktur", numero speciale, 2, 1996, pp. 72-115.
Konkurrencen om byplan for et omraade i Frederiksberg kommune, in "Arkitekten", 1959, pp. 159-160.
Lundberg, J., *Bank Melli, Tehran*, in "Byggekunst", 1967, vol. 49, 1, pp. 10-13.
Myers, P., *Jørn Utzon, le Ying tsao fa-shih et les Ménines ae Picasso*, in "Art Press", numero speciale, 16, 1995, pp. 114-116.
Norberg-Schulz, C., *Religious Conviction*, in "World Architecture", 15, 1991, pp. 38-39.
-, *Paustians hus*, in "Arkitektur Dk", 8, 1989, pp. 353-357.
-, *Jørn Utzon og det opprinnelige*, in "Byggekunst", 7, 1995, pp. 430-437.
Skriver, P. E., *Gaardhuse*, in "Arkitektur", 6, 1959, pp. 201-207.
-, *Plateau og element i Utzons arbejder*, in "Arkitektur", 3, 1964, pp. 97-105.
-, *The national assembly building, Kuwait*, in "Living Architecture", 5, 1986, pp. 114-127.
- Sten-Møller, H., *The light of heaven, a church by Jørn Utzon*, in "Living Architecture", 1, 1983, pp. 114-127.
-, *Can Lis, Jørn Utzon's own house* (e intervista), in "Living Architecture", 8, 1990, pp. 146-173.
-, *Can Feliz* (e intervista), in "Living Architecture", 14, 1995, pp. 92-117.
Terraserne, Fredensborg, in "Arkitektur", 4, 1964, pp. 141-152.
Theater i Zürich, in "Arkitekten", 19, 1964, pp. 381-385.
Theater i Wolfsburg, in "Arkitekten", 1966, pp. 310-314.
Vila, T., *Jørn Utzon*, in "Quaderns", 157, aprile-maggio-giugno 1983, pp. 88-95.
Vindum, K., *Eine Høle für Jørn/A Cave fo Jørn*, in "Daidalos", 48, giugno 1993, pp. 62-67.

Scritti sull'Opera di Sydney
Arup, O., *Problems and Progress in The Construction of Sydney Opera House*, in "Civil Engineering", febbraio 1965, pp. 203-205.
-, *Confidential. The Sydney Opera House Affair. Comment by Ove Arup*, Archives Ove Arup & Partners.
-, e Zunz, J., *Sydney Opera House*, Sydney Opera House Trust, Reprint Series 1, Sydney 1988.
Baume, M., *The Sydney Opera House Affair*, Thomas Nelson, Melbourne 1967.
Bordaz, R., *L'Opéra de Sydney*, in "La Nouvelle Revue des Deux Mondes", maggio 1972, pp. 386-391.
Boyd, R., *The vision and the anger*, in "The Australian", 18 settembre 1965.
-, *Where the money went*, in "The Australian", 20 settembre 1965.
-, *Sydney, reluctant patron*, in "The Australian", 21 settembre 1965.
-, *Utzon: the end*, in "Architectural Forum", vol. 124, 5, 1966.
-, *Now it can never be architecture*, in "Life", 24 luglio 1967, pp. 56-58.
-, *A night at the Opera House*, in "Architecture Plus", agosto 1973, pp. 48-55.
Bregou, G., *Un enfant du béton armé et de l'électronique: le nouvel opéra de Sydney*, in "Bâtir, la revue technique de la Fédération Nationale du Bâtiment", 150, settembre 1966, pp. 36-41.
Brewer, C. e Keys, P., *The Sydney Opera House*, in "Architecture in Australia", settembre 1960, pp. 69-82, settembre 1961, pp. 71-82, dicembre 1962, pp. 64-77, dicembre 1965, pp. 72-92.
Brisbane, K., *The Unfinished Symphony*, in "The Australian", 27 dicembre 1969.
Buhrich, E. M., *Can you cost a dream?*, in "Walkabout", aprile 1966, pp. 24-27.
Candela, F., *El Escandalo de la Opera de Sidney*, in "Arquitectura", 298, 1967, pp. 103-110.
Carter, J., *The Sydney Opera House. What went wrong?*, in "RIBA Journal", febbraio 1967.
Della Rocca, A., *Peter Rice, poeta del Brutalismo*, in "Lotus", 78, ottobre 1993.
Drew, P., *Sydney Opera House*, Phaidon, London 1995.
Duek-Cohen, E., *Utzon and the Sydney Opera House, statement of public interest*, Morgan, Sydney 1967.
Ellem, L. G., *Utzon's Sydney Opera House* in Smith, B. (a cura di), *Australian Art and Architecture*, Melbourne 1980, pp. 192-257.
Ellis, E., *Utzon: my orange peel Opera House*, in "Good weekend", "The Sydney Morning Herald magazine", 31 ottobre 1992, pp. 12-19.
Fromonot, F., *Opéra de Sydney*, in *L'art de l'ingénieur*, diretto da Antoine Picon, Editions du Centre Pompidou, Paris 1997.
Giedion, S., *Debasement of a masterpiece*, in "RIBA Journal", vol. 74, 5, maggio 1967.
C. Hammerschmidt, *Utzon's design for the Sydney Opera House*, in "Meanjin", 16, marzo 1957, pp. 79-80.
Heath, T., *Sydney Opera House*, in "The Architectural Review", vol. 154, 919, settembre 1973, pp. 136-149.
Indyk, S., Rice, S., *Sydney Opera House*, tesi di laurea presso la University of Sydney, Sydney 1982 (inedita).
Isozaki, A., *A monument of structural expressionism*, in "A+U", vol. 3, 10, ottobre 1973, pp. 4-17.
Johnson, R. N., Edwards, N., Korzeniewski, S., Kaukoma, L., *The Sydney Opera House since Utzon*, in "Current Affairs Bulletin", vol. 50, 3, agosto 1973, pp. 4-13.
Keys, P. e Mowbray, T., *The Sydney Opera House*, in "Architecture in Australia", settembre 1960, settembre 1961, dicembre 1962, dicembre 1965.
Lawson, S., *Under the shells*, in "Editions", 2, marzo 1995.
Loyer, F., *L'opéra du siècle*, in "L'Œil", marzo-aprile 1971, pp. 40-49.
McCallum, M., *Drawing a dream*, in "Nation", 16 aprile 1966, pp. 12-15.
McCulloch, A., *Tritons and mermaids: a retrospective view of the Sydney Opera House*, in "Meanjin Quarterly", 110, vol. 26, 3, 1967, pp. 347-357.
Mikami, Y., *Sydney Opera House*, in "Kenchiku Bunka", febbraio/aprile/giugno 1968, rispettivamente pp. 53-62, 93-102, 131-138.
Myers, P., *Une histoire inachevée*, in "L'Architecture d'Aujourd'hui", 285, febbraio 1993, pp. 60-67.
Nationaloperaen i Sydney/National Opera house, Sydney, in "Arkitektur", febbraio 1957.
Norberg-Schulz, C., *Jørn Utzon-Sydney Opera House*, in "GA", 54, 1980.
Opéra de Sydney, in "L'Architecture d'Aujourd'hui", 99, dicembre-gennaio 1962, pp. 30-31.
Parsons, P., *Radical versus conservative architecture: the ruin of Utzon's audacious vision*, in "Meanjin Quarterly", 110, vol. 26, 3, 1967, pp. 339-347.
Rasmussen, S. E., e Utzon, J., *Utzon talks: why I built the Opera House this way*, in "The Sun Herald", 13 marzo 1966, pp. 45-67.
Sharp, D., *The Ubiquitous Monument*, in "World Architecture", 15, 1991, pp. 32-35.
Souter, G., *Joern Utzon discusses the Sydney Opera House*, in "Sydney Morning Herald", 1 luglio 1964.
Sowden, H, *Sydney Opera House glass walls*, John Sands, Sydney 1972.
Sydney Opera House Competition, in "The Builder", 1 marzo 1957, pp. 399-407.
Sydney Opera House: engineer's view, in "Architectural Record", vol. 139, gennaio 1966.
Sydney Opera House Project, in "Cross section", 63, numero speciale, 1 maggio 1966.
Sydney Opera House Special Issue, The Arup Journal, vol. 8, 3, ottobre 1973.
Smith, V., *The Sydney Opera House*, Paul Hamlyn, Sydney 1974.
The Sydney Opera House: what happened and why, in "Architectural Record", 141, 1967, pp. 175-180.
Utzon Only, in "Cross Section", 162, numero speciale, marzo-aprile 1966.
The Utzon story, in "Architectural Review", vol. 139, 832, giugno 1966.
Wescott, P., *The Sydney Opera House*, Ure Smith, Sydney 1965.
Wilson, J. L. J. (a cura di), *The Sydney Opera House*, in "Current Affairs Bulletin", vol. 31, 3, 17 dicembre 1962, pp. 34-47.
Yeomans, J., *The other Taj Mahal*, Longman, Sydney 1968.

Opere e relazioni tecniche (coperture)
Arup, O., *Sydney Opera House*, testo di una conferenza tenuta al Prestressed Concrete Development Group il 14 gennaio 1965, Archives Ove Arup & Partners.
Arup, O. e Jenkins, R. S., *The evolution and design of the Concourse at the Sydney Opera House*, in "Proceedings of the Institution of Civil Engineers", 39, aprile 1968, pp. 541-565.
Arup, O e Zunz, J., *Sydney Opera House*, in "Structural Engineer", marzo 1969, pp. 99-132 e ottobre 1969, pp. 419-425.
Blanchard, J., *Model tests for the Sydney Opera House*, in "Arup Journal", vol. 3, maggio 1968, p. 60.
Joedicke, J., *Les structures en Voiles et Coques*, Documents d'architecture moderne, Vincent Fréal & Cie, Paris 1963.
Lewis, M., *Roof Cladding of the Sydney Opera House*, in "Journal and Proceedings of the Royal Society of New South Wales", vol. 106, 1973, pp. 18-32.
Sydney Opera House progress report 1, in "The Architect's Journal", 23 febbraio 1961, pp. 283-290.
The Sydney Opera House, in "GKN Technical Review", estate 1965.
Zunz, G. J., *Sydney Opera House, Part II*, in "Arup Newsletter", 18, dicembre 1963.

Opere e relazioni tecniche (acustica)
Jordan, V. L., *Acoustical design considerations of the Sydney Opera House*, in "Journal and Proceedings of the Royal Society of New South Wales", 106, 1973, pp. 33-53.

Opere, articoli e relazioni tecniche (terza fase)
Compagnoni, P., *The Sydney Opera House glass walls*, in "Architecture in Australia", vol. 61, 3, giugno 1972, p. 333.
Duek-Cohen, E., *Two and a half years without Utzon*, in "The Bulletin", novembre 1968.
Giorgiades, P., *Utzon's unseen work*, memoria inedita, University of Technology, Sydney 1993.
Nobis, P., *Utzon's interiors for the Sydney Opera House. The design development of the major and minor hall, 1958-1966*, memoria inedita, University of Technology, Sydney 1994.
Wheatland, B., *Unseen Utzon*, in "Architecture Australia", novembre-dicembre 1994, pp. 16-17.

Fonti diverse

Principali fondi d'archivio
Jørn Utzon Records, 1957-66, Manuscripts Section & Pictures Section, Mitchell Library, State Library of New South Wales, Sydney.
Ashworth Papers, 1954-68, Manuscripts Section, National Library, Canberra.

Interviste realizzate dall'autrice
Mogens Prip-Buus, architetto, principale assistente di Utzon dal 1958 al 1967 (dal 1994 al 1997, Nizza, Parigi, Copenaghen).

Peter Myers, architetto, assistente di Utzon dal 1965 al 1966 (dal 1989 al 1997, Sydney, Parigi).
Tobias Faber, vecchio compagno e architetto associato di Utzon, storico dell'architettura, già direttore del dipartimento di architettura all'Accademia Reale di Belle-Arti a Copenaghen (agosto 1994, Copenaghen).
Jack Zunz, partner responsabile dell'Opera nello studio Arup, e John Blanchard (marzo 1995, Londra).

Film
Ashworth, H. I., *Design 218*, incontro con Jørn Utzon e Jack Zunz, film realizzato e diffuso dall'ABC, 4 aprile 1962.
Job 1112, film in bianco e nero di 32 minuti realizzato dallo studio Arup con la collaborazione del Department of Public Works.
Michael, P., *Skyer*, film a colori di 55 minuti su Utzon realizzato dalla televisione danese, DR-TV, The Danish Broadcasting Corporation, 1994.

Documenti di architettura

1
Manfredo Tafuri
Vienna Rossa
La politica residenziale nella Vienna socialista 1919-1933

2
Il Razionalismo
e l'architettura in Italia durante il fascismo
A cura di Silvia Danesi e Luciano Patetta

3
Werkbund: Germania, Austria, Svizzera
A cura di Lucius Burckhardt

4
Christian Norberg-Schulz
Genius Loci
Paesaggio Ambiente Architettura

5
Christian Norberg-Schulz
Il significato nell'architettura occidentale

6
Christian Norberg-Schulz
L'abitare
L'insediamento, lo spazio urbano, la casa

7
Maristella Casciato, Franco Panzini, Sergio Polano
Olanda 1870-1940
Città, Casa, Architettura

8
Manfredo Tafuri
Vittorio Gregotti
Progetti e architetture

9
Christian Norberg-Schulz
Il mondo dell'architettura
Saggi scelti

10
Joseph Rykwert
Adam
Nascita di uno stile

11
Architettura domestica in Gran Bretagna 1890-1939
A cura di Donatella Calabi

12
Massimo Dini
Renzo Piano
Progetti e architetture 1964-1983

13
Renzo Piano
Progetti e architetture 1984-1986
A cura di Aldo Castellano

14
Kenneth Frampton
Bohigas, Martorell, Mackay
30 anni di architettura 1954-1984

15
Luigi Snozzi
Progetti e architetture 1957-1984
A cura di Pierre-Alain Croset

16
Francesco Cellini e Claudio D'Amato
Gabetti e Isola
Progetti e architetture 1950-1985

17
Lionello Puppi
Andrea Palladio
Opera completa

18
Amedeo Belluzzi e Claudia Conforti
Giovanni Michelucci
Catalogo delle opere

19
Claudia Conforti e Francesco Dal Co
Vittorio De Feo
Opere e progetti

20
Franco Borsi
Leon Battista Alberti
Opera completa

21
Edoardo Arslan
Venezia Gotica
L'architettura civile

22
Valérie Vaudou
Richard Meier

23
Fernand Pouillon
Architetto delle 200 colonne
A cura di Bernard-Félix Dubor

24
Francesco Dal Co e Giuseppe Mazzariol
Carlo Scarpa 1906-1978

25
Enrico Bordogna
Guido Canella
Architetture 1957-1987

26
Fumihiko Maki
Progetti e architetture
A cura di Serge Salat

27
Autori vari
Classicismo nordico
Architettura nei paesi scandinavi 1910-1930

28
Franco Fonatti
Gustav Peichl
Opere e progetti 1952-1988

29
Francesco Dal Co
Mario Botta
Architetture 1960-1985

30
Ennio Concina
L'Arsenale della Repubblica di Venezia
Tecniche e istituzioni dal medioevo all'età moderna

31
Arduino Cantàfora
Architetture dipinte

32
Paul Schmitthenner
La forma costruita
Variazioni su un tema

33
Fulvio Irace
Gio Ponti
La casa all'italiana

34
Carlo Aymonino
Piazze d'Italia
Progettare gli spazi aperti

35
Manuela Morresi
Villa Porto-Colleoni a Thiene
Architettura e committenza
nel Rinascimento vicentino

36
Carlo Pedretti
Leonardo architetto

37
10 maestri dell'architettura italiana
Lezioni di progettazione
A cura di Marina Montuori

38
Pierre-Alain Croset
Gino Valle
Progetti e architetture

39
Wolfgang Lotz
**Studi sull'architettura italiana
del Rinascimento**

40
Paul Ortwin Rave
Karl Friedrich Schinkel

41
Eugenio Battisti
Filippo Brunelleschi

42
Carlo Mollino 1905-1973
A cura di Fulvio Irace

43
Vittorio Savi
**Adolfo Natalini
Natalini Architetti,
nuove architetture raccontate**

44
Pippo Ciorra
Ludovico Quaroni, 1911-1987
Opere e progetti

45
Gianni Pirrone
Palermo, una capitale
Dal Settecento al Liberty

46
Mario Manieri Elia
Barocco leccese

47
Paolo Portoghesi
Francesco Borromini

48
Autori vari
Andrea Palladio, La Rotonda

49
*Angel González,
Juan José Lahuerta*
Juan Navarro Baldeweg
Opere e progetti

50
Jacques Gubler, Alberto Abriani
Alberto Sartoris
Dall'autobiografia alla critica

51
Vittorio Savi
Figini e Pollini
Architetture 1927-1989

52
Wolfgang Herrmann
Gottfried Semper
Architettura e teoria

53
Autori vari
Lars Sonck 1870-1956
Tradizione e modernità

54
Francesco Dal Co, Tom Muirhead
**I musei di James Stirling Michael
Wilford and Associates**

55
Alberto Ferlenga e Sergio Polano
Jože Plečnik
Progetti e città

56
David Watkin, Tillman Mellinghoff
**Architettura neoclassica tedesca
1740-1840**

57
Franco Borsi
Bernini architetto

58
La piazza, la chiesa, il parco
Saggi di storia dell'architettura
(XV-XIX secolo)
A cura di Manfredo Tafuri

59
Theodor Heuss
Hanz Poelzig 1869-1936

60
Jacques Lucan
OMA. Rem Koolhaas
Architetture 1970-1990

61
**Botta, Eisenman, Gregotti, Hollein:
musei**
A cura di Pippo Ciorra

62
Patricia Cummings Loud
Louis I. Kahn
I musei

63
Thomas Schumacher
Giuseppe Terragni 1904-1943

64
Mario Pisani
Paolo Portoghesi
Opere e progetti

65
Autori vari
Massimo Carmassi
Architettura della semplicità

66
Gianugo Polesello
Architetture 1960-1992
A cura di Mirko Zardini

67
Architettura e arte dei gesuiti
*A cura di Rudolf Wittkower
e Irma B. Jaffe*

68
Massimo Cacciari
Adolf Loos e il suo Angelo

69
Giorgio Ciucci, Francesco Dal Co
Architettura italiana del '900
Atlante

70
Winfried Nerdinger
Walter Gropius
Opera completa

71
Pippo Ciorra
Peter Eisenman
Opere e progetti

72
Richard Meier
A cura di Pippo Ciorra

73
ABC 1924-1928
Avanguardia e architettura radicale
A cura di Jacques Gubler

74
Marco De Michelis
Andreas Brandt e Rudolf Böttcher
Architetture

75
Vittorio Gregotti
Il disegno del prodotto industriale
Italia 1860-1980

76
Autori vari
**Charles Rennie Mackintosh
1868-1928**

77
Autori vari
Arata Isozaki
Opere e progetti

78
Autori vari
Renzo Piano
Progetti e architetture
1987-1994

79
Fulvio Irace
Giovanni Muzio 1893-1982

80
Autori vari
**Espressionismo
e Nuova Oggettività**
La nuova architettura europea
degli anni Venti

81
Francesco Dal Co
Tadao Ando
Le opere, gli scritti, la critica

82
Cristiano Tessari
Baldassarre Peruzzi
Il progetto dell'antico

83
Françoise Fromonot
Glenn Murcutt
Opere e progetti

84
*Andrea Guerra, Elisabetta Molteni,
Paolo Nicoloso*
Il trionfo della miseria
Gli alberghi dei poveri di Genova,
Palermo e Napoli

85
Classicismo/Classicismi
Architettura Europa/America
1920-1940
A cura di Giorgio Ciucci

86
Carlo Cresti
Firenze, capitale mancata
Architettura e città
dal piano Poggi a oggi

87
Richard Rogers Partnership
Opere e progetti
A cura di Richard Burdett

88
Alvaro Siza
Opere e progetti
*A cura di Pedro de Llano
e Carlos Castanheira*

89
Ennio Concina
Storia dell'architettura di Venezia
dal VII al XX secolo

90
Silvano Zorzi
ingegnere 1950-1990
A cura di Angelo Villa

91
Michele Sanmicheli
Architettura, linguaggio e cultura
artistica nel Cinquecento
*A cura di Howard Burns,
Christoph Luitpold Frommel,
Lionello Puppi*

92
*Massimo Bulgarelli,
Matteo Ceriana*
All'ombra delle volte
Architettura del Quattrocento
a Firenze e Venezia

93
*A. Bruschi, C. L. Frommel,
F. G. Wolff Metternich,
C. Thoenes*
San Pietro che non c'è
da Bramante a Sangallo il Giovane
A cura di Cristiano Tessari

94
Giorgio Grassi
I progetti, le opere e gli scritti
*A cura di Giovanna Crespi
e Simona Pierini*

95
Karel Teige
Luoghi e pensieri del moderno,
1900-1951
*A cura di Manuela Castagnara
Codeluppi*

96
Roberto Masiero
Afra e Tobia Scarpa
Architetture

97
Sergio Polano
Carlo Scarpa: Palazzo Abatellis
La Galleria della Sicilia, Palermo 1953-54

98
Sergio Polano
Santiago Calatrava
Opera completa

99
Enric Miralles
Opere e progetti
*A cura di Benedetta Tagliabue
Miralles*

100
Giuseppe Terragni
Opera completa
A cura di Giorgio Ciucci

101
David Whitney, Jeffrey Kipnis
Philip Johnson
La casa di cristallo

102
Hans Sedlmayr
L'architettura di Borromini
A cura di Marco Pogacnik

103
Claudia Conforti, Jacques Lucan
Alessandro Anselmi
architetto

104
Lo specchio del cielo
Forme significati tecniche funzioni
della cupola dal Pantheon al Novecento
A cura di Claudia Conforti

105
Anthony Blunt
Philibert de L'Orme
A cura di Manuela Morresi

106
Wolfgang Lotz
L'architettura del Rinascimento
A cura di Massimo Bulgarelli

107
William J. Mitchell
La città dei bits
Spazi, luoghi e autostrade informatiche
A cura di Sergio Polano

108
*Francesco Cellini,
Claudio D'Amato*
**Mario Ridolfi.
Manuale delle tecniche
tradizionali del costruire**
Il ciclo delle Marmore

109
Marcello D'Olivo
Architetture e progetti
1947-1991
*A cura di Guido Zucconi
con Francesco Borella,
Ferruccio Luppi, Paolo Nicoloso*

Questo volume è stato stampato dalla Elemond Spa
presso lo stabilimento di Martellago (Venezia) nell'anno 1998